# 清史論集

## （二十四）

莊吉發著

文史哲學集成
文史哲出版社印行

國家圖書館出版品預行編目資料

**清史論集** / 莊吉發著. -- 初版. -- 臺北市 : 文史哲,
民 86 –
冊; 公分. -- (文史哲學集成 ; 388–)
含參考書目
ISBN 957-549-110-6 (第一冊 : 平裝 ) .-- ISBN957-549-111-4(第二冊) .--ISBN957-549-166-1 (第三冊) . --ISBN 957-549-271-4 (第四冊) .-- ISBN957-549-272-2(第五冊) .--ISBN 957-549-325-7 (第六冊).--ISBN957-549-326-5 (第七冊) --ISBN 957-549-331-1(第八冊).--ISBN957-549-421-0(第九冊) .--ISBN957-549-422-9(第十冊) .--ISBN957-549-512-8(第十一冊)-- ISBN 957-549-513-6(第十二冊 ) .--ISBN957-549-551-9 (第十三冊).--ISBN957-549-576-4(第十四冊 )-- ISBN957-549-605-1(第十五冊) .-- ISBN957-549- 671-x (第十六冊) ISBN 978-957-549-725-5(第十七冊) .--ISBN978-957-549-785-9(第十八冊) ISBN978-957-549-786-6 (第十九冊) ISBN978-957-549-912-9 (第二十冊) ISBN978-957-549-973-0 (第二十一冊 : 平裝) --ISBN978-986-314-035-1 (第二十二冊 : 平裝) --ISBN978-986-314-138-9 (第二十三冊 : 平裝) --ISBN978-986-314-257-7 (第二十四冊 : 平裝)

1.清史 2.文集

627.007 104006953

文史哲學集成 678

# 清史論集(二十四)

著　者：莊　吉　發
出版者：文　史　哲　出　版　社
http:// www.lapen.com.tw
e-mail : lapen@ms74.hinet.net
登記證字號：行政院新聞局版臺業字五三三七號
發行人：彭　正　雄
發行所：文　史　哲　出　版　社
印刷者：文　史　哲　出　版　社
臺北市羅斯福路一段七十二巷四號
郵政劃撥：16180175 傳真886-2-23965656
電話 886-2-23511028 886-2-23941774

**實價新臺幣五八〇元**

二〇一五年（民一〇四）五月初版



ISBN 978-986-314-257-7 00678

# 清史論集

## (苢)

## 目　　次

# 出版說明

我國歷代以來，就是一個多民族的國家，各民族的社會、經濟及文化方面，雖然存在著多樣性及差異性的特徵，但各兄弟民族對我國歷史文化的締造，都有直接或間接的貢獻。滿族以非漢部族入主中原，建立清朝，參漢酌金，一方面接受儒家傳統的政治理念，一方面又具有滿族特有的統治方式，在多民族統一國家發展過程中有其重要的地位。在清朝長期的統治下，邊疆與內地逐漸打成一片，文治武功之盛，不僅堪與漢唐相比，同時在我國傳統社會、政治、經濟、文化的發展過程中亦處於承先啟後的發展階段。蕭一山先生著《清代通史》敘例中已指出原書所述，為清代社會的變遷，而非愛新覺羅一朝的興亡。換言之，所述為清國史，亦即清代的中國史，而非清室史。同書導言分析清朝享國長久的原因時，歸納為兩方面：一方面是君主多賢明；一方面是政策獲成功。《清史稿》十二朝本紀論贊，尤多溢美之辭。清朝政權被推翻以後，政治上的禁忌，雖然已經解除，但是反滿的清緒，仍然十分高昂，應否為清人修史，成為爭論的焦點。清朝政府的功過及是非論斷，人言嘖嘖。然而一朝掌故，文獻足徵，可為後世殷鑑，筆則筆，削則削，不可從闕，亦即孔子作《春秋》之意。孟森先生著《清代史》指出，「近日淺學之士，承革命時期之態度，對清或作仇敵之詞，既認為仇敵，即無代為修史之任務。若已認為應代修史，即認為現代所繼承之前代，尊重現代，必不厭薄於所繼承之前代，而後覺承統之有自。清一代武功文治，幅員人材，皆有可觀。明初代元，以胡俗為厭，天下既定，即表章元世祖之治，惜其子孫不能遵守。後代於前代，評量政治之得失以為法戒，乃所以為史學。革命時之鼓煽種族以作敵愾之氣，乃軍旅之事，非學問之事也。故史學上之清史，自當占中國累朝史中較盛之一朝，不應故為貶抑，自失學者態度。」錢穆先生著《國史大綱》亦稱，我國為世界上歷史體裁最完備的國家，悠久、無間斷、詳密，就是我國歷史的三大特點。我國歷史所包地域最廣大，所含民族份子最複雜。因此，益形成其繁富。有清一代，能統一國土，能治理人民，能行使政權，能綿歷年歲，其文治武功，幅員人材，既有可觀，清代歷史確實有其地位，貶抑清代史，無異自形縮短中國歷史。《清史稿》的既修而復禁，反映清代史是非論定的紛歧。

歷史學並非單純史料的堆砌，也不僅是史事的整理。史學研究者和檔案工作者，都應當儘可能重視理論研究，但不能以論代史，無視原始檔案資料的存在，不尊重客觀的歷史事實。治古史之難，難於在會通，主要原因就是由於文獻不足；治清史之難，難在審辨，主要原因就是由於史料氾濫。有清一代，史料浩如煙海，私家收藏，固不待論，即官方歷史檔案，可謂汗牛充棟。近人討論纂修清代史，曾鑒於清史範圍既廣，其材料尤夥，若用紀、志、表、傳舊體裁，則卷帙必多，重見牴牾之病，勢必難免，而事蹟反不能備載，於是主張採用通史體裁，以期達到文省事增之目的。但是一方面由於海峽兩岸現藏清代滿漢文檔案資料，數量龐大，整理公佈，尚需時日；一方面由於清史專題研究，在質量上仍不夠深入。因此，纂修大型清代通史的條件，還不十分具備。近年以來因出席國際學術研討會，所發表的論文，多涉及清代的歷史人物、文獻檔案、滿洲語文、宗教信仰、族群關係、人口流動、地方吏治等範圍，俱屬專題研究，題為《清史論集》。雖然只是清史的片羽鱗爪，缺乏系統，不能成一家之言。然而每篇都充分利用原始資料，尊重客觀的歷史事實，認真撰寫，不作空論。所愧的是學養不足，研究仍不夠深入，錯謬疏漏，在所難免，尚祈讀者不吝教正。

二〇一五年六月　**莊吉發**謹識

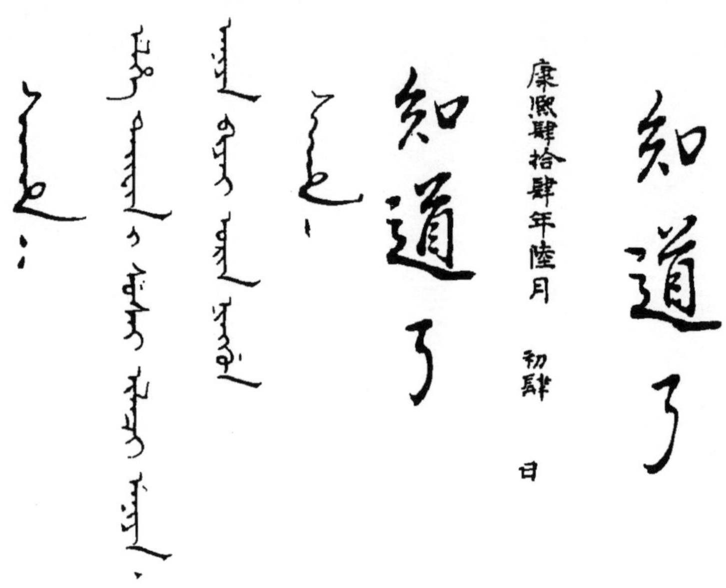


知　道　了
康熙皇帝硃批
宮中檔康熙朝滿漢文奏摺

# 穿越歷史

## — 追蹤清太宗皇太極繼承汗位的內幕

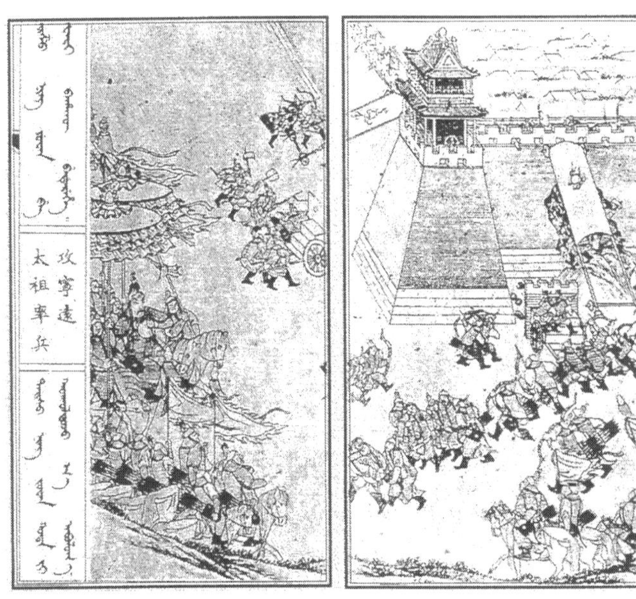


《滿洲實錄・進攻寧遠圖》中述說了
努爾哈齊率軍攻寧遠城的情形。

清太宗皇太極早年即表現出不凡的雄才大略，跟隨父親四處征戰、統一女真各部，屢立戰功，兼有軍事與政治才能，但他並非努爾哈齊屬意的接棒人。且依照滿洲社會的舊俗，所有嫡子，不拘長幼，都有繼承汗位的權利。努爾哈齊崩殂後，汗位的繼承人選，立即成為金國政局的焦點。皇太極雖貴為四大貝勒之一，以其母的地位及所領正白一旗的實力都不是繼位的首要人選，何以後來躍居九五之尊？其汗位的繼承，疑雲重重，也是歷史學家們所欲揭露的疑案。

## 真相入土 — 清太祖努爾哈齊的礮傷疑案

清太祖努爾哈齊死於礮傷的傳聞，甚囂塵上，姑且不論歷史是否重演，後世的槍擊事件，與努爾哈齊的礮傷疑案，竟然頗為雷同。努爾哈齊崛起遼東後，統一女真諸部，建立金國，定都於赫圖阿拉，年號天命。天命十年（1625），遷都盛京瀋陽。天命十一年正月十四日，努爾哈齊統領八旗勁旅十三萬進攻寧遠城，正月二十三日，至寧遠城外安營。明朝寧遠道袁崇煥使用西洋大礮，嬰城固守。他坐鎮敵樓，傳令全城兵民偃旗息鼓，誘使八旗大軍進入射程之內。正月二十四日，努爾哈齊發起總攻。朝鮮使臣的繙譯官韓瑗在寧遠城中，他自稱親眼目睹寧遠城戰況激烈，西洋大礮猛烈轟擊，城上火球、火把紛紛拋下，土石俱揚，火光中見八旗步騎人馬騰空，血肉橫飛。第二天、第三天，努爾哈齊繼續發動攻勢，屢進屢退，無計可施。西洋大礮殺傷力強大，擊退了努爾哈齊。韓瑗述及袁崇煥遣使贈物稱：「老將橫行天下久矣，今日見敗於小子，豈其數耶？」又說努爾哈齊先已「重傷」，遂因「懣恚以斃」。同年二月初九日，努爾哈齊返回盛京。七月二十三日，努爾哈齊赴清河堡溫泉養病。八月十一日，努爾哈齊病重，於返回盛京途中駕崩於靉雞堡，享年六十八歲。努爾哈齊自從二十五歲開始用兵以來，戰無不勝，攻無不克，竟因寧遠一役溘然長逝。

袁崇煥用紅夷大砲擊退來犯的金國軍隊，獲得寧遠大捷，圖為其畫像軸。

日本學者稻葉君山著《清朝全史》根據朝鮮譯官韓瑗的描述，認為努爾哈齊「欲醫此傷瘡」而赴清河，浴於溫泉，隨後便「死於瘡痍」。蕭一山著《清代通史》也認為「寧遠之役，努兒哈赤以百戰老將，敗於崇煥，且負重傷」。（努兒哈赤是努爾哈齊的同音異譯）他的死，似乎與寧遠之役有關，然而是否被袁崇煥的西洋礮打傷？則言人人殊。

孟森著《清史前紀》認為寧遠之役數月以後，努爾哈齊始崩殂，努爾哈齊果真慘敗，袁崇煥應即乘勝追擊，又何必遣使嘲弄努爾哈齊？何況努爾哈齊返回盛京後，或與明戰，或併蒙古，活動頻繁，不當說努爾哈齊之死，即因寧遠礮傷所致。明朝實錄記載袁崇煥奏報軍情的一段話說：「皆云奴酋恥寧遠之敗，遂蓄慍患疽，死於八月初十日。夫奴屢詐死懈我，今或仍詐，亦不可知。」文中的「奴」，即指努爾哈齊，明人醜化努爾哈齊，多以「奴酋」稱之。袁崇煥是寧遠城主將，倘若努爾哈齊果真身負重傷，既建奇功，何以當努爾哈齊死後還以為「詐死懈我」呢？真是匪夷所思。

寧遠戰役，努爾哈齊被西洋礮打傷的消息，雖然可能是一種誤傳，朝鮮譯官韓瑗的描述只是一種孤證，但是當時的人多相信努爾哈齊的礮傷是真的，後人也寧可相信努爾哈齊是在寧遠之役遭受槍礮打傷致死的。《一代皇后大玉兒》劇本就說寧遠城守將袁崇煥的西洋礮打中了奔馳中的努爾哈齊，礮彈的碎片嵌在他的背上，傷勢嚴重，收兵回師的行程極為緩慢，抵達靉雞堡時，便不治身故了。努爾哈齊遭受礮傷的真相也就隨著他的與世長辭而入了土。

《滿洲實錄・代善擊潰烏拉兵圖》描繪努爾哈齊子代善潰敗烏拉兵的激戰情形。

## 鹿死誰手 — 皇太極角逐大汗寶座

努爾哈齊崩殂後，汗位的繼承人選，立即成為金國政局的焦點。皇太極的繼承汗位，疑雲重重。滿洲社會的舊俗，所有嫡子，不拘長幼，都有繼承汗位的權利。在努爾哈齊所生的十六子之中，可以稱為嫡子的，只有四位大福晉所生的八個兒子：即元妃佟佳氏所生的長子褚英、次子代善；繼妃富察氏所生的五子莽古爾泰、十子德格類；中宮皇后葉赫納喇氏所生的八子皇太極；太妃烏喇納喇氏所生的十二子阿濟格、十四子多爾袞、十五子多鐸。

努爾哈齊生前曾有立嫡立長的意向，一度授權長子褚英執掌國政。但因褚英為人跋扈，受到諸兄弟的排擠。明神宗萬曆四十一年（1613）三月，褚英因詛咒出征烏拉的父親努爾哈齊被幽禁。萬曆四十三年閏八月，褚英死於禁所。

在努爾哈齊生前原來的八旗領旗貝勒中，努爾哈齊自領正黃與鑲黃二旗；努爾哈齊的次子代善領正紅與鑲紅二旗；努爾哈齊的弟弟舒爾哈齊之子阿敏領鑲藍旗；努爾哈齊的第五子莽古爾泰領正藍旗；第八子皇太極領正白旗；褚英的長子杜度領鑲白旗。其中代善是大貝勒，阿敏是二貝勒，莽古爾泰是三貝勒，皇太極是四貝勒，合稱四大貝勒，就是角逐汗位最有力者。二貝勒阿敏與三貝勒莽古爾泰實力相埒，但因阿敏屬於舒爾哈齊系統，是姪兒，在父死子繼的共識下，阿敏被排除繼承汗位的資格，已經不可能與努爾哈齊諸子競爭汗位。

大貝勒代善，為人寬厚，屢立戰功，頗得眾心。努爾哈齊生前頗屬意於代善，曾議立代善為儲貳。《紫巖集》的作者朝鮮人李民寏曾經描述說：「奴酋為人猜厲威暴，雖其妻子及素所親愛者，少有所忤，即加殺害，是以人莫不畏懼。酋死後，則貴盈哥必代其父。胡中皆稱其寬柔，能得眾心，其威暴桀驁之勢，必不及於奴酋矣！」代善以軍功賜號「古英巴圖魯」。「巴圖魯」是滿文「勇士」的音譯。引文中的「貴盈哥」是古英阿哥的同音異譯，就是指代善。努爾哈齊自己就說過，「待我死後，要將我的幼子及大小福晉都託諸大阿哥照顧與撫養」。大貝勒代善已經可以說是嗣汗了。但是，諸兄弟的覬覦汗位，越來越白熱化，鹿死誰手，未知誰屬。

四貝勒皇太極的生母葉赫納喇氏，她的正妃名號是死後追尊的，她不曾當過大妃，她生前不過是側妃而已，這是造成皇太極汗位繼承權非常脆弱的主要原因，他是否有資格繼承汗位？令人懷疑。以八旗實力而言，大貝勒代善領正紅、鑲紅兩旗，皇太極僅領正白一旗，皇太極敵不過代善。但是，代善缺乏政治才能，皇太極有政治、軍事才能，聲望較高，所以爭奪汗位問題，便首先在代善和皇太極之間激烈的展開。朝鮮滿浦僉使鄭忠信已經指出，代善是「尋常一庸夫」，不夠強硬；皇太極「英勇超人，內多猜忌」，欲圖代善，「潛懷弒兄之計」，以致代善「深啣之」。天命五年（1620）三月，皇太極唆使努爾哈齊的庶妃塔因察出面告發代善與大福晉富察氏的曖昧關係，指稱富察氏餽贈食物，夜訪代善。考察女真習俗，嗣汗是以後的大家長，家長有保護努爾哈齊大小福晉的責任與義務，富察氏餽送食物，不是「非禮」，可是塔因察卻把它泛政治化，渲染成男女緋聞事件，醜化了代善，使代善失去了政治威信。同時也醜化了富察氏，使富察氏親生的兒子三貝勒莽古爾泰喪失了汗位繼承權的機會，可以說是一箭雙鵰。努爾哈齊雖然不願因此而加罪於代善，但奪其一旗，代善只領正紅旗。皇太極鬥垮了勁敵，向大汗的寶座更邁進了一大步。

## 矯詔奪立 — 皇太極攘奪汗位的內幕

大貝勒代善、三貝勒莽古爾泰失寵後，取而代之為努爾哈齊所屬意的人選，尚非皇太極，而是大妃烏喇納喇氏所生的多爾袞。努爾哈齊對烏喇納喇氏有殊寵，多爾袞自幼聰穎異常，努爾哈齊也最偏愛多爾袞。清朝實錄記載努爾哈齊對「國事子孫」早有明訓，臨終遂不言及。所謂「國事子孫」，最重要的就是汗位繼承的

多爾袞像

問題，努爾哈齊與烏喇納喇氏必然有所決定。當代善、莽古爾泰失寵後，在其餘諸子中，最有可能繼承汗位的應該是多爾袞。但當努爾哈齊崩殂時，多爾袞年僅十五歲。朝鮮《春坡堂日月錄》記載，「奴兒赤臨死，謂貴永介曰：九王子當立而年幼，汝可攝位，後傳於九王。貴永介以為嫌逼，遂立洪大氏。」文中「貴永介」即貴盈哥的同音異譯，是指大貝勒代善，「九王子」即指多爾袞，「洪太氏」就是皇太極。努爾哈齊決心將汗位傳給多爾袞。但因多爾袞年幼，而令寬厚著稱的代善暫行攝位。代善以為嫌逼，努爾哈齊崩殂後，代善便改立皇太極了。《清太宗文皇帝實錄》初纂本記載代善擁立皇太極的經過云：

> 丙寅年八月十一日，太祖崩。有大貝勒二子姚托貝勒、查哈量貝勒相議，告其父大貝勒曰：國不可一日無君，此大事，宜早定。今皇太極貝勒才德冠世，深得人心，眾皆悅服，即可即立大位。大貝勒云，吾亦思及於此，汝等之官，正合我意，遂與二子姚托貝勒、查哈量貝勒計議已定，書之於紙。次日，眾貝勒大臣聚於公殿，出其擁戴皇太極貝勒之議，以示阿敏貝勒、莽古兒泰貝勒及諸貝子，阿布太、得格壘、跡兒哈朗、阿吉格、多里洪、多躲、都都、芍托、

> **和格等皆喜曰：善，議遂定，立皇太極貝勒即位。皇太極辭曰：先汗無立我之命，況兄長俱在，豈敢僭越，而獲罪於天。**

「姚托」即岳託，「查哈量」即薩哈廉，都是代善之子，也是首先倡議擁戴皇太極繼承汗位的人物。原來岳託、薩哈廉等人都是皇太極的心腹，薩哈廉母親的祖父布寨是皇太極生母的堂兄，都是屬於葉赫納喇系的人。皇太極外祖父葉赫納喇系是極力擁立皇太極繼承汗位的。皇太極兵權在握，他在葉赫納喇系及其心腹的支持下，遂迫使大貝勒代善出面擁立皇太極。實錄記載皇太極的話說；「先汗無立我之命」，努爾哈齊既無立皇太極之命，因此，皇太極的繼承汗位，一方面可以說是代善等人的擁立，一方面也可以說是攘奪。

姑且不論皇太極的繼承汗位是否擁立或奪立，但對多爾袞母子而言，都是晴天霹靂。女真族的社會舊俗，並無后妃殉葬的制度。努爾哈齊生前既然與烏喇納喇氏議定將汗位傳給多爾袞，為殺人滅口，防患未然，皇太極等人竟導演了一齣逼迫大妃烏喇納喇氏為努爾哈齊殉葬的悲劇。天

多爾袞攝政日記
五月二十九日
大學士等入見戶部官啓事畢王上曰近覽章奏屢以剃頭一事引禮
樂制度爲言甚屬不倫本朝何常無禮樂制度今不遵本朝制度必欲
從明朝制度是誠何心若云身體髮膚受之父母不敢毀傷猶自有理
若諄諄言禮樂制度此不通之説予一向憐愛羣臣聽其自便不願剃
頭者不强今既紛紛如此説便該傳旨叫官民盡皆剃頭大學士等啓
言王上一向憐愛臣民盡皆感仰况指日江南混一還望王上寬容又
吏部啓參看山東巡撫方大猷擬革職爲民王上顧問大學士等曰該
如何處大學士等言方大猷此事錯悞該處但念爲地方亦有勤勞或
從降處王上又問如何降處大學士等言前朝有降調者亦有降一二
級照舊者王上曰還實降爲是著降兵道用大學士等啓要降兵道須
多爾袞攝政日記　一　故宮博物院

皇太極死後其子福臨年幼繼位，時多爾袞任攝政王。圖為多爾袞攝政期間所寫的一篇日記。

皇太極著朝服像

命十一年（1626）八月十三日，距努爾哈齊之死不過一天，皇太極等人就假藉烏喇納喇氏「心懷嫉妒」、「恐後為國亂」，而矯遺命，聲稱努爾哈齊生前曾有遺言，強使大妃殉葬。烏喇納喇氏不相信努爾哈齊曾留下遺言，所以「支吾不從」。趙光賢撰〈清初諸王爭國記〉一文已指出，「太祖果有遺命於後，太宗雖得立，其位終屬攘奪，故必先殺后以滅口。」多爾袞英邁過人，皇太極「慮其與后合謀，於己不利」，故趁多爾袞年幼，孤掌難鳴，「遂嬌遺命以殺其母」。朝鮮滿浦僉使鄭忠信也指出，皇太極雄桀，「其即位係奪立」。皇太極的奪立，已經是「鐵的事實」。順治八年（1651）二月二十二日，順治皇帝追論攝政王多爾袞罪狀時，於〈多爾袞母子撤出廟享詔〉內引述多爾袞的話說：「太宗文皇帝之位原係奪立。」「奪立」一詞，出自多爾袞之口，當非空穴來風。

## 秋後算帳 — 皇太極南面獨尊的實現

皇太極繼承汗位時，他自稱努爾哈齊「無立我為君之命」、「舍諸兄而嗣位」。他在誓詞中保證，「我若不敬兄長，不愛子弟，不行正道，明知非議之事而故為之，兄弟子姪微有過愆，遂削奪皇考所予戶口，或貶或誅，天地鑒譴，奪其壽算。」為了政局的穩定，保持政治勢力的平衡，皇太極暫時維持四大貝勒共治國政的體制。但是，隨著集權主義的產生，金國汗的權力，日漸強化，相對削弱了其他貝勒的權力。皇太極與代善、阿敏、莽古爾泰之間的矛盾，金國內部已出現了不安。

為了轉移注意力，化解內部的危機，一致對外，皇太極決定用兵於朝鮮，擇弱而攻。天聰元年（1627）正月，皇太極列舉朝鮮七宗罪狀，指摘朝鮮容納逃人，助兵明朝，於是聲罪致討，發兵征服了朝鮮。朝鮮之役的軍事勝利，有助於金國內部矛盾的緩和。但因皇太極為了繼續強化集權統治，鞏固自己的地位，政治上的分裂傾向，有增無減，四大貝勒之間的矛盾日益激化。天聰三年（1629），二貝勒阿敏失守永平獲罪被罷黜幽禁時，就被皇太極戴上不奉君命搞分裂的帽子，後來阿敏死於幽所。三個大貝勒只剩下大貝勒代善和三貝勒莽古爾泰二人。

大貝勒代善、三貝勒莽古爾泰兩大勢力的存在是皇太極集權的障礙，必須及早削弱。皇太極為了進一步鞏固他的政治地位，先後發動了多次整肅動作。天聰五年（1631）八月，在大凌河圍城時，莽古爾泰和皇太極之間，發生了一次公開的口角，皇太極以莽古爾泰「露刃犯朕」的罪名而取消了莽古爾泰「王兄」的稱號，被排除了執政大貝勒之列。九個月之後，莽古爾泰就因「偶得微疾」而猝然死去。三個大貝勒只剩下代善一人，已經深陷孤立。天聰六年（1632）正月元旦，舉行朝賀大典，代善表示與皇太極並列而坐，「甚非禮」，而由皇太極一人「南面獨坐」。

天聰九年（1635）十月，莽古爾泰的家僕冷僧機告發莽古爾泰生前與其弟德格類、妹莽古濟格格等結黨為亂，盟誓怨望，圖謀不軌。皇太極除惡務盡，追奪莽古爾泰爵位，莽古爾泰之子額必倫，其妹莽古濟格格等以謀反罪連坐處死，其餘諸子並黜宗室，原為莽古爾泰所領的正藍旗也就因此全歸皇太極所有。至此，皇太極在金國內部的權力爭奪戰中獲得了全面的最後勝利。

清宮廷畫家筆下〈清太宗皇太極朝服像〉，呈現了皇太極少為人知的另一風情。

在角逐汗位，擊敗對手，剷除強敵的過程中，歷史是站在皇太極這一邊的。「制誥之寶」是中國歷代帝王相傳下來的玉璽，元順帝脫歡帖木兒崩於應昌府後，玉璽亦遺失。二百餘年後，口外蒙古牧人於山崗下見一山羊掘地，三日不食草。牧人於山羊掘地處挖得玉璽，後歸察哈爾漠南蒙古林丹汗所得。天聰九年，皇太極派兵征服林丹汗，取得傳國玉璽，領兵將領都說：「吾汗有福，故天賜此寶。」有德者是天生福人，所以天賜玉璽，為順應天命，皇太極即皇帝位，天聰十年（1636）五月，改元崇德，國號由金改為大清。皇太極由邊疆少數民族的金國汗向中原傳統文化中的皇帝一級發展，表明皇太極本人已經是天下共主，有實力稱帝了。皇太極由側妃之子起而角逐汗位，利用民粹，通過諸貝勒共同推舉而攘奪汗位繼承權，使其奪立合法化，又因獲得歷代傳國玉璽，天命所歸，改元稱帝，維新景運，真是天祐滿族了。

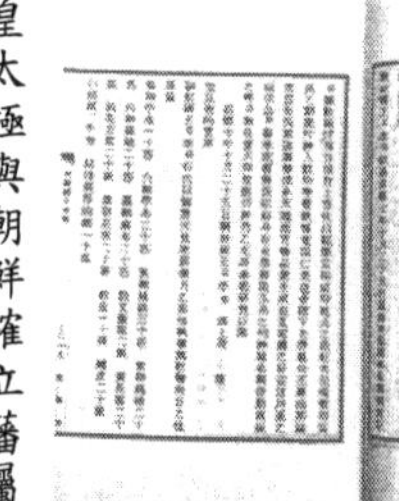

皇太極與朝鮮確立藩屬關係後，雙方有了大量的文書來往。

# 日理萬幾

## — 康熙皇帝的作息時間

康熙皇帝以八歲即位，在位達六十一年之久（1662-1722），在歷代國史上留下前所未有的長久紀錄。他在位期間，討平三藩之亂，將臺灣收入版圖，打敗準噶爾，經營西藏，平定外蒙古，鞏固了清朝的統治基礎。康熙皇帝不僅武功頗有表現，同時通曉歷代古籍，提倡文化事業不遺餘力，《康熙字典》、《佩文韻府》、《淵鑑類函》、《駢字類編》、《古今圖書集成》等書的編纂出版，留下了不朽的學術貢獻，與元代君主輕視中國傳統文化，可謂大不相同。康熙二十四年（1685），法王路易十四派遣傳教團來華活動，白晉是其中一名耶穌會傳教士，供職於內廷。康熙三十二年（1693），白晉返回法國。康熙三十六年（1697），白晉向路易十四呈遞了一份祕密報告，就是後來流傳的《康熙帝傳》，書中對康熙皇帝的容貌、個性、能力、興趣等方面，都有詳盡的描述，茲引書中一段內容如下：

> 康熙今年四十四歲，執政已經三十六年。他一身絲毫也沒有與他占據王位不稱之處。他威武雄壯，身材匀稱而比普通人略高，五官端正，兩眼比他本民族的一般人大而有神。鼻尖稍圓略帶鷹鈎狀，雖然臉上有天花留下的痕迹，但並不影響他英俊的外表。但是，康熙的精神品質遠遠強過他

身體的特性。他生來就帶有世界上最好的天性，他的思想敏捷、明智，記憶力強，有驚人的天才。他有經得起各種事變的堅強意志。他還有組織、引導和完成重大事業的才能。所有他的愛好都是高尚的，也是一個皇帝應該具備的。老百姓極為讚賞他對公平和正義的熱心，對臣民的父親般的慈愛，對道德和理智的愛好，以及對欲望的驚人自制力。更使人驚奇的是，這樣忙碌的皇帝竟針各種科學如此勤奮好學，對藝術如此醉心。在他幼年時，人們就已發現他的高尚品質。因而儘管他年幼，他的父親還是在所有的皇子中挑選他作為自己的繼承人。年幼的皇太子很快就以自己的品行給父皇賢明的選擇增添了榮譽。

康熙皇帝具備許多優點，既熱愛傳統文化，亦酷嗜西學，在位期間，勵精圖治，日理萬幾，文治武功，頗有表現。透過耶穌會士白晉等人的描述，有助於了解康熙皇帝的言行舉止，根據清代《起居注冊》的記載，可以知道康熙皇帝的作息時間。

## 御門聽政　日理萬幾

漢代官員在每五天之中，可以有一天不辦公，這個例假日，稱為休沐。隋唐時期，在每月的初十日、二十日及最後一日即二十九日或三十日，是官方的例假日，稱為旬假。明清時期，改變更多，許多假日都已取消。清代國定假日是從年底封印開始，在封印期間，中央各部院一律公休，直到第二年元宵節過後才開始辦公。康熙年間的封印日期，或在十二月二十日，或在十二月二十一日。其開印日期，或在正月十七日，或在正月十八日，年假平均有二十七天。在公休期間，康熙皇帝仍然忙著賜宴，款待屬邦貢使，以及藩部王公大臣，還要參加各種祭祀大典。

清代皇帝視朝處理政事，叫做御門聽政。《清朝文獻通考》記載順治皇帝御門聽政的地點是在太和門大和殿，臣工題奏、除授、引見，都在這裡舉行。按照《東華錄》的記載，康熙六年（1667）七月初七日，康熙皇帝親政，在太和殿舉行慶賀典禮，隨即臨御乾清門聽政，嗣後日以為常。但是根據《起居注冊》的記載，康熙皇帝在京師御門聽政的地點，並非限乾清門一處，此外如乾清宮東暖閣、懋勤殿、批本房、暢春園內澹寧居、瀛臺勤政殿等處，都是康熙皇帝視朝辦事的宮殿。

清代皇帝的作息時間表，通常是從清早的朝會開始。朝會的時間，早得驚人，約在早上五點或六點，如果朝會到七、八點才舉行，就被認為晚了，許多官員為了準時到達，必須半夜起牀。康熙皇帝親政以後，宵旰精勤，每天清晨即開始視朝辦事，以致文武大臣每夜三更早起，四、五更趕到乾清門，飽嘗夜行寒風之苦。文華殿大學士兼吏部尚書黃機年逾七旬，經不起每天冷風侵襲，而具疏乞休。刑部尚書魏象樞也是年近七十，因不堪趨朝勞頓，而跌倒於乾清門。

大理寺司務趙時楫疏請分班啟奏，輪流上班。康熙二十一年（1682）九月，經九卿、詹事、科道官員會議後，疏請除九卿、詹事、科道官員，因皇帝不時召問，仍令每日上朝外，其餘閒散官員定於每月初五日、十五日及二十五日三次上朝。在九卿等原疏中指出，「自古人君未嘗每日親御聽政，即定期視朝，亦未有甚早者。」因此，九卿、詹事、科道疏請康熙皇帝將御門聽政的時間定於上午七點舉行，使遠居大小各官可以黎明而入，不致遲誤。康熙皇帝體諒大臣風寒勞累，頒佈了更改上朝時刻的諭旨說：

朕御朝太早，各官於三、四鼓趨赴朝會，殊為勞瘁，自今

> 以後，朕每日御朝聽政，春夏以辰初初刻，秋冬以辰正初刻為期，啟奏各官，從容入奏，九卿、詹事、科道，原係會議官員，仍每日於啟奏時齊集午門，如有年力衰邁及偶患疾病，俱回本衙門說明，免其入奏齊集，此外各衙門及部院司屬官員，俱停其每日齊集，著各赴本衙門辦事，每月常朝，仍應照舊行。

在諭旨中規定御門聽政的時間，春夏兩季是在上午七點，秋冬兩季則在上午八點。但因康熙皇帝深信致治之道，務在精勤，勵始圖終，因此，不論用人施政，事無鉅細，無不憚心籌畫，夙夜孜孜，宵旰弗遑。從《起居注冊》的記載，可以知道康熙皇帝御門聽政的時刻和地點，例如康熙二十二年（1683）四月初九日上午五點，康熙皇帝到太皇太后宮問安，上午七點到乾清門聽理政事。同年十月二十八日，《起居注冊》記載這天上午七點康熙皇帝在乾清門聽政，部院各衙門官員面奏政事完畢後，大學士、學士捧著折角奏章，即所謂折本，面奏請旨，直到上午九點公事始處理完畢，康熙皇帝接著又臨御內殿，大學士又以京城秋審情真重犯三覆奏本面奏請旨，康熙皇帝賜坐後即取出招冊逐一披閱。下午一點，康熙皇帝又在乾清門宴請蒙古敖漢部安達阿玉席。

《起居注冊》記載康熙二十七年（1688）五月初四日上午七點，康熙皇帝臨御瀛臺勤政殿聽政，先由部院各衙門官員面奏政事，然後由大學士伊桑阿等人以折本請旨。同年六月初三日清晨，康熙皇帝出西直門，駐蹕暢春園，上午九點，康熙皇帝臨御暢春園內澹寧居聽政，大學士伊桑阿、學士凱音布等人以折本面奏請旨。十一月初二日上午五點，康熙皇帝到乾清宮聽政。康熙三十年（1691）十月二十六日上午九點，康熙皇帝臨御乾清宮東暖閣聽政，大學士伊桑阿等人以御史處決重囚題本面奏請旨，康熙皇

康熙皇帝〈南巡圖〉（局部）。圖中所示為康熙年間江寧（即今南京）三山街等繁華市區，畫面充滿了準備迎駕時的忙碌興奮氣氛。

帝仔細披閱重囚招冊，逐一指示，按照罪情輕重，從輕量刑，將李小眼等二十三人降旨減刑。康熙四十年（1701）十一月十八日上午九點，康熙皇帝到批本房召見大學士伊桑阿等人，商議刑部囚犯勾決等事。

康熙皇帝在位期間，屢次巡行各地，啟鑾時，大學士、學士等多員隨行，仍然日理萬幾。從《起居注冊》的記載，可以知道康熙皇帝臨御行宮聽理政事的時間，例如康熙二十一年（1682）二月十五日，因清軍平定雲南，全國統一，康熙皇帝率皇太子、大學士、學士等詣永陵、福陵、昭陵，以告祭滿洲列祖列宗。四月初七日，駐蹕烏喇吉臨軍屯，當天下午五點，康熙皇帝臨御行幄聽政，大學士、學士捧折本面奏請旨。四月二十八日，駐蹕寧遠州城西南地方，康熙皇帝當天在行幄聽理政事的時間是在下午九點。康熙三十一年（1692）二月初七日，康熙皇帝啟鑾，巡幸畿甸。二月十六日，駐蹕武清縣行宮，聽理政事的時刻是在當天下午三點。康熙三十五年（1696），用兵於準噶爾期間，康熙皇帝在口外時，每天五鼓起程，日中駐箚，每日一餐，但是從不晝寢，當夏暑熱，也不用扇。

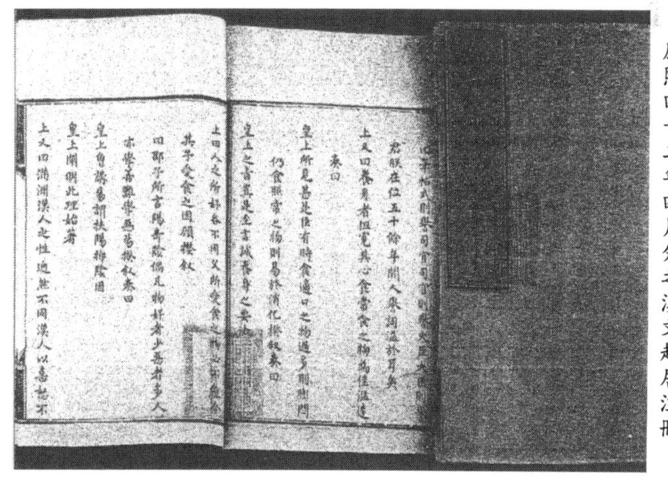

康熙四十二年四月分之漢文起居注冊

康熙四十一年（1702）二月十二日，康熙皇帝駐蹕菩薩頂，當天聽理政事的時刻是在上午七點。閏六月十五日，駐蹕熱河行宮，聽理政事的時刻是在當天午時。同月十八日，臨御熱河行宮聽政的時刻是在上午九點。翌年十月十八日，駐蹕真定府城內，康熙皇帝御行宮聽政的時刻是在夜晚七點。康熙四十七年（1708）七月初四日，駐蹕烏闌布通南界行宮，聽政的時刻是在下午一點。十二月十二日，駐蹕陳家溝，聽政的時刻是在下午五點。

從前述例子可以知道康熙皇帝在北京御門聽政的時刻，多在上午七點，有時候從九點開始，但是也常在七點以前就開始上朝聽理政事了。康熙皇帝巡行各地御行宮聽政，並無固定時刻，或在上午七點，或在午時，或在夜晚七點。就清代而言，皇帝視朝辦公時間的不固定，並非怠惰的現象，而是孜孜勤政的表現。這一事實，無疑地頗有助於清代成為一個穩定而長久的朝代。

## 經筵日講　勤修精進

歷代舉行經筵大典的主要用意是要求帝王留心學問，勤求治理。後代逐漸形成虛文，明代萬曆、天啟各朝君主在舉行經筵日講時，都是端拱而聽，默無一言，不諳文義。清初康熙皇帝於日理萬幾之暇，常舉行經筵，舉凡四書、五經、通鑑、性理等書，無不勤加披覽。儒臣逐日進講，康熙皇帝常常先行講解一遍，偶遇詞句可疑，或一字不解，即與諸臣反覆討論，期於貫通義理，使經筵日講，不致流於形式。

康熙皇帝於御門聽政後，即由講官進講四書，例如康熙十一年（1672）四月十五日清早，康熙皇帝御太和殿視朝，文武陞轉各官謝恩完後，康熙皇帝暫時回宮，過一會兒又臨御乾清門聽政。

到了上午九點，在弘德殿開始由講官熊賜履、孫在豐進講「子夏曰賢賢易色一章」。

就康熙初年而言，進講四書的時刻，多半在上午七點至九點之間，例如康熙十一年（1672）四月二十四日清早，康熙皇帝在乾清門聽理政事，上午七點御弘德殿，講官熊賜履、史大成、孫在豐進講「子禽問於子貢曰夫子至於是邦也」一章。在瀛臺進講四書的時刻也多在上午七點，例如康熙十二年（1673）三月初六日清早，康熙皇帝在瀛臺聽政，上午七點又在瀛臺由講官傅達禮等人進講「子曰禘自既灌而往者」及「或問禘之說」各一章。

康熙皇帝好學的精神，實非明代君主所能望其項背。康熙十二年（1673）四月間，因天氣逐漸暑熱，康熙皇帝身體違和，欲暫幸南苑休養，但仍進講不輟。四月十六日上午七點，康熙皇帝詣太皇太后宮問安後即出午門，由崇文門幸南苑，駐蹕東宮，面諭學士傅達禮說：

> 南苑乃人君練武之地，邇來朕體不快，來此地遊覽，扈從講官史鶴齡、編修張英，俱係詞臣，著各作詩賦於十八日進講時進呈。

四月十八日上午七點，康熙皇帝臨御南苑前殿，講官傅達禮、史鶴齡，編修張英進講「宰予晝寢」、「子曰吾未見剛者」各一章，講畢，傅達禮將史鶴齡、張英所作南苑賦各一章及詩各二首進呈御覽，龍體不快仍不忘讀書。康熙皇帝巡幸南苑期間，除了在上午七點進講四書外，此外也在上午五點至七點之間舉行。

因康熙皇帝御門聽政的地點多在乾清門，所以常在御門聽政以前，先在乾清宮進講四書。《起居注冊》記載康熙二十三年（1684）三月初七日清早御乾清宮，講官牛鈕、孫在豐、歸允肅分別進講「六三未濟」、「征凶」、「九四貞吉」、「悔亡」等節，到

康熙皇帝讀書像

了上午七點開始在乾清門聽政。上午九點，康熙皇帝到鑲黃旗教場校閱滿洲、蒙古、漢軍文武官員騎射。

康熙皇帝在保和殿或文華殿舉行經筵大典的時刻，並無硬性規定，《起居注冊》記載康熙十一年（1672）八月十八日清早，康熙皇帝在乾清門聽理政事，上午七點在保和殿舉行經筵大典，講官常鼐、徐元文進講《大學》「所謂平天下」一節；折庫納、宋德宜進講《書經》〈後克艱厥後〉一節，講畢，照例賜宴。康熙十三年（1674）八月二十八日，康熙皇帝從上午七點以前開始在乾清門聽理政事。到了上午九點在保和殿舉行經筵大典，講官常鼐、王熙進講四書「唯天下至聖為能聰明睿知足以有臨也」一節；胡密子、徐元文進講《書經》「知人則哲」一段。康熙三十年（1691）九月二十二日，康熙皇帝在文華殿舉行經筵大典的時刻是在下午一點。經筵講畢，講官賜宴的地點，多在太和門前舉行。

除了經筵日講外，康熙皇帝又不定期召儒臣進講四書五經，例如康熙十六年（1677）五月二十日下午三點，康熙皇帝召侍讀牛鈕到懋勤殿進講《大學》「秦誓曰若有一個臣」一節，然後進講《中庸》「詩曰奏假無言」一節。講完以後，康熙皇帝命牛鈕寫字，牛鈕寫了五言唐詩一首。康熙皇帝也親灑宸翰，草書唐詩絕句一首，然後賜茶。

## 文武殿試　濟濟多士

清初沿襲明代制度，舉行科舉考試，各府州縣學生員逢子午卯酉年到省城考試，稱為鄉試，中式者為舉人。辰戌丑未年，舉人入京考試，稱為會試，中式者為貢士，皇帝親試貢士於廷，稱為殿試，中式者分一二三甲，一甲三人，即狀元、榜眼、探花，賜進士及第；二甲若干人，賜進士出身；三甲若干人，賜同進士出身。

康熙皇帝在乾清宮親閱貢士試卷的時刻，多在下午五點至九點之間。《起居注冊》記載康熙三十三年（1694）三月二十二日下午五點，殿試讀卷官大學士伊桑阿等人將策試貢士考卷選擇十本在乾清宮進呈御覽，面奏請旨定奪。康熙三十九年（1700）三月二十二日早，康熙皇帝到澹泊為德宮向皇太后問安，下午五點回宮。下午七點，讀卷官大學士伊桑阿等人以殿試貢士考卷十本在乾清宮進呈御覽。康熙皇帝因眼睛受熱，在燈下不能看字，所以令奏事主事存住傳旨依照讀卷官所定名次，不必更動。

《起居注冊》記載康熙五十一年（1712）四月初四日下午五點，讀卷官溫達將殿試貢士一百八十卷公閱後擇十本捧入乾清宮呈覽。康熙皇帝逐卷披覽，閱至第三卷時，詢問讀卷官說：「第三卷文甚佳，字亦端楷，何以擬第三？」大學士李光地面奏說：「第三卷果佳，因訛寫一字，故擬居第三。」康熙皇帝諭以「訛一字無妨，著置在一甲第一。」經康熙皇帝改置一甲第一名的狀元，名叫王世琛。

康熙皇帝主持武場術科殿試的項目包括步射、開弓、舞刀及掇石等項，其時間多在上午九點舉行，例如康熙三十三年（1694）

十月初六日上午九點，康熙皇帝在瀛臺紫光閣舉行武場殿試，親試中式武舉步箭、開弓、舞刀、掇石。下午三點試畢，康熙皇帝回宮。下午五點，康熙皇帝在乾清宮西暖閣閱卷，讀卷官大學士伊桑阿等人將中式武舉試卷進呈御覽。

武場術科若因人數眾多，則分兩天舉行考試，例如康熙三十六年（1694）十月初五日上午九點，康熙皇帝在瀛臺紫光閣親閱中式武舉騎射、步射、開弓、舞刀、舉石，下午三點回宮。次日上午九點，康熙皇帝在紫光閣繼續親自主持武場殿試，下午三點回宮。康熙後期，武場殿試的地點，大都在暢春園內西廠舉行。因應試人數眾多，而分班進行。康熙五十一年（1712）的武科殿試，是在十月十二日上午九點舉行，由康熙皇帝親自主持，地點就在暢春園內的西廠，將中式武舉馮雲等九十九人分為十班，考試的項目包括步射、掇石、挽勁弓、舞大刀等。

康熙皇帝重視騎射，對諸皇子的騎射教育，要求尤嚴，在京之日，常率諸皇子騎射。《起居注冊》記載康熙三十九年（1700）十月初六日上午九點，康熙皇帝臨御瀛臺紫光閣，親率諸皇子及宗室侍衛射箭。康熙四十年（1701）六月初五日，駐蹕宣化府西門外，下午三點，康熙皇帝率皇太子及諸皇子到行宮東門外射箭。康熙皇帝隨時隨地不忘騎射，就是維護滿族習俗的具體表現。

## 召見諸臣　曲賜優容

召見文武大臣是清代皇帝的例行工作，康熙皇帝召見諸臣，並無固定的時間和地點。《起居注冊》記載康熙十一年（1672）五月二十七日下午一點，康熙皇帝在觀德殿召見推陞雲南總兵平西親王藩下參領張足法。同年閏七月十四日十二點，康熙皇帝在瀛臺召見山西布政使杭愛，賞賜表裏布帛各三疋。次年二月十九日清晨，康熙皇帝臨御乾清門聽政，下午一點在懋勤殿召見學士傅達禮。因傅達禮繙譯《大學衍義》成滿文，皇太后特賞內帑白金一千兩。

康熙十六年（1677）六月十七日早，康熙皇帝御乾清門聽理政事，下午一點在懋勤殿召見詹事沈荃，出示內府珍藏的晉唐宋元名蹟及淳化年間的蘭亭諸帖。沈荃鑑賞了九成宮帖，康熙皇帝令沈荃當場寫了行書一幅，大字二幅，然後自己寫了「存誠」、「忠恕」二幅。康熙皇帝披覽奏章時，常召見大臣商議，例如康熙十八年（1679）十二月初一日上午九點，康熙皇帝召內閣大學士、學士至懋勤殿面商折本。康熙三十二年（1693）十一月二十一日下午一點，康熙皇帝巡幸回宮，下午三點在乾清宮召內閣大學士伊桑阿等人面商政事。

外任大員離京赴任及卸任回京，康熙皇帝多召見他們，面授方略，或垂詢政情。《起居注冊》記載康熙二十一年（1682）八月初六日上午九點，杭州副都統邵鳳翔陛辭，奏請諭旨。康熙皇帝臨御玉泉山東門，召見邵鳳翔，面諭云：

> 朕聞杭州駐防官兵將地方民人商賈甚加刻害。官兵駐防省會，原以鎮守地方，使民生有益，今既無益，反行刻害，是何理也？今任爾為副都統，爾須留心此事，以副朕簡用，將官兵嚴加約束。如仍前恣行，決不輕恕！杭州猶可，鎮江更甚，爾今往將朕諭傳與彼處將軍、副都統等知之。

面諭完畢後，康熙皇帝命賜食，然後回宮。康熙二十七年（1688）三月初一日上午七點，康熙皇帝臨御乾清門聽理政事後，吏部帶領山東布政使衛既齊陛見。當天上午九點又在乾清門召見回京述職的兩江總督董訥。

康熙二十九年（1690）八月十八日，康熙皇帝因病漸癒，傳諭云：

> 朕體較前大愈，許久不見部院諸臣，思欲相見，明日當御門見之。

次日上午九點，康熙皇帝御乾清門，大學士、學士、九卿、詹事、科道等官員，進前請安，大學士王熙等人以康熙皇帝較前清減，奏請駕幸暢春園養病。

康熙皇帝召見老臣時，極關懷諸臣的健康狀況。《起居注冊》記載康熙四十一年（1702）十月初五日，康熙皇帝駐蹕德州，當天上午九點，召侍讀學士陳元龍等人入行宮賜食。飯後，康熙皇帝垂詢陳元龍說：「爾年幾何？」陳元龍面奏說；「臣年五十一」。又問：「爾鬚已白，齒曾落否？」陳元龍答說：「已落二齒」。又問：「爾目昏用眼鏡否？」陳元龍答說：「燈下書字，亦覺目昏，若書細楷，雖日間亦用眼鏡。」

明代宣德年間以後，皇帝深居內殿，雖大學士，亦罕相見。成化以後迄於天啟，前後一百六十七年，其間召見大臣，僅孝宗弘治末年數次而已。其中嘉靖、萬曆二帝，更是不問政事，二十餘年竟不視朝，群臣從不見皇帝顏色，君不識其臣，臣不交一言於其君。清代康熙皇帝以滿族入主中原，早承大業，宵旰勤政，經文緯武，統一寰宇，終於奠定清初盛世的基礎。康熙皇帝日理萬幾，孜孜求治的表現，實在是明代皇帝所望塵莫及的。

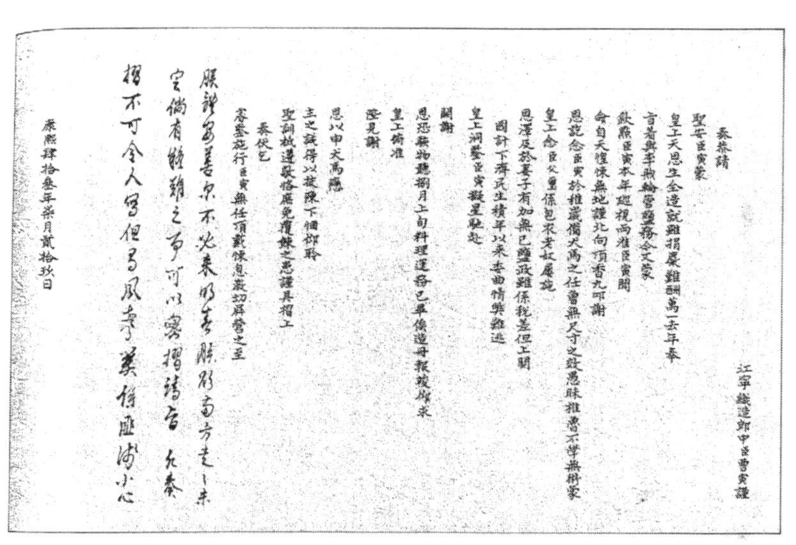
江寧織造郎中臣曹寅謹
奏恭請
聖安臣寅蒙
皇上天恩生全造就雖捐糜難酬萬一去年奉
旨着與李煦輪管鹽務今又蒙
欽點臣寅本年巡視兩淮臣寅聞
命自天惶悚無地謹北向頂香九叩謝
恩竊念臣寅於推嚴備犬馬之任曾無尺寸之效愚昧推當不學無術蒙
皇上念臣父璽係包衣老奴屢施
恩澤及於妻子有加無已鹽政雖係稅差但上關
國計下濟民生積年以來委曲情弊難逃
皇上洞鑒臣寅擬呈馳赴
闕謝
恩恐無物聽稠月上旬料理運務已畢俟運舟報竣再求
皇上俯准
陛見謝
恩以申犬馬之誠得以披陳下悃仰聆
主之誠得以披陳下悃仰聆
聖訓敬遵恪屠免覆餗之患謹具摺上
奏伏乞
睿鑒施行臣寅無任頂戴悚息激切屏營之至
朕體安善爾不必來明春朕欲南方走走未定
倘有疑難之事可以密摺請旨凡奏
摺不可令人寫但有風聲關係匪淺小心
康熙肆拾叁年柒月貳拾玖日

康熙皇帝硃批奏摺

皇上遂親書雲飛北闕輕陰散雨歇南山積翠來
十四大字真如龍飛鳳舞岳峙淵停諸臣拱
立欽仰懽忭贊颺難罄焉
上又曰米芾石刻可不必學所有法帖朕曾臨倣
大抵名人墨蹟屢經匠工鏤刊其原本精神漸
皆失真沈荃昔云伊曾親受董其昌指訓朕幼
年學書有一筆不似處沈荃必直言之朕素性
好此久歷歲年毫無間斷又
問爾等平日所知有善書者否宋大業奏曰縱
有善書者小字或有可觀能書大字者實少
況
聖學高深何足以當
御覽隨令內監領至
行宮左廂觀四貝勒與十三阿哥寫字皇子講

《起居注冊》，康熙四十一年十月初五日
臺北　國立故宮博物院藏

# 歷史傳說

## — 關於雍正皇帝繼位的傳說

雍正皇帝矯詔篡位之說，流傳甚久。在小說家筆下，更是繪聲繪影，活靈活現。究竟雍親王是否篡改了康熙皇帝的遺詔？抑或這僅是宮廷政治鬥爭下的蜚語流言……

清世宗雍正皇帝讀書像

我國歷代皇帝的后妃，人數眾多，根據史書記載，三國時代的吳國君主孫皓即位後，奢侈失政，後宮佳麗多達五千人。晉武帝司馬炎篡魏後，亦有五千宮女，平定吳國後，又得到佳麗五千人，合計六宮粉黛一萬餘人。唐太宗是一代令主，他一次遣散的宮女多達三千人，但留在宮中的至少還有數千人。清代康熙年間，除慈寧宮、寧壽宮外，乾清宮妃嬪以下的宮女共計一百三十餘人，人數較少，但康熙皇帝皇子眾多，卻為歷代所罕見。據《清史稿》〈后妃傳〉的記載，康熙皇帝的后妃嬪貴人有姓氏可查者共三十二人，先後生子三十五人，康熙皇帝真是一位兒女滿堂的人。

按照滿洲社會的舊俗，所有嫡子，不拘長幼，都有繼承皇位的權利。但因康熙皇帝嘗試立嫡立長，終於導致骨肉相殘的悲劇。在康熙皇帝的三十五個皇子之中，除了夭亡的十一人之外，還有二十四人。其中胤禔雖然是皇長子，但非嫡出。皇二子胤礽，滿文讀作「in ceng」，為孝誠皇后赫舍里氏所生，是嫡長子。胤礽年方二歲，即被冊立為皇太子。胤礽當了四十多年的皇太子，因行為放縱乖戾，難託重器，終於被廢了。

皇太子被廢以後，皇子們個個都有帝王夢，彼此樹黨暗鬥，以角逐皇位。皇八子胤禩「丰神清逸，福壽綿長，後必大貴。」皇九子胤禟自稱相貌有帝王體，他曾說：「我初生時，有些奇處，妃娘娘曾夢日入懷，又夢見北斗神降。」秦道然是胤禟的老師，據秦道然說：

> 胤禟曾向我說，當日妃娘娘懷娠之日，身子有病，病中似夢非夢，見正武菩薩賜以紅餅，狀如日輪，令妃娘娘喫了，果然病癒胎安。又說我幼時耳後患癰甚危，已經昏迷，忽聞大聲一響，我開眼時見殿樑間金甲神圍滿，我的病就好了，這俱像是我的瑞兆。

皇十四子胤禵的八字是「戊辰甲寅癸未辛酉」，聰明絕世，才德雙全，面貌酷肖皇父，特見鍾愛，年方三十，被任命為撫遠大將軍，給予立功機會。皇四子胤禛是胤禵同父同母的哥哥，但康熙皇帝責備皇四子「為人輕率」，印象不佳，從無立胤禛為皇太子之意。

## 雍正繼統，謠言四起

康熙六十一年（1722）十一月十三日，康熙皇帝崩殂，繼位的不是胤禟，也不是胤禵，而爆出了一個冷門，皇四子胤禛登了基，他就是雍正皇帝，諸皇子的帝王夢都成了空。皇四子在倉卒之間入承了大統，當時京中及各省都議論紛紛，傳說皇四子的得位是矯詔篡奪。《大義覺迷錄》對雍正皇帝的繼位，記載了很多的謠傳。發配東北三姓地方的耿精忠之孫耿六格說：

> 聖祖皇帝在暢春園病重，皇上就進一碗人參湯，不知何如？聖祖就崩了駕，皇上就登了位。隨將允禵調回囚禁，太后要見允禵，皇上大怒，太后於鐵柱上撞死。.

耿六格在三姓八寶家中時，有太監于義、何玉柱向八寶妻子說：「聖祖皇帝原傳十四阿哥允禵天下，皇上將十字改為于字。」弒父矯詔篡位成了大家談論的新聞。

曾靜是湖南靖州的一位落第書生，當他在州城應試的時候，於無意中讀到康熙年間名儒呂留良的評選時文，其中有論及夷夏之防的文句，十分沉痛，決心革命。曾靜認為川陝總督岳鍾琪是宋代岳飛的後裔，必能一本岳飛的抗金遺志，滅掉清朝。曾靜的學生張熙持書往見岳鍾琪，但是岳鍾琪並沒有一絲一毫反清復明的念頭，反而把曾靜等人押解京師。曾靜在湖南時，曾從京師王府發遣廣西人犯口中聽到雍正皇帝入承大統的傳說。據曾靜供稱：

> 有人傳說先帝欲將大統傳與允禵，聖躬不豫時，降旨召允禵來京，其旨為隆科多所隱，先帝賓天之日，允禵不到，隆科多傳旨，遂立當今。

康熙皇帝崩殂的時候，皇十四子胤禵，正在邊遠數千里外的西陲，不能及時回京，帝王美夢成了泡影。

朝鮮使臣金演從北京迎詔返國後，將清廷官方發佈的消息報告戶曹判書李台佐。金演聽到的消息說：

> 康熙皇帝，在暢春苑病劇，知其不能起，召閣老馬齊言曰：「第四子雍親王胤禛最賢，我死後立為嗣皇。」胤禛第二子有英雄氣象，必封為太子，仍以為君不易之道，平治天下之要，訓戒胤禛。解脫其頸項所掛念珠與胤禛曰：「此乃順治皇帝臨終時贈朕之物，今我贈爾，有意存焉，爾其知之。」

康熙皇帝賓天之際，皇四子胤禛並不在側，臨終贈與念珠信物，實難置信，朝鮮使臣金演對清廷公佈的信息已不敢盡信。朝鮮密昌君樴甚至認為雍正皇帝的繼位，是出於矯詔。他說：

> 雍正繼立。或云出於矯詔，且貪財好利，害及商賈。

朝鮮君臣對雍正皇帝得位的合法性，都持懷疑的態度。

## 傳位「于」四子

文人著述，幾乎異口同聲譴責雍正皇帝矯詔篡立。《清史纂要》一書敘述雍正皇帝繼承皇位的傳說云：

> 聖祖疾甚，胤禛及諸皇子方在宮門問安，隆科多受顧命於御榻前，帝親書皇十四子四字於其掌。俄隆科多出，胤禛

迎問。隆科多遽抹去其掌中所書「十」字，祇存「四子」字樣，胤禛遂得立。

書中所述繼位傳說，與耿精忠之孫耿六格相近，耿六格說是雍正皇帝本人把「十」字改為「于」字；《清史纂要》則謂將掌中「十」字抹去，只存「四」字。《清史要略》對於改「十」為「于」的描繪，更是淋漓盡致，書中說：

聖祖非傳位於胤禛，胤禛竊而襲之也。胤禛自少頗無賴，好飲酒擊劍，不見悅於聖祖，出亡在外，所交多劍客力士，結為兄弟十三人，技皆絕妙；高者能鍊劍為丸，藏腦海中，用則自口吐出，夭矯如長虹，殺人於百里之外；次者能鍊劍如芥，藏於指甲縫、用時擲於空中，當者皆披靡，胤禛亦習其術。康熙六十一年冬，聖祖將赴南苑行獵，會有疾，回駐暢春園。彌留時，手書遺詔，傳位十四子。十四子胤禵也，賢明英毅，嘗統師西征，甚得西北人心，故聖祖欲立之。時胤禛偕劍客數人返京師，偵知聖祖遺詔，設法密盜之，潛將「十」字改為「于」字，藏於身，獨入侍暢春園，盡摒諸昆季，不許入內，時聖祖已昏迷矣。有頃，微醒，宣詔大臣入宮，半晌無至者。驀見獨胤禛一人在側，知被賣，乃大怒，取玉念珠投之，不中，胤禛跪謝罪。未幾，遂宣言聖祖上賓矣。胤禛出告百官，謂奉遺詔冊立，並舉玉念珠為證，百官莫辨真偽，奉之登極，是為雍正帝。

## 誰盜取了聖祖遺詔？

傳說中的聖祖遺詔藏置在哪裡？究竟是誰盜取的呢？許嘯天著《清宮十三朝演義》說：

乾清宮內正大光明殿，為皇帝處理日常政務、
接見大臣與外國使臣之處

看看到十一月底，天氣十分寒冷，皇帝睡在御床上，喘氣十分急迫，他自己知道不中用了，忙吩咐隆科多，把十四皇子召來。那隆科多早已和雍王預定下計策，奉了皇帝命令，只見皇帝早已進氣少，出氣多、當下隆科多，走出園來，見園門外擠了許多皇子、妃嬪，他便故意大聲喊道：「皇上有旨，諸皇子到園，不必進內，單召四皇子見駕！」說罷，喚親隨的拉過自己的馬來，嘴裡說找四皇子去，快馬加鞭的去了。你道他真的去找尋四皇子麼？祇見他飛也似的跑進宮門，走到正大光明殿上，命心腹太監，悄悄的從匾額後面拿出那康熙皇帝的遺詔來，現成的筆墨，他便提起筆來，把詔書上寫著的傳位十四皇子一句，改做傳位于四皇子，改好以後，依舊藏在原處，悄悄的出了宮門，又飛也似的回到暢春園去。這時康熙皇帝氣厥過去幾回，到

> 傍晚時候，纔慢慢的清醒過來，睜眼一看，床前有一個人跪著，雙手高高的捧著一杯參湯，口中連連喚著父皇，康熙皇帝模模糊糊，認做是十四皇子，便伸手過去摸他的臉，那雍王趁此機會，爬上床去，皇帝睜著眼端詳了半天，纔認出並不是十四皇子，乃是四皇子胤禛，不由他心頭一氣，祇喊一聲：「你好！」一口氣轉不過來，便死過去了。

傳說中的康熙皇帝遺詔，都是傳位十四皇子，後來，「十」字被改成「于」字，皇四子便順理成章的成為皇位合法繼承人，這種傳說，與耿精忠之孫耿六格所述相近。但耿六格只說雍正皇帝將「十」字改為「于」字，並未說遺詔放在哪裡？《清宮十三朝演義》卻說遺詔放在正大光明殿上匾額的後面，改詔之舉是出自隆科多之手。燕北老人著《滿清十三朝宮闈祕史》則謂四皇子改「十」字為「第」字，康熙皇帝得知被賣後，即「投枕擊之」。「十」字不是改成「于」字，康熙皇帝投枕擊打四皇子，並非取玉念珠投擊，出入頗大。天嘏著《滿清外史》又說：

> 竊詔改竄之策，年羹堯實主持之，蓋胤禛之母，先私於羹堯，入宮八月，而生胤禛。至是乃竊詔改竄，令為天下主，故當雍正時代，羹堯權傾朝右，而卒以罪誅，說者比之呂不韋云。

乾清宮外景

竊詔改竄的人物是年羹堯，而不是隆科多。

後世不僅流傳雍正皇帝改「十」為「于」的故事，同時也傳說皇十四子的名字也是被雍正皇帝更改的，皇十四子的原名叫做胤禎，胤禛是雍正皇帝即位以後強行塑造的一個新名。遺詔中的「皇位傳十四子胤禎」，經雍正皇帝把「十」和「禎」改動兩三筆後，就將遺詔改成為「皇位傳于四子胤禛」了，輕而易舉，很難看出竄改的痕跡，皇四子胤禛就正式當上了皇帝。朝鮮密昌君樴向朝鮮國王報告時就說過「雍正繼立，或云出於矯詔，且貪財好利，害及商賈。」雍正皇帝矯詔篡立，真是眾口鑠金了。

## 兄弟鬩牆，各樹黨羽

富家子弟惟恐其多，多則亂生，帝王家庭何獨不然？康熙皇帝就是因皇子眾多，終於導致兄弟鬩牆，骨肉殘殺的悲劇。康熙皇帝自從圈禁皇太子胤礽後，無日不流涕。巡幸南苑，憶及胤礽隨行情景，不禁傷懷，甚至在睡夢之中，見到崩逝不久的太皇太后容顏不悅，皇后也以胤礽被冤見夢。康熙四十七年（1708）十月十七日，宮中搜出皇長子胤禔詛咒胤礽物件。康熙皇帝一面幽禁胤禔，一面加意調治胤礽，其病漸痊，乃於康熙四十八年（1709）三月初九日復立胤礽為皇太子。胤礽復正儲位以後，惡行不改，要結黨羽，窺伺乘輿，常說：「古今天下，豈有四十年太子乎？」胤礽不安於位，竟欲逼皇父康熙皇帝遜位，康熙五十一年（1712），又再度廢黜皇太子，將胤礽圈禁於咸安宮。

由於康熙皇帝嘗試建儲的失敗，遂導致諸皇子兄弟鬩牆的紛爭，滿漢大臣也捲入政爭，分門別戶，樹黨暗鬥。當胤礽第二次被廢囚後，以皇八子胤禩黨的勢力最為雄厚，此黨以皇九子胤禟等人為黨羽，同心合謀，希圖儲位，滿漢大臣曾合詞保舉皇八子胤禩。但皇八子胤禩平日不遵旨戒酒，每於醉後打人。胤禩書法不佳，康熙皇帝規定他每天必須書寫十幅呈覽，胤禩卻不耐其煩，

建儲匣，置於「正大光明」匾後

每每找槍手代寫，欺誑皇父，而且胤禩生母出身較低，胤禩母子深為康熙皇帝所厭惡。皇九子胤禟更是一個好酒色的庸材，雖然懷著妄想，然而並非有大志的人。他的老師秦道然就曾說過「胤禟卻是個胡塗不堪，無才無識的人。」皇八子胤禩、皇九子胤禟既然失寵於康熙皇帝，他們圖謀儲位的夢想也隨著破滅了。皇十四子胤禵是康熙皇帝和孝恭仁皇后烏雅氏所生，康熙三十六年（1697）以後，康熙皇帝將胤禵改名為胤禎。因為他的面貌最酷肖皇父，而且才德雙全，所以特見鍾愛。康熙五十七年（1718）十月十二日，皇十四子年三十歲，正當血氣方剛之時，康熙皇帝以準噶爾部的勢力日益強盛，特任命他為撫遠大將軍，給予立功機會，當時就被認為是冊立皇十四子為皇太子前的預備行動。因此，當滿洲大臣揆敘、漢大臣王鴻緒等聯合保奏皇八子胤禩為皇太子的計畫徹底失敗以後，皇十四子就被認為是唯一可以立為皇太子的最佳人選了。但是，這一切都是屬於揣測，康熙皇帝深悔預立皇太子的錯誤，胤礽被廢囚後，已無意另立皇太子，以免輕舉再誤。雍正皇帝就認為任命皇十四子為撫遠大將軍，即表示無意傳位給皇十四子。他說：

> 獨不思皇考春秋已高，豈有將欲傳大位之人令其在邊遠數千里外之理？雖天下至愚之人亦知必無是事矣！

康熙六十一年（1722）十一月，當康熙皇帝身體欠安時，並未召回皇十四子，以致他的帝王夢終於成了泡影。日人後藤末雄著《乾隆帝傳》提出一種解釋，書中說：

> 當康熙帝臨終時，本想傳位給皇十四子，可是那時他遠在蒙古內地，假如把他叫回北京再宣布傳位詔書，在這空位階段勢必發生皇位的糾紛，不得已只好傳位給皇四子胤禛了。

## 康熙皇帝愛孫及子，雍親王入統

康熙皇帝雖然從無立皇四子胤禛為皇太子的意思，但胤禛擁有雄厚的力量，召受顧命的理藩院尚書步軍統領隆科多就是皇四子胤禛的心腹。皇四子胤縝以靜制動，早有充分準備，胤禔、胤礽被圈禁，胤禩、胤禟失寵，胤禎遠在西陲，勁敵相繼失敗，皇四子胤禛在康熙皇帝突然崩殂的情況下成了繼承皇位的漁翁得利者。康熙皇帝雖然並不寵愛皇四子胤禛，卻十分疼愛皇四子的兒子弘曆。由愛孫而及子，歷史上確有先例，明成祖先立仁宗為世子，因不滿意，常想更易，後來議立太子時，成祖想立漢王朱高煦，解縉說仁宗有好兒子，成祖有好聖孫，這才打動了成祖的心，決定立仁宗為太子。

康熙五十年（1711）八月，皇四子胤禛生下弘曆，弘曆生而岐嶷，十二歲時，木蘭秋獮，弘曆隨祖父康熙皇帝進入圍場，甫上馬背，黑熊突然躍起，弘曆卻控轡自若，康熙皇帝親自射殺野熊。康熙皇帝回到行宮後告訴大妃說：「弘曆命極貴重，福將過余。」於是更加疼愛弘曆，弘曆二十五歲繼承皇位，就是歷史上著名的乾隆皇帝。康熙皇帝晚年因寵愛弘曆，進而增加對皇四子胤禛的好感。朝鮮迎訃使金演就曾聽說當康熙皇帝病重時召內閣大學士馬齊，諭以「第四子雍親王胤禛最賢，我死後立為嗣皇。胤禛第二子有英雄氣象，必封為太子。」朝鮮密昌君對皇四子胤禛入承大統後的政情曾作了一番觀察，他說：

> 雍正久在閭閻，習知民間疾苦，政令之間，聰察無比，臣亦於引見時，觀其氣象英發，語音洪亮，侍衛頗嚴肅，且都下人民安帖，似無朝夕危疑之慮矣。

雍正皇帝即位後，鑒於康熙皇帝建儲的失敗，皇太子再立再廢，諸皇子各樹朋黨，互相傾陷，兄弟鬩牆。為了永杜紛爭，於是採行儲位密建法，將預立的皇太子弘曆名字親自書寫密封，藏於匣內，放在乾清宮正中順治皇帝御書「正大光明」匾額後面，這是宮中最高的地方，可備不虞。雍正皇帝雖然先指定繼承人，但不公布名字，絕對地保密，等到雍正皇帝崩殂後，始宣讀密詔，這種儲位密建法，就成了清朝皇室的家法。因為密詔藏放在正大光明匾額後面，所以又有皇四子胤禛竊取正大光明匾額後面遺詔的傳說，真是顛倒是非的流言。

## 矯詔之說，與史不符

雍正初年，《大義覺迷錄》一書只說：「聖祖皇帝原傳十四阿哥允禵天下，皇上將十字改為于字。」後人說得更生動，不僅改「十」為「于」，也改「禎」為「禛」，甚至說皇四子的母親先私通於川陝總督年羹堯，入宮八個月就生下胤禛，竊詔改竄就是出自年羹堯之手，於是傳說年羹堯和皇四子胤禛有呂不韋和秦始皇一樣的關係。若是年羹堯和皇四子胤禛有這樣關係的話，那麼年羹堯的年歲至少要比皇四子胤禛大二十歲左右。皇四子胤禛生於康熙十七年（1678），康熙六十一年（1722），他入承大統時已四十五歲。據史家考證，年羹堯生於康熙二十年（1681）左右，康熙六十一年（1722），年四十二歲，是一個比皇四子胤禛還年輕三歲的人，當康熙十七年皇四子胤禛出生時，年羹堯尚未出世，怎能和皇后烏雅氏私通呢？傳說年羹堯和雍正皇帝有呂不韋和秦始皇一樣的關係，實在是無稽之談。

傳說中改「十」為「于」，改「禎」為「禛」，使遺詔變成「皇位傳于四子胤禛」，使皇四子胤禛的入承大統合法化，這種流言，可以叫做「盜名改詔篡位說」，是一種以漢文書寫遺詔作前提的文人聯想。有清一代的重要文書，必兼寫滿文，滿漢合璧。康熙皇帝的滿文，造詣極深，文筆流暢，現存康熙皇帝親手批諭的文書相當可觀。諭旨詔書，例應滿漢兼書，或只寫滿文。皇子，宮中習稱「阿哥」，皇四子胤禛，宮中習稱「四阿哥胤禛」，滿文寫成「ᡩᡠᡳᠴᡳ ᠠᡤᡝ ᡳᠨ ᠵᡝᠨ」（duici age in jen），皇十四子胤禎，宮中習稱「十四阿哥胤禎」，滿文寫成「ᠵᡠᠸᠠᠨ ᡩᡠᡳᠴᡳ ᠠᡤᡝ ᡳᠨ ᠵᡝᠩ」（juwan duici age in jeng），滿文中「十」字，筆畫複雜，「禎」和「禛」字形不同，並不是改動兩三筆輕而易舉的事情。按清代制度，皇室所有成長齒序的諸皇子，其稱呼是依長幼齒序先後排列的，分別稱為皇長子、皇二子、皇三子、皇四子，以下類推，若是康熙皇帝臨終時真有傳位皇十四子的遺詔，當寫成「皇位傳皇十四子胤禎」字樣，假設雍正皇帝果真曾改「十」為「于」，改「禎」為「禛」，則此竄改後的遺詔，當寫成「皇位傳皇于四子胤禛」，普天之下恐無似此不通的文字。其實傳位皇十四子的流言，是由於諸皇子帝夢成空後造作蜚語而起的，攻擊皇四子矯詔篡奪，就是諸皇子爭奪皇位失敗後的伎倆。因為爭奪皇位是激烈的權力之爭，皇四子胤禛捷足先登，失敗者絕不甘心，必然要在皇四子繼位的合法性問題上大作文章，誣謗之語遂不脛而走，後世相信謠言，也正是同情失敗者的常情。

# 君臣一體

## — 雍正硃批諭旨

雍正朝服像 圖藏北京故宮博物院

清代的奏摺，是文武大臣進呈皇帝的一種書面報告。奏摺制度是由明代奏本制度因革損益而來的一種文書制度，康熙年間正式採行。中央部院大臣和各省地方大吏，對施政得失、人事問題、地方吏治、民情風俗，雨水糧價等等，雖然是本身職責以外的公私事件，都要把所見所聞，據實奏聞。漢大臣用漢字繕寫奏摺，由上而下，由右而左，直行書寫，叫做漢字摺；滿大臣用滿文繕寫奏摺，由上而下，由左而右，直行書寫，叫做滿字摺；各部院衙門滿漢大臣會商公事，同時繕寫滿漢文字，叫做滿漢合璧摺；地方大吏定期繕摺請安，叫做請安摺，因請安摺多用黃綾繕寫，又叫做黃綾摺，其餘奏事摺、謝恩摺，則用素紙繕寫，叫做素紙摺。

## 皇帝以硃筆批示諭旨，叫做硃批諭旨

奏摺是一種機密的文書，各報各的，彼此不能相商。地方大吏寫完奏摺後，即密封鎖在木匣內，外用黃綢布包裹，緊急事件，由驛站快馬馳遞，其餘奏摺，則由親信家丁賫送人京，不經通政司，直接交由內廷奏事人員進呈御覽。皇帝以硃筆批示諭旨，叫做硃批諭旨。康熙皇帝曾因右手腫痛，不能寫字，而改用左手執筆批諭，一字也不假手於人。雍正皇帝批諭尤勤，把奏摺當作學生作文一樣的批改，有的諭旨批在奏摺封面，有的批在字裡行間，有的批在尾幅。有時候訂正錯別字，有時候指授方略。每件奏摺手批數十言，或數百言，有的洋洋灑灑長達千言，多在夜間燈下批覽，字跡秀麗，龍飛鳳舞，令人歎為觀止。署直隸總督蔡挺奏摺曾奉批諭說：「白日未得一點之暇，將二鼓，燈下書寫，不成字，莫笑話。」一夜分為五更，二鼓就是二更天，皇帝在白晝一大早要上朝聽政，召見大臣，商議國家大事，日理萬機，只能在夜間燈下批摺。奏摺經皇帝批諭後，即發還原奏大臣。皇帝深居禁宮，然而利用奏摺洞悉外界的事情，所以對於施政得失，地方利弊，無不瞭如指掌。

摺奏內容不分公私，即使是個人生辰八字，亦可繕摺奏聞。陝西總督岳鍾琪曾將提督馮允中、總兵官袁繼蔭、張元佐、副將王剛、參將王廷瑞等人的生辰八字繕摺奏聞。雍正皇帝批諭說：「王剛八字想來是好的，馮允中看過，甚不相宜，運似已過，只可平守；袁繼蔭亦甚不宜，恐防壽云云；張元佐上好正旺之運，諸凡協吉；參將王廷瑞、遊擊陳弼此二人命運甚旺好，若有行動，此二人可派入。今既數人不宜用，卿可再籌畫數人，即將八字一併

滿漢合璧摺

其中有兩人奏事而朕之批示迥乎不同者此
則因人而施量材而教嚴急者導之以寬和優
柔者濟之以剛毅過者裁之不及者引之並非
逞一時之胸臆任筆書前後矛盾讀者當體
朕之苦心也此等奏摺皆本人封達朕前朕親
自覽閱親筆批發一字一句皆出朕之心思無
一件假手於人亦無一人贊襄於側非如外廷
宣布之諭旨尚有閣臣等之撰擬也雍正六年

上諭

二

以前晝則延接廷臣引見官弁傍晚觀覽本章
燈下批閱奏摺每至二鼓三鼓不覺稍倦實六
載如一日此左右近侍及內直大臣所備知者
近年以來天下庶政漸次就理下情稍覺洞達
臣工之奏摺較前減少而朕躬精力亦不如前
批答之事始從簡略此實情實事可舉以告天
下者今檢內外諸臣繳回硃批之摺不下萬餘
件因思自古帝王治天下之道以為精為先以

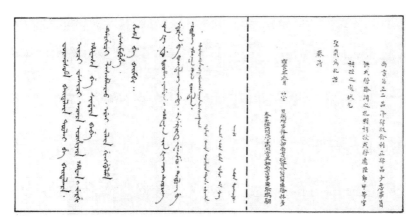

上諭 雍正皇帝自述批閱奏章之情況

問來密奏，所擬將官中要用人員，不妨亦將八字送來看看。命運之理難徵，然亦不可全不信。」生辰八字竟成為將官陞遷的決定因素。湖南岳常道楊晏繕摺奏明家產房屋數目，雍正皇帝批諭說：「是何言歟？如何教朕料理起你家務來了，如此撒嬌兒使不得。」雲南驛鹽道李衛具摺奏聞雲貴總督高其倬人品居官情形，雍正皇帝批諭說：「羞不羞，這樣總督用不著你保留。」

## 利用奏摺作為訓誨文武大臣的工具

雍正年間，各省文武官員進呈的奏摺，每天平均為二、三十件；有時候多達五、六十件，雍正皇帝不過據一時之見，隨到隨批，從無留滯。雍正皇帝為了洞悉地方利弊，使下情可以上達，於是放寬臣工專摺具奏的特權，但雍正皇帝的批諭，大抵教誨之旨居多，雍正皇帝就是想利用奏摺作為訓誨文武大臣的工具。雍正皇帝在《硃批諭旨》御製序文中已指出：「每摺或手批數十言，或數百言，且有多至千言者，皆出一己之見，未敢言其必當。然而教人為善，戒人為非，示以安民察吏之方，訓以正德厚生之要，曉以福善禍淫之理，勉以存誠去僞之功。」國立故宮博物院現藏雍正朝二萬餘件的滿漢文奏摺，主要就是雍正皇帝訓誨臣工之詞。雍正皇帝常批以「為人只要清晨出門時抬頭望天，至晚歸寢時以手捫心，自得為人之道矣。」其圖治之念，誨人之誠，是不容置疑的。

雍正皇帝在位期間，孜孜求治，宵衣旰食，同時也一再訓誨臣工做好官，振作精神，為國家効力。護理山東巡撫黃炳奏明盤查司庫，雍正皇帝披覽奏摺後批諭說：「向來聞你聲名頗好，今覽爾奏摺甚詳細周到，朕今用你山東巡撫，爾可仰體先帝深恩厚德，

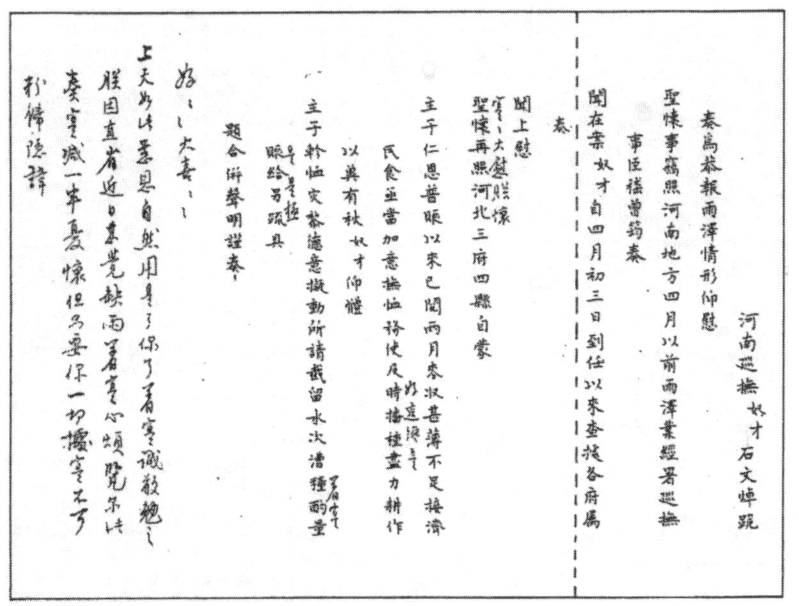
河南巡撫奴才石文焯跪
奏為恭報雨澤情形仰慰
聖懷事竊照河南地方四月以前雨澤業經署巡撫
事臣嵇曾筠奏
聞在案奴才自四月初三日到任以來查據各府屬
奏
聞上慰
聖懷再照河北三府四縣自蒙　寬寬大慰朕懷
主子仁恩普賑以來已閱兩月麥收甚薄不足接濟
民食亟當加意撫恤務使民時播種盡力耕作　好，甚是
以冀有秋奴才仰體
主子矜恤災黎德意擬動所請截留永次漕糧酌量
賑給另疏具　是極
題合併聲明謹奏
好好大喜喜
上天如此慈恩自然用是了你可著實職敬勉之
朕因直省近日來覺缺雨著實心煩覽爾此
奏實減一半憂懷但不要你一切據實不可
稍飾隱諱

雍正元年河南巡撫石文焯奏摺

可竭力報効朝廷。但山東一切事務費〔廢〕弛之極，必須著實勉力，務期萬全，不可生事，方不負朕此特用之恩也。」十阿哥允䄉屬下楊琳補授兩廣總督後，奏明收受節禮一事，雍正皇帝在楊琳奏摺裡批諭說：「今日之皇帝，乃當年之雍親王也，大家今日只要共勉一個真字，一個好字，君臣之福不可量矣。」湖廣總督楊宗仁奏聞湖南、湖北兩省地方情形，雍正皇帝批諭說：「覽爾所奏，朕實嘉悅，若是他者，朕猶聽其言而觀其行。至於你，朕信得及，此乃兩省否極泰來之時也，密之，著實勉力做去，朕生平誓不負人之皇帝也。」河道總督齊蘇勒奏明錢糧事宜，雍正皇帝批諭說：「知道了，你只管秉公無私作去，朕保你無事就是了。若放膽負朕，自有天鑑，量你亦斷不忍負朕也，只以虔敬感格天神為要，

特諭。」安徽巡撫李成龍奏報二麥收成情形，雍正皇帝批諭說：「知道了，向後一切吏治天年，總以實在為主，若仍以寬慰聖懷，恐煩上慮，粉飾隱諱，以為忠能，倘被朕察出，必治以重罪，德音是樣子，這還是三年之內輕處分。君臣原是一體，中外何可兩視，彼此披露，毫無欺隱，自然上下相安，普天和氣，正大光明，洪然之氣，自然召感天和，一切如意，萬姓蒙福也，勉之，慎之。」河南巡撫石文焯奏報甘霖大沛情形，雍正皇帝批諭說：「好！好！好！大喜！大喜！上天如此慈恩，自然用是了你了，著實誠敬，勉之，朕因直省近日甚覺缺雨，著實心煩，覽爾此奏，實減一半憂懷，但只要你一切據實，不可粉飾隱諱。」福建巡撫黃國材在奏摺中說：「臣年已六十四歲，精力日衰，邊海地方事務紛煩，惟恐思慮不到，難免錯。」雍正皇帝批諭說：「君臣中外原係一體，只要公正真實，上下一德同心，彼此披誠即是，人非聖賢，孰能無過，錯悞二字何妨乎？」江西巡撫裴𢈪度奏明驛馬事宜，原摺裡有「不勝悚惕」字樣，雍正皇帝批諭說：「畏懼即不是矣，內外原是一體，君臣互相勸勉，凡有聞見，一心一德，彼此無隱，方與天下民生有益也，莫在朕諭上留心，可以對得天地神明者，但自放心，有何可畏。」

## 訓誨大臣以實入奏

直省文武官員既為朝廷効力，雍正皇帝也以臣工為其股肱耳目，所以准許密奏，凡國計民生興利除弊諸事，臣工若有聞見，必須繕摺據實奏聞，不得欺隱迎合。浙江巡撫李馥奏聞閩省地方情形，雍正皇帝批諭說：「覽奏深慰朕疑懷，君臣原係一體，中外本是一家，彼此當重一個誠字，互相推誠，莫使絲毫委屈於中間，何愁天下不太平，蒼生不蒙福。隱順最不好的事，朕只喜凡事據實，一切不要以慰朕懷為辭，阿諛粉飾迎奉，切記！」雍正皇帝屢次訓誨臣工彼此推誠相待，不要阿諛迎奉，凡事據實奏明，如此則「何愁天下不太平，蒼生不蒙福。」雍正皇帝很感慨地說：「汝等地方大臣，凡事皆以實入奏，朕便酌量料理，若匿不奏聞，朕何由而知？從何辦理也？」自古以來，有治人，無治法，用人施政，豈能欺隱粉飾，雍正皇帝真是一位循名責實的合理主義者。因此，從歷年批發的硃批諭旨，可以了解雍正皇帝的治術。安徽巡撫李成龍奏報秋成分數，雍正皇帝批諭說：「知道了，凡事要實心奉行，陽奉陰違，草率塞責，言之中聽，於事無益。有些年紀的人，最忌精神不佳，費〔費〕弛事務，自己身子那里能全到，即少年插翅，亦不能周到，只要心口放勤些，斟別屬員，以公正嚴切去，何事不能辦，少有存私，不能擺脫情面，一、二人掣肘，眾心不服，諸事不振矣，勉之，慎之。你這個總督是不多遇的，好生與他一體同心，協襄料理，朕耳目中少有。如仍前積習不改，是爾自取者也，可惜朕一番開自新之路之殊恩也，用力做好官，特諭。」做好官，千古流芳。湖廣總兵官魏經國奏謝欽賞貂皮、紅玻璃盒，雍正皇帝批諭說：「你是不負朕皇考之人，今日你再不肯負朕，大概天下之大，兆民之眾，受恩者多，似你如此知恩者少，好生勉力，莫移初志，以為萬古不朽之人。」

## 靈活運用奏摺，有助君權之強化

雍正皇帝常常勗勉文武大臣振作精神，好好為國家効力。山東登州總兵官黃元驤奏聞海防事宜，雍正皇帝批諭說：「知道了，你去年來少覺有點老景，打起精神來做官，若以年老廢弛，使不得。」福建陸路提督吳陞繕摺請安，雍正皇帝批諭說：「朕安，你好麼？你向來居官聲名好到極點，朕甚嘉之，好生愛惜你的老身子，多多給朕出些年力。」廣東潮州總兵官尚瀠奏請入京陛見，雍正皇帝批諭說：「你陛見來，朕深許你，況你年紀正好與國家効力之時，當勉之又勉，慎之又慎，不可自恃放縱，竭力做一千萬年的人物，方不負朕之任用也。」雍正皇帝不僅訓誨臣工做好官，也教導臣工修身養性之道。當蔡珽在四川巡撫任內因病奏請解任回京，原摺裡說：「臣素稟陰虛，鬚早見白，常患怔忡，然頻頻服藥，尚可支持。昨四月間，忽又患目疾，視物皆兩，始則一日偶一、二次，今乃一日之中竟居其半，心中愈急，疾愈甚。」雍正皇帝批諭時指出鬚早見白「不妨」，目疾只是「小病耳」，「見性之人，急之一字如何說得出口，急什麼？」雲南布政使李衛繕摺謝恩，雍正皇帝批諭說：「和平二字，朕生平之羨慕，高傲二字，朕生平之所戒，汝之氣秉亦當時存如此想。」雍正皇帝對舊日藩邸屬員諄諄教誨，提攜備至，遠勝他臣，雖家人父子亦無以逾之。福建布政使沈廷正具摺謝恩，雍正皇帝批諭說：「朕用天下之人，尚聽眾人之參劾舉薦，況朕藩邸之人向所知者，苟有一長可取，豈有不教導任用之理，其不堪之人，焉有不處治示眾之理，若少恃恩私有干法紀，在爾等喪盡天良招惡報，再次天下後世將朕為何如主也？如傅鼐、博爾多，朕何嘗未望其成一人物也，奈小人福淺，朕有何法？此二人是你等榜樣，惟有自己信得及，方能保其令終，爾等誰人敢在朕前陷害你，既不能陷害你，孰來照看救拔你，全在自為，朕之耳目心思不能惑慽也。勉力實行，做一好人好官，報答國家，望成一偉器，垂之史冊，豈不美歟？」

雍正皇帝擴大採行奏摺制度，放寬臣工專摺具奏的特權，一方面是想收明目達聰公聽並觀之意，另一方面則欲於直省督撫與司道之間，維持一種制衡作用。督撫為封疆大員，向來獨操地方大權，司道使用密摺奏事，與御史無異，具有揭參的特權，督撫遂稍知顧忌。但同時不准屬員濫用奏摺，司道固然不可藉奏摺挾制督撫，督撫亦不得挾制部臣。福建布政使黃叔琬繕摺謝恩，雍正皇帝批諭說：「雖許汝奏摺，不可因此挾制上司，無體使不得。若督撫有不合儀處，密密奏聞，向一人聲張亦使不得，一省沒有兩個巡撫之理，權不畫一，下重上輕，非善政也。」雍正皇帝靈活運用奏摺制，頗有助於君權的強化。

## — 清朝滿文奏摺制度的沿革

### 一、前　言

清初本章制度，沿襲明朝舊制，例行公事，使用題本；臣工一己私事，則用奏本。題本用印，奏本不用印。直省臣工題奏本章，均須投送通政使司轉遞。奏摺是由奏本因革損益而來的一種新創文書。奏本與題本的主要區別是在於事件內容的公私問題，奏摺內容，無論公私，凡涉及機密事件，或多所顧忌，或有改弦更張之請，或有不便顯言之處，或慮獲風聞不實之咎等等，都在摺奏之列。奏摺的款式，較奏本簡便，末幅不必書明紙張字數。為求保密，臣工具摺時，必須親手書寫，字畫務須粗大，不必按奏本用細字體書寫。奏摺進呈，多由親信家丁齎遞入京，不得擅動驛馬，不經通政使司轉呈，而逕至宮門呈進，或由皇帝親信大臣轉呈。皇帝親自啟封披覽，親手批諭，一字不假手於人。康熙年間採行的奏摺，就是朝廷體制外的一種通訊工具，亦即皇帝和相關文武大臣之間所建立的單線書面聯繫。

實錄的本意是據實記錄，事無虛構。實錄是一種編年體的官書，唐朝以降，每帝崩殂後，由繼位新君開館敕修，沿為定例。

清代歷朝實錄有漢文、滿文、蒙文的區別。起居注是官名，掌記注之事，起居注官所記的檔冊，稱為起居注冊，是一種類似日記體的史料。康熙十年（1671）八月，正式設置起居注官，命日講兼攝，稱為日講起居注官，每日二員侍直，將應記之事，用滿漢文分別記注，歷朝起居注冊，包含滿文本與漢文本。歷朝實錄及起居注冊中含有頗多文書術語或詞彙，利用滿文本實錄及滿文本起居注冊考察滿文奏摺的因革損益，是探討清朝奏摺制度發展不可忽視的工作。

硃批奏摺，依其書寫文字的不同，可以分為漢字摺、滿字摺、滿漢合璧摺等，其中滿字摺，清朝官書多作「清字摺」。就考察清朝奏摺制度而言，滿字摺及滿漢合璧摺，提供了最珍貴的直接史料。在康熙、雍正年間，臣工奏摺隨到隨批，從無留滯。乾隆皇帝即位後，仍維持這種勤政傳統。乾隆皇帝提倡清文國語不遺餘力，諭令朝廷祭文，必須繙譯滿文。各部院奏事，兼書滿漢文。命大學士傅恒率同儒臣重定十二字頭音訓。乾隆年間奉敕譯成滿文的典籍，可謂指不勝屈。其中《御製繙譯四書》是由大學士鄂爾泰等就康熙年間刊佈的《清文日講四書解義》重加釐定，規範體例，將康熙年間的漢字音譯，改為意譯，改變語法的句型結構，使女真語系的部族更能接受我國傳統文化的精華。康熙年間採行的奏摺，也從音譯按文義改譯，規範滿文繙譯。本文撰寫的旨趣，主要利用滿文實錄、滿文起居注冊、滿漢合璧摺等史料，探討滿文奏摺的因革損益。

## 二、從滿文實錄考察滿文奏摺制度的沿革

清聖祖康熙皇帝在位六十一年（1662-1722），宵衣旰食，夙

夜勵精。康熙六十一年十一月十三日（1722.12.20），康熙皇帝崩於暢春園。雍親王皇四子胤禛繼位。同年十二月二十四日，命大學士馬齊為清聖祖實錄館監修總裁官，吏部尚書隆科多、大學士嵩祝等為副總裁官。雍正元年（1723）正月初八日，大學士馬齊等議准纂修實錄開館事宜，並開列纂修、繙譯、收掌人員，發金匱秘藏，敬謹編輯，記言記事，鉅細靡遺，歷時九載，於雍正九年（1731）十二月二十日纂輯成書，御製序文，監修總裁大學士等奏請呈送大內尊藏。

康熙四十一年（1702）十月二十日，頒降諭旨，部院衙門差去審事司官及筆帖式等回京之日，地方官迎接請安之禮，永行禁止。諭旨中有「督撫等欲請朕安，具摺奏文，有何不可」等語[1]。句中「具摺」，滿文讀如“jedz de arafi”，意即「繕於摺中」，督撫所繕請安之摺，即請安摺。「摺」，滿文讀如“jedz”。

康熙四十三年（1704）七月十七日，《清聖祖仁皇帝實錄》記載上諭云：

> 朕自幼好臨池，每日寫千餘字，從無間斷，凡古名人之墨蹟石刻，無不細心臨摹，積今三十餘年，實亦性之所好。即朕清字，亦素敏速，從無錯悞。凡批答督撫摺子，及硃筆上諭，皆朕親書，並不起稿[2]。

對照實錄滿文本，可知「清字」，滿文讀如“manju hergen”，意即「滿字」；「摺子」，滿文讀如“jedz”；「硃筆上諭」，滿文讀如“fulgiyan fi i hesei bithe”，意即「紅筆諭旨」。

康熙四十六年（1707）十二月二十日，《清聖祖仁皇帝實錄》記載諭旨云：

---

1 《清聖祖仁皇帝實錄》，卷 210，頁 6。康熙四十一年十月丁酉，諭旨。
2 《清聖祖仁皇帝實錄》，卷 216，頁 19。康熙四十三年七月乙卯，諭旨。

頃因刑部彙題事內，有一字錯悞，朕以硃筆改正發出，內外各衙門奏章，朕皆一一全覽，外人謂朕未必通覽，故朕於一應本章，見有錯字，必行改正，其繙譯不堪者，亦改削之。當用兵時，一日有三、四百本章，朕悉親覽無遺，今一日中，僅四、五十本章而已，覽之何難，一切事務，不可少有怠慢之心也[3]。

對照實錄滿文本可知，「彙題」，滿文讀如“šošofi wesimbuhe”;「各衙門奏章」，句中「奏章」，滿文讀如“wesimbuhe bithe”;「一應本章」，句中「本章」，滿文讀如“ben”;「一日有三、四百本章」，句中「本章」，滿文讀如“wesimbure bithe”。前引諭旨中，「本章」字樣共計四見，滿文或讀如“wesimbuhe bithe”，或讀如“ben”，或讀如“wesimbure bithe”。

康熙四十九年（1710）七月二十五日，大學士等奉上諭，據刑部摺奏戶部虧空辦買草豆銀兩一案。對照實錄滿文本，句中「摺奏」，滿文讀如“wesimbuhe jedz”，意即「所奏之摺子」。康熙五十年（1711）閏七月十七日，《清聖祖仁皇帝實錄》記載大學士等奉上諭，節錄一段內容如下：

殷泰此摺，似途間有拆看更改者，是以朕未加批。奏摺關係緊要，嗣後督撫奏摺，俱令各鈐關防，以除更改之弊[4]。

為便於說明，可將實錄滿文本節錄影印於下，並轉寫羅馬拼音。

3 《清聖祖仁皇帝實錄》，卷 231，頁 25。康熙四十六年十二月戊戌，諭旨。
4 《清聖祖仁皇帝實錄》，卷 247，頁 5。康熙五十年閏七月庚戌，諭旨。

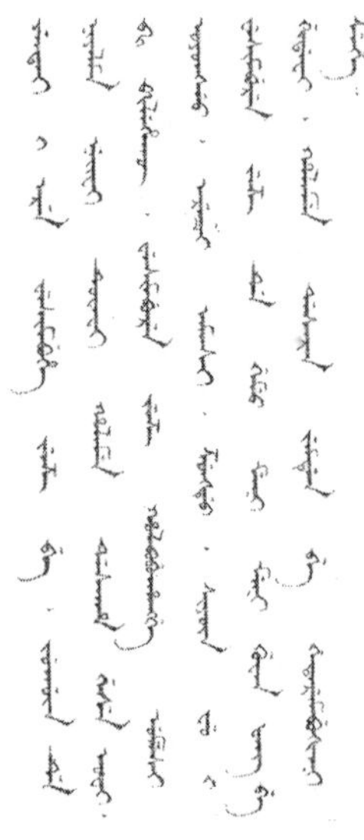

yentai i ere wesimbuhe jedz be, jugūn de niyalma neifi tuwafi halame dasaha gese ofi, bi pilehekū, wesimbure jedz holbobuhangge umesi oyononggo, ereci amasi, dzungdu siyūn fu i wesimbure jedz de gemu meni meni guwan fang be gidafi, halame dasara jemden be geterembukini sehe.

對照滿漢文後，可以說明引文中「殷泰此摺」，滿文讀如“yentai i ere wesimbuhe jedz”，意即「殷泰此所奏之摺子」;「奏摺關係緊要」，句中「奏摺」，滿文讀如“wesimbure jedz”;「督撫奏摺」，句中「奏摺」，滿文讀如“wesimbure jedz”。康熙年間開始採行的奏摺，滿文讀如“wesimbure jedz”，就是當時通行的奏摺。

清世宗雍正皇帝在位十三年（1723-1735），宵衣旰食，勵精圖治，十三年中，猶如一日，綱舉目張，為明目達聰，廣開言路，擴大採行奏摺制度。乾隆皇帝繼位初年，即命監修總裁大學士、儒臣等，稽查歷年紀載，開館纂修《清世宗憲皇帝實錄》，共一五九卷，其中含有頗多本章摺奏類的文書詞彙。臺北國立故宮博物院典藏雍正朝實錄滿文本雖僅存 42 冊，惟因其中含有頗多摺奏類滿文詞彙，對考察清朝奏摺制度的沿革，提供了珍貴的滿文史料。可將滿漢文本章摺奏類詞彙列舉簡表於下。

## 《清世宗憲皇帝實錄》滿漢文本中摺奏類詞彙表

| 漢字 | 滿字 | 羅馬拼音 | 備註 | 漢字 | 滿字 | 羅馬拼音 | 備註 |
|---|---|---|---|---|---|---|---|
| 密摺 | ᠨᠠᡵᡥᡡᠨ ᠵᡝᡯ | narhūn jedz | 雍正元年二月丙寅 | 具摺 | ᠵᡝᡯ ᠠᡵᠠᡶᡳ ᠸᡝᠰᡳᠮᠪᡠᡥᡝ | jedz arafi wesimbuhe | 雍正元年四月甲子 |
| 所奏之摺子 | ᠸᡝᠰᡳᠮᠪᡠᡥᡝ ᠵᡝᡯ | wesimbuhe jedz | 雍正元年九月壬寅 | | | | |
| 摺奏 | ᠵᡝᡯ ᠠᡵᠠᡶᡳ ᠸᡝᠰᡳᠮᠪᡠᡥᡝᠩᡤᡝ | jedz arafi wesimbuhengge | 雍正二年二月戊申 | 繕摺具奏 | ᠵᡝᡯ ᠠᡵᠠᡶᡳ ᠸᡝᠰᡳᠮᠪᡠᡥᡝ | jedz arafi wesimbuhe | 雍正二年四月庚戌 |
| 繕摺 | ᠵᡝᡯ ᠠᡵᠠᡶᡳ | jedz arafi | 雍正二年三月丁丑 | 具本 | ᠸᡝᠰᡳᠮᠪᡠᡵᡝ ᠪᡳᡨᡥᡝ ᠠᡵᠠᡶᡳ ᠸᡝᠰᡳᠮᠪᡠᠮᠪᡳ | wesimbure bithe arafi wesimbumbi | 雍正三年十月戊寅 |
| 奏摺 | ᠸᡝᠰᡳᠮᠪᡠᡵᡝ ᠵᡝᡯ | wesimbure jedz | 雍正四年正月癸卯 | 本章 | ᠸᡝᠰᡳᠮᠪᡠᡵᡝ ᠪᡳᡨᡥᡝ | wesimbure bithe | 雍正五年九月戊辰 |

| 奏章 | [Manchu script] | wesimbure bithe | 雍正六年七月庚戌 | 印信 | [Manchu script] | doron | 雍正六年正月己卯 |
|---|---|---|---|---|---|---|---|
| 關防 | [Manchu script] | guwan fang | 雍正六年正月己卯 | 奏摺 | [Manchu script] | araha jedz | 雍正七年七月丙午 |

資料來源：《清世宗憲皇帝實錄》滿漢文本。

《清世宗憲皇帝實錄》，康熙六十一年（1722）十一月二十九日，大學士等奉上諭，在諭旨中有一段云：「內而大臣，以及閒曹，外而督撫，以及州縣，或品行端方，或操守清廉，或才具敏練者，爾等各據真知灼見，從公具摺密奏。」句中「具摺密奏」，滿文讀如"jedz arafi narhūšame wesimbu"。諭旨又云：「朕所需者人材，但當有舉無劾，毋得修怨陷害，爾等具摺，或滿字，或漢字，各須親寫，不可假手於子弟。」，句中「具摺，或滿字，或漢字」，滿文讀如"jedz araha de manju hergen ocibe , nikan hergen ocibe"，諭旨中「具摺」（jadz araha），意即「繕寫摺子」[5]。

雍正元年（1723）二月十六日，《清世宗憲皇帝實錄》記載科道等官奉上諭一道，節錄一段內容如下：

> 諭科道等官，皇考臨御六十餘年，至聖至明，無日不以國計民生為念，凡所以咨訪吏治，通達民情之意，至為殷切，

5 《清世宗憲皇帝實錄》，滿文本，臺北，國立故宮博物院，卷 1，頁 53。康熙六十一年十一月庚戌，諭旨。

邇年以來，無知小人，見科道疏章稀少，遂疑皇考不甚信納群言，又譏言官皆緘默取容，此大失皇考本懷，真所謂坐井觀天也。當時內而滿漢大臣，外而督撫提鎮，皆許其密摺言事。蓋因各省地方事務，督撫身親閱歷，自能詳悉周知，較言臣風聞言事，勝什倍矣，以此皇考據所聞見，折衷行之，大小國政，措置咸宜，言官無所用其建白，而實則天下之利弊，無不洞燭於聖心也。朕仰承大統，一切遵守成憲，尤以求言為急，在京滿漢大臣，外省督撫提鎮，仍令摺奏外，爾等科道諸臣，原為朝廷耳目之官，凡有所見，自應竭誠入告，絕去避嫌顧忌之私，乃為忠藎。若此時不能盡言，即後日官至大僚，豈能期爾建立謀猷乎？今著各科道，每日一人上一密摺，輪流具奏，一摺祇言一事，無論大小時務，皆許據實敷陳，即或無事可言，摺內亦必聲明無可言之故，在外候旨，或召進面見，或令且退。其所言果是，朕即施行，即或未甚切當，朕亦留中不發，不令人知。儻有徇私挾讎等情，巧為瀆奏。亦不能惑朕之耳目也。摺內之言，不許與人參酌，如有漏洩，或同僚知而言之，則同僚即可據以密聞。朕將兩人之摺，合驗情事，必不能隱諱推諉矣。至於有能面折廷諍，或彈劾權要。或更革弊端，不妨仍以露章奏聞，朕亦不拒[6]。

前引諭旨中，除科道疏章、露章奏聞外，還含有頗多摺奏類的詞彙，譬如：密摺言事；令摺奏；一人上一密摺，輪流具奏，一摺祇言一事；摺內之言，巧為瀆奏；據以密聞，兩人之摺等等。可將實錄滿文本所載滿文內容節錄影印於下，並轉寫羅馬拼音。

6 《清世宗憲皇帝實錄》，卷 4，頁 17。雍正元年二月丙寅，諭旨。

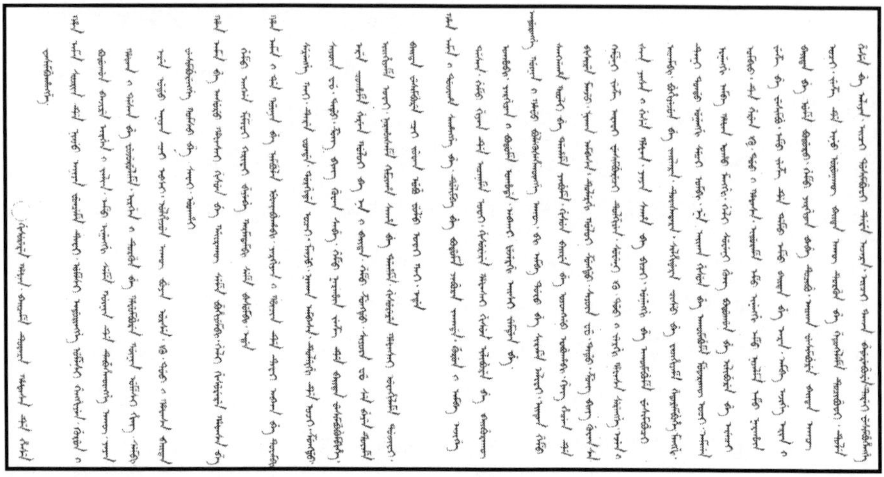

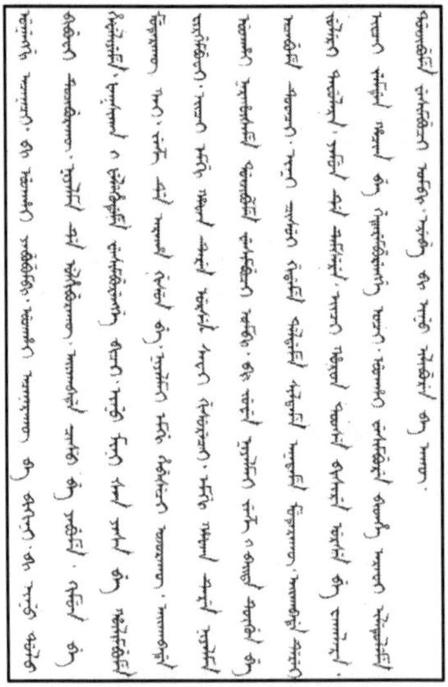

gisurere hafan , baicame tuwara hafasa de hese wasimbuhangge , han ama soorin de ninju aniya funceme tefi, umesi enduringge umesi genggiyen, gurun i bodogon banjire irgen i jalin, emu inenggi seme gūnin de tebuhekūngge akū, yaya hafan i dasan be fujurulame, irgen i turgun be hafumbure gūnin umesi hing sembi. ere udu aniya ci ebsi , ulhicun akū buya urse, k'o doo i hafasa baita wesimburengge komso be safi, uthai han ama be asuru hafasai gisun be gairakū seme buhiyembi, geli gisurere hafasa be gemu angga mimifi kirifi beyebe karmatambi seme basumbi, ede han ama i da gūnin be ambula ufarabuhabi, yargiyan i hūcin de tefi abka be tuwambi serengge kai. tere fonde, dorgide oci, manju 、nikan ambasa, tulergi de oci, dzungdu , siyūn fu , tidu, dzung bing guwan sabe, gemu narhūn jedz de baita wesimbubumbihe, ere cohome geren goloi ba na i baita, gemu dzungdu, siyūn fu se beye tuwame icihiyame ofi, narhūšame kimciha saha be dahame, gisurere hafasai urahilame donjifi, baita wesimbure ci juwan ubu fulu ofi kai. ede han ama i donjiha sahangge be, dulimba be bodome yabure jakade, gurun i amba ajige dasan, gemu giyan de acaname ofi, gisurere hafasai gisun ilibure be baiburakū ohobi, yargiyan i bodome ohode, abkai fejergi aisi jemden be, enduringge gūnin i hafu bulekušehekūngge akū, bi amba doro be sirame alifi, eiten gemu šanggaha kooli be dahame yabume, gisun baire be oyonggo obuhabi. ging hecen de bisire manju, nikan ambasa tulergi goloi dzungdu, siyūn fu, tidu, dzung bing guwan sa, kemuni jedz arafi wesimbureci tulgiyen, suweni k'o, doo i jergi hafasa serengge, ejen i šan yasa i gese hafan, yaya saha ba bici, unenggi be akūmbume wesimbuci acambi, buhiyecun be jailara, tuwašatara, silhidara cisu be wacihiyame geterembuhe manggi, teni tondo unenggi seci ombi , ne aika gisun be akūmbume muterakū oci, amaga inenggi amba hafan oho manggi, geli suweni gung bodogon be ilibure be ereci ombio. te geren k'o, doo i hafasa, idurame emu inenggi emu niyalma emu narhūn jedz be wesimbu, emu jedz de damu emu baita ba ara, amba ajige erin i baita be ume bodoro, gemu yargiyan babe tucibu. aika wesimbure baita akū oci, jedz de inu urunakū baita akū turgun be getukeleme tucibufi, tule hese be aliya, eici dosimbufi dere acara, eici taka bederebure, terei wesimbuhengge unenggi acanaci, bi uthai yabubumbi, uthai acanarakū ba bikini, bi inu dolo bibufi tuciburakū, niyalma de ulhiburakū, aikabade cisu be yabume, kimun be hefeliyeme, faksikan i felehudeme wesimburengge bici, inu mini šan yasa be hūlimbume muterakū kai, jedz de araha gisun be, niyalmai emgi hebešeci ojorakū, aikabade firgembufi , eici emgi hafan tere urse safi gisureci, emgi hafan tere niyalma uthai narhūšame donjibume wesimbuci ombi, bi juwe niyalmai jedz i baita turgun be acabume tuwaci, ini cisui gidame daldame siltame anatame muterakū, aikabade derei juleri tafulara, yamun de temšere, eici horon toose bisire urse be wakalara, eici jemden hacin be geteremburengge oci, uthai wesimbure bithe arafi iletuleme donjibume wesimbu ci ombi, erebe bi inu ilibure ba akū[7].

引文中,「疏章」,滿文讀如“wesimburengge”，意即「本章」;「密摺」，滿文讀如“narhūn jedz”，意即「機密摺子」;「仍令奏摺外」，滿文讀如“kemuni jedz arafi wesimbureci tulgiyen”，意即「仍令繕寫摺子具奏外」;「一摺祇言一事」,滿文讀如“emu jedz de damu emu baita be ara”，意即「一件摺子裡祇寫一事」;「摺內之言」，滿文讀如“jedz de araha gisun”，意即「摺子裡所寫之言」;「兩人之摺」，滿文讀如“juwe niyalmai jedz”，意即「兩人之摺子」;「露章奏聞」，滿文讀如“wesimbure bithe arafi iletuleme donjibume wesimbumbi”，意即「公開繕寫題本奏聞」。由此可知「密摺」的「摺」,「摺奏」的「摺」,「一摺」的「摺」,「摺內」的「摺」,「兩人之摺」的「摺」，滿文俱讀如“jedz”，亦即漢字「摺子」的音譯。

雍正元年（1723）四月十五日，因直隸巡撫李維鈞奏陳原任署撫趙之垣應發回原籍，令川陝總督清查趙之垣之叔趙弘燮家

---

7 《清世宗憲皇帝實錄》，滿文本，卷 4。雍正元年二月丙寅，滿文諭旨。

產，以完帑項。奉旨，趙之垣怙惡不悛，昧於大義，具摺捐銀三十萬兩[8]。句中「具摺」，滿文讀如“jedz arafi wesimbuhe”，意即「繕寫摺子啟奏」。

雍正元年（1723）九月二十六日，《清世宗憲皇帝實錄》記載八旗都統奉上諭云：「爾等所奏承襲佐領摺子，甚屬不明，據摺內除原管佐領外，其攢湊佐領、公中佐領內，有管理數世者[9]。」句中「爾等所奏承襲佐領摺子」，滿文實錄讀如“suweni niru sirara jalin wesimbuhe jedz be tuwaci”，意即「覽爾等為承襲佐領所奏摺子」，滿文“wesimbuhe jedz”，意即「所奏摺子」。

雍正二年（1724）二月初四日，《清世宗憲皇帝實錄》記載雲南巡撫楊名時摺奏，奉到諭旨，社倉、保甲，及盜案內改強為竊，諱盜誣良之弊[10]。句中「摺奏」，滿文實錄讀如“jedz arafi wesimbuhengge”，意即「繕寫摺子啟奏者」。

雍正二年（1724）三月初三日，《清世宗憲皇帝實錄》記載山東巡撫黃炳奏稱，父子兄弟同登仕籍，繕摺謝恩[11]。句中「繕摺」，滿文讀如“jedz arafi”，意即「繕寫摺子」。

雍正二年（1724）四月初七日，《清世宗憲皇帝實錄》記載康熙五十三年（1714），康熙皇帝自熱河回鑾，駐蹕遙亭，皇八子胤禩遣人以將斃二鷹上進。康熙皇帝閱見甚怒，隨有硃批諭旨以示皇四子胤禛及諸皇子。比時捧覽之下，俱無奏言，皇四子胤禛獨繕摺具奏[12]。句中「繕摺具奏」，滿文讀如“jedz arafi wesimbuhe”，意即「繕寫摺子陳奏」。

---

8 《清世宗憲皇帝實錄》，卷 6，頁 13。雍正元年四月甲子，諭旨。
9 《清世宗憲皇帝實錄》，卷 11，頁 33。雍正元年九月壬寅，諭旨。
10 《清世宗憲皇帝實錄》，卷 16，頁 10。雍正二年二月戊申，據楊名時奏。
11 《清世宗憲皇帝實錄》，卷 17，頁 4。雍正二年三月丁丑，據黃炳奏。
12 《清世宗憲皇帝實錄》，卷 18，頁 7。雍正二年四月庚戌，諭旨。

雍正三年（1725）十月十四日，吏部議覆署直隸總督蔡珽奏請「凡地方大事，及大計軍政等，督撫必公同商酌具本[13]。」句中「具本」，滿文讀如“wesimbure bithe arafi wesimbukini”，意即「著繕寫題本陳奏」。

雍正三年十二月十一日，《清世宗憲皇帝實錄》記載年羹堯九十二款大罪，其中一款云：「奏摺在內房啟發，並不穿朝服大堂拜送[14]。」實錄滿文本讀如“wesimbure jedz be tehe booci jurambume , umai amba tang de doroi etuku etufi hengkileme jurambuhakū .”引文中「奏摺」，滿文讀如“wesimbure jedz”。

雍正四年（1726）正月初十日，內閣奉上諭，在諭旨中有一段記載說：「廣東總兵官因屬員一人奏摺，特行齎送，未免煩瑣，嗣後督撫提鎮等，當遵旨彙集，乘便啟奏[15]。」句中「奏摺」，實錄滿文本讀如“wesimbure jedz”。

雍正五年（1727）九月十五日，《清世宗憲皇帝實錄》記載：「御史韓瑛於朕御門時，捧持本章，竟不恭敬高舉，今已被參，現在部議[16]。」句中「本章」，滿文讀如“wesimbure bithe”，意即「題本」。

雍正六年（1728）七月初一日，《清世宗憲皇帝實錄》記載大學士等奉上諭，大學士每逢佳節吉辰，呈送本章，皆留心檢點。至於奏章內，有陵寢字樣者，亦必留心檢點[17]。句中「本章」，滿文讀如“wesimbure bithe”，意即「題本」;「奏章」，滿文亦讀如

13 《清世宗憲皇帝實錄》，卷 37，頁 10。雍正三年十月十四日，吏部議覆。

14 《清世宗憲皇帝實錄》，滿文本，卷 39，頁 14。雍正三年十二月甲戌，據議政大臣、刑部等衙門題奏。

15 《清世宗憲皇帝實錄》，卷 40，頁 20。雍正四年正月癸卯，諭內閣。

16 《清世宗憲皇帝實錄》，卷 61，頁 14。雍正五年九月戊辰，諭旨。

17 《清世宗憲皇帝實錄》，卷 71，頁 2。雍正六年七月庚戌，諭旨。

“wesimbure bithe” ，亦即「奏章」、「題本」。

雍正七年（1729）七月初三日，《清世宗憲皇帝實錄》記載陸生楠由廣西舉人，部選江南吳縣知縣。雍正皇帝「覽其履歷奏摺，前惟頌聖浮詞，中間不過腐爛時文，無一語近於直言規正[18]。」句中「履歷」，滿文讀如“da turgun” ；「奏摺」，讀如“araha jadz” ，意即「所繕寫的摺子」。

雍正十三年（1735）八月二十三日，清世宗雍正皇帝駕崩。同年十二月，開館纂修實錄，以鄂爾泰為監修總裁官，張廷玉等人為總裁官，任蘭枝等人為副總裁官。歷時六年，纂成《清世宗憲皇帝實錄》、《聖訓》，合凡例、目錄清漢蒙古文共五百五十八卷，乾隆六年（1741）十二月十一日，進呈實錄表。查閱滿漢文實錄的記載，可知康熙年間開始採行的「奏摺」，滿文讀如“wesimbure jedz” ；「密摺」，滿文讀如“narhūn jedz” ；「繕摺具奏」，滿文讀如“jedz arafi wesimbuhe” ；「所奏摺子」，滿文讀如“wesimbuhe jedz” 。漢字「摺」，滿文俱讀如“jedz” ，是漢字「摺子」的滿文音譯，所謂“wesimbure jedz” ，就是康熙以來通行的奏摺。《清世宗憲皇帝實錄》纂修告成於乾隆六年（1741），可以說明在乾隆六年（1741）以前，「奏摺」這種文書，滿文仍然讀如“wesimbure jedz” 。

嘉慶四年（1799）正月初三日，清高宗乾隆皇帝駕崩於養心殿，臨御六十三年，享年八十九歲。同年二月初九日，開館纂修《清高宗純皇帝實錄》。歷時八年，嘉慶十二年三月十五日，實錄纂修告成，計一千五百卷。序文中云：「炳炳麟麟，猗歟盛哉！綜千古帝王之心法治法，道統政統，靡不賅備，自有載籍圖書以來，

18 《清世宗憲皇帝實錄》，卷 83，頁 1。雍正七年七月丙午，內閣奉上諭。

未有若斯之盛者也。」《清高宗純皇帝實錄》中含有頗多文書詞彙，其中屬於摺奏類的詞彙，可將滿漢文舉例列表如下：

## 《清高宗純皇帝實錄》摺奏類文書詞彙簡表

| 漢字 | 滿字 | 羅馬拼音 | 備註 | 漢字 | 滿字 | 羅馬拼音 | 備註 |
|---|---|---|---|---|---|---|---|
| 具摺陳奏事件 | ᠪᡠᡴᡩᠠᡵᡳ ᠠᡵᠠᡶᡳ ᠪᠠᡳᡨᠠ ᠪᡝ ᡥᠠᠴᡳᠯᠠᠮᡝ ᠸᡝᠰᡳᠮᠪᡠᠪᡠᡵᡝ | bukdari arafi baita be hacilame wesimbubure | 《清高宗實錄》，雍正十三年八月丙申 | 著摺奏 | ᠪᡠᡴᡩᠠᡵᡳ ᠠᡵᠠᡶᡳ ᠸᡝᠰᡳᠮᠪᡠᡴᡳᠨᡳ | bukdari arafi wesimbukini | 《清高宗實錄》，雍正十三年八月丙申 |
| 奏摺 | ᠸᡝᠰᡳᠮᠪᡠᡵᡝ ᠪᡠᡴᡩᠠᡵᡳ | wesimbure bukdari | 《清高宗實錄》，雍正十三年八月 | 表文 | ᡳᠯᡝᡨᡠᠯᡝᠮᡝ ᠸᡝᠰᡳᠮᠪᡠᡵᡝ ᠪᡳᡨᡥᡝ | iletuleme wesimbure bithe | 《清高宗實錄》，雍正十三年八月丙申 |
| 本章 | ᠸᡝᠰᡳᠮᠪᡠᡵᡝ ᠪᡳᡨᡥᡝ | wesimbure bithe | 《清高宗實錄》，乾隆十三年十一月丙子 | 題本 | ᡧᠣᡧᠣᡶᡳ ᠸᡝᠰᡳᠮᠪᡠᡵᡝ ᠪᡳᡨᡥᡝ | šošofi wesimbure bithe | 《清高宗實錄》，乾隆十三年十一月丙子 |
| 奏本 | ᠠᠨ ᡳ ᠸᡝᠰᡳᠮᠪᡠᡵᡝ ᠪᡳᡨᡥᡝ | an i wesimbure bithe | 《清高宗實錄》，乾隆十三年十一月丙子 | 具摺奏來 | ᠪᡠᡴᡩᠠᡵᡳ ᠠᡵᠠᡶᡳ ᠸᡝᠰᡳᠮᠪᡠ | bukdari arafi wesimbu | 《清高宗實錄》，乾隆元年八月 |

| 奏摺 | | wesimbuhe bukdari | 《清高宗實錄》，乾隆四年五月丙辰 | 摺奏 | | bukdari arafi wesimbu | 《清高宗實錄》，乾隆四年六月己卯 |
|---|---|---|---|---|---|---|---|
| 參摺 | | wakalame wesimbuhe bukdari | 《清高宗實錄》，乾隆五年二月戊寅 | 具本 | | bukdari wesimbure | 《清高宗實錄》，乾隆六年十一月己巳 |
| 摺子 | | bukdari | 《清高宗實錄》，乾隆八年十二月甲子 | 揭帖 | | tucibume boolara bithe | 《清高宗實錄》，乾隆八年十二月乙丑 |
| 漢字奏摺 | | nikan hergen i bukdari | 《清高宗實錄》，乾隆十一年二月丁酉 | 清字奏摺 | | manju hergen i bukdari | 《清高宗實錄》，乾隆十一年二月丁酉 |
| 奏書 | | wesimbure bithe | 《清高宗實錄》，乾隆十四年四月甲申 | 題本 | | doron i wesimbure bithe | 《清高宗實錄》，乾隆十五年五月辛亥 |
| 本 | | wesimbure bithe | 《清高宗實錄》，乾隆十七年六月癸卯 | 清摺 | | getuken bukdari | 《清高宗實錄》，乾隆十八年二月戊申 |

資料來源：《清高宗純皇帝實錄》滿、漢文本

雍正十三年（1735）八月三十日，《清高宗純皇帝實錄》記載雍正皇帝在位十三年，廣採群言，以資治理，自督撫提鎮外，如學政、巡察、藩臬二司及出差官員等，俱准其具摺陳奏事件。乾隆皇帝初理大政，正當廣為諮諏，以補見聞之所不及，其從前何等官員准其奏事，或有特旨令其奏事者，俱著照前摺奏[19]。句中「具摺陳奏事件」，滿文讀如“bukdari arafi baita be hacilame wesimbubure”，漢字「摺」，滿文讀如“bukdari”；句中「摺奏」，滿文讀如“bukdari arafi wesimbukini”，意即「著繕寫“bukdari”陳奏」。是日，禮部奏進登極儀注，得旨，是，停止宣表，免賜茶，奏內稱安輿於乾清門正中，著安於稍左。句中「宣表」，滿文讀如“iletuleme wesimbure bithe hūlara”，意即「露章宣讀奏章」；「奏內」，滿文讀如“wesimbure bithe de”，意即「奏章內」。

雍正十三年（1735）八月，《清高宗純皇帝實錄》記載：

> 是月，江西巡撫常安奏報，該省因夏雨愆期，在省城，及盧山上清宮等處，齋僧祈禱，即降甘霖。又建造上諭亭，民間踴躍捐輸等事，奏入。得旨批飭，今年五、六月間，江西少雨，皇考在孜訓堂辦事，時時諭及，且云常安奏摺，何久不見到，聖心憂慮甚切，汝為封疆大吏，當以雨暘年穀為第一要務。今見汝奏摺八件，將不關緊要之事，臚列於前，而將奏報雨澤秋成之摺，置於最後。是汝以雨澤為可緩之事，而竟不以民食為重也[20]。

對照滿文可知「奏報」，滿文讀如“boolame wesimbuhe”；「常安奏摺」，滿文讀如“canggan i wesimbure bukdari”；「汝奏摺八件」，滿文讀如“sini wesimbuhe jakūn bukdari”，意即「汝所奏

19 《清高宗純皇帝實錄》，卷 1，頁 35。雍正十三年八月丙申，諭旨。
20 《清高宗純皇帝實錄》，卷 1，頁 36。雍正十三年八月，據常安奏。

八件摺子」;「奏報雨澤秋成之摺」，滿文讀如“aga simen , bolori bargiyara be boolame wesimbure bukdari”。漢字「摺」，滿文俱讀如“bukdari”。

乾隆二年（1737）二月十一日，《清高宗純皇帝實錄》記載諭旨云:「朕聞四川地方，冬春以來，雨澤稀少，且有牛瘟之厄，乃楊馝並未具摺奏聞，不知伊如何籌畫料理，以惠濟窮民，爾等可即寄信詢問之[21]。」引文中「並未具摺奏聞」，滿文讀如“umai bukdari arafi donjibume wesimbuhekū”，意即「並未繕摺奏聞」，漢字「摺」，滿文讀如“bukdari”。

乾隆四年（1739）五月十七日，《清高宗純皇帝實錄》記載諭旨云：

> 巡察歸化城之員外郎色楞奏稱，土默特蒙古等，怨恨都統塔勒瑪善，於伊院內投帖控告，著將色楞奏摺抄錄，俟將軍王常奏事之便寄發，詳細訪查確實具奏[22]。

引文中「奏摺」，滿文讀如“wesimbuhe bukdari”，意即「所奏之摺」，是指已然奏過的摺子。

乾隆四年（1739）六月初四日，《清高宗純皇帝實錄》記載諭旨云：

> 諭大學士等，前侍郎鍾保條奏命案盜案一摺，朕發令各省督撫酌議摺奏。今據那蘇圖、孫國璽覆奏前來，俱請敕下各省督撫云云。朕思政務之中，若遇緊要事件，經部行文發出，永遠定例通行者，則當用敕下各省督撫字樣。至於平常事件，朕批令該督撫摺奏者，只應就一省情形而言，因時制宜，不必奏請敕下各省，轉多纏擾，可將此意傳諭

21 《清高宗純皇帝實錄》，卷 36，頁 15。乾隆二年二月己巳，諭旨。
22 《清高宗純皇帝實錄》，卷 92，頁 10。乾隆四年五月丙辰，諭旨。

各省督撫知之[23]。

引文中「一摺」，滿文讀如"emu bukdari"；「摺奏」，滿文讀如"bukdari arafi wesimbu"，意即「令具摺啟奏」，或「令繕摺陳奏」。平常事件，各省督撫雖然奉到諭旨酌議摺奏，但只應就其一省情形而言，不必奏請敕下各省督撫。

乾隆五年（1740）二月初七日，《清高宗純皇帝實錄》記載諭旨云：「隆昇在福州將軍任內，劣蹟種種，著解任，差副都統策楞馳驛前往，會同總督德沛，將參摺內各款，及有名人犯，逐一嚴審定擬具奏（下略）[24]。」引文中「參摺」，滿文讀如"wakalame wesimbuhe bukdari"，意即「所參奏之摺」。

乾隆六年（1741）七月二十二日，《清高宗純皇帝實錄》記載諭旨云：

> 諭軍機大臣等，朕聞江寧地方，六月內竟無雨澤，楊超曾並未早將實在情形詳奏。今覽伊七月十一日奏摺，始稱一月以來，甘霖未沛，至七月初八日方得大雨五寸有餘，似此有關民瘼之事，不當如此遲滯，爾等可傳諭知之[25]。

引文中「奏摺」，滿文讀如"wesimbuhe bukdari"，意即「所奏之摺」。

乾隆六年（1741）十一月初八日，《清高宗純皇帝實錄》記載，吏部議覆戶部參奏漕運總督常安等以奉恩蠲免錢糧，遂謂地丁漕項統在其中，辦理殊屬錯誤，應將漕運總督常安等各罰俸有差。是日奉諭曰：

> 此本內請蠲漕糧一事，安寧等曾經摺奏，第未明晰，而具

23 《清高宗純皇帝實錄》，頁 4，卷 94。乾隆四年六月己卯，諭旨。
24 《清高宗純皇帝實錄》，頁 8，卷 110。乾隆五年二月戊寅，諭旨。
25 《清高宗純皇帝實錄》，頁 11，卷 147。乾隆六年七月甲申，諭旨。

本時，又不將原委敘入，是以戶部參奏，但係已經具摺之案，各員處分，俱著寬免[26]。

引文中，含有頗多文書術語，譬如：「此本」、「摺奏」、「具本」、「參奏」、「具摺」等，為了便於說明，可將滿文諭旨影印於下，並轉寫羅馬拼音。

hese wasimbuhangge , ere bukdari i dorgi , juwere jeku gaijara be guwebure jalin baime wesimbuhe emu baita be , anning se bukdari arafi wesimbuhe bihe , damu getukeleme faksalahakū bime , bukdari wesimbure erinde , geli baitai da turgun be dosimbume arahakū ofi , tuttu boigon i jurgan ci wakalame wesimbuhe , damu ere baita neneme bukdari arafi wesimbuhe be dahame , geren hafasa be weile arara be gemu oncodome guwebu .

對照滿文諭旨可知，「此本」，滿文讀如“ere bukdari”，意即「此摺」。「摺奏」，滿文讀如“bukdari arafi wesimbuhe”，意即「繕摺啟奏」。「具本」，滿文讀如“bukdari wesimbure”，意即「摺奏」。「具摺」，滿文讀如“bukdari arafi wesimbuhe”，意即「繕摺啟奏」。漢文「此本」、「具本」，俱指奏摺而言。

乾隆八年十月初三日，《清高宗純皇帝實錄》記載：

禮部以謁陵禮成，奏請行慶賀禮。得旨，禮部殊不知禮，當日皇祖祇躬謁祖陵。朕此次係奉皇太后恭謁，何以部臣

26 《清高宗純皇帝實錄》，卷 154，頁 18。乾隆六年十一月己巳，諭旨。

祇為朕稱賀。況每年元旦冬至，皆有慶賀皇太后表文，豈不知遵循耶，此本發還，著另改具題[27]。

引文中「表文」，滿文讀如“iletuleme wesimbure bithe”；「此本」，滿文讀如“ere wesimbure bithe”，意即「此本章」。

乾隆八年十二月十一日，《清高宗純皇帝實錄》記載諭旨曰：

本日刑部覆奏福建二案，因此事係該督摺奏，刑部亦即用摺。朕思此二案，該督以事應密奏，故無揭帖，但俱關人命，該部仍具本題覆為是，可將原摺發交該部換本具題，奉旨之後，六科接旨，亦不必發抄，即令該部密行文該省遵旨完結。嗣後各省督撫摺奏事件，有關係人命，發交部議者，俱著照此辦理[28]。

引文中，含有頗多文書詞彙，可將滿文諭旨影印於下，並轉寫羅馬拼音。

hese wasimbuhangge, ere inenggi beidere jurgan ci fugiyan i juwe baita be dahūme wesimbure de, harangga uheri kadalara amban i bukdari arafi wesimbuhe baita ofi, beidere jurgan ci inu bukdari arafi wesimbuhebi, bi gūnici, ere juwe baita be harangga uheri kadalara

27 《清高宗純皇帝實錄》，卷 202，頁 17。乾隆八年十月壬子，諭旨。

28 《清高宗純皇帝實錄》，卷 206，頁 14。乾隆八年十二月庚申，諭旨。

amban, narhūšame wesimbuci acara baita seme. tuttu tucibume boolara bithe baitalahakū , damu gemu niyalmai ergen de holbobuha be dahame , harangga jurgan ci kemuni wesimbure bithe arafi dahūme wesimbuci acambi , da bukdari be harangga jurgan de afabufi , halame wesimbure bithe arafi wesimbukini , hese wesimbuha amala , ninggun kungge yamun , hese be alime gaiha manggi , inu ume sarkiybume selgiyere , uthai harangga jurgan de afabufi , harangga golode narhūšame bithe yabubufi , hese be dahame wacihiyakini , ereci julesi , geren goloi uheri kadalara amban , giyarime dasara ambasai bukdari arafi wesimbuhe baita hacin i dorgi , niyalmai ergen de holbobufi , jurgan de afabufi gisureburengge bici , gemu ere songkoi icihiyakini sehe .

對照滿文諭旨可知，「摺奏」，滿文讀如“bukdari arafi wesimbuhe”，意即「繕摺啟奏」;「用摺」，滿文讀如“bukdari arafi wesimbuhe”，意即「繕摺啟奏」;「事應密奏」，滿文讀如“narhūšame wesimbuci acara”;「揭帖」，滿文讀如“tucibume boolara bithe”;「具本」，滿文讀如“wesimbure bithe arafi”，意即「繕寫本章」;「原摺」，滿文讀如“da bukdari”;「換本具題」，滿文讀如“halame wesimbure bithe arafi wesimbukini”，意即「著換繕本章具題」。

乾隆八年（1743）十二月十五日，《清高宗純皇帝實錄》記載諭旨，略謂陝西蒲城縣王幼女被殺一案，陳惪正用刑誣服，牽連無辜，經塞楞額題參，降旨將陳惪正交部察議。據慶復奏稱，陳惪正面稟，已具密摺辯明，並將揭部科印文，交家人帶往京中，若摺子已蒙恩准，即將原文帶回，不必再揭，若摺子不准，即令投揭部科，於回陝日，再向總督衙門補揭云云。文中，「摺子」，滿文讀如“wesimbuhe bukdari”，意即「所奏之摺」，又讀如“bukdari”。同年十二月十六日，《清高宗純皇帝實錄》記載諭旨云：

> 昨據慶復奏稱，陳悳正因王幼女一案，被巡撫塞楞額題參，陳悳正具密摺申辯，並帶有揭部科之文，若奏而不准，則將揭帖投遞部科，准即中止。朕覽奏，即知其必與伊兄陳悳華商量，特命大學士等詢問。據陳悳華奏稱，悳正原有辯摺及部科揭帖，遣家人賫送來京，寄信與臣，臣以悳正係被參現交部議，理宜靜候，何得瀆辯，立將奏摺並揭帖，令家人帶回（下略）[29]。

引文中，「具密摺」，滿文讀如“narhūšame wesimbure bukdari arafi”，意即「密繕奏摺」；「揭帖」，滿文讀如“tucibume boolara bithe”；「辯摺」，滿文讀如“yargiyan i sume wesimbure bukdari”，意即「解釋實情奏摺」；「奏摺」，滿文讀如“wesimbure bukdari”。

乾隆九年（1744）七月初二日，《清高宗純皇帝實錄》記載吏部議覆蒙古本房設貼寫中書，節錄一段內容如下：

> 吏部議覆，大學士鄂爾泰奏稱，內閣蒙古本房，繙譯外藩奏摺，及繕寫諭旨、冊命、碑文等項，俱用竹筆字，前令實錄館人員譯寫，自告竣後，俱分派各衙門行走，請即於此內，挑能繙譯及寫竹筆字者八員，為蒙古本房貼寫中書，補用完日，再將八旗人員，考取應用等語[30]。

引文中含有文書詞彙，如「蒙古本房」、「外藩奏摺」、「諭旨」、「冊命」、「碑文」等，可將滿文實錄影印於下，並轉寫羅馬拼音。

29 《清高宗純皇帝實錄》，卷 207，頁 1。乾隆八年十二月乙丑，諭旨。
30 《清高宗純皇帝實錄》，卷 220，頁 3。乾隆九年七月丁丑，據吏部議覆。

fulahūn ihan inenggi , hafan i jurgan ci gisurefi dahūme wesimbuhengge , aliha bithei da ortai i wesimbuhe bade , dorgi yamun i monggo wesimbure bithei ba , tulergi gurun i wesimbure bithe be ubaliyambure, jai hesei bithe , abdangga fungnehen, ulhibure fungnehen, eldengge wehei bithe i jergi hacin be arara de gemu ujuk hergen be baitalambi, onggolo yargiyan kooli kuren i hafasa be ubaliyambume arabumbihe , šanggaha amala , gemu geren jurgan yamun de dendefi yabubuha , bahaci , uthai esei dorgici , ubaliyambure mutere jai ujuk hergen arame muterengge be jakūn niyalma sonjome gaifi , monggo wesimbure bithei ba i aisilara dorgi bithesi obuki , baitalame wajiha manggi , jai jakūn gūsai niyalma be simneme gaifi baitalaki sehebi .

對照滿文實錄可知「蒙古本房」，滿文讀如“monggo wesimbure bithei ba”，意即「蒙古本章房」;「外藩奏摺」，滿文讀如“tulergi gurun i wesimbure bithe”，意即「外藩本章」;「諭旨」，滿文讀如“hesei bithe”，意即「敕諭」，或「綠綸」;「冊命」，滿文讀如“abdangga fungnehen , ulhibure fungnehen”，意即「冊封誥命」;「碑文」，滿文讀如“eldengge wehei bithe”。其中漢文「外藩奏摺」，滿文作「外藩本章」，滿漢文頗有出入。

乾隆十一年（1746）二月初一日，《清高宗純皇帝實錄》記載諭旨云：

> 駐劄西寧辦理青海番子事務之副都統莽古賚、駐藏辦事之副都統傅清，爾等陳奏事件，莽古賚每次俱用漢摺，傅清亦間用漢摺。各省督撫提鎮內，有滿洲大臣，用漢摺奏事者，原因辦理地方民情及綠營事務。今莽古賚、傅清係滿洲大臣，且係辦理蒙古、唐古忒事務，所有事件，理應用清字奏摺，伊等竟仿效外省大臣用漢字奏摺，殊屬非是，著飭行，嗣後奏事，俱著繕寫清字奏摺，並寄諭眾佛保知之[31]。

引文中，「漢摺」，滿文讀如"nikan hergen i bukdari"，意即「漢字摺」;「漢字奏摺」，滿文讀如"nikan hergen i bukdari"，意即「漢字摺」;「清字奏摺」，滿文讀如"manju hergen i bukdari"，意即「滿字摺」。

乾隆十三年（1748）十一月二十六日，《清高宗純皇帝實錄》記載諭旨云：

> 向來各處本章，有題本、奏本之別，地方公事，則用題本；一己之事，則用奏本。題本用印，奏本不用印，其式沿自前明。蓋因其時綱紀廢弛，內閣、通政司，借公私之名，以便上下其手，究之同一入告，何必分別名色。著將向用奏本之處，槩用題本，以示行簡之意，將此載入會典，該部通行傳諭知之[32]。

引文中「本章」、「題本」、「奏本」等都是重要文書詞彙。為了便於說明，可將滿文諭旨影印如下，並轉寫羅馬拼音。

---

31 《清高宗純皇帝實錄》，卷 258，頁 1。乾隆十一年二月丁酉，諭旨。
32 《清高宗純皇帝實錄》，卷 329，頁 33。乾隆十三年十一月丙子，諭旨。

daci geren ba i wesimbure bithede, šošofi wesimbure bithe an i wesimbure bithe sere ilgabun bi, ba na i siden i baita oci, šošofi wesimbure bithe baitalambi, beyei baita oci, an i wesimbure bithe baitalambi, šošofi wesimbure bithede doron gidambi, an i wesimbure bithede doron gidarakū, ere kooli nenehe ming gurun ci deribumbihebi, ainci tere fon i hešen hergin efujeme waliyabuha turgunde, dorgi yamun, dasan be hafumbure yamun, siden cisu i gebu de kanagan arame sidenderi jemden yabuhabi, eiterecibe gemu emu adali wesimbure be dahame, urui ilgafi ainambi, daci an i wesimbure bithe baitalara babe, bireme halafi šošofi wesimbure bithe baitala, kemungge be yabure gūnin be tuwabu , erebe uheri kooli bithede dosimbume ara , harangga jurgan bireme ulhibume selgiyefi sakini[33].

對照滿文諭旨，「本章」，滿文實錄讀如 "wesimbure bithe" ；「題本」，滿文讀如 "šošofi wesimbure bithe" ，意即「彙總本章」；「奏本」，滿文實錄讀如 "an i wesimbure bithe" ，意即「尋常本章」。由滿文諭旨可知，本章有彙總本章和尋常本章的區別。彙總本章，清朝官書習稱題本，尋常本章，習稱奏本，題本、奏本都

33 《清高宗純皇帝實錄》，卷 329，頁 33。乾隆十三年十一月丙子，諭旨。

是本章，所以將向來使用奏本之處，概用題本，嗣後奏摺和題本就是重要的上行文書，奏摺與奏本，亦不致混淆。

乾隆十四年（1749）四月初七日，《清高宗純皇帝實錄》記載上皇太后奏書儀式，節錄一段內容如下：

> 甲申，恭上皇太后奏書，上禮服，於中和殿恭閱奏書後，上升輿，由右翼門至永康左門，降輿。大學士捧奏書，由中路前行，至慈寧門下，上由東階升，至門下東旁立，皇太后吉服，升慈寧宮座，儀駕全設，中和樂設而不作。上詣正中拜位跪，大學士捧奏書，在左旁跪進，上受奏書，恭獻，授右旁大學士跪接，置正中黃案上，宣讀官捧起，跪宣奏書訖[34]。

對照滿文可知，「奏書」，滿文讀如“wesimbure bithe”，意即「本章」。

乾隆十五年（1750）五月初十日，因定參劾屬員條例頒降諭旨云：

> 各省督撫參劾不職屬員，或請革職休致，或請降補改教，皆地方公務，並非應行密辦之事，理當繕本具題，方合體制。近來督撫有先具摺奏聞，聲明另疏題參者，尚屬可行，而亦竟有以摺奏代具題者，究於體制未協，所有摺奏之準泰等，已傳旨申飭，著通行各省督撫，凡遇此等參奏，概用題本，以昭慎重[35]。

引文中，「繕本具題」，滿文讀如“wesimbure bithe arafi wesimbure”，句中「本」及「本章」;「具摺」，滿文讀如“bukdari arafi”，意即「繕摺」;「另疏題參」，滿文讀如“encu wesimbure

34 《清高宗純皇帝實錄》，卷 338，頁 11。乾隆十四年四月甲申，記事。
35 《清高宗純皇帝實錄》，卷 364，頁 15。乾隆十五年五月辛亥，諭旨。

bithe arafi wakalame wesimbure”，意即「另行繕寫本章題參」;「以摺奏代具題」，滿文讀如“bukdari arafi wakalame be wesimbure bithe arafi wesimbure de obumbi”，意即「以繕摺啟奏為繕寫本章具題」;「概用題本」，句中「題本」，滿文讀如“doron i wesimbure bithe”，意即「用印本章」。

乾隆十七年（1752）六月十四日，《清高宗純皇帝實錄》記載諭旨云：

> 朕此次行圍，所有外省督撫提鎮等奏摺，著照舊例，自起鑾之日為始，俱齎赴在京總理事務王大臣處加封，交內閣隨本呈送行在，候朕批示，隨本發回，仍於總理處，交付齎摺人祗領，該部即通行傳諭知之[36]。

引文中，「奏摺」，滿文讀如“wesimbure bukdari”；「隨本呈送行在」、「隨本發回」，句中「本」，滿文讀如“wesimbure bithe”，意即「本章」。

乾隆十八年（1753）二月二十二日，定三品京堂京察例，傳諭吏部於京察時，將其事實，另行繕清摺進呈[37]。句中「清摺」，滿文讀如“getuken bukdari”，意即「清楚明白之摺」。

乾隆十九年（1754）四月十三日，《清高宗純皇帝實錄》記載諭旨，略謂：

> 副都統卓鼐請於乍浦滿洲兵丁，應補水手缺額內，扣留三十六缺，挑選綠旗兵丁等因，繕寫漢摺具奏。朕從前屢經降旨，滿洲大臣，俱著繕寫清摺。卓鼐係滿洲大臣，所管皆係滿洲兵丁，伊別項陳奏，俱用清摺，獨此一件用漢摺，

36 《清高宗純皇帝實錄》，卷 416，頁 20。乾隆十七年六月癸卯，諭旨。
37 《清高宗純皇帝實錄》，卷 433，頁 8。乾隆十八年二月戊申，諭旨。

明係令漢人聞知感激之意[38]。

引文中，「漢摺」，滿文讀如“nikan hergen i bukdari”，意即「漢字摺」;「清摺」，滿文讀如“manju hergen i bukdari”，意即「清字摺」。由前舉記載可知奏摺，《清聖祖仁皇帝實錄》、《清世宗憲皇帝實錄》滿文本俱讀如“wesimbure jedz”；《清高宗純皇帝實錄》滿文本讀如“wesimbure bukdari”。

## 三、從滿文起居注冊考察滿文奏摺的沿革

康熙年間採行奏摺之初，多使用「摺子」字樣，其含義已不限於清單，而多指奏摺的別稱。康熙二十年十月初二日，《起居注冊》記載云：

上御乾清門聽部院各衙門官員面奏政事，大學士、學士等會同戶部並倉場為漕運凍阻具摺請旨。上顧閣臣曰：漕運當照限運解，該督撫等不行速運，但求寬限，皆圖有便於己，不肯實為國家，戶部亦不詳為籌畫於事有益於否，惟草率照督撫所請，准其寬限。今船隻延遲，以致凍阻，此摺著戶部領去具本來奏，爾等將此情節票出，著嚴行議奏[39]。

為了便於說明，可將滿文影印於下：

38 《清高宗純皇帝實錄》，卷 460，頁 19。乾隆十九年四月壬辰，諭旨。
39 《清代起居注冊・康熙朝》，第 B005236 頁，北京，中華書局，2009 年，第十一冊。

dele , kiyan cing men duka de tucifi , geren jurgan yamun i ambasa be dere acafi wesimbuhe dasan i baita be icihiyaha . sirame aliha bithei da , ashan i bithei da , jai boigon i jurgan , ts'ang cang ni ambasa uhei acafi juwere jeku i cuwan gecen de amcabure jalin jedz arafi wesimbuhede . dele dorgi yamun i ambasai baru hendume , juwere jeku be bilagan i songkoi jurambufi benjici acambihe . ba na i dzungdu siyūn fu se hūdun jurambufi benjihekū , bilagan i inenggi be saniyara be baihangge , gemu beyede ja ojoro be bodohongge dabala , gurun booi jalin bodohongge waka . boigon i jurgan inu baita de tusa ojoro be kimcime bodohakū , damu ainame ainame dzungdu siyūn fu i baiha songkoi bilagan be saniyara jakade , te cuwan isinjirengge sitabufi , gecen de amcaburede isinahabi . erejedz be boigon i jurgan gamafi wesimbure bithe arafi wesimbukini . suwe ere jergi babe tucibume ciralame gisurefi wesimbu seme piyoocan arafi gaju sehe[40].

對照滿、漢文後，可知漢字「摺」，滿文讀如“jedz”；漢字「具摺」，滿文讀如“jedz arafi”，意即繕寫摺子。“jedz”，是摺

40 《起居注冊》，臺北，國立故宮博物院，未刊，滿文本，康熙二十年十月初二日，諭旨。

子的音寫。漢字「摺」，就是奏摺，滿文讀如“jedz”。漢字「具本」，滿文讀如“wesimbure bithe arafi”，意即繕寫本章。康熙二十一年十二月初一日，康熙皇帝御乾清門聽部院各衙門官員面奏政事。兵部官員進奏議政王大臣會同定議行獵紀律摺子。句中「摺子」，滿文讀如“jedz”。此「摺子」（jedz），並非名單，而是通行的奏摺。

康熙二十三年（1684）五月十三日，都察院副都御史員缺，開列其次應陞邊聲廷等。康熙皇帝曰：「再將其次應陞官員開列來看，摺內何以不列崔澄職名。」句中「摺內何以不列崔澄職名」，滿文讀如“ere bithei dolo ts'ui ceng ni gebu jergi be ainu faidahakū”，意即「此文內何以未列崔澄職名」，漢字「摺」，滿文讀如“bithe”。

康熙二十三年（1684）七月二十八日，因順天鄉試擬差正副主考，批本筆帖式（ben pilere bithesi）劉九思錯傳諭旨，康熙皇帝令大學士將未曾典試順天，已經典試別省者，係進士出身官員，另寫一摺子帶來。句中「摺子」（jedz），是指進士出身官員名單。

康熙二十三年（1684）八月二十九日辰時，康熙皇帝御乾清門聽政，部院各衙門官員面奏畢，因吏部題補戶部侍郎李仙根、工部侍郎金世鑑降調員缺，開列內閣學士吳興祖等，並所察貴州巡撫楊雍建降級摺子、大學士覺羅勒德洪等以折本（bukdaha bithe）請旨。句中「摺子」，滿文讀如“jedz”，吏部題補降調員缺所開列的「摺子」，包含內閣學士吳興祖等人名單，此外還有貴州巡撫楊雍建。

康熙二十四年（1685）十月十二日辰時，康熙皇帝御乾清門聽政，大學士覺羅勒德洪等以折本請旨，吏部題內閣學士圖納陞補山西巡撫員缺，開列詹事朱馬泰等，及開寫以次應陞官員職名摺子一併請旨。查閱《起居注冊》滿文本，「開寫以次應陞官員職名摺子一併請旨」，滿文讀如 “sirame wesici acara hafasai gebu be jedz de arafi suwaliyame dacilame wesimbuhe” ，意即「將以次應陞官員名字寫在摺子上一併啟奏請旨。」摺子上開寫的就是官員名字。

康熙二十四年（1685）十月二十三日辰時，大學士覺羅勒德洪等以折本請旨，太常寺卿穆成格陞任員缺，將以次應陞官員職名開寫摺子一併啟奏。摺子（jedz）上開寫的也是官員名字。

康熙二十四年（1685）十一月十九日，大學士覺羅勒德洪等以撰擬所賜琉球國勅及賞賚數目開列摺子呈覽。康熙皇帝諭曰：「琉球等外國賞賜甚輕，非厚往薄來之義，爾衙門會同禮部察賞外國之例，將賞賜之物，酌量增添定議具奏。」摺子（jedz）上所開列的是賞賜物品數目（šangnara jaka i ton）。同日，大學士等以會議地壇配位摺子呈覽。十一月二十二日，大學士覺羅勒德洪等以折本請旨，太常寺卿徐元珙疏奏北郊配位事，以九卿等會議摺子，及內閣學士徐乾學、韓菼，翰林院學士孫在豐等所議摺子一併啟奏。配位典禮重大，惟眾論不一，九卿議照舊行，學士諸臣所論不一。因此，奉旨暫停。同日，九卿議覆總河靳輔、按察使于成龍條奏河工等事，及翰林院侍讀喬萊等公議摺子。由此可知九卿等會議摺子、內閣學士所議摺子、侍讀喬萊等公議摺子，並非一般清單。

康熙二十五年（1686）五月初二日，《起居注冊》記載職名摺子的內容云：

> 庫勒納、張英等會同大學士等為日講、起居注官顧汧員缺選擇檢討徐嘉炎等六人開列摺子呈覽。上曰：向因選擇學問優者，故南方之人居多。北方之人亦應並用，著選擇來

奏[41]。

為了便於說明，可將滿文影印於下，並轉寫羅馬拼音。

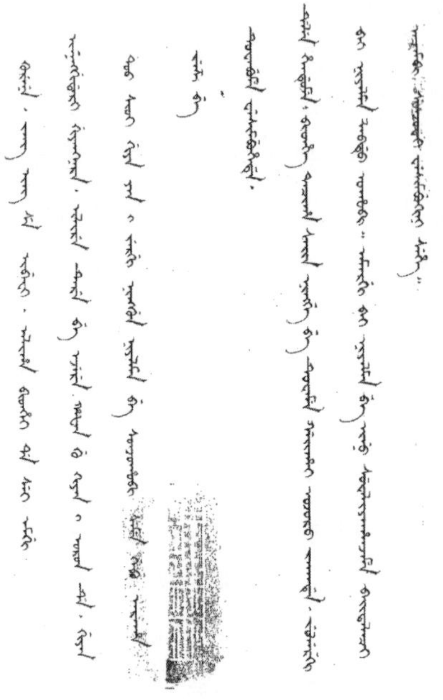

kurene, jang ing se ibefi, aliha bithei da sei emgi inenggidari giyangnara, ilire tere be ejere hafan gu kiyan i oron de, giyan too sioi giya yan i jergi ninggun niyalma be sonjohobi seme gebu araha jedz be tuwabume wesimbuhede, dele hendume, bithe taciha sain ningge be tuwame gaihai ojoro jakade, julergi bai niyalma labdu ohobi. amargi bai niyalma be inu suwaliyahanjame baitalaci acambi sonjofi wesimbukini sehe[42] .

引文中，「開列摺子呈覽」，滿文讀如“gebu araha jedz be tuwabume wesimbuhe”，意即「繕寫名字之摺子呈覽」，句中「摺子」(jedz)，是徐嘉炎等六人的職名摺子。

康熙二十五年（1686）五月二十日辰時，康熙皇帝御瀛臺勤政殿聽政，大學士覺羅勒德洪等以日講官、起居注郭棻員缺，將侍講王尹方等十一人開列摺子呈覽。句中「侍講王尹方等十一人開列摺子呈覽」，滿文讀如“šigiyang wang in fang ni jergi juwan emu niyalmai gebu be jedz de arafi tuwabume wesimbuhe”。意思是

41 《清代起居注冊・康熙朝》，第 B009993 頁，第二十冊。
42 《起居注冊》，滿文本，康熙二十五年五月初二日，記事。

「將侍講王尹方等十一人名字開列摺子呈覽」，此處「摺子」是指人員名單。

康熙二十五年（1686）六月二十二日，《起居注冊》漢文本記載，「右理事官錢珏員缺，遵旨將太常寺少卿傅感丁等開列摺子一併啟奏。」句中「摺子」（jedz），是指傅感丁等人員名單。

康熙二十五年（1686）八月二十七日辰時，康熙皇帝御乾清門聽政，因吏部題補侍講西安陞任員缺，將中允真特擬正，員外郎艾新泰擬陪，遵旨將員外郎吳通寶等開列摺子一併請旨。所開列的「摺子」（jedz），是員外郎吳通寶等人員名單。

康熙二十五年（1686）九月初八日辰時，康熙皇帝御乾清門聽政，因兵部題長沙等處陣傷喇占等給賞銀兩，大學士覺羅勒德洪等以折本請旨。康熙皇帝諭曰：「閱驗傷摺子，喇占等並無傷痕，其有傷痕者，照舊給與銀兩，喇占等不准給。原驗喇占等傷痕官員，應嚴加議處，姑念年久，從寬免。」康熙皇帝所閱驗傷「摺子」（jedz），就是陣傷喇占等人員名單。

康熙二十五年（1686）十月初四日辰時，康熙皇帝御乾清門聽政，大學士覺羅勒德洪等以講官喬萊、孫岳頒員缺，選擇侍讀王尹方等十一人開列摺子引見。開列摺子（jedz）引見，就是引見摺子，開列王尹方等十一人名單。

康熙二十五年（1686）十月二十四日，《起居注冊》漢文本記載，吏部題開列主事趙吉士等三十六人，請定引見日期，內閣遵旨傳問九卿開寫摺子呈覽。所開列的摺子（jedz），也是引見摺子。

康熙二十六年（1687）正月十七日辰時，康熙皇帝御乾清門聽政，內閣會同九卿、詹事、科、道官員將開下河塞減水壩之處，問明總河靳輔，開寫摺子呈覽。正月十八日辰時，康熙皇帝御乾清門聽政。內閣會同九卿、詹事、科、道官員遵旨覆議開濬下河，應塞減水壩摺子呈覽。工部尚書佛倫奏曰：「此摺子應繕寫本章進呈御覽。」將摺子（jedz）繕寫本章（wesimbure bithe）呈覽，將摺子改繕本章，一方面說明此摺子並非清單，一方面說明摺子與本章，文書性質不同。

康熙二十六年（1687）十一月十一日辰時，康熙皇帝御乾清門聽政，大學士明珠等以折本請旨，吏部題內閣侍讀學士翁英革職員缺，遵旨查郎中等員開列摺子啟奏。吏部所開列的「摺子」（jedz），是郎中等人員名單。

康熙二十七年（1688）十一月初八日早，康熙皇帝御南苑舊宮，大學士伊桑阿等以折本請旨，吏部題補副都御史傅感丁丁憂員缺，開列宗人府府丞董秉忠等具題。康熙皇帝以董秉忠為人庸常著將其次應陞官員開列摺子具奏。又吏部題內閣票簽侍讀戴納陞任員缺，將內閣中書穆黑倫擬正，阿米達擬陪。康熙皇帝以內閣侍讀職任緊要，著將應陞官員開列摺子具奏。句中「著將應陞官員開列摺子具奏」，《起居注冊》滿文本讀如"wesici acara hafasai gebu jergi be jedz de faidme arafi wesimbu"，意即「著將應陞官員名字品級開寫在摺子上具奏」。摺子就是官員名單。

康熙二十七年（1688）三月初一日，大學士伊桑阿等會同禮部侍郎管翰林院事庫勒納以日講起居注官王封濚、米漢雯二缺，將編修馮雲驌等八人具摺啟奏。奉旨，馮雲驌、陸肯堂俱著以原銜充日講起居注官。「將編修馮雲驌等八人具摺啟奏」，《起居注冊》滿文本讀如"biyan sio fung yūn su i jergi jakūn niyalma be jedz de arafi wesimbuhe"，意即「將編修馮雲驌等八人開寫在摺子上啟奏」。

康熙二十七年（1688）三月十二日，大學士伊桑阿等會同禮部侍郎管翰林院事庫勒納以日講起居注官德格勒、朱都納二缺將侍讀思格則等四人具摺啟奏。奉旨，思格則、達蘇喀俱著以原銜充日講起居注官。「將侍讀思格則等四人具摺啟奏」，《起居注冊》滿文本讀如 "šidu sygese i jergi duin niyalma be jedz de arafi wesimbuhe"，意即「將侍讀思格則等四人開寫在摺子上啟奏」，此摺子即思格則等四人名單。

康熙二十八年（1689）閏三月初十日，《起居注冊》漢文本記載，康熙皇帝顧閣臣曰：「朕昨南巡，聞諸處灶丁極其勞苦，此數年來，各省賦稅，皆以次蠲免，著交與戶部察明數目開寫摺子，爾等呈奏。」戶部所寫「摺子」（jedz），是灶丁錢糧蠲免數目清單。

康熙二十八年（1689）閏三月十三日，《起居注冊》漢文本記載，大學士伊桑阿等遵旨交戶部查長蘆、兩淮、兩浙、河東灶戶錢糧開寫摺子呈覽。句中「灶戶錢糧開寫摺子」，《起居注冊》滿文本讀如 "dabsun fuifure hahasi i ciyanliyang ni ton be arafi jedz"，意即「開寫灶丁錢糧數目之摺子」，就是一種清單。

康熙二十九年（1690）正月十七日，大學士伊桑阿等奏稱，「前者皇上以前明宮殿樓亭門名開載一摺，並慈寧宮、寧壽宮、乾清宮妃嬪宮人及老媼數目摺子發出，令臣等觀看。」明朝宮殿樓亭門名一摺與各宮妃嬪宮人、老媼數目摺子，滿文俱讀如 "jedz"。

康熙二十九年（1690）三月二十九日，《起居注冊》記載，「內庭供奉日講官起居注贊善勵杜訥至起居注館，以摺子三冊交掌院侍郎庫勒納。」康熙皇帝於康熙二十四年（1685）、二十五年（1686）兩年覽閱《通鑑》論斷之語，由勵杜訥記為摺子（jedz）三冊。其中閱〈三皇五帝紀〉論曰：

> 上古之世，荒遠無徵，其所紀載不可信者甚多，如十日並出，射去其九，尤為誕妄。大凡天下之事，皆宜斷之以理，

庶不為其所惑，讀古人之書，亦當自有定見也。臣杜訥對曰：敬承聖諭，讀書論事，皆有要領矣[43]。

三冊摺子所記都是康熙皇帝覽閱《通鑑》論斷之語。

康熙三十一年（1692）正月二十九日辰時，康熙皇帝御乾清門聽政，大學士伊桑阿、阿蘭泰、王熙、張玉書同漢九卿以熊賜履看閱《明史》，議論偏僻，具摺子題參。句中「具摺子題參」，滿文讀如"jedz de arafi wakalame wesimbuhe"，意即「開寫在摺子上題參」，題本中所附摺子，是一種名單。

康熙三十八年（1699）正月二十四日辰時，康熙皇帝御乾清門聽政，大學士伊桑阿等以折本（bukdaha bithe）請旨，吏部以御史朱廷鉉條奏，府道以下，州縣以上，丁憂起復官員內有特用卓異者，請不入各項候補分缺。《起居注冊》滿漢文本記載如下：

dele hendume , hacilahangge umesi inu, hafan sindara kooli de, juru biya, sonio biya seme ilgahabi. te esebe meni meni biyade oron tucici, an i sindara ci tulgiyen, sindara biya waka biyade oron bici, esei da ya bade hafan bihe, beye tucike turgunde be, getukeleme jedz arafi, ben de hafirafi, beyebe tuwabume wesimbukini, niyalma, ba acanara be tuwame niyeceme wesimbume sindaki sehe[44].

上曰：這條奏甚是，選法原分單月、雙月，今按月缺，將伊等原任何地？并履歷，開明摺子，夾於本內引見，視其人地相宜補用[45]。

---

43 《清代起居注冊‧康熙朝》，第 T00164 頁，臺北，國立故宮博物院，2009 年，第一冊。

44 《起居注冊》，滿文本，康熙三十八年正月二十四日，諭旨。

45 《清代起居注冊‧康熙朝》，第 T06880 頁，第十三冊。康熙三十八年正月二十四日，諭旨。

康熙三十八年（1699）二月十六日，康熙皇帝駐蹕楊家圈地方。《起居注冊》漢文本記載，是日晚刻，康熙皇帝御行宮，大學士伊桑阿、阿蘭泰、學士布泰、噶禮、蘇赫納、胡會恩、顧祖榮以摺本請旨，禮部題，公拉爾泰應否與諡，請旨定奪。句中「摺本」，《起居注冊》，滿文讀如"bukdaha bithe"，意即「折本」，漢字「摺本」與「折本」，混淆不清。

康熙三十八年（1699）四月二十二日，康熙皇帝駐蹕揚州府。是日晚刻，康熙皇帝御行宮。《起居注冊》漢文本記載，「大學士伊桑阿、阿蘭泰、學士布泰、噶禮、蘇赫納、胡會恩、顧祖榮以摺本請旨：戶部題巡撫倭倫條奏，未完錢糧，分年帶徵，議不准行。上曰：巡撫倭倫前曾陳奏，今若不分年帶徵，難以得完，著依倭倫所請。」引文中「摺本」，《起居注冊》，滿文讀如"bukdaha bithe"，意即「折本」，《起居注冊》漢文本中「摺本」與「折本」相互混淆。

康熙三十八年（1699）六月初六日，《起居注冊》記載教育蒙古等監察御史赫雅圖等欽遵聖訓曉諭札魯特畢魯瓦旗分蒙古在好水草處牧放馬匹，勤耕田地，並將蒙古流散台吉男婦子女之數及其旗分牲畜數目開二摺子（jedz）進呈御覽，將男女人數與牲畜數目分別各開寫一份摺子，都是數目清單。

康熙三十八年（1699）六月二十四日，《起居注冊》滿、漢文本記載一段上諭云：

> 理藩院辦事，甚為疎略，現今啟奏摺子，將額貝都喇之名，書將軍孫思克之上，朕故謂理藩院大臣等曰，額貝都喇乃塞外之人耳，列於本朝將軍之上不合，著將孫思克職名改

列於上，曾降有申飭之旨。[46]

為了便於說明，可將滿文影印於下，並轉寫羅馬拼音。

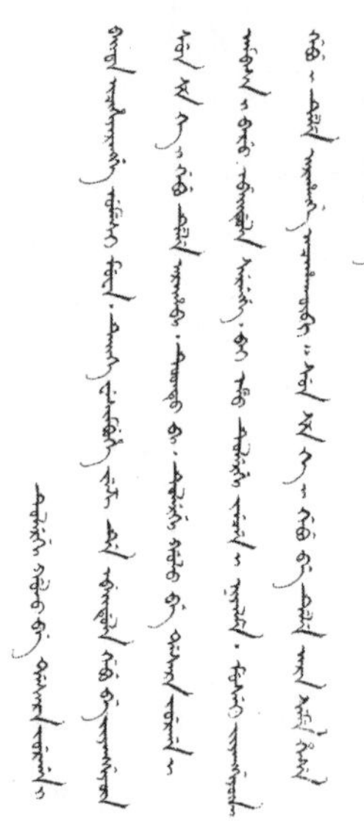

tulergi golo be dasara jurgan i baita icihiyarangge umesi muwa, teike wesimbuhe jedz de ebeidula gebu be jiyanggiyūn sun sy ke i gebu dele arahabi. tuttu bi, tulergi golo be dasara jurgan i ambasa i baru ebeidula serengge, bai emu tulergi jecen i niyalma, musei jiyanggiyūn i gebu i dele arahangge acahakūbi. sun sy ke i gebu be dele ara seme hese wasimbufi tacibuha sehe [47].

引文中「啟奏摺子」，就是「所奏摺子」（wesimbuhe jedz）。康熙年間採行的奏摺，滿文讀如“wesimbure jedz”，就是通行的奏摺。

康熙三十九年（1700）三月初九日辰時，康熙皇帝御暢春園內澹寧居聽政。大學士伊桑阿等進前，將會議河工摺子呈覽。康熙皇帝覽摺子後曰：「爾等會議以埽堵塞黃水入清口之處，如此則漕艘從何處行？」伊桑阿奏曰：「漕艘到時，拆埽為口以行，舡過仍堵之。」從君臣對話中可知大學士伊桑阿等所呈覽的「會議河工摺子」，《起居注冊》滿文本讀如“birai baita be gisurefi wesimbuhe jedz”，句中「摺子」（jedz），是指康熙年間採行的奏摺。

46 《清代起居注冊・康熙朝》，第 T07223 頁，第十三冊。康熙三十八年六月二十四日，諭旨。

47 《起居注冊》，滿文本，康熙三十八年六月二十四日，諭旨。

康熙三十九年（1700）四月十三日辰時，康熙皇帝御暢春園內澹寧居聽政，遣往看河刑部侍郎常壽、工部員外郎費揚古將河工情形繕寫摺子啟奏。康熙皇帝問曰：「爾等所看如何？」常壽等奏曰：「董安國所挑引河，已經淤塞，臣等遵皇上指授，交與范承勳、董訥等，令其寬三十丈，挑濬極深，拓築挑水壩，令水循北岸導入引河，甚有裨益。」從君臣對話內容，可知句中「摺子」（jedz），是奏摺的同義詞。

康熙三十九年（1700）四月十五日辰時，康熙皇帝御暢春園內澹寧居聽政。大學士伊桑阿等以漢科道員缺揀選翰林內編修、檢討官開列職名摺子（jedz）呈覽。康熙皇帝問曰：「共有幾缺？」伊桑阿等奏曰：「給事中缺二，御史缺四。」所開列的職名摺子，是官員名單。

康熙三十九年（1700）四月二十一日，據李光地奏，通州知州武登科丁憂，通州衝繁要地，非才能練達之人不能勝任。固安縣知縣祖應世奉特旨陞授山西忻州知州，忻州雖屬要地，但有才者俱可勝任，未若通州必須練達事務之人，以祖應世調補通州，允為人地相宜，若允所請，李光地當「具本啟奏」。康熙皇帝曰：「不必另具奏章，即以朕旨諭吏部將祖應世調補通州知州。」句中「具本啟奏」、「具奏章」，《起居注冊》滿文本俱讀如“ben de arafi wesimbumbi”，本、章，滿文俱讀如“ben”，是漢字「本」的音譯。

康熙四十二年（1703）正月初十日，《起居注冊》漢文本記載，是日早，和碩康親王春泰等及內大臣、大學士以下文武大小官員齊集暢春園東門，以康熙皇帝聖德神功，光被四表，請上尊號，具摺交奏事治儀正存住等轉奏。句中「具摺」，滿文讀如“jedz arafi”，意即「繕寫摺子」，此摺子就是請上尊號的「奏摺」

（wesimbure jedz），不是清單。

康熙五十年（1711）五月二十一日，康熙皇帝駐蹕行宮。是日辰時，康熙皇帝御行宮，大學士溫達等以折本請旨。《起居注冊》漢文本記載諭旨頗詳。節錄內容如下：

> 朕總理幾務年久，閱本甚速，凡一應奏摺及兩面寫滿大綠頭牌，即刻便能閱完。前尚書穆和倫數次奏事，意朕未加詳閱，復行奏請。朕將事內緣由指明，穆和倫甚覺無意味，默然起而趨出。朕閱事敏捷，而且毫不遺漏[48]。

《起居注冊》滿文本也記載了這段諭旨，為了便於說明，先將滿文諭旨影印於下，並轉寫羅馬拼音。

bi baita icihiyame aniya goidara jakade, ben be tuwarangge umesi hūdun, jai yaya wesimbure jedz ocibe, juwe ergide jalu araha amba niowanggiyan uju ocibe, dartai andande uthai tuwame wajimbi, neneme aliha amban muheren ududu mudan baita wesimbure de, ainci mimbe kimcime tuwahakū seme dasame dacilaha de, bi baita i dorgi turgun be gemu tucibure jakade, muheren umesi yoktakū ofi, ekisaka ilifi genehe, bi baita tuwarangge hūdun bicibe. majige meleburakū[49].

引文中，「朕因辦理幾務年久，故閱本甚速。」句中「本」(ben)，意即「本章」。「奏摺」，滿文讀如“wesimbure jedz”，就是通行的

48 《清代起居注冊・康熙朝》，第 T10721 頁，第十九冊。康熙五十年五月二十一日，諭旨。

49 《起居注冊》，滿文本，康熙五十年五月二十一日，諭旨。

奏摺。

雍正八年（1730）七月初七日，《起居注冊》滿漢文本俱詳載〈內閣奉上諭〉一道，對探討奏摺制度的沿革，提供了珍貴的史料，可將滿文影印於後轉寫羅馬拼音，並照錄漢文諭旨於下。

ice nadan de niowanggiyan indahūn inenggi, dorgi yamun de hese wasimbuhangge, ioi šu bithede, duin tuwakū be genggiyele, duin donjin be hafumbu sehebi. nenehe bithei niyalma suhe gisun, duin hošoi tuwara donjire be badarambufi, abkai fejergi hanggabure dalibure be lashalarangge sehebi. ainci abkai fejergi jobocun, šan yasa dalibure sibure ci amba ningge akū, irgen i gūnin, jakai giyan wesihun hafunjame muterakū oci, udu hing seme sithūme dasara be kicere mujilen bihe seme, icihiyame gamarangge giyan de acanarakū be dahame, dubentele doro emu kooli uhe i wesihun be šanggabume muterakū, uttu ofi, geren goloi dzungdu, siyūn fu i jergi ambasa ben arafi wesimbureci tulgiyen, jedz arafi wesimbure kooli bi, gurun booi baitai dorgi, ben de iletuleme arame banjinarakūngge bi, ben de akūmbume tucibume muterakūngge inu bi, giyan i narhūšame wesimbufi hese be baici acarangge inu bi, jedz arafi wesimbuburengge cohome kimcime narhūšame akūmbume tucibukini sere gūnin, bi geli dzungdu, siyūn fu de niyalmai sara donjirengge tongga, geren goloi baita ainahai dzungdu, siyūn fu i same isinarakūngge akū ni, eici dzungdu, siyūn fu i gisurere de cihakū ba bisire be inu boljoci ojorakū seme gūnifi, tuttu geli tidu, dzung bing guwan, bujengši hafan, an ca ši hafan be jedz arafi baita wesimbukini seme hese wasimbuha, uthai dooli coohai hafasa ci aname inu talu de wesimbubuhengge bi, ere gemu bireme donjire, aname cincilara gūnin, tulergi ba i turgun arbun be akūmbume saki serengge, umai jedz wesimbure be ben i oronde oburengge waka, yaya jedz de wesimbuhe baita, uthai yabubuci ojoro baita ofi, tuttu wesimbure jedz be ibebuhede bi, tuwafi terei yargiyan i yabubuci acarangge be uthai pilefi, harangga jurgan de afabufi yabubumbi, aikabade majige kenehunjere ba bici, uthai dolo bisire ambasa de afabufi baicame gisurebumbi, dzungdu, siyūn fu i wesimbuhengge be pilefi ben arafi wesimbubuhengge inu bi, bujengšihafan, an ca ši hafan sei wesimbuhengge be pilefi ulame dzungdu, siyūn fu de alanabuhangge inu bi, terei gisun be donjici udu inu bicibe, dahame yabubure de jemden akū be boljoci ojorakūngge be oci, uthai yargiyan mujilen i kiceme faššame, minde emu uru sere hergen bahabu seme pilehengge inu bi, yaya dzungdu, siyūn fu oho niyalma, fulgiyan fi i pilehe hese be alime gaiha amala aikabade iletuleme yabubuki seci, giyan i encu ben arafi wesimbure, eici jurgan de bithe unggifi toktobure be baire oci acambi, bujengši hafan, an ca ši hafan oho niyalma oci, giyan i dzungdu siyūn fu de tucibume alanafi, dzungdu, siyūn fu i wesimbuhe, eici jurgan de bithe unggihe amala teni iletuleme yabubuci acambi, aikabade damu jedz arafi wesimbuhengge be uthai hese be alime gaiha seme anagan arame, kafur seme yabubure ohode, ciyanliyang be sume bodobure, hafasa be tucibure wakalara, jai miyoodz jecen i ba i coohai baita, ba na i weilen i jergi eiten hacin i baita de, dzungdu, siyūn fu gemu bahafi ninggun jurgan i toose be ejeleci ombi, bujengši hafan, an ca ši hafan gemu bahafi dzungdu siyūn fu i mayan be tataci ombi, yabume inenggi goidaha manggi, urunakū jemden banjinafi jobocun ojorongge umesi amba be dahame, terei deribun be tosorakūci ombio, tere anggala geren goloi bithe coohai amba ajige hafasai wesimbure jedz, emu inenggi kemuni orin gūsin hacin de isinambi, eici susai ninju hacin adali akū labdu de isinambi. gemu mini beye tuwafi pilefi tucibumbi, umai ilinjara tookanjara ba akū, hashū ici ergide emu aisilara niyalma akū, gung ni dolo baicaci ojoro dangse akū sere anggala, inu umai cohotoi ere baita be kadalara niyalma akū, jurgan i adali sy i hafan, bithesi, šuban i jergi kejine niyalma bifi, bithe dangse be alifi kadalara kooli hacin be fuhašame tuwara da dube be kimcime baicara ba akū, bi damu emu erin i saha teile, isinjiha be tuwame uthai pilembi, amba muru terei dorgi targabume tacibume hese wasimbuhangge labdu, te tuwaci targabume tacibuha babe, gingguleme olhošome dahame yabuha be sabuhakū, baita babe yabubuhakū baita hacin de neneme hese wasimbuha bihe sere ilan hergen be jafafi, kanagan arame hūlhidame yabume beyei cisu be kicembi. enteke doro bio. tere anggala bi neneme yaya jedz de pilehe hese be ben de ume yarume dosimbure, jurgan i ambasa be ergeleme hafirara deribun be neici ojorakū seme hese wasimbuha babi, jedz wesimbuhe be jafafi baita toktoho de obuci ojorakū be geli ai gisurere babi. erebe jedz arafi wesimbure ambasa hafasa de sakini seme getukeleme ulhibu, aikabade dzungdu, siyūn fu, tidu, dzung bing guwan sa erebe jafafi harangga kadalara hafasa be hoššome eitereme cisui salifi horon hūturi arame yabuci, harangga kadalara hafasa yargiyan be jafafi, tucibume boolakini, eici harangga jurgan, eici uheri be baicara yamun ci uthai donjibume wesimbu, aikabade harangga kadalara hafasa erebe jafafi, dergi hafasa be ergeleme hafirame, gūnin cihai balai yabuci, harangga dzungdu, siyūn fu, tidu, dzung bing guwan sa uthai yargiyan be jafafi wakalame wesimbu, cohome wasimbuha sehe[50].

初七日甲戌，內閣奉上諭：《虞書》曰：明四目，達四聰。先儒註曰：廣四方之視聽，以決天下之壅蔽也。蓋天下之患，莫大於耳目錮蔽，民情物理，不能上聞，則雖有勵精圖治之心，而措置未必合宜，究難成一道同風之盛，是以

50 《起居注冊》，臺北，國立故宮博物院，滿文本，雍正八年七月初七日，諭旨。

各省督撫大臣，於本章之外，有具摺之例。蓋國家之事，有不便宣露於本章者，亦有本章所不能備悉者，亦有應用密奏請旨者，是奏摺之用，乃慎密周詳之意。朕又以督撫一人之耳目有限，各省之事，豈無督撫所不及知，或督撫所不肯言者，於是又有准提鎮藩臬具摺奏事之旨，即道員武弁等，亦間有之。此無非公聽並觀之意，欲周知外間之情形耳，並非以奏摺代本章，凡摺中所奏之事，即屬可行之事也。是以奏摺進呈時，朕見其確然可行者，即批發該部施行。若介在擬似間，則交與廷臣查議。亦有督撫所奏而批令具本者。亦有藩臬等所奏，而批令轉詳督撫者。亦有聽其言雖是，而不能必其奉行之無弊，則批令實心勉勵，還朕一是字者。凡為督撫者，奉到硃批之後，若欲見諸施行，自應另行具本，或咨部定奪。為藩臬者，則應詳明督撫，俟督撫具題，或咨部之後，而後見諸施行。若但以曾經摺奏，遂藉口已經得旨，而毅然行之，則如錢糧之開銷，官員之舉劾，以及苗疆之軍務，地方之工程，諸如此類，督撫皆得侵六部之權，藩臬皆得掣督撫之肘矣，行之日久，必滋弊端，為害甚鉅，不可不防其漸也。且各省文武官員之奏摺，一日之間，嘗至二、三十件，或多至五、六十件不等，皆朕親自覽閱批發，從無留滯，無一人贊襄於左右。不但宮中無檔案可查，亦並無專司其事之人，如部中之有司員、筆帖式、書吏多人，掌管冊籍，繙閱規條，稽查原委也。朕不過據一時之見，隨到隨批，大抵其中教誨之旨居多。今於教誨之處，則未見敬謹遵奉，而於未曾允行之事件，則以曾奏過三字，含糊藉口，以圖自便，有是理乎？況朕曾降旨，凡摺中批諭之處，不准引入本章，以開挾制

> 部臣之漸。如此則奏摺之不可據為定案，又何待可言乎？著將此曉諭各省奏摺諸臣知之，若督撫提鎮等，以此愚弄屬員，擅作威福，准屬員據實揭報，或該部、或都察院，即行奏聞。若屬員等以此挾制上司，肆志妄行，著該督撫提鎮等即據實參奏，特諭[51]。

引文中的文書術語包括：本章、具摺、密奏、請旨、奏摺、具摺奏事、摺、具本、硃批、咨部、具題、摺奏、曾奏過、揭報、曉諭、內閣奉上諭等。其中「內閣奉上諭」，滿文讀如“dorgi yamun de hese wasimbuhangge”，意即諭內閣。「曉諭」，滿文讀如“getukeleme ulhibu”，意即明白告知。「督撫大臣於本章之外有具摺之例」，句中「本章」，滿文讀如“ben arafi wesimbure”，意即繕本奏；「具摺」，滿文讀如“jedz arafi wesimbure”，意即繕寫摺子陳奏。「摺」，滿文音譯讀如“jedz”。「密奏請旨」，滿文讀如“narhūšame wesimbufi hese be baimbi”。「奏摺之用」，句中「奏摺」，滿文讀如“jedz arafi wesimbuburengge”，意即令繕寫摺子啟奏。「准提鎮藩臬具摺奏事之旨」，句中「具摺奏事」，滿文讀如“jedz arafi baita wesimbukini”，意即著繕寫摺子奏事。「以奏摺代本章」，句中「奏摺」，滿文讀如“jedz wesimbure”，意即摺子啟奏；「本章」，滿文讀如“ben”，是漢字「本」的音譯。「摺中所奏之事」，句中「摺」，滿文讀如“jedz”，是摺子的音譯。「奏摺進呈」，句中「奏摺」，滿文讀如“wesimbure jedz”，意即通行的奏摺。「有督撫所奏而批令具本者」，句中「具本」，滿文讀如“ben arafi wesimbuhe”，意即令繕本奏。「奉到硃批」，句中「硃批」，滿文讀如“fulgiyan fi i pilehe hese”，意即以紅筆所批之旨，亦

51 《起居注冊》，臺北，國立故宮博物院，漢文本，雍正八年七月初七日，諭旨。

即習稱硃批諭旨。「咨部定奪」，句中「咨」，滿文讀如“bithe unggifi”，意即行文、移咨。「督撫具題」，句中「具題」，滿文讀如“wesimbuhe”，意即上本。「曾經摺奏」，句中「摺奏」，滿文讀如“jedz arafi wesimbuhe”，意即繕寫摺子啟奏。「各省文武官員之奏摺」，句中「奏摺」，滿文讀如“wesimbure jedz”，意即通行的奏摺。「奏摺」之不可據為定案，句中「奏摺」，滿文讀如“jedz wesimbuhe”，意即摺子啟奏。「各省奏摺諸臣」，句中「奏摺」，滿文讀如“jedz arafi wesimbure”，意即繕寫摺子啟奏。引文中「奏摺」字樣，共計六處，其中「奏摺進呈」句中的「奏摺」；「各省文武官員之奏摺」句中的「奏摺」，滿文俱讀如“wesimbure jedz”。就康熙、雍正年間的文書名稱而言，通行的奏摺，滿文當讀如“wesimbure jedz”。查閱《起居注冊》滿漢文本的記載，乾隆十年（1745），漢字「奏摺」，滿文仍舊讀如“wesimbure jedz”，節錄一段滿文諭旨影印於下，並轉寫羅馬拼音，照錄漢文。

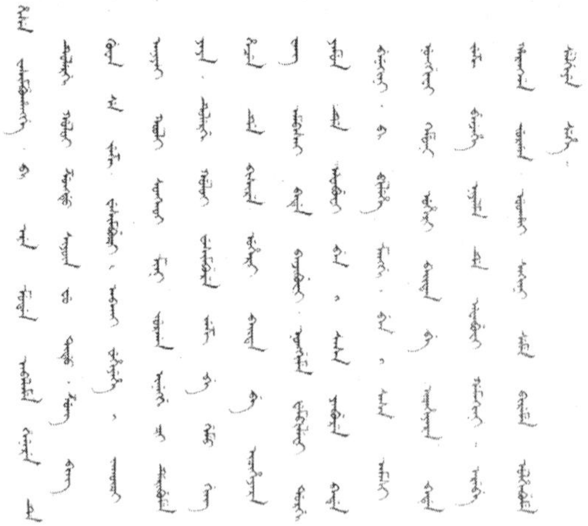

hese wasimbuhangge , bi ere mudan abalame genere de tulergi goloi dzungdu siyūn fu tidu dzung bing guwan se jedz wesimbuci , abkai wehiyehe i jakūci aniyai kooli songkoi mini jurgan inenggi ci deribume yaya tulergi goloi wesimbure jedz be gemu ging hecen de bisire uheri baita be icihiyara wang ambasai bade banjibufi , nonggime fempilefi dorgi yamun de afabufi ben i sasa yabure bade benekini , bi pilehe manggi , ben i sasa amasi unggifi kemuni uheri baita be icihiyara bade jedz benjihe niyalma de afabufi gamakini , erebe harangga jurgan uthai sakini seme bireme ulhibume selgiye sehe[52].

奉諭旨：朕此次行圍，所有外省督撫提鎮等奏摺，著照乾隆八年之例，自起鑾之日為始，凡有外省奏摺，俱賫赴在京總理事務王大臣處加封交內閣，隨本呈送行在，候朕批示，隨本發回，仍於總理處交付賫摺人祇領，該部即通行傳諭知之。

對照滿漢文可知引文中「督撫提鎮等奏摺」，句中「奏摺」，滿文讀如"jedz wesimbuci"，意即若啟奏摺子；「外省奏摺」，句中「奏摺」，滿文讀如"wesimbure jedz"，意即通行的奏摺；「交付賫摺人祇領」，句中「賫摺人」，滿文讀如"jedz benjihe niyalma"，意即賫遞摺子的人。其中"wesimbure jedz"，就是通行「奏摺」的滿文名稱。

乾隆十一年（1746）九月初八日，《起居注冊》滿、漢文本記載諭旨，節錄滿文諭旨，影印於下，並轉寫羅馬拼音，照錄漢文。

52 《起居注冊》，臺北，國立故宮博物院，滿文本，乾隆十年六月二十四日，諭旨。

hese wasimbuhangge, gurun boo ing ni kooli be toktobume ilibuhangge, cohome karmame dalire be ciralame akdun beki oburengge, ede urunakū silin dacun ningge be silgafi, kalka hecen i tušan de belhere, urebume tacire be kicebume sujara fiyanjilara de tusa arara oci acambi, cooha be tanggū aniya baitalarakū oci ombi, emu inenggi seme belherakū oci ojorakū sehengge erebe kai, neneme geren fejergi ing,ulhiyen i eyeme efujere de isinaha turgunde, bi necin be šandung, honan, giyangnan i jergi golode unggifi, neneme baicame tuwanabufi hese wasimbufi targabume tacibuha bime, geli dzungdu. siyūn fu, tidu, dzung bing guwan i wesimbuhe jedz de, kemuni yargiyan hūsun i teksilame dasa seme ulhibume pilehe bihe.

奉諭旨：國家設立營制，所以嚴拱衛而固苞桑，務在選精銳，以儲干城，勤訓練，以資捍禦。所謂兵可百年不用，不可一日無備也。從前各標營日漸廢弛，朕命訥親前往山東、河南、江南等省，先行查看，並降旨申飭，復於督撫提鎮奏摺中時加批諭，令其實力整頓。

引文中「督撫提鎮奏摺」，句中「奏摺」，滿文讀如“wesimbuhe jedz”，意即啟奏過的摺子。

乾隆十二年（1747）十二月二十日，《起居注冊》記載諭旨一道，節錄滿文影印於下，並轉寫羅馬拼音，照錄漢文於後。

orin de, fulgiyan singgeri inenggi, guwangdung ni dzungdu ts̓ereng sei hūi jeo i fujiyang jang lin, lo ding ni fujiyang yang ki lung be ishunde forgošoroo seme jedz arafi wesimbuhede, aliha bithei da necin, jang ting ioi de hese wasimbuhangge, baime wesimbuhe songkoi yabubu, harangga jurgan sa sehe [53].

二十日丙子，廣東總督策楞等奏請將惠州協副將張霖與羅定協副將楊起龍對調一摺，大學士訥親、張廷玉奉諭旨：著照所請行，該部知道。

引文中「對調一摺」，句中「一摺」，滿文讀如“jedz arafi wesimbuhe”，意即繕寫摺子啟奏。

乾隆十二年(1747)十二月二十三日，《起居注冊》記載諭旨，節錄滿文影印於下，並轉寫羅馬拼音，照錄漢文於後。

53 《起居注冊》，滿文本，乾隆十二年十二月二十日，據策楞奏。

orin ilan de, sohon gūlmahūn inenggi, aliha bithei da necin, jang ting ioi de hese wasimbuhangge, aliha bithei da kingfu be han ama i fonde siran siran i sonjofi baitalahai aliha amban i tušan de isibuha, bi soorin de tehe tuktan de amba jiyanggiyūn obufi, geli sonjofi jase jecen i tušan de afabufi aliha bithei da de isibume baitalaha, duleke aniya jandui i bade cooha baitalara de, ini beye dzungdu ofi coohai baita be uheri kadalaha bime, ban gun be kabufi deijibufi bucehe, gung mutebufi baita wajiha seme wesimbuhebi. bi ini terei wesimbuhe bukdari be tuwaci deijibufi bucehe be umai yargiyan temgetu akū be gūnime, hūdun fujurulame baicaci acambi seme terei hacin hacin i kenehunjecuke babe narhūšame getukeleme pilefi unggihe manggi, kingfu teni ban gun i deijibufi bucehe babe i inu kenehunjembi, hese be dahame, narhūšame fujurulame baicaki seme wesimbuhebi, te jang guwang sy getukeleme baicafi, ban gun be ne žu lang ni bade bi, kemuni balai baita dekdebume yabumbi, nenehe fonde deijibufi bucehe seme holtome boolaha babe dangse de baicame tuwaci, kingfu lii jy ts'ui i da unggihe bithe be amasi bederebuhe manggi, lii jy ts'ui uthai tuwai elden de emu fan i hūlha fasime lakiyaha be sabuha sere gisun nonggime araha, kingfu uthai erebe jafafi wesimbuhe, jai ini neneme amala icihiyahangge acanahakū geren turgun baita be suwaliyame tucibume wesimbuhebi, ede jang guwang sy i wesimbuhe da bukdari be kingfu de tuwabuha de, i teni hafan efulefi jurgan de afabufi ujeleme weile arara be baime bukdari arafi wesimbuhebi [54].

二十三日己卯，大學士訥親、張廷玉奉諭旨：大學士慶復自皇考時屢經擢用，歷任尚書。朕即位之初，用為大將軍、復簡畀封疆，歷用至大學士。上年瞻對用兵，以總督統領軍務，乃奏稱班滾圍困焚斃告捷竣事。朕覽奏摺稱班滾燒斃，因念全無確據，應迅速查訪其種種疑竇，詳晰批示，始據慶復奏班滾燒斃，彼亦懷疑，遵旨密行查訪等語。今據張廣泗查明班滾現在如郎，尚復肆行滋事。當時捏報焚斃之處，檢閱卷宗，有慶復駁回李質粹原咨，李質粹遂添入火中望見懸縊賊番之言，慶復即據以入告，並前後辦理未妥各情結，因以張廣泗原摺傳示慶復，伊乃具摺請革職，交部從重治罪。

對照滿、漢文後，可知引文中「朕覽奏摺」，句中「奏摺」，滿文讀如“wesimbuhe bukdari”，意即所奏過的摺子；「張廣泗原摺」，句中「原摺」，滿文讀如“wesimbuhe da bukdari”，意即所奏過的原本摺子；「具摺請革職」，句中「具摺」，滿文讀如“bukdari arafi wesimbuhe”，意即繕寫摺子啟奏了。「摺」，滿文俱讀如“bukdari”，「摺」或「摺子」的滿文，已經從“jedz”改為“bukdari”。

乾隆十三年（1748）十一月二十六日，劃一本章制度，《起居注冊》漢文本記載：

大學士張廷玉、來保奉諭旨：向來各處本章，有題本、奏本之別，地方公事，則用題本；一己之事，則用奏本，題

54 《起居注冊》，滿文本，乾隆十二年十二月二十三日，諭旨。

> 本用印；奏本不用印，其式沿自前明。蓋因其時綱紀廢弛，內閣、通政司借公私之名，以便上下其手。究之同一入告，何必分別名色。著將向用奏本之處，概用題本，以示行簡之意，將此載入會典，該部通行傳諭知之。

引文中指出，本章分為題本和奏本，地方公事，使用題本，具題時須用印；繕寫奏本時，不必用印，這是沿自明朝的文書制度。為了便於比較，可將《起居注冊》所載滿文諭旨影印於下，並轉寫羅馬拼音於後。

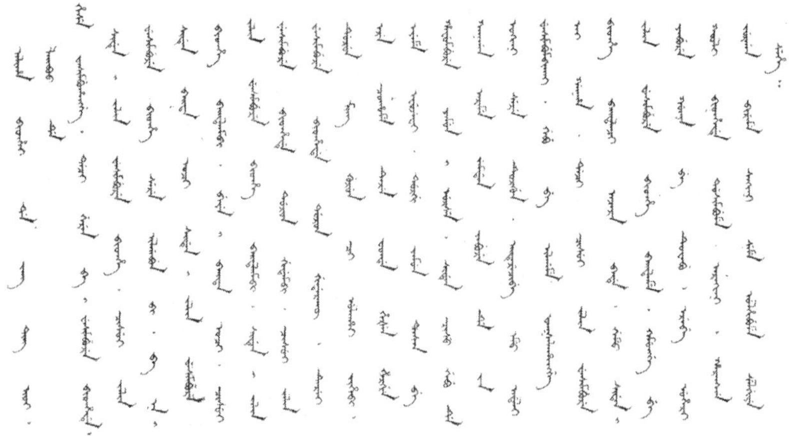

aliha bithei da jang ting ioi, laiboo de hese wasimbuhangge, daci geren ba i wesimbure bithede, siden i jalin wesimbure bithe, cisui jalin wesimbure bithe sere ilgabun bi. ba na i siden baita oci siden i jalin wesimbure bithe baitalambi, beye i baita oci, cisui jalin wesimbure bithe baitalambi, siden i jalin wesimbure bithede doron gidambi, cisui jalin wesimbure bithede doron gidarakū, terei durun ming gurun ci ulahai jihebi, ere cohome tere fonde hešen hergin eyeme efujefi, dorgi yamun, dasan be hafumbure yamun i urse, siden cisu gebu de kanagan arame jemden yabure de ja okini sere turgun, eiterecibe emu adali wesimbumbikai, gebu be ilgame faksalahangge ai ganahan, daci cisui jalin wesimbure bithe baitalaci acara bade, gemu siden i jalin wesimbure bithe baitalame, kemungge be yabure gūnin be tuwabu, erebe uheri kooli bithede dosimbume arakini, harangga jurgan bireme sakini seme ulhibume selgiye sehe [55].

前引漢文諭旨中，「各處本章」，句中「本章」，滿文讀如“wesimbure bithe”；「本章有題本、奏本之別」，句中「題本」，滿文讀如“siden i jalin wesimbure bithe”，意即為公本章；「奏本」，滿文讀如“cisui jalin wesimbure bithe”，意即為私本章。就文書名稱而言，本章題本、奏本的滿文，俱讀如“wesimbure bithe”，混淆不分。

乾隆三十一年（1766）五月十五日，《起居注冊》滿、漢文本記載，大學士傅恒等人所奉諭旨，可先將滿文諭旨影印於下，並轉寫羅馬拼音，照錄漢文。

aliha bithei da fuheng, lio tung hiyūn de hese wasimbuhangge, mini beye nadan biyai ice jakūn de jurafi muran de genembi belhebuci acara baita hacin be geren harangga yamun kooli songkoi

55 《起居注冊》，滿文本，乾隆十三年十一月二十六日，諭旨。

belheme icihiyakini, halhūn be jailara gurung de tere sidende geren goloi uheri kadalara amban giyarime dasara amban, fideme kadalara amban, uheri kadalara da sai wesimbure bukdari be gemu bukdari benjihe niyalma be tatara gurung de benefi alibukini, damu muran de dosika amala an i kooli songkoi gemun hecen de baita icihiyara bade afabufi, oilo nonggime fempilefi ulame dorgi yamun de afabufi, wesimbure bithei sasa benefi ibebukini, bi Pilefi amasi unggihe manggi, kemuni gemun hecen de baita icihiyara baci bukdari benjihe niyalma de afabufi gamabu, erebe harangga jurgan ci bireme ulhibume selgiyefi sakini sehe[56].

大學士傅恒、劉統勳奉諭旨：朕於七月初八日起鑾，巡幸木蘭，所有應行備辦事宜，著各該衙門照例預備，至駐蹕熱河時，外省督撫提鎮等奏摺，俱著賫摺人前赴行在投遞。惟進哨以後，仍照例交留京辦事處加封轉交內閣，隨本呈送，候朕批示發回，仍於留京辦事處交付賫摺人祗領，該部通行傳諭知之。

引文中「督撫提鎮等奏摺」，句中「奏摺」，滿文讀如“wesimbure bukdari”，「賫摺人」，滿文讀如“bukdari benjihe niyalma”。「隨本呈送」，滿文讀如“wesimbure bithe”，意即本章、題本。

乾隆五十一年（1786）十一月十四日，《起居注冊》滿、漢文本記載折本的內容，節錄滿文影印於下，並轉寫羅馬拼音，照錄漢文。

56 《起居注冊》，滿文本，乾隆三十一年五月十五日，諭旨。

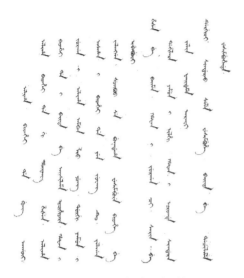

aliha bithei da gung agūi, aliha bithei da gi hūwang, hešen, aliha bithei da i baita be aisilame icihiyara hafan i jurgan i aliha amban lio yung, dorgi yamun i ashan i bithei da yen juwang tu, jalgan, jalangga, šuiboo se bukdaha wesimbure bithe be ibebufi hese be baime, hafan i jurgan ci sarin be dagilara yamun i ilhi hafan i oronde sindara jalin faidame arafi dergici sindarao seme wesimbuhe baita be dacilame wesimbuhede [57].

**大學士公阿桂、大學士嵇璜、和珅、協辦大學士吏部尚書劉墉、內閣學士尹壯圖、扎勒翰、扎郎阿、瑞保，以折本請旨，覆請吏部奏補光祿寺少卿員缺開列請簡一疏。**

引文中「以折本請旨」，句中「折本」，滿文讀如“bukdaha wesimbure bithe”，意即折疊的題本。就滿文而言，“wesimbure bukdari”與“bukdaha wesimbure bithe”，容易混淆。查閱《起居注冊》滿文本可知通行的“wesimbure jedz”，從乾隆十二年（1747）以後改為“wesimbure bukdari”了，這是滿文奏摺名稱的重大轉變。

57 《起居注冊》，滿文本，乾隆五十一年十一月十四日，記事。

## 四、從滿文奏摺考察滿文奏摺制度的沿革

臣工定期具本或具摺向君主請安，其禮固然不可或缺。臣工因請安之便，具摺密陳所見，其例亦屢見不鮮。在康熙朝的滿文奏摺內，含有頗多請安兼奏事的摺子。康熙皇帝親征朔漠期間，皇太子胤礽多於請安摺內附陳應奏之事。康熙三十五年（1696）五月二十四日，皇太子胤礽具摺請安，可將原摺影印於下，轉寫羅馬拼音，並譯出漢文如後。

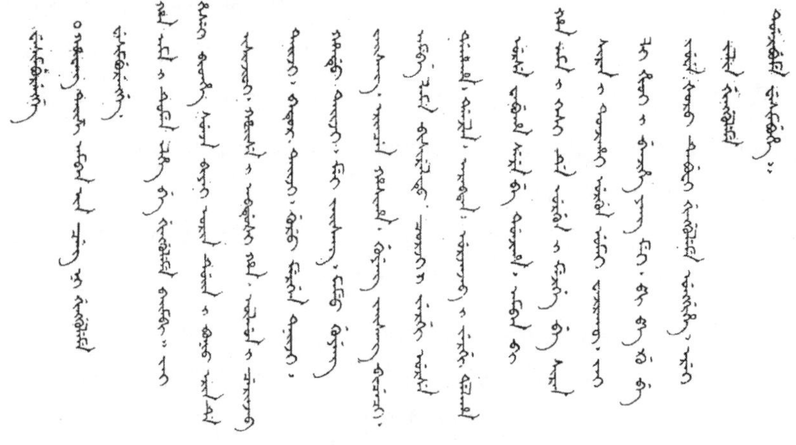

wesimburengge

hūwang taidz amban in ceng ni gingguleme wesimburengge, han ama i tumen elhe be gingguleme baimbi. jai hesei bithe sunja biyai orin duin i bonio erin de isinjifi, hoise i abduši han. ūlet i cerinjab taiji. batur taiji, guru mergen taiji, handu taiji, mei jaisang, mamu guyeng jaisang, erincen hasiha, guyeng jaisang biceci, amba lama bisireltu, corji i jergi urse dahaha, danjila, arabtan, urjanjab i jergi dalaha urse wabuha sere be donjiha, amban bi han ama i kesi de urgun i mejige be siran i donjihai urgun umai wajirakū. jai li hioi i benjihe yang mei, pi pa g'o be juwe šoro tebufi gingguleme unggihe, erei jalin gingguleme donjibume wesimbuhe[58].

奏

皇太子臣胤礽謹奏，恭請皇父萬安。再，諭旨於五月二十四日申時到來。聞回子之阿卜都什汗、厄魯特之車林渣卜台吉、巴兔爾台吉、顧魯默爾根台吉、韓度台吉、梅寨桑、馬木顧英寨桑、厄林辰哈什哈、顧英寨桑畢車七、大喇嘛畢西勒爾兔、綽爾濟等人歸降，丹濟喇、阿喇卜灘、吳爾占渣布等為首之人被殺。臣蒙皇父之恩喜訊接連不斷。再，李煦送來楊梅、枇杷果裝盛二簍恭謹齎送，為此恭謹奏聞。

皇太子胤礽具摺請安，兼陳所聞降人喜訊。康熙四十五年（1706）七月十二日，杭州織造孫文成繕摺請安並報啟程赴任日期，影印原摺，並轉寫羅馬拼音，譯出漢文如下：

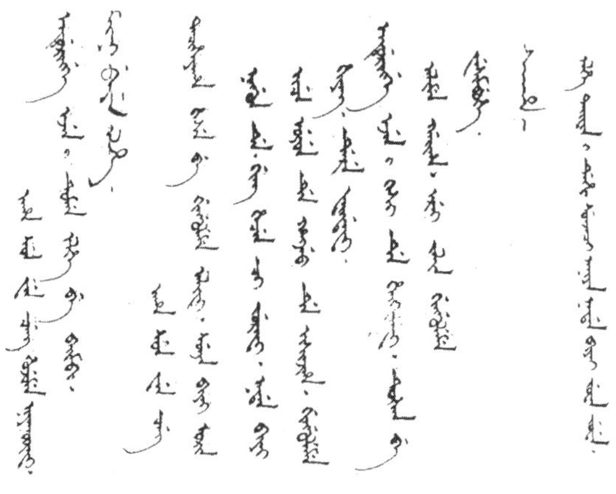

aha sun wen ceng hujume niyakūrafi, enduringge ejen i tumen elhe be baimbi, [fulgiyan fi i pilehehese] mini beye elhe aha sun wen ceng tacihiyaha hese be gingguleme

58 《宮中檔康熙朝奏摺》，第九輯（臺北，臺北國立故宮博物院，1977 年 6 月），258 頁。

alifi , sunja biyai orin ninggun de , ging hecen ci jurafi , nadan biyai ice uyun de hangjeo de isinjiha , gingguleme hiyang , dere faidafi , enduringge ejen i kesi de hengkilefi , tušan be alime gaiha , erei jalin gingguleme wesimbuhe. [fulgiyan fi i pilehehese] saha elhe taifin i dehi sunjaci aniya nadan biyai juwan juwe [59].

奴才孫文成俯伏跪請聖主萬安。[硃批：朕安]

奴才孫文成欽奉訓諭，於五月二十六日自京城啟程，七月初九日，抵達杭州，恭設香案，叩謝聖恩，祇領職任，為此謹奏。[硃批：知道了]

康熙四十五年七月十二日

孫文成是杭州織造，其滿文奏摺分為前後兩部分：前段部分是請安摺子；後段部分附陳蒞任日期，既請安，又附陳應奏之事，繕寫一紙，一方面可以說明是因請安摺子附陳應奏之事；一方面可以說明奏摺(wesimbure jedz)的起源與請安摺子有密切的關係。

康熙五十一年（1712）正月二十八日，奏事員外郎傻子、奏事雙全捧出御筆硃書諭旨，宣讀給大臣聽。節錄內容如下：

朕今日夜為萬國宵旰勤勞，亦分內常事，此外有所不得聞者，令各省將軍、總督、巡撫、提督、總兵官俱因請安摺子附陳密摺，故本省之事，不能欺隱，即鄰封之事，朕無或不知者。其奏事不正，辭意相悖者，朕亦洞見，此於各省地方大有裨益之明效也。爾等皆朕所信任，位至大臣，當與諸省大臣一體於請安摺子各將應奏之事，一併陳奏。所言是，朕則擇而用之，非則朕心既明，而爾等之善惡及其真誠與偏私，首鼠之狀，亦昭然矣。朕於諸事謹密，舉

59 《宮中檔康熙朝奏摺》，第 90 頁，臺北，國立故宮博物院，1977 年，第九輯。康熙四十五年七月十二日，孫文成滿文奏摺。

> 朝無不知之，凡有所奏，朕無有洩漏者。但不肖大膽愍不畏死之徒，從中拆視，或原奏之人，朋友眾多，口不密而洩漏者有之，況一概奏摺，不遲時刻，皆不留稿，朕親自手批發還，凡奏事者，皆有朕手書，其蹟不可改，證據在彼處，不在朕所也。此惟朕能之，人所不能行者也。嗣後有誠心之人，或旗下事務，或部院大小諸事，有應奏聞者，應條陳者，各罄所見，開列陳奏，朕將擇而用之，或妄言，或非理，朕亦手書訓諭也[60]。

康熙皇帝硃書諭旨令各省將軍、總督、巡撫、提督、總兵官將本省之事，或鄰封之事，康熙皇帝所不得聞者，俱應於請安摺子，附陳密摺。內閣部院大臣亦當與諸省大臣一體於請安摺子各將應奏之事，一併陳奏，或部院大小諸事，或旗下事務，凡有應奏聞者，應條陳者，各罄所見，開列陳奏，所言是，則擇而用之；所言非，則手書訓諭。凡有所奏，俱無洩漏，一概奏摺，不遲時刻，亦不留稿，康熙皇帝親自手批發還。引文中「請安摺子」，滿文讀如“elhe baire jedz”，臣工恭請聖主萬安，此類“jedz”，並非名單。引文中「附陳密摺」，滿文讀如“narhūšame wesimbure jedz kamcifi wesimbumbi”，意即「附帶陳奏秘密奏摺」，句中「摺」，滿文讀如“jedz”，即「摺子」的音譯，「摺子」、「摺」，滿文俱讀如“jedz”。引文中「奏事」，滿文讀如“jedz wesimbuhe”，意即「摺子陳奏過的」。「一概奏摺」，滿文讀如“yaya wesimbuhe jedz”，意即「一概陳奏過的摺子」，“wesimbuhe jedz”與“wesimbure jedz”，含義不同。

在康熙、雍正年間，滿文中的“jedz”，是漢字「摺子」的

---

60 《清代起居注冊・康熙朝》，臺北，國立故宮博物院，2009 年，第二十冊，頁 T11208。

音譯。奏摺成為通行的文書後，「摺子」字樣，仍然普遍使用。「摺子」，原指名單、清單而言。康熙二十五年三月初三日，康熙皇帝諭大學士等云：「各省晴雨，不必繕寫黃冊特本具奏，可乘奏事之便，細字摺子，附於疏內以聞[61]。」所謂「細字」，即以奏本細字體書寫，晴雨摺子，即晴雨錄，是一種雨暘清單。康熙皇帝諭令臣工將晴雨清單附於本章內進呈御覽。康熙二十九年正月十七日，大學士奏稱「前者皇上以前明宮殿樓亭門名，開載一摺，並慈寧宮、寧壽宮、乾清宮妃嬪宮人及老媼數目摺子發出，令臣等觀看[62]。」大學士等所觀看的「摺子」，各宮殿妃嬪宮人及老媼人名數目清單。康熙三十五年五月二十四日，滿文奏摺內所附摺子（jedz），全文共四十一幅，每幅五行，詳列各色馬匹名稱，並標注馬匹缺陷。康熙四十年三月二十六日，康熙皇帝御暢春園，大學士伊桑阿等遵旨為廣西布政使員缺以九卿所薦道員高必弘、施綸、管竭忠、王繻、李濤、王謙六人職名開列摺子呈覽。句中「摺子」，就是職名清單。此外，在現藏滿文檔案中也含有頗多引見摺子，影印雍正年間引見摺於下，並轉寫羅馬拼音，譯出漢文。

61 《清聖祖仁皇帝實錄》，第 3 頁，卷一二五。康熙二十五年三月丁巳，諭旨。

62 《清聖祖仁皇帝實錄》，第 5 頁，卷一四四。康熙二十九年正月己酉，據大學士等奏。

tuwabume wesimbure jedz

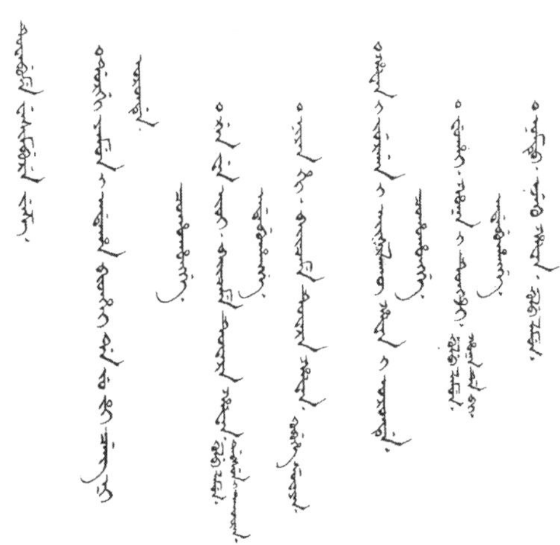

dorgi yamun i adaha bithei da ju jy ceng ni oronde. cohohongge, g'an wen ioi, baicame tuwara hafan, gulu lamun, dabsun i takūran , adabuhangge, niyan hi, baicame tuwara hafan, kubuhe suwayan. hafan i jurgan i aisilakū hafan i oronde, cohohongge, fuhai, honan i tungjy, gulu lamun, honan de bi, adabuhangge, nomtu, ejeku hafan, gulu lamun[63].

引見奏摺

> 內閣侍讀學士朱之成遺缺：擬正，甘文玉，監察御史，正藍，鹽差；擬陪，年熙，監察御史，鑲黃。
>
> 吏部員外郎遺缺：擬正，佛海，河南同知，正藍，現在河南；擬陪，諾穆圖，主事，正藍。

前引「引見奏摺」(tuwabume wesimbure jedz)，習稱引見摺子。

雍正二年（1724）正月十九日，吏部尚書隆科多等為吏部補授文選司主事陸張烈具奏請旨，原奏為滿漢合璧奏摺，原奏中書明「查該員尚未來京，俟伊到京之日，另摺引見」等字樣。原奏滿文亦書明“baicaci , ere hafan kemuni ging hecen de isinjire unde , ging hecen de isinjiha manggi , encu jedz arafi beyebe tuwabume

63 《宮中檔雍正朝奏摺》，臺北，國立故宮博物院，1980 年，第三十二輯，頁 772。

wesimbuki.”句中“encu jedz arafi beyebe tuwabume wesimbuki”，意即「另行繕摺引見」，「摺」，滿文讀如“jedz”。

雍正二年（1724）四月初三日，吏部尚書隆科多等因都察院左僉都御史員缺具奏請旨，原奏為滿漢合璧奏摺，原奏書明「將其次應陞之大理寺少卿唐執玉、通政司右通政陳良弼貳員繕摺引見」等字樣。引文中「繕摺引見」，滿文讀如“jedz arafi beyebe tuwabume wesimbuki sembi”，「摺」，滿文讀如“jedz”。

雍正三年（1725）十二月十六日，署理吏部尚書孫柱等具奏遵旨於小京堂及科道各部郎中揀選王肅章等十二員，將各員履歷繕摺引見恭候欽點，句中「履歷繕摺引見」，滿文讀如“beye tucike turgun be jedz de arafi beyebe tuwabume wesimbuhe.”，意即「將履歷繕於摺內引見」，「摺」，滿文讀如“jedz”。此類摺件，稱為引見摺，其中王肅章履歷的記載云：「王肅章，山東兗州府單縣人，年肆拾捌歲，康熙叁拾捌年舉人，現任刑科給事中，大學士田從典保[64]。」

康熙、雍正時期，臣工具摺時，多於奏摺末幅書明「為此繕摺謹奏」、「理合恭摺請旨」、「繕摺恭奏」、「謹具摺先行恭奏以聞」等字樣。

康熙五十八年（1719）正月三十日，福建浙江總督覺羅滿保奏謝奉諭永禁福建四旗兵丁償馬一摺，原摺為滿文奏摺，末幅書明“erei jalin jedz arafi gingguleme abkai kesi de hengkišeme wesimbuhe”[65]，意即「為此謹繕摺奏謝天恩」。「摺」，滿文讀如“jedz”。

64 《宮中檔雍正朝奏摺》，第 475 頁，臺北，國立故宮博物院，1978 年，第五輯。雍正三年十二月十六日，孫柱等奏摺。
65 《宮中檔康熙朝奏摺》，第 728 頁，第九輯。康熙五十八年正月三十日，覺羅滿保滿文奏摺。

雍正元年（1723）八月初六日，巡視臺灣監察御史吳達禮等具摺糾參署鳳山縣事臺灣府同知楊毓健廢弛玩延。原摺為滿漢合璧奏摺，原摺末幅書明「理合糾參，為此繕摺謹奏」等字樣，句中「繕摺謹奏」，滿文讀如 "jedz arafi gingguleme wesimbuhe"，意即繕寫摺子謹奏。

雍正十三年（1735）十一月初五日，總理事務兼總管內務府事務和碩莊親王允祿等為總管內務府補用官員具奏請旨，原奏末幅書明「為此謹將官員等額數，並估用出差原由另繕漢摺一併恭呈御覽，謹奏請旨」等字樣。原摺為滿漢合璧奏摺，原奏滿文末幅書明 "erei jalin gingguleme hafasai ton , jai ejelehe takūran de tucibuhe turgun hacin be encu nikan hergen i jedz de arafi suwaliyame tuwabume wesimbuhe , hese be baimbi[66]." 句中「漢摺」，滿文讀如 "nikan hergen i jedz"，意即「漢字摺」，「摺」，滿文讀如 "jedz"。

雍正十三年（1735）十一月初六日，總理事務兼總管內務府事務和碩莊親王允祿等為拖欠滋生銀兩請旨具奏，原摺為滿漢合璧奏摺，原奏漢文末幅書明「謹將欠款另繕漢字摺一併呈覽，邀恩豁免，為此謹奏請旨」等字樣。原奏滿文末幅書明 "edelehe baita hacin be , encu nikan hergen i jedz de faidame arafi , suwaliyame gingguleme tuwabume wesimbufi kesi be baime guwebuki sembi , erei jalin gingguleme wesimbuhe[67]." 句中「漢摺」，滿文讀如 "nikan hergen i jedz"，意即「漢字摺」，「摺」，滿文讀如 "jedz"。

66 《宮中檔雍正朝奏摺》，第 385 頁，臺北，國立故宮博物院，1979 年，第二十五輯。雍正十三年十一月初五日，允祿等奏摺。《宮中檔雍正朝奏摺》，第 93 頁，臺北，國立故宮博物院，1980 年，第三十二輯。

67 《宮中檔雍正朝奏摺》，第 385 頁，第二十五輯。雍正十三年十一月初六日，允祿等奏摺。《宮中檔雍正朝奏摺》，第 99 頁，第三十二輯。

雍正十三年（1735）十一月初八日，大學士管吏部戶部尚書張廷玉等為虧欠銅斤案請旨一摺，原摺為滿漢合璧奏摺，原摺末幅漢文書明「為此繕摺具奏」等字樣，原摺滿文讀如“erei jalin jedz arafi wesimbuhe .”[68]句中「摺」，滿文讀如“jedz”。

乾隆元年（1736）正月十九日，總理事務兼總管內務府事務和碩莊親王允祿等奏明內務府收貯題奏本章一摺指出，「查得諭旨、敕書、硃批本摺及各處銷算錢糧檔冊書目，另繕漢字摺，一併謹具奏聞。」可節錄滿文影印於下，並轉寫羅馬拼音。

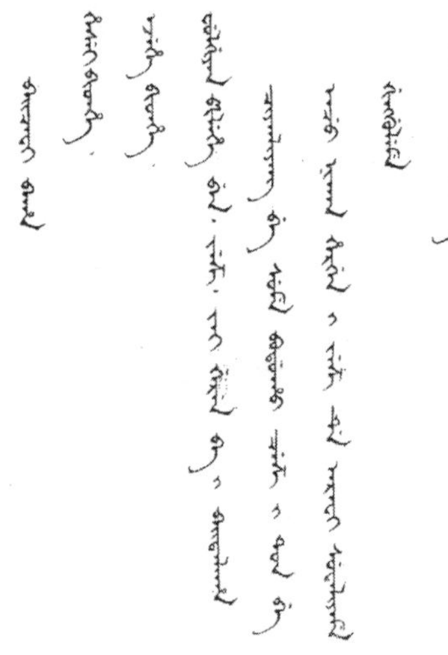

baicafi baha hesei bithe , ejehe bithe , fulgiyan pilehe ben , jedz , jai geren ba i baitalaha ciyanliyang be sume bodoho cedz i ton be encu nikan hergen i jedz de arafi suwaliyame gingguleme donjibume wesimbuhe[69].

對照滿漢文可知引文中「硃批本摺」，滿文讀如“fulgiyan pilehe ben , jedz”，意即硃批本章、摺子；「漢字摺」，滿文讀如“nikan hergen i jedz”，「摺」，滿文讀如“jedz”。

乾隆十三年（1748）以後，因改“jedz”為“bukdari”，所以奏摺末幅滿文亦書明“bukdari”字樣。乾隆十七年（1752）八

68 《宮中檔雍正朝奏摺》，第三十二輯。雍正十三年十一月初八日，張廷玉等奏摺，頁 122。

69 《宮中檔乾隆朝奏摺》，臺北，國立故宮博物院，1988 年，第七十五輯，頁 3。

月二十五日，盛京將軍阿蘭泰等具摺奏聞奉天地方雨水收成情形，原摺為滿漢合璧奏摺，原摺末幅書明「所有現在情形謹會同恭摺奏聞」等字樣，句中「恭摺奏聞」，滿文讀如“bukdari arafi ginggulеme donjibume wesimbuhe”[70]，意即「謹繕摺奏聞」，句中「摺」，滿文讀如“bukdari”。

光緒元年五月初一日，兼署盛京工部侍郎繼格具摺奏聞交卸署缺日期，原摺為滿漢合璧奏摺，照錄原摺漢文如下：

> 奴才繼格跪奏，為交卸署缺日期恭摺奏聞事。本年四月初七日，准吏部咨稱，奉上諭：訥仁未到任以前，盛京工部侍郎並著繼格兼署，欽此，欽遵前來。奴才當即恭摺叩謝天恩，接署任事訖今，訥仁於四月二十五日到奉，奴才即日將盛京工部印鑰移交訥仁接收。所有奴才交卸日期，謹恭摺奏聞，伏祈皇太后、皇上聖鑒，謹奏。[墨批]軍機大臣奉旨知道了，欽此。光緒元年五月初一日[71]。

為了便於說明，將原摺滿文影印於下，並轉寫羅馬拼音。

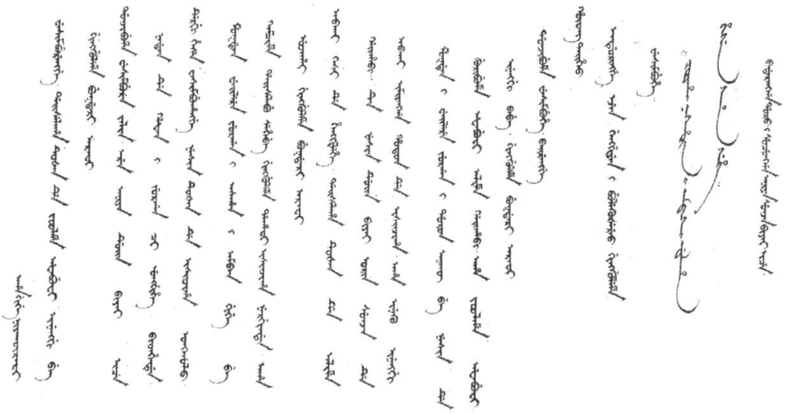

70 《宮中檔乾隆朝奏摺》，第七十五輯，頁 86。

71 《宮中檔光緒朝奏摺》，臺北，國立故宮博物院，1973 年，第一輯，頁 23。

aha gige niyakūrafi wesimburengge , daiselaha tušan de joolame afabufi inenggi be gingguleme bukdari arafi donjibume wesimbure jalin , ere aniya duin biyai ice nadan de hafan i jurgan ci unggihe bithede , dergi hese wasimbuhangge nesin tušan de isinjiha onggolo , mukden weilere jurgan i ashan i amban gige be kamcime daiselabu sehebe gingguleme dahafi isinjiha nerginde , aha uthai gingguleme bukdari arafi abkai kesi de hengkilehe , daiselaha tušan de alime gaihabi . te nesin duin biyai orin sunja de abkai imiyangga hoton de isinjiha , aha ineku inenggi mukden i weilere jurgan i doron anakū be nesin de guribume afabufi alime gaihabi , aha joolame afabufi inenggi babe , gingguleme bukdari arafi donjibume wesimbuhe , bairengge hūwang taiheo enduringge ejen genggiyen i bulekušereo , gingguleme wesimbuhe .

coohai nashūn i ambasai ulaha hese saha sehe .

badarangga doro i sucungga aniya sunja biyai ice [72].

原摺首幅、末幅俱書明「恭摺奏聞」等字樣，滿文讀如“gingguleme bukdari arafi donjibume wesimbuhe”，意即「謹繕摺奏聞」，句中，「摺」，滿文讀如“bukdari”。查閱滿文奏摺、滿漢合璧奏摺，可知漢字「奏摺」，康熙、雍正時期俱讀如“wesimbure jedz”，乾隆十三年以後至清朝末年改為“wesimbure bukdari”。

72 《宮中檔光緒朝奏摺》，第 8 頁，第一輯。

# 五、結　論

乾隆皇帝在位期間（1736-1795），他對釐正滿洲語文，可謂不遺餘力。乾隆十三年（1747）七月十八日，內閣奉上諭曰：

> 近因校閱《金史》，見所附國語解一篇，其中訛舛甚多。金源即滿洲也。其官制，其人名，用本朝語譯之，歷歷可見。但大金全盛時，索倫、蒙古亦皆所服屬，幅幀遼廣，語音本各不同，而當時惟以國語為重，於漢文音義未嘗校正畫一。至元臣纂修，又不過沿襲紀載舊文，無暇一一校正，訛以傳訛，有自來矣。即如所解之中，或聲相近而字未恰合，或語似是而文有增損，至于姓氏惟當對音而竟有譯為漢姓者。今既灼見其謬，豈可置之不論，爰命大學士訥親、張廷玉、尚書阿克敦、侍郎舒赫德，用國朝校定切音，詳為辨正，令讀史者咸知金時國語本音本義，訛謬為之一洗，並注清文，以便考證，即用校正之本，易去其舊。其坊間原本，聽其去留，庶考古信今，傳世行遠，均有裨焉，欽此[73]。

釐正訛謬，校正音義，是一種規範工作，滿洲語文，既然是代表清朝的清文國語，規範滿文，就是刻不容緩的當務之急。乾隆皇帝屢次訓諭繙譯清文，必須順滿文會意，方可令人易曉。若捨滿文語氣，因循漢文繙譯，必至失卻滿文本義。在八旗滿洲的試卷內所繙「風俗」字樣，俱繙「安科禮」（an kooli），按照舊定成語繙譯。乾隆皇帝指出，久行不易者，謂之「科禮」（kooli），

73 《乾隆朝上諭檔》，北京，檔案出版社，1991 年，第二冊，頁 191。

隨時成習者，謂之風俗，理應繙作「格掄尼塔親」(geren i tacin)。初定成語時已失字意，因此，諭令交繙書房，將《清文鑑》亦依照改正。

順治十一年（1654），刊行《詩經》滿文譯本，是所謂譯定初本，體裁雖備，但閱時已久，乾隆三十三年（1668），武英殿刊行滿漢合璧本，凡《清文鑑》所未賅備者，即參採新定國語，乾隆皇帝復折衷是正。康熙十六年（1677），武英殿刊行《日講四書解義》滿文本。乾隆皇帝御極之初，曾命大學士鄂爾泰重加釐定，乾隆六年（1741），武英殿刊行《御製繙譯四書》滿文本。惟其文義意旨語氣，仍然未能脗合，於是親自指授繙譯諸臣，參考尋繹，單詞隻字，務求昭晰周到。乾隆二十年（1755），武英殿刊行《御製繙譯四書》滿漢合璧本。康熙年間繙譯四子之書，多按漢字音譯，乾隆年間改譯《四書》時，多按文義意譯，所使用的滿文詞彙，較切近於《四書》原文的含義。

《清聖祖仁皇帝實錄》成書於雍正九年（1731）。康熙年間通行的奏摺，滿文讀如"wesimbure jedz"。《清世宗憲皇帝實錄》成書於乾隆六年（1741），雍正年間擴大採行奏摺制度，「奏摺」，滿文讀如"wesimbure jedz"。康熙、雍正年間，除通行的奏摺外，還有職名摺子、引見摺子、銀兩數目摺子、馬匹摺子等等。奏摺的「摺」，滿文讀如"jedz"，是漢字「摺子」的音譯，通行的奏摺，亦稱「摺子」"jedz"。《清高宗純皇帝實錄》成書於嘉慶十二年（1807），乾隆皇帝釐正文書制度，不遺餘力。向來各處本章，有題本、奏本之外，又有奏摺。乾隆皇帝認為同一入告，何必分別名色，於是諭令將向用奏本之處，概用題本，以示簡化文書之意。嗣後題本與奏摺，就是各處或內外臣工重要的上行文書。康熙、雍正年間通行的奏摺，迄乾隆十三年其滿文亦已捨漢字音譯而改為“wesimbure bukdari”。“bukdari”，其動詞原形讀如“bukdambi”，意即「折叠」，又作摺疊。“bukdari”，就是因折疊或摺疊而來的折子或摺子，其含意與康熙、雍正年間的摺子，不盡相同。

起居注冊是一種類似日記體的史料，所載內容，較接近歷史事件的時間。檢查康熙朝起居注冊的記載，在康熙二十年（1681）前後已有通行奏摺的記錄，「奏摺」，滿文讀如“wesimbure jedz”。御門聽政，大學士等以折角文書請旨的「折本」，滿文讀如“bukdaha bithe”。“wesimbure jedz”與“bukdaha bithe”，不致混淆。雍正年間（1723-1735），通行的奏摺，起居注冊滿文本，俱讀如“wesimbure jedz”。查閱乾隆初年《起居注冊》滿漢文的記載，通行的「奏摺」，滿文仍舊讀如“wesimbure jedz”。乾隆十二年十二月二十日，據起居注冊滿文本記載，「具摺」，滿文讀如“jedz arafi”，“jedz”，就是「摺子」的音譯。乾隆十二年（1747）十二月二十三日，據起居注冊滿文本記載，「具摺」、「奏摺」、「原摺」的「摺」，已將“jedz”改為“bukdari”。自此之後，通行的「奏摺」，滿文俱讀如“wesimbure bukdari”。「折本」，滿文讀如“bukdaha wesimbure bithe”，意即折疊或折角的本章。就滿文而言，容易混淆。

硃批奏摺是探討歷史事件的第一手史料，臣工具摺時，多於奏摺末幅書明「為此繕摺謹奏」、「理合恭摺請旨」、「繕摺恭奏」、「謹具摺先行恭奏以聞」等字樣。查閱康熙朝、雍正朝滿文奏摺及滿漢合璧摺，原摺末幅所書「摺」，滿文俱讀如“jedz”，即漢字「摺子」的滿文音譯。乾隆元年，滿漢合璧摺中，「本摺」、「漢字摺」句中的「摺」，滿文俱讀如“jedz”。乾隆十二年以降至清朝末年，「奏摺」，滿文俱讀如“wesimbure bukdari”，奏摺末幅中「恭摺奏聞」等字樣，句中「摺」，滿文讀如“bukdari”。

從內在的理路（inner logic），可以講出一套思想史。當心即理、性即理的服膺者，都回到儒家經典中去找尋立論根據時，理學就無可避免地逼出考據之學了[74]。取證於經書的觀點，不但適用於漢文儒家經典考證學的發展，並且也適用於儒家經典滿文譯本考證學的發展。清初以來，六經史籍，次第譯出滿文。惟因舊定成語，在初定之時，已失字意，拘泥成語，以致因循漢文繙譯。乾隆皇帝在位期間，增訂《清文鑑》，儒家經典滿文譯本，重加釐定，校正劃一，順滿文會意，力求明晰。清朝滿文奏摺制度的沿革，就是乾隆年間滿文規範工作的重點課題。康熙年間開始採行的「奏摺」，滿文讀如“wesimbure jedz”，“jedz”是漢字「摺子」的音譯，因循漢字音譯，其詞義並不明晰。乾隆年間，遂將「奏摺」改譯為“wesimbure bukdari”。“bukdari”的動詞原形為“bukdambi”，意即摺疊的「摺」。《御製增訂清文鑑》將漢字「摺子」，滿文譯作“bukdari”；「奏摺」，譯作“wesimbure bukdari”[75]。《清文總彙》，「奏摺」，滿文亦讀如“wesimbure bukdari”[76]。就滿文奏摺制度的沿革而言，可以乾隆十二年（1747）為分水嶺，劃分為前後二期：從康熙年間採行奏摺至乾隆十二年（1747），屬於前期，「奏摺」，滿文讀如“wesimbure jedz”，“jedz”是漢字「摺子」的音譯；從乾隆十二年至清朝末年，屬於後期，「奏摺」，滿文讀如“wesimbure bukdari”，“bukdari”是折疊的「折子」。“wesimbure bukdari”，漢字作「奏折」，詞

74 余英時著《歷史與思想》，第 134 頁，臺北，聯經出版社公司，1976 年。
75 《御製增訂清文鑑》，第 15 頁，卷五。見《欽定四庫全書》，第 83-165 頁，臺北，臺灣商務印書館。
76 《清文總彙》，第 63 頁，卷十二，光緒二十三年。

不達意，奏摺與題本，都是折疊成本。就文書制度的起源而言，奏摺並非因折疊而得名。康熙年間開始採行的奏摺，是奏本與摺子的複合名詞，「摺子」，可以理解為清單、名單，具摺奏聞的原始意義，是指繕寫清單或名單附入本內以聞。將“wesimbure jedz”，改為“wesimbure bukdari”，與折角本章“wesimbuhe bithe”互相混淆。探討清朝奏摺制度的沿革，不能忽視滿文奏摺的沿革。

# 學以致用

## — 康熙年間耶穌會士與滿洲語文的傳承

## 一、前　言

西洋耶穌會士入京供職之前，必須學習滿、漢語文。洪若翰神父致拉雪茲神父書信中指出，康熙皇帝南巡期間，他曾經鼓勵耶穌會神父學習滿文以便能與他交談。相對學習漢語而言，他們學習滿語，確實較學習漢語容易得多。西洋傳教士普遍認為構成中文的六萬多方塊字，雖然說形狀千變萬化，所表現的事物也各不相同，但漢字的發音卻鮮有變化。漢語充斥著同音異義的現象，因此極難把聽到的發音寫下來。〈某神父致杜埃法院首席院長多貝爾（d'Aubert）先生的信〉中指出，「如果要我們學習所有這些紛繁複雜的方塊字，那是多麼可怕的麻煩事啊！這便是中文[1]。」

康熙皇帝重視滿文的學習，他將漢文古籍譯成滿文，不僅使不懂漢文的滿族能讀懂漢文古籍的內容，也讓西洋傳教士可以依靠滿文譯本來理解漢文古籍。《康熙大帝》一書也指出，「康熙皇帝熟悉孔子的大部分著作，而且能夠大體上背誦被漢族視為經典的原籍。他委任大學士用漢語和滿語對這些古籍進行重新注釋。」

1 《耶穌會士中國書簡集 — 中國回憶錄》（鄭州，大象出版社，2005 年 5 月），第五卷，頁 214。

西洋傳教士把《資治通鑑》視為中國通史，康熙年間，《資治通鑑》也譯成滿文。《康熙大帝》一書也指出，「康熙皇帝還讓人把《中國通史》繙譯成滿文。初次譯出的譯本不夠詳細明晰，讓他感到很不滿意。因此，他又命令重譯。重譯後的譯本十分詳盡，為說明通有中許多費解之處，還增加了注釋[2]。」康熙皇帝積極繙譯傳統古籍，重視滿文的學習，為西洋傳教士提供了學習滿洲語文的良好環境，入京供職的西洋傳教士確實多能把握機會，努力學習滿洲語文。西洋傳教士以滿語進講西學，淺顯易懂，對康熙皇帝而言，確實較容易理解。在中西文化交流的過程中，滿洲語文扮演了重要的腳色。

## 二、耶穌會士學習滿洲語文的過程

康熙皇帝提倡「國語」，積極繙譯漢文古籍，為西洋傳教士學習滿洲語文創造了有利的客觀條件。白晉著《康熙大帝》一書中指出：

> 康熙皇帝能言善辯，通曉漢族的詩詞，無論是漢文還是漢文撰寫的文章，他都擅於品鑑給出恰當的評價。對於漢、滿這兩種語言，他不僅比所有的王侯說得都好，而且能夠用它們寫出優美的文章。既然康熙皇帝通曉各種體裁的漢文，由此他有心要把中國浩大的典籍編成一個文庫，他挑選出一些學識淵博的大學士，對全國的典籍進行搜羅，並親自審閱他們所發現和選出的典籍。此外，他又挑選了一些精通滿、漢兩種語言的學者，讓他們將這些漢文典籍繙

2 《老老外眼中的康熙大帝》（北京，人民日報出版社，2008 年 8 月），頁 26。

> 譯成滿文，這使得滿語得到了極大的豐富，尤其能使滿族人讀懂這些書籍的內容，因為，大多數滿族人幾乎都不懂漢語，如果不把這些漢文典籍譯成滿文，即便只是順利地讀通也是不可能的。對於傳教士來說，這項繙譯工作甚至也給我們帶來同滿族人一樣的益處。要知道，無論從文字還是從語法上，滿語都比漢語容易多了。許多傳教士研究了好幾年漢語，卻仍不能完全理解文漢書籍的內容，而現在，只需不太長的時間，傳教士就可以依靠滿文譯本來理解漢文書籍了[3]。

引文中已指出，無論從文字還是從語法上，滿語都比漢語容易，對於傳教士而言，康熙皇帝繙譯漢文典籍，使西洋傳教士可以依靠滿文譯本來理解漢文書籍。

張誠學習滿文的過程，是一種重要的經驗。張誠（P. Jean-Francois Gerbillon 1654-1707），出生於法國凡爾登市，1670年，入南錫地區耶穌會香檳省修道士傳習所。康熙二十七年（1688），受法王路易十四之命隨法國耶穌會士洪若翰（Joan. De Fontaney）等來華，入京供職。《張誠日記》一書中記載張誠學習滿洲語文的過程，其實就是傳承滿文的記錄。康熙二十八年（1689），11 月 4 日，張誠等人進宮向康熙皇帝請安，康熙皇帝聽說張誠通曉滿文，命太監問這是不是真的？張誠答稱，確實正在開始學習。因為太監問得很認真，所以張誠不得不用滿語作答。太監立刻去向康熙皇帝奏明，並端回一盤御膳桌上的食品，賞賜張誠，同時告訴張誠必須用滿語謝恩。太監問張誠，曾經讀過那些書，是否能夠順利讀懂，是否有人願去黑龍江以便在當地學習滿語？張誠答覆說，如果康熙皇帝認為派張誠去合適，那就去。

3 《老老外眼中的康熙大帝》，頁 27。

張誠願去康熙皇帝命令他去的任何地方[4]。

康熙二十八年（1689）十二月初七日，康熙皇帝在乾清宮召見張誠等人，垂詢他們的健康。張誠等人按照習俗跪下叩頭謝恩。康熙皇帝親自問張誠，學滿文是否有進益，是否能讀懂滿文書籍？張誠也用滿語回奏說：「我剛剛學了一點，讀歷史書籍勉強能懂。」康熙皇帝回頭對身旁的人們說：「他講得好，口音像[5]。」張誠初學滿文，他和康熙皇帝交談時就經常用滿語，但在講解數學時卻不願用滿語，主要原因是由於張誠對滿語和漢語都還不夠精通，不足以把意思表達清楚。特別是關於科學方面，所掌握的詞彙，並不豐富。張誠向康熙皇帝啟奏說：「一俟白晉神父和我精通滿語的時候，也許能夠為皇上作出關於數學和哲學的較為明晰而滿意的講課。」張誠還說：「滿語有動詞變化，語尾變化以及連貫語句時所用的連接詞等，而漢語缺乏這些，滿語因此勝過漢語。康熙皇帝似乎很欣賞這些話，他轉向周圍的人們說：「這對了，這種缺陷使漢語比滿語難學[6]。」

康熙二十九年（1690）十二月十一日，康熙皇帝駕臨養心殿，與張誠等人在一起長達三小時左右。康熙皇帝對於張誠在短促時間內學習滿語獲得進益似乎覺得詫異，特別是因為張誠的住處並沒有一個說滿語的人。當張誠提到他最近一次去滿洲地區的旅行，對於學習滿語頗有幫助的時候，康熙皇帝說如果再有機會，他一定讓我去。康熙皇帝還問張誠白晉神父有什麼本事？張誠回奏，白晉神父和張誠一樣學習滿語獲有進益，也精於數學和歐洲的其他科學[7]。

4 陳霞飛譯《張誠日記》（北京，商務印書館，1973 年 11 月），頁 60。
5 《張誠日記》，頁 64。1690 年 1 月 16 日，記事。
6 《張誠日記》，頁 65。1690 年 1 月 17 日，記事。
7 《張誠日記》，頁 66。1690 年 1 月 20 日，記事。

康熙年間，在內務府基本上是用滿語辦事。康熙二十八年（1689）十二月十三日（1690 年 1 月 22 日），康熙皇帝傳旨令白晉和張誠研究學習滿語的最簡捷辦法，並問是否應當每天去內務府，還是到滿洲去一趟。張誠等回奏說：「此事我們難以作主，因為皇上的判斷比我們的強得多，也最清楚學習這種語言的捷徑。而且，我們學習滿語，純為博得皇上的歡心，用那種方法去學，對於我們都是一樣，只要皇上滿意就行。」張誠因此懇請康熙皇帝宣示聖意。不久，康熙皇帝就向我們傳下諭旨，冬季不宜旅行，可以每天去內務府衙門，找那裡精通滿語的人們隨意交談。白晉著《康熙大帝》一書也記載，中俄簽訂尼布楚條約後，康熙皇帝比從前更加熱心地努力鑽研西洋科學。那時，有四個耶穌會士為康熙皇帝進講西洋科學，有的人用漢語講，有的人用滿語講。由於滿語遠比漢語要清楚明白，易於理解，並且了解到張誠和白晉通過七、八個月的研究，已經可以比較準確地使用滿語和別人交流思想，於是康熙皇帝決定起用白晉和張誠兩人用滿語進講西洋科學。為了讓白晉和張誠進一步完成對滿語的學習，康熙皇帝安排了幾位老師用一個月的時間來教他們，在這一個月裡，白晉和張誠每天都在內務府衙門跟這幾位老師學習滿語[8]。《張誠日記》記載，康熙二十八年（1689）十二月十五日，張誠和白晉初次到內務府衙門去學習，內務府總管指派兩名出生在滿洲地方的低級官員指導張誠和白晉學習滿語，並為他們辦理一切需要做的事。又另外增派一位官階較高對滿、漢兩種語言都精通的官員，每天來解答那兩名不能講清楚的難題。他還要把語言的文采傳授給張誠和白晉[9]。

---

8 《老老外眼中的康熙大帝》，頁 29。

9 《張誠日記》，頁 67。1690 年 1 月 24 日，記事。

康熙二十九年（1690）正月初五日，白晉和張誠應召進到養心殿進呈一座燭臺的模型，經過張誠等人設計後可以自動熄滅蠟燭。張誠等人的滿語，經過半個月的學習，進步神速。康熙皇帝詢問張誠學習滿語有無長進？張誠用滿語奏覆：「我們正在努力學習，以求不負皇上的期望。」康熙皇帝回頭向他周圍的人們說：「他們確有長進，他們說得好了一些，容易聽懂了。」張誠又用滿語啟奏說：「歐洲人學滿語最困難的是發音和音節的輕重。」康熙皇帝又問張誠等人：「用滿語能不能講明哲學？」張誠和白晉回答說：「我們希望在學通滿語之後，能夠摸出路子來。我們正在嘗試，覺得我們已經可以把自己的思想表達得足以使教我們滿語的人們完全理解[10]。」張誠等人用心學習滿語，重視滿語的發音和音節的輕重，進步神速，容易聽懂，康熙皇帝要白晉、張誠等人用滿語進講哲學。《耶穌會士白晉的生平與著作》一書中已指出，「儘管白晉和張誠剛剛開始學習康熙皇帝的母語，但他們立刻就著手開始工作了。對他們來說，滿語比漢語要簡單得多，他們用了不到七個月的時間就學得差不多了。白晉認為：「這種韃靼的語言比漢語簡單易學得多，因為漢語沒有變位和小品詞，而滿語有這些，所以在交談的時候很實用[11]。」

## 三、精通求精 — 耶穌會士分析滿洲語文

在西洋傳教士中，對滿洲語文產生興趣的，固然不乏其人，其滿文造詣頗高的西洋傳教士，也受到清朝皇帝的肯定。法國漢

10 《張誠日記》，頁 71。1690 年 2 月 13 日，記事。

11 柯蘭霓著，李岩譯《耶穌會士白晉的生平與著作》（鄭州，大象出版社，2009 年 1 月），頁 23。

學家萊慕沙（Abel Rémusat）已指出，張誠因久居北京，又屢隨皇帝在滿洲旅行，所以精嫻滿洲語文，或說或寫，均博得各王公大臣及宮中人士的激賞[12]。耶穌會傳教士巴多明（Fr. Dominigue Parennin, 1665-1741），他於康熙三十七年（1698）初自歐洲出發，經過六個月的航行，於同年年底到達中國，入京供職。康熙皇帝替他請到了老師，教他學習漢語和滿語，他在很短的時間內，就把漢語講得很高的水平，充分表達思想，同時也可以如同使用歐洲母語一樣純正而流利地講滿語。巴多明能用滿、漢雙語表達思想的能力，很快吸引了康熙皇帝經常與巴多明長時間交談。康熙皇帝與巴多明的交談，被稱為是一種家庭的友好談話[13]。沙如玉在信中指出，人們非常驚奇地發現巴多明的滿語、漢語、拉丁語、法語、意大利語和葡萄牙語講得同樣都很流暢。

耶穌會傳教士巴多明致法蘭西科學院的書信中，對滿洲語文的介紹和分析，佔了很大的篇幅。巴多明分析滿文字母時指出：

> 韃靼文字中每個字都有一筆自字首垂直貫通至字末的主筆畫，這一畫左側是表示元音 a、e、i、o、u 的鋸齒筆狀符號，由放在這一畫右側的附點的不同位置決定其發音。如在一個鋸齒對面放一個附點，就發元音 e；如省略附點，則發元音 a；如在字左側鋸齒旁放一附點，這一附點就充當了字母 n，因而要讀作 na；如右側對面有一點附點，則要讀 ne。此外，若字右側不是附點，而是 o，這便是發送氣音的符號，因而要讀作送氣的 ha、he，就像西班牙語中

12　方豪撰〈清初通曉滿蒙語文及曾出關之西洋教士〉，《故宮文獻》，第一卷，第一期（臺北，國立故宮博物院，民國五十八年十二月），頁 11。

13　〈沙如玉（Valcntin Chalien）神父致書塞爾（Verchère）神父的信〉，1741 年 10 月 10 日，於北京，《耶穌會士中國書簡集 — 中國回憶錄》，第四卷，頁 239。

> 常見的那樣。

引文中所談的是滿文元音字母的基本知識。引文中的「韃靼文字」，是指滿文。滿文有字頭、字中、字尾的字形變化。引文中「字首」，就是字頭，「字末」就是字尾。滿文元音字母有六個，依次是："ᠠ"（a）、"ᡝ"（e）、"ᡳ"（i）、"ᠣ"（o）、"ᡠ"（u）、"ᡡ"（ū）。巴多明神父在信中所介紹的是元音字母中的前五個。他指出，滿文每個字都有一筆自字頭垂直貫通至字尾的主筆畫，這一畫左側是表示 a、e、i、o 的鋸齒筆狀符號，由放在主筆畫右側的圈、點決定其發音。譬如在一個鋸齒對面即右側放一個附點形成"ᡝ"狀符號，就發元音"e"；如省略附點，則形成"ᠠ"狀符號，就發元音"a"；如在"ᡝ"字母左側鋸齒旁放一附點，則形成"ᠨᡝ"狀符號，左側鋸齒旁這一附點就充當了輔音字母"n"，因而要讀作"ne"；如"ᠠ"左側鋸齒放一附點就成"ᠨᠠ"狀符號，則要讀作"na"；若字母右側不是附點，而是放圈"o"，這便是發送氣音的符號，如"ᡥᠠ"要讀作送氣的"ha"；如"ᡥᡝ"要讀作送氣的"he"。

巴多明注意到滿文筆順及其寫法，他指出，滿人雖然只有滿文一種文字，但他們卻有四種書寫方法，其要點列舉如下：

> 第一種書寫方法，它很費時間，要寫得能呈送御覽。一個司書一天只能寫出二十到二十五行字。倘落筆太重因而某一筆畫變得過寬或過粗，倘因紙張不好而筆畫不清，倘若遺漏了一個字等等，在所有這些情況及類似情況下，都需要重新抄寫。文中不得使用附注，也不得寫到紙的邊緣，否則便是對君主不恭。因此，主事人哪怕發現某一頁紙寫得稍有瑕疵也不會收下。以半個字另起一行也是不允許的。因為他本應寫在前面一行，必須時刻謹慎小心並準確

估計每個字所佔的空間才能避免這種麻煩。

第二種書寫方法與第一種相差無幾，但寫出來的字很漂亮而且麻煩也少得多。這種寫法不必把每個字的最後一筆寫成雙筆畫，也不必因某一筆畫比其他筆細瘦或略顯模糊而加以修飾。

第三種書寫方法是通常的書寫方法，速度很快，不一會兒就能寫滿一頁紙的正反面。由於毛筆比西洋羽筆更留得住墨水，人們蘸墨水所費的時間很少。倘若給司書口授文稿，只見司書飛快地在紙上筆走龍蛇，無一刻停頓。衙門裡的文書、訴訟案及其他尋常事務的記錄最常用這種字體。

第四種書寫方法是所有寫法中最粗俗的，但也最簡略，對著書者或撰寫底稿及摘錄者最為合適[14]。

巴多明指出，第一、第二、第三種書寫方法，其字體是否美觀，雖然不同，但都清晰可辨。與巴多明一起工作的人們所使用的就是第四種書寫方法。人們通常都用毛筆書寫，但也有些滿人使用一種竹製的削成歐洲羽筆狀的筆。但因中國紙張不含礬而且很薄，所以毛筆比羽筆更合用。若想用羽筆書寫或畫中國的花草、樹木、山水等等，事先須在紙面上塗一層溶有少許明礬的水，以防止墨水滲入紙中。

巴多明與皇長子胤禔的辯論，曾經針對滿文的缺陷，進行評述。巴多明指出，在滿洲語文中不能把兩個輔音連在一起，兩個輔音間必須加一個元音。滿洲語文中用以過渡轉換的詞彙，十分缺乏。滿語中"yala"是個無意義的詞彙。巴多明指出，「如在一次交談中他們僅重覆兩三次"yala"這個無意義的詞，他們就認

14 〈耶穌會傳教士巴多明神父致法蘭西科學院諸位先生的信〉，1723 年 5 月 1 日，於北京，《耶穌會士中國書簡集》，第二卷，頁 301。

為別人應為此感激他們了。我甚至見到那些剛從韃靼腹地來的人也和別人一樣頻繁地使用該詞。這說明你們語言中用以過渡轉換的詞確實很少[15]。」誠然，"yala"一詞是滿洲腹地滿人頻繁使用的詞彙。"yala"可作過渡轉換詞彙使用，譬如漢語「所言果真不假」，滿文讀如"gisurehengge yala tašan akū"句中"yala"，一方面可理解為「果真」，一方面也是無意義的詞彙。但當巴多明談論家畜、家禽和野生動物時，他卻指出歐洲語言能充分表達意思的詞彙太少，而滿文則有豐富的詞彙和表達能力。節錄一段談話內容如下：

> 我以狗為例，韃靼人用以表示狗的詞彙是所有家畜中最少的，但仍比我們多得多。除了常用的大狗、小狗、看門狗、獵兔狗、鬈毛獵狗等等稱呼外，他們還有用以表示狗的年齡、皮毛、質量好壞等等的專門詞彙。您若想說一隻狗耳朵和尾巴上長著長而密的毛，那麼用"taiha"一詞就夠了。若狗的口鼻部位長而大，尾巴也一樣，耳朵很大，嘴唇下垂，那麼"yolo"這個詞便說明了這一切。若這隻狗與無任何此類特徵的普通母狗交配，生下的小狗就叫"peseri"。不管什麼狗，公母也不論，只要眉毛上方有兩簇金栗色或黃色的毛，那就只管叫它"tourbe"；若長著豹樣的毛色，便叫做"couri"；若僅在口鼻部位有斑點，其餘部位毛色是一致的，便叫"palla"；頸部全白的稱為"tchacou"；如頭上有些毛向後倒，便叫"kalia"；眼珠半白半藍的喚做"tchikiri"；個頭低矮，腿短，軀體笨拙，頭部昂起的稱做"capari"等等。"indagon"是狗的統

15 《耶穌會士中國書簡集 — 中國回憶錄》，第二卷，頁 293。

> 稱；“nieguen”則是母狗統稱。七個月以下的小狗稱做“niaha”，七至十一個月的小狗叫“nouguere”，十六個月以上的狗便統稱為“indagon”了。若要表示其質量好壞也是這樣，一個詞就能說明其兩三種特性[16]。

引文中的“taiha”，滿文作“ᡨᠠᡳᡥᠠ”，讀如“taiha”，意即「臺哈狗」，是一種獵狗名，狗耳朵和尾巴上都長著長而密的毛。引文中的“yolo”，滿文作“ᠶᠣᠯᠣ”，讀如“yolo”，意即「藏狗」，口鼻尾巴長而粗，唇垂耳大。引文中的“peseri”，滿文作“ᠪᡝᠰᡝᡵᡝᡳ”，讀如“beserei”，意即「混血的」，或「雜種的」。臺哈狗與平常狗交配後所生的混血狗，就叫做“beserei indahūn”，習稱二姓子狗。引文中的“tourbe”，滿文作“ᡩᡠᡵᠪᡝ”，讀如“durbe”，“durbe indahūn”，意即「四眼狗」，不論公母，在眉毛上方有兩簇金栗色或黃色的毛，因其兩眼上端各有一個目狀黃白毛，類似四眼，故稱四眼狗。引文中的“couri”，滿文作“ᡴᡠᡵᡳ”，意即「有斑紋的」、「有花紋的」，“kuri indahūn”，習稱黎狗，或黎花狗。長著豹樣毛色的狗，就叫做“kuri indahūn”。引文中的“palla”，滿文作“ᠪᠠᠯᡨᠠ”，讀如“balta”，意即「花鼻樑的」，“balta indahūn”，就是花鼻樑的狗，這種狗僅在口鼻部位有斑點，其餘部位的毛色是一致的。引文中的“tchacou”，滿文作“ᠴᠠᡴᡡ”，讀如“cakū”，意即「白頸項的」、「白脖子的」，“cakū indahūn”，就是白頸項的狗，這種狗的特徵，就是頸部全白。引文中的“tchikiri”，滿文作“ᠴᡳᡴᡳᡵᡳ”，讀如“cikiri”，意即「玉眼的」、「白眼珠的」，“cikiri indahūn”，習稱玉眼狗，就是一種白眼珠的狗。眼珠半白半藍的狗，也叫做“cikiri indahūn”。引文中的

16 《耶穌會士中國書簡集 — 中國回憶錄》，第二卷，頁 296。

“capari”，滿文作“ᡴᠠᠪᠠᡵᡳ”，讀如“kabari”，意即「哈巴狗」，或作「哈叭狗」，俗名獅子狗。其特徵為個頭低矮、腿短、軀體笨拙、頭部昂起。引文中的“indagon”，滿文作“ᡳᠨᡩᠠᡥᡡᠨ”，讀如“indahūn”，是狗的通稱。引文中的“nieguen”，滿文作“ᡝᠨᡳᠶᡝᡥᡝᠨ”，讀如“eniyehen”，意即「母狗」，是母狗的通稱。引文中的“niaha”，滿文作“ᠨᡳᠶᠠᡥᠠᠨ”，讀如“niyahan”，意即「狗崽」，是指七個月以下的小狗。引文中的“nouguere”，滿文作“ᠨᡠᡥᡝᡵᡝ”，讀如“nuhere”，意即「小狗」，是七、八個月至十一個月的小狗。引文中的“kalja”，滿文作“ᡴᠠᠯᡳᠶᠠ”，讀如“kalia”，意即「白鼻狗」，原書指出，這種狗的頭上有些毛向後倒。由引文所列詞彙，可知滿人用來表示狗的滿語詞彙，確實十分豐富。由引文滿語詞彙的說明可知巴多明的滿文造詣已經相當高。《在華耶穌士列傳・巴多明傳》指出，康熙皇帝為巴多明指派教師，講授漢文及滿文。經過極短時間，巴多明講漢語，已為任何教士所不能及。至其以滿洲語表達意思，純熟流利，與其祖國文字無別。宋君榮（Antonius Gaubil）在雍正七年（1729）的書信中指出，巴多明對於學習漢文及滿文，具有異稟，他講漢、滿、拉丁、法、義、葡等語，同樣流暢[17]。

提倡國語騎射，是清初諸帝的施政方針，巴多明神父對順治、康熙年間（1644-1722）編纂滿文辭典的經過，作了簡單的說明。巴多明神父在〈致法蘭西科學院諸位先生的信〉中指出，清朝入關後，滿洲人擔心自己的語言變得貧乏或完全消失，其原因與其說怕漢語與滿語相混，不如說怕他們自己遺忘。年老的滿洲人在關內漸漸凋謝，他們的子女更容易學習被征服地區的語言而不是

17 方豪撰〈清初通曉滿蒙語文及曾出關之西洋教士〉，《故宮文獻》，第一卷，第一期（臺北，國立故宮博物院，民國五十八年十二月），頁 12。

父輩的語言。為避免由此造成的妨害，在第一位皇帝順治皇帝統治時期（1644-1661），人們開始繙譯中國古籍，並按字母排列順序編纂滿語辭典。因詞義解釋部分的文字是漢語，而漢語無法表達滿語的發音及某些詞義，所以這項工作鮮有成效。為此，他讓其中一些人繼續繙譯史書、典籍，另一些人繙譯雄辯術篇章，而多數人員則編纂滿語寶典。這項工作進行得極為認真。如出現某個疑問，就請教滿洲八旗的老人；若需進一步研究，便垂詢剛從滿洲腹地前來的人。誰發現了某個古詞或宜於編入辭典的古老熟語，便可獲獎。隨之便規定使用這些古老詞彙和熟語，以便把它們教給已將其遺忘、或更確切地說從未知道過它們的人。等這些詞彙全都歸到了一起，便予以分類整理。巴多明神父在信中列出辭典中的類別，照錄於下：

> 第一類詞講的是天，第二類講時間，第三類講大地，第四類講皇帝、政府、官員、禮儀、習俗、音樂、書籍、戰爭、狩獵、人、土地、絲綢、服裝、工具、勞動、工人、船隻、飲酒、食物、穀類、草、鳥類、家畜及野獸、魚類、蟲類等等[18]。

由引文內容可知巴多明神父信中所稱，滿語寶典，就是《御製清文鑑》（han i araha manju gisun i buleku bithe）。江橋著《康熙御製清文鑑研究》已指出《御製清文鑑》的編纂道路是漫長的，經歷了查經史、訪古人、對舊檔等艱苦的歷程[19]。康熙十二年（1673）四月十二日，康熙皇帝對侍臣說了一段話：

> 此時滿洲，朕不慮其不知滿語，但恐復生子弟漸習漢語，

18 《耶穌會士中國書簡集 — 中國回憶錄》，第二卷，頁 298。
19 江橋著《康熙御製清文鑑研究》（北京：北京燕山出版社，2001 年 7 月），頁 26。

竟忘滿語亦未可知，且滿漢文義照字繙譯可通用者甚多，今之繙譯者尚知辭意，酌而用之，後生子弟未必知此，不待差失大意，抑且言語欠當，關係不小。因顧謂翰林院學士傅達禮曰：爾任翰苑之職，可體朕此意，將滿語照漢文字彙發明，某字應如何用？某字當某處用，集成一書，使有益於後學。傅達禮奏曰：皇上此旨誠立教善復之盛心也，臣等雖不才，當祇遵諭旨編輯成書，敬呈御覽。上諭曰：此書不必太急，宜詳慎為之，務致永遠可傳方為善也[20]。

康熙年間的滿文，處在發展階段，不必擔心滿人不知滿語。康熙皇帝擔心的是後生滿洲子弟漸習漢語，竟忘滿語。現刊《御製清文鑑》成書於康熙四十七年（1708），在《御製清文鑑》序中已指出，「近來老成耆舊漸就凋謝，因而微文奧旨，久而弗彰，承譌襲舛，習而不察，字句偶有失落，語音或有不正。國書所關至鉅，政事文章，皆由此出，非詳加釐定，何所折衷。非編輯成書，何以取法。爰詔儒臣分類排纂，日以繕稾進呈，朕親御丹黃，逐一審訂，解詁之疑似者，必晰同異於毫芒。引據之闕遺者，必援經史以互證，或博咨於故老，或參考於舊編。大而天文地理，小而名物象數。十二字母，五聲切音，具載集中，名曰清文鑑，用探音聲之本原，究字畫之詳盡。為部三十有六，為類二百八十，為書二十一卷，清文得此而無餘蘊，凡以明祖德之源流敬本之深意也[21]。」武英殿刊本《御製清文鑑》共計二十卷，後序一卷，三十六部，二百八十類，四百段。其體例具有分類、單語、百科

20 《清代起居注冊》，康熙朝，第二冊（北京：中華書局，2009 年 9 月），頁 B00657。康熙十二年四月十二日，諭旨。

21 《清聖祖御製文》，第三集（長沙：湖南出版社，2000 年 6 月），卷二十，序，頁 12。滿文御製序繫於康熙四十七年六月二十二日。

性三大特徵。

巴多明神父信中所提到的類別，第一類詞「天」，就是天部、天文類，計四段。第二類「時間」，就是時令類，計七段。第三類「大地」，就是地輿類，計九段。第四類「皇帝」，就是君類，計一段。政府類，似指政事類（dasan i hacin）。官員類，似即官差類（alban takūran i hacin）。禮儀類，滿文讀如（dorolon i hacin），計八段，內含習俗。音樂類，滿文讀如"kumun i hacin"，計二段。書籍類，即書文類，計六段。戰爭類，包括軍旅類（coohai hacin）、防守類（tuwakiyara seremšere hacin）、征伐類（afara dailara hacin）、計十段。狩獵類，包括步射類（gabtara hacin）、騎射類（niyamaniyara hacin）、畋獵類（aba saha i hacin）、頑鷹犬類（giyahūn indahūn efire hacin）、撲跤類（jafunure hacin）、軍器類（coohai agūra i hacin）等，計七段。「人」，即人部（niyalmai šošohon），包括人事類（niyalmai hacin）、人倫類（niyalmai ciktan）、親戚類（niyaman hūncihin i hacin）、朋友類（gucu gargan i hacin）、老少類（sakda asihan i hacin）、身體類（niyalmai beye i hacin）等一一六類。另有神佛、鬼怪、療治、賭戲等類。「土地」，包括城廓、街道、宮殿、室家、田地、農工、收藏、貨藏等類。「絲綢」，即布帛類（suje boso i hacin），包括絨綿、采色、紡織等類。「服裝」，包括冠帽、衣服、巾帶、靴襪、皮革、穿脫、鋪蓋、梳粧等類。「工具」，包括器用、量度等類。「勞動」、「工人」，包括營造、鏇鑽等類。「船隻」，包括舟船、車轎等類。「飲酒」、「食物」，包括飯肉、菜殽、茶酒、糕饝、飲食等類。「穀類」，包括米穀、果品等類。「草」，包括花草、樹木等類。「鳥類」，包括飛禽、雀鳥等類。「家畜」，包括牲畜孳生、馬匹、牛隻等類。「野獸」，包括龍蛇等類。「魚類」，即河魚類（birai nimaha i hacin）。「蟲類」，即蟲蟻類。巴多明神父將《御製清文鑑》的類別作了簡單的介紹。

巴多明神父指出《御製清文鑑》每個類別還分「章節」，句中的「章節」，滿文讀如 “meyen” ，意即「段」，或「則」。信中還指出，所有詞彙都是以大寫字母書寫的，每個詞條下面的定義、解釋及使用方法則以小號字寫成。解釋寫得明確、優美、文筆簡練，人們通過模仿它們來學習作。但因《御製清文鑑》以滿文編纂，因此對初學者並無用處，只有已經懂得這種語言、希望進一步完善或撰寫著作的人才能使用它。主要意圖在於提供這種語言的一個集錦，使之只要寶典存在，便不至消亡。探討盛清諸帝重視國語騎射，《御製清文鑑》的編纂，確實具有時代的意義。

## 四、文化交流 — 耶穌會士以滿語進講西學

歷代舉行經筵大典的主要用意是要求帝王留心學問，儒臣進講的內容，主要為四書、五經等儒家經典。康熙皇帝好學的精神，實非明代君主所能望其項背。據《起居注冊》的記載，康熙十一年（1672）四月二十四日清早，康熙皇帝在乾清門聽理政事，上午辰時（上午七點鐘至九點鐘），御弘德殿，講官熊賜履、史大成、孫在豐進講：「子禽問於子貢曰夫子至於是邦也」一節；康熙二十三年（1684）三月初七日清早，康熙皇帝御乾清宮，講官牛鈕、孫在豐、歸允肅進講：「六三未濟、征凶」二節；「九四貞吉、悔亡」二節。辰時，御乾清門聽政。康熙皇帝提倡崇儒重道，勤讀儒家經典，但他同時也重視西學，西洋傳教士也奉召入宮進講西學，其進講西學的活動，《起居注冊》並未記載。

康熙年間（1662-1722），儒臣進講的制度，為耶穌會士進講西學的活動，提供了極有利的條件。白晉著《康熙大帝》的內容

涉及的範圍很廣，其中記載康熙皇帝致力於學習數學，南懷仁曾為康熙皇帝講解數學儀器的應用，並講解幾何學、靜力學、天文學中最有趣和最容易理解的內容。《正教奉褒》記載，康熙二十八年（1689）十二月二十五日，康熙皇帝召徐日昇、張誠、白晉、安多等至內廷，諭以自後每日輪班至養心殿，以清語即滿語授講量法等西學。康熙皇帝萬幾之暇，專心學問，好量法、測算、天文、形性、格致諸學。自是即或臨幸暢春園及巡行省方，必諭張誠等隨行，或每日或間日，授講西學，並諭日進內廷，將授講之學，繙譯清文即滿文成帙。康熙皇帝派精通清文二員襄助繕稿，並派善書二員謄寫[22]。

白晉著《康熙大帝》一書也指出，清朝與俄國締結了和約後，康熙皇帝又有了學習的時間，他比從前更加熱心地努力鑽研西洋科學。那時，我們四個耶穌會士為康熙皇帝進講西洋科學，有的人用漢語講，有的人用滿語講，由於滿語遠比漢語要清楚明白，易於理解，並且，了解到張誠和白晉通過七、八個月的研究，已經可以比較準確地使用滿語和別人交流思想，於是康熙皇帝決起用白晉和張誠兩人用滿語進講西洋科學。為了讓白晉和張誠進一步完成對滿語的學習，康熙皇帝安排了幾位老師用一個月的時間來教他們，在這一個月裡，張誠和白晉每天都在內務府衙門跟這幾位老師學習滿語。當時，安多用漢語給康熙皇帝講解主要天文儀器的用法以及進行幾何學和算術的實際練習。為了不斷增加知識，康熙皇帝諭令白晉和張誠用滿語進講《歐幾里德原理》。康熙皇帝的御膳房是順治皇帝從前的寢宮，為了便於講授，康熙皇帝把御膳房作為白晉、張誠講課的場所。康熙皇帝又指派兩位精通

22 《正教奉褒》，見《中國天主教史籍彙編》（臺北，輔仁大學出版社，民國九十二年七月），頁 547。

滿漢兩種語言的內務府官員協助白晉、張誠準備進講的文稿，另外還有書吏將滿文文稿謄寫清楚。康熙皇帝非常認真聽講，並反覆練習，經過五、六個月的學習，康熙皇帝精通了幾何學原理。為了方便康熙皇帝的學習，白晉和張誠將幾何學定律用滿語繙譯出來寫成文稿，並在其中補充了歐幾里德和阿基米德著作中有價值的重要定律和圖形。康熙皇帝充分掌握幾何學原理之後，又希望學習應用幾何學，他諭令傳教士們用滿文編寫一本囊括全部理論的應用幾何學問題集，並用講解幾何學原理時所用的教學方法給康熙皇帝應用幾何學。不久之後，白晉和張誠完成了理論與應用幾何學的全部進講工作。出於對這兩份講稿的重視，康熙皇帝諭令把這兩份講稿由滿文譯成了漢文，編成書稿，並親自執筆撰寫卷首序文，而後諭令校訂兩書的原稿，在皇城內用滿漢兩種文字印刷成書，發行全國。康熙皇帝希望把西歐的全部科學移植到中國來，並使之在全國得到普及。後來，康熙皇帝親自把幾何學原理教給了皇三子胤祉（in cy, 1677-1732）。康熙皇帝在研究幾何學以後，又希冀研究哲學，所以他諭令白晉、張誠兩人用滿文編寫進講哲學的講稿，並使用講授幾何學時所用的方法[23]。

《張誠日記》一書所載耶穌會士入宮進講西洋科學的內容，也佔了很大的篇幅，可補白晉著《康熙大帝》的疏漏。據《張誠日記》記載，康熙二十八年（1689）十二月初九日，張誠等四人全都進宮，在那裡向趙老爺講解一些幾何題，這位趙老爺就是趙昌。十二月初十日，張誠等人按時進宮，在養心殿用南懷仁所製作的等高儀為康熙皇帝講解了好些幾何學上的問題。同年十二月十一日，康熙皇帝再駕臨養心殿，與張誠等人在一起三小時左右。

23 《老老外眼中的康熙大帝》，頁 29。

康熙皇帝對於張誠在短促時間內學習滿語獲得進益，覺得詫異。康熙皇帝問張誠、白晉有什麼本事？張誠回奏，他和白晉一樣學習滿語獲有進益，也精於數學和歐洲的其他科學。十二月十二日，張誠、白晉退出大內養心殿後，康熙皇帝又把安多、徐日昇叫回去，要他們把這一天所講的課，為康熙皇帝重新講解一遍。康熙二十九年（1690）正月十八日，康熙皇帝命令白晉和張誠着手用書面解說哲學。同年正月二十七日黃昏時分，康熙皇帝諭令張誠等人於第二天早晨把已寫成滿文的稿子和用滿文解釋的一些歐幾里德定律帶進宮去。正月二十八日，白晉、張誠、徐日昇、安多於是日早晨同到養心殿。康熙皇帝閱讀了張誠等人用滿文寫出的第一條定律，令張誠等解釋給他聽。康熙皇帝在透徹理解之後，把張誠等人所講，親自動筆寫了一遍，竟與張誠等人的口授相符，只有名詞和文理稍微變動。正月二十九日，張誠等奉召赴乾清宮講解歐幾里德第二條定律。第二條定律比第一條定律複雜難懂，康熙皇帝不太容易理解，因此到第二天早上再聽講一遍，然後默寫。同年二月初十日，張誠等人再次對第二條定律作了講解，直到康熙皇帝透徹理解其意義。其進講方式是由張誠等人口授，康熙皇帝默寫，再改定文字。當時，趙昌奏陳，利瑪竇譯成漢文的《幾何原理》前六卷，連同克勞威斯的注解，已於前幾年遵旨譯成滿文。滿文譯本雖然不準確，也不易懂，可是對張誠等人講解幾何定律可能有用。尤其是把譯者召來協助張誠等人，並把張誠等人所說的寫下來，可以為康熙皇帝省下許多事。康熙皇帝深以為然，下令把滿文譯本找來交給張誠等人，並把譯書的人召來。三月初三日，由於張誠等人對第三條定律講解細緻，圖解明白，康熙皇帝甚為喜悅，他諭令除譯書之人外，內務府三位首長中最能幹的一位，也須每日協助張誠等人講解，並繼續與張誠等人作滿語的練習。三月初三、初五等日，張誠等人繼續講解歐幾里德定律，得到康熙皇帝歡心。三月十六日，張誠等人為康熙皇帝講解第四條歐幾里德定律。康熙皇帝表示他已經完全理解，他想要在儘可能快的時間內知道幾何原理的最必要的部分，以求理解實用幾何學。巴蒂氏（P. Pardies）是法蘭西數學家，著有《實用和理論幾何學》等書。張誠等人為縮短課程，決計改用巴蒂氏的實用和理論幾何學，因為他的圖例比較易懂。三月十八日，張誠等人開始講授巴蒂氏的基本定律。《張誠日記》記載，「皇上煞費苦心地驗證二者之間的差別，並比較它們的表述方法。皇上用硃筆改正一些字，並向他的侍從們說，這是一本不平常的書，我們所要做的工作，也不可等閑視之。可見皇上對它的重視[24]。」

康熙皇帝學習幾何，張誠、白晉、安多等人用滿語講解，清晰淺顯，易於理解。耶穌會士進講實用幾何、幾何原理，都用滿語解釋。張誠進講哲學，也有滿文講稿，康熙皇帝還諭令張誠等用滿文撰寫哲學論文，還要精心修訂，務求完善。康熙二十九年（1690）二月二十二日，張誠等人進講哲學。在引言裡闡明這門科學的用處，說明為什麼要把它分為邏輯、物理、倫理三個部分。康熙皇帝對於這種講課方法深表滿意，康熙皇帝囑咐張誠等人不可性急，而要耐心詳盡地進行，只要工作能做得好，他即使多費點功夫也不會吝惜。康熙皇帝在巡幸途中，扈從的耶穌會士也要進講西學。張誠等人學習滿洲語文後，即以滿語進講西學，並用滿文撰寫講稿或論文，學以致用，說明滿洲語文在耶穌會士進講西學過程中確實扮演了重要的角色。《耶穌會士白晉的生平與著作》一書已指出，「儘管白晉和張誠剛剛開始學習康熙皇帝的母

24 《張誠日記》，頁 74。1690 年 4 月 26 日，記事。

語，但他們立刻就着手開始工作了。」康熙三十年（1691），白晉寫道，「兩人住在屬於葡萄牙傳教士的位於海淀的西堂裡，每天去暢春園要用兩個小時。為了不遲到，他們必須在凌晨四點鐘起床，有時候還要用晚上的時間準備第二天的課程。除幾何學以外，康熙皇帝對哲學也非常感興趣，因為講解哲學時候，他們可以很好地向康熙皇帝灌輸天主教的真知，這使得白晉和張誠熱情倍增。兩人用滿語寫了一本解釋杜哈梅爾（Duhamel）古今哲學思想的書。杜哈梅爾是皇家科學院一位傑出的哲學家，他的理論以周密、清晰和純潔而著稱。但不久哲學課因康熙皇帝生病而中斷了，未及痊癒，康熙皇帝的熱情又轉到醫學和解剖學上去了。於是，白晉和張誠又用滿語寫了與此有關的八本講稿[25]。」白晉和張誠進講的西學，主要為數學、幾何學、天文學、植物學、解剖學、醫學、外科學、病理學、哲學等等，基本上都是用滿語進講，清晰解釋。

## 五、繙譯著述 — 耶穌會士的滿文譯著

耶穌會士不僅用滿語進講西學，也要將西學譯出滿文。《在華耶穌會士列傳》一書中指出巴多明傳遺著目第三種為人體解剖學，前八冊就是白晉和張誠用滿文所寫的解剖學講稿。巴多明加上第九冊，用滿文撰寫，其內容主要為化學及其原理、毒藥之作用與治療之緩慢。巴多明耗五年時間纂成此書[26]。巴多明曾奉命將天主教的教會祈禱文譯出滿文，他指出，滿洲語文的詞彙非常豐富，也有充分的表達能力，將祈禱文譯出滿文，清晰易懂。雍

25 《耶穌會士白晉的生平與著作》，頁 23。
26 《故宮文獻》，第一卷，第一期，頁 13。

正二年（1724）七月初二日，巴多明致教會神父的信函中指由於基督教徒中的福晉（fujin）們和其他的夫人們很少認得漢字，她們希望聽得懂祈禱的內容，她們請求她們的懺悔神父為她們找祈禱詞的滿語譯文。蘇霖神父即委派巴多明擔任這項工作，巴多明也很願意擔任。當巴多明把禱詞的精華部分繙譯出來後，就派人送給若望親王和保祿親王審閱，修改語言上可能有的疏漏謬誤。巴多明還想讓他們自己把有關基督教的書籍繙譯成滿語[27]。巴多明將教會祈禱文譯成滿文，以供蘇努家中信教婦女之用。巴多明所譯滿文祈禱文，後來收入巴多明遺著目第八種。巴多明遺著目第九種是雍正二年（1724）巴多明進呈雍正皇帝的滿漢兼書的奏摺，這件奏摺的內容奏請挽回教禁，並對福建總督的攻擊天主教加以辯護[28]。此外，巴多明還將法蘭西科學院的著作中有關幾何學、天文學、解剖學中最新的、最引人入勝和最好奇的內容譯成滿文。

張誠因久居北京，又屢隨康熙皇帝在滿洲腹地旅行，所以精通滿洲語文，或說或寫，均博得康熙皇帝及滿洲王公大臣的激賞。張誠和白晉入宮進講幾何學，曾將《幾何原本》譯為滿文，共七卷，是一種講義。張誠著《滿洲語入門》（Elementa linguae tartaricae），則以拉丁文撰寫。張誠編譯《哲學大綱》，是張誠和白晉進講哲學時的滿文講義。此外，還有《滿洲史綱》、《滿洲旅行記》等著作。

27 《耶穌會士中國書簡集 — 中國回憶錄》，第三卷，頁 18。
28 《故宮文獻》，第一卷，第一期，頁 13。

## 六、結　語

滿文是由老蒙文脫胎而來的一種拼音系統的拼音文字，相對漢語的學習而言，西洋傳教士以歐洲語音學習滿洲語文，閱讀滿文，確實講得好，口音也像，進步神速，突飛猛進，學以致用，用滿文撰寫講義，用滿語進講西學，清晰易解。康熙皇帝與耶穌會士互動良好，他們對西學的輸入，滿洲語文扮演了重要角色。

探討中西文化交流，不能忽視耶穌會士對滿洲語文的學習與傳承。通過康熙皇帝的安排，耶穌會士入京供職後，多在內務府衙門學習常用滿語會話，也由來自滿洲腹地的滿人傳授滿洲語文。耶穌會士認真學習滿文的書寫方法，重視滿文筆順字體的書法，他們對滿洲語文的傳承，作出了重大的貢獻。

康熙皇帝提倡崇儒重道，由儒臣進講儒家經典，他同時重視西方文化，來華耶穌會士多奉召入京，供職內廷，入宮進講西學，舉凡天文、量法、測算、幾何、醫學、哲學等西學，都用滿語講解，清晰易懂，並將講授內容編寫滿文成冊，增加了一種文字工具保存西學。耶穌會士以拉丁文撰寫《滿洲語入門》等書，使東方文化輸入西方，促進西方對東方文化的認識。康熙年間（1662-1722）在接觸、融合中西文化的過程中，滿洲語文起了重要的媒介作用。

# 整理財政

## — 清世宗與錢糧虧空之彌補

### 一、前　言

歷代君主治理國家，理財與用人並重，財不得理，則刑名教化諸事亦皆落空。清朝入關之初，憑藉勝朝財粟，國用充裕。清廷既除明季三餉，歲入已感不足。世祖順治七年（1650），以兵餉缺額，從戶部所議，裁併監司等官，酌汰冗兵。十年（1653），裁登萊、宣府兩巡撫，停罷不急工程，裁督撫家人口糧及各衙門書役工食。直省藩庫以貯田賦為一省出納收支的總匯，地居衝要的分巡道及各府州亦撥司庫分貯，其他州縣僅留貯備用錢糧而已[1]。錢糧為正賦的主要收入，但錢糧最葛藤不清的就是虧空。聖祖為政寬大，惟流弊所及，不免失之寬弛，直省錢糧，多有虧空。康熙五十九年（1720），詳定虧空錢糧條例，積弊未除，陋習相沿，欠帑日多。世宗御極之初，即嚴查虧空，整理度支，歲入頗增[2]。本文撰寫的目的即在就雍正年間宮中檔奏摺，以探討直省錢糧的

1 王慶雲著《熙朝紀政》，卷 4，頁 1。光緒戊戌縮印本。
2 《皇朝經世文編》，卷 26，頁 29，乾隆四十六年，阿桂於增兵籌餉疏內謂康熙末年部庫所存銀八百餘萬兩，世宗在位初年漸積至六千餘萬兩。

積弊，彌補虧空的過程及其意義。

## 二、直省錢糧虧空的由來

清聖祖在位期間，屢次用兵，軍需挪用，州縣供饋，所有無名冗費，多於藩庫內取用，因循積累，國庫收入，久不得其平準，加之聖祖常蠲免租稅，以致戶部財政，窘迫至極[3]。康熙三十七年（1698）七月，大學士阿蘭泰、監察御史荊元實條奏直省虧空錢糧，應令巡撫以下各員按職分賠。惟聖祖頗不以為然，並諭諸大臣云：

> 朕聽政有年，深知各省虧空之故。浙江、江南錢糧虧空，較他省更甚，此等虧空，非由一任兩任官員所致。倘急於行查，地方官情迫，必致派取民間，歷年虧空，百姓一時何由措辦，此事斷不可准行[4]。

清聖祖平定三藩及準噶爾用兵期間，地方督撫挪用兵餉，虧空既多，歷時亦久，聖祖無意追查。康熙三十九年（1700）七月，大學士伊桑阿遵旨會同九卿議奏原任湖廣布政使徐惺虧空一案，據稱徐惺虧空錢糧計銀一百六十餘萬兩。聖祖諭稱「此係行兵時虧空者，今已年久身故，家產盡絕。」因此，從寬免追。清初辦理軍需奏銷時，定例於一案事竣後，始行造冊題達，以致承辦各員於錢糧到手後，得以任意濫費，或私借親朋，或逢迎當道，或肥身益家，恣意侵挪。及至奏銷屆期，惟恐敗露，而巧為彌縫，或浮開特價，或冒銷兵糧，種種掩飾揑造，私派累民，無所不至。康熙六十一年（1722）十一月十三日，聖祖崩殂，世宗即位後，

3 稻葉君山著，但燾譯《清朝全史》，頁 124。民國 49 年 9 月，中華書局。
4 《起居往冊》，康熙三十七年七月初六日戊寅，上諭。

杜絕虧空，遂成為理財急務。同年十二月十三日，世宗頒降嚴諭，一方面揭露錢糧虧空種種積弊，一方面飭令戶部傳諭直省督撫定限三年，將歷年虧空，如數補足，若限滿不完即按例從重治罪。世宗又殷殷博採下詢，臣工亦紛紛具摺條陳。直省錢糧所以導致虧空，主要為官侵、役蝕、民欠等項。

官侵即官員虧空，多起於挪移，其所以挪移，則由於侵欺。世宗諭戶部時已指出道府州縣虧空錢糧，或由上司勒索，或因本身侵漁，臣工每恃聖祖寬容，恣意虧空，動輒盈千累萬，督撫明知其弊，竟曲相容隱，及至不能掩飾，往往改侵欺為挪移，雖然勒限追補，仍舊視為故事。新任人員，上司逼受前任交盤，雖有虧空，不得不受，又因以啟效尤之心，藉此挾制上司，任意侵蝕，輾轉相因，遷延數任，以致虧空愈甚[5]。雍正元年（1723）二月初六日，兵科掌印給事中陳世倕奏陳全國十五省各州縣所入，原足供各官所用，但州縣虧空在在皆然。州縣愈大，所虧愈多，其根源為督撫貪婪，虧空既成，則抑知府而不報，或勒後任交盤，甚至攤於通省，以致原來不虧空的各州縣，亦因之虧空。聖祖在位期間，曾命廷臣酌定外官家口，自督撫以至州縣，各有定數，不得多携。惟日久廢弛，家口僕從眾多。外官赴任時，動輒携帶數百口，旗員所帶更多。其衣食日用，無一不取給於一人，外任官員每因用度浩繁而貪婪，又因貪婪而導致虧空。至於家本貧素各員，在京候選，旅食已極艱難，及至掣籤，其資斧早已告竭，不得不重利借貸，到任以後，無可抵償，遂挪借公帑以還私欠。明清官俸原極微薄，不足給用，故每於正俸以外接受節禮。雍正元年九月二十六日，工科掌印給事中康五瑞曾指出庫帑虧空之原因

5 《大清世宗憲皇帝實錄》，卷 2 頁 24。康熙六十一年十二月甲子，諭戶部。

云：

督撫有慾，司道早窺之而傳於郡守，郡守轉傳於州縣。不肖州縣官欲恣取飽囊，輒先迎合旨意，出積以進之。私積既涸，旋那正項，或拜門生，或為乾男，常例餽送之外，復有加增，百計竭蹶，以工其獻媚。藩臬道府從而效之，接踵而需索，其後遂以一州縣之贏餘，快各上司之追求，庫帑安得不空[6]。

易言之，州縣通病在虧空，虧空根源則起自督撫。定例州縣庫帑，由知府盤查，藩庫由巡撫盤查，除年終盤查外，又有不時盤查之例。盤查倉庫錢糧，原為杜絕虧空，然而虧空根由竟起自上司盤查。直省督撫貲費向由藩庫取用，仍每藉盤查庫帑之名，勒索餽送，遂因盤查而虧空益甚。直省錢糧，絲毫俱屬國課，侵欺人員，定例擬斬，立法綦嚴，各省州縣仍任意侵漁，耗蠹公帑，視為泛常，實導因於督撫上司的勒索分肥，雖將虧空人員正法催追，亦無濟於事。雍正元年十月二十四日，都察院左僉都御史陳允恭曾具摺奏稱：

臣愚以為州縣之虧空猶小，院司之虧空實多；郡邑之倉庫易盤，藩帑之虛實難核。蓋藩司原屬大吏，去巡撫不過一階，郡守州縣莫不仰其鼻息，任意出入，恣所欲為。在上者受其餽遺，自必疎於察核；在下者惟其指使，自必甘為分過，而況前任藩司原因督撫那用而至於虧帑，後任藩司又因督撫壓勒而受其交盤，輾轉容情，東那西掩，日積月累，愈久愈深，視空數為現存，藐國帑為己物矣。而其中有解任之藩司，則督撫為之代飾，何也？藩司之缺項，皆

6 《門宮中檔》，第 78 箱，307 包，5708 號。雍正元年九月二十六日，康五瑞奏摺。

督撫之婪受也；有陞任之藩司，則接交為包荒，何也？前官已登顯秩，後日自能補苴也。於是大中小省或虧空帑至數萬數十萬不等[7]。

州縣各員供應上司節禮，名目繁多，端陽、中秋、新年、生旦四節，俱送厚禮。知府每當盤查倉庫錢糧時，州縣備送下程酒席，餽送銀兩，稱為「過山禮」。除盤查規禮、出結規禮、程儀外，又需供獻地方產物，稱為「土儀」。如送銀數至百兩，則外加十兩，稱為「隨封」，加二十兩，則稱為「雙隨」。其餘跟役家人，無不有餽送。因此，知府一行，州縣多費無數銀錢。上司瞻顧狥隱，不能秉公盤查，結果反因盤查而更生虧空。世宗亟思杜絕其弊源，不顧情面，雷厲風行。雍正元年四月十九日，何天培陛辭赴任，行抵江蘇寶應縣，途遇原任江蘇巡撫吳存禮，即傳諭云「將虧空銀兩作速清楚，還與你老體面，如不清楚，便不饒你。」

役蝕即吏役侵蝕，役蝕與官侵同樣成為虧空的主要根源。各省錢糧，原極繁重，名色亦多，州縣各員每歲以漕糧緊急，催兌完後，始徵地丁，顧此失彼，目不暇給。雍正元年四月十八日，掌山西道事湖廣道監察御史江芑具摺奏稱：

大縣地丁銀米合計有一二十萬，以及三四十萬，五六十萬不等。其間都圖散處，頭緒繁多，兼之攬戶包收，猾吏侵漁，一官之精神已難設法措置。況沖刷之地，命盜重案，以及戶婚、田土、驛站差使之煩，目不暇給，及逢比較之期，秉燭視事。包戶勾通胥役，或以少報多，或以欠作完，更有置之高閣，而經年不得查考者，錢糧何自而清，又何自而完？知縣官功名自愛，或那新補舊，或移緩濟急，日

7 《門宮中檔》，第 78 箱，307 包，5730 號。雍正元年十月二十四日，陳允恭奏摺。

積月累，漸至虧空而不覺，後雖揭参追補，究於國帑無益也[8]。

直省州縣錢糧，其存留解支，惟有書吏熟悉其款項，侵挪冒銷，亦惟有書吏知其情弊。州縣官耳目不能遍及，蠹吏奸役，遂從中作弊。州縣書吏，名目眾多，其經管條銀者，稱為總書。其任事者，稱為包目。分掌銀櫃者，稱為櫃書。總管漕米者，稱為漕總。分管收米者，稱為倉書。各書吏向來俱未支給工役飯食等費。一縣之中，其總書或八人，或十人不等。總書將每年各戶應完實徵銀兩彙造細冊，稱為實徵清冊，由總書掌管，開徵屆期，糧戶不能依限完納時，總書每兩索銀二三錢後，即空起不徵，稱為空戶錢。州縣官員僅據當時催徵糧戶造冊比較，而總書所空各戶則因隱匿不得其詳。催徵愈緊，其空戶錢愈昂，統計三年以內，其所出空戶錢，幾與正項錢糧數目相埒。奸胥蠹役，每恃冊籍不清，空戶無從稽查而將正項錢糧侵頂入己，盡飽私囊，結果糧戶脂膏暗損，國家正賦暗虧。總書平日串通州縣幕賓長隨，互相矇蔽，州縣官無可如何，竟聽其分肥中飽。書吏中多有子頂父缺，弟替兄役者，其所管州縣竟同世守產業，弊竇極為秘密，上司縱極精明，亦無從察覺，書吏肆意侵蝕，卒致虧空。

民欠一項，積弊亦深，直省抗欠案件，層出不窮。其中江南為財賦重地，但拖欠情形，實最嚴重。康熙年間，或三年一免，或五年一蠲，民欠問題，仍未解決。安徽巡撫徐本曾指出該省池州民俗刁悍，最難治理，附郡貴池，因地勢參差，塘田高岡不一，縣民習慣抗欠，雨水偶多，則稱塘田被淹，雨水偶缺，則稱高岡失收，即使雨澤調勻，亦稱年景平常，希求蠲免，或請緩徵。歷

8 《門宮中檔》，第 78 箱，307 包，579 號。雍正元年四月十八日，江芑奏摺。

任督撫，心存姑息，遂致積年正雜錢糧拖欠纍纍，舊欠未補，新欠又生。聖祖晚年曾命直省督撫各陳虧空的根源，並籌消弭積弊的辦法。內閣學士兼禮部侍郎胡煦經留心訪察後具摺云：

> 虧空之源，厥由拖欠，而拖欠之由，則侵食者其一，抗拒者又其一也。至其侵食抗拒之由，端自浮糧而起。浮糧，有糧而無田者也。蓋由先富後貧，賣輕留重，陽基陰宅，多受虛糧，兼之太平既久，積累有年，或近江河，而遭沙泥之淹沒，或近山崗而被土石之填淤，逮於窮困已極，戶口逃亡，在民則為戶族之累，在官則入虧空之條，此浮糧之所自起也，乃浮糧之名立而侵食與抗拒者始得藉之口矣[9]。

糧戶藉口浮糧，逐年抗欠，遂成積重難返之勢。但所謂民欠，並非糧戶敢於任意拖欠，形成民欠的原因，實起於紳衿地棍的包攬抗欠。州縣欠帑既多，亟於補苴，遂多方借貸，以濟燃眉，蠹役猾吏乘其窘迫，而從中介紹，向當地豪富紳衿借貸。紳衿抗欠，州縣瞻徇姑息，而混入民欠冊內催追，捏填紅簿串票，以挪新掩舊，捏稱民欠。因此，所謂民欠，多半由紳衿導之。據雍正元年統計，江蘇所屬四十七縣未完地丁銀共積欠至七百萬兩，未完漕項銀共積欠至一百八十一萬兩。是年額賦銀三百五十三萬兩，合計應徵銀為一千二百三十四萬兩，歷年舊欠，倍於應徵額賦。

## 三、直省虧空銀數

世宗在藩邸時，已深悉歷年戶部庫帑虧空銀至數百萬兩之多。世宗以國帑關係重大，康熙年間虧空的錢糧，若不能清楚，雍正年間若復有虧空時，將來更難於稽查，積弊相因，必不能經

9 《門宮中檔》，第 78 箱，542 包，20907 號。胡煦奏摺。

國用而教後人，所以在即位之初即令怡親王胤祥管理並清查戶部錢糧，旋經查出實在虧空銀計二百五十餘萬兩[10]。雍正元年九月十五日，正紅旗漢軍副都統紀綬奏報八旗應追補虧空銀計二百餘萬兩。在直省中除廣東省各州縣虧空較少外，其除各省虧空銀兩，實不可勝計。直隸巡撫李維鈞奉旨清查通省錢糧後，即傳令各道府將從前虧空各案逐一清查。於雍正元年五月初六日具摺奏報，除宣化府屬十州縣地丁錢糧額數甚少未開刊外，其他各府州縣虧空銀數多寡不等，例如順天府通霸二道及所屬二十八州縣衛所內虧銀四萬七千餘兩；永平府屬七州縣衛內虧銀三萬餘兩；保定府屬二十一州縣所內虧銀四萬七千餘兩；河間府屬十九州縣廳衛內虧銀三萬五千餘兩；正定府屬三十二州縣內虧銀十萬餘兩；順德府屬九縣內虧銀三萬餘兩；廣平府屬九縣內虧銀五萬餘兩；大名府屬十一州縣內虧銀六萬餘兩，以上八府虧空銀共計四十一萬餘兩[11]。

山東省虧空錢糧數目，據巡撫黃炳約略統計，自康熙四十八年起至六十一年止，各州縣地丁銀共虧空六十餘萬兩，倉穀共虧空九十餘萬石。前任山東巡撫李樹德任內，虧空銀內含未完銀二十六萬兩，未奏銀十三萬兩，合計尾數共虧空銀四十萬餘兩。此外藩庫內尚有李樹德任內借支兵餉銀十二萬餘兩，俱係窮苦兵弁所借，一時難以追償；又有墊發軍前効力運米各官盤費銀三萬七千餘兩；各官借領銀四萬五千餘兩；地方公務挪用銀二萬六千餘兩。其虧空錢糧中有陞遷事故而留交後任者；有當時陞任而未經交盤者；有身任職守而挪移缺額者。歷任上司未能實力稽查，積

10 《上諭內閣》，雍正二年十一月十三日，上諭。

11 《宮中檔》，第 78 箱，499 包，18273 號。雍正元年五月初六日，李維鈞奏摺。

習相沿，輾轉虧空。雍正元年十二月十三日，據黃炳奏報，山東通省流抵無著銀二十七萬餘兩，俱為多年以前州縣各官虧空，上司徇情庇護，以致日久虛懸無可著追。此外，李樹德任內題參虧空無著銀二萬九千餘兩，無著穀十二萬餘石，合計虧空無著銀三十四萬餘兩。山西省虧空尤多，原任山西巡撫蘇克濟貪婪至極，其任內虧空侵蝕錢糧多達四百餘萬兩，而其加派橫徵，詐騙富戶及種種婪贓等項，尚不在此數之內[12]。

河南巡撫石文焯到任後，除前任巡撫楊宗義查參者以外，又先後查出虧空銀十四萬餘兩，穀十六萬餘石。湖北布政使張文燦任內虧空銀十萬兩，抑勒新任布政使張聖弼收受交盤。湖南布政使宋致除虧空庫帑銀十萬兩外，尚有各州縣懸項，多未清楚。江蘇布政使李世仁任內虧空銀二十四萬六千餘兩，鄂爾泰到任後，續查出李世仁虧空雜項銀一萬餘兩，蘇州府同知陳紳署武進縣事務任內虧空地丁銀七千餘兩，合計虧空二十六萬餘兩。江西布政使常德壽抵任後查明藩庫虧空銀二十八萬餘兩，其中本省州縣年久無著銀五萬餘兩，外省州縣無著咨回原籍行追銀五萬餘兩，米穀折價銀一萬餘兩，共計無可著追銀十二萬餘兩。

浙江布政使傅澤淵將庫銀私借糧道江國英，藩庫錢糧不清楚。廣東布政使王朝恩居官頗佳，奉旨賞給大理寺正卿職銜，調補浙江布政使，以清理錢糧。雍正二年正月初六日，王朝恩到浙江布政使新任。據署布政使司印務按察使王之麟移送交盤清冊內開應存藩庫正雜錢糧銀六十八萬餘兩，王朝恩逐項盤兌，實存銀三十八萬餘兩，計虧空銀二十九萬九千餘兩。福建布政黃叔琬於雍正元年六月到任後清查藩庫錢糧，應存庫銀七十九萬七千餘

12 《上諭內閣》，雍正五年八月十三日，上諭。雍正年間內府刊本。

兩，實存庫銀僅四十萬餘兩，計虧空銀三十九萬六千餘兩。黃叔琬查明所缺銀兩包括三大項：一項為各標營借支俸餉及預支船工等銀二十五萬九千餘兩；一項為前任布政使沙木哈因公挪用銀十萬九千餘兩；一項為沙木哈自身虧空銀二萬四千餘兩。貴州僻處邊方，錢糧較少，巡撫毛文銓到任之初，即盤查藩庫，其歷年應存正項錢糧銀四十一萬兩，實存銀十七萬餘兩。其中除武職循例預支季餉等項外，虧空銀十八萬餘兩。據毛文銓奏稱，所有缺銀內除康熙六十年備辦凱旋江浙滿洲官兵船隻銀五萬餘兩外，其餘俱係前任貴州巡撫金世揚所挪用。金世揚已陞任工部左侍郎，據金世揚奏稱，毛文銓侵冒軍需帑銀五六十萬兩，恐金世揚入京陛見時將其侵冒情由奏聞，遂先發制人，而挾仇奏參。世宗閱摺後批諭云「轉見不堪，早做什麼來？惟有速速完結錢糧，不然性命子孫難保。」

## 四、錢糧積弊之釐剔

整理財政，首在釐剔積弊。世宗即位後，反覆誡諭內外臣工廉正自持，謹身節用，量入為出，潔已率屬，淡泊是安，以免為虧空所累。督撫受命鎮撫地方，臨行陛見請訓，君主誥誡諄切，但虧空根源多起自督撫。雍正元年二月初六日，兵科掌印給事中陳世倕具摺條陳杜絕虧空根源，共列舉三款如下：

（一）慎揀督撫：督撫為一省之主，督撫廉，則通省各官無不廉潔；督撫貪則通省各官無不貪婪，州縣所入不足供州縣官所用，雖欲不虧而不可得，故督撫得人，則諸弊不禁自絕。

（二）裁抑家口：申明舊制，裁抑家口，則食之者寡，官困得以稍抒，而庫帑亦不致坐耗。

（三）崇尚節儉：外官向因取用裕如，奢侈相習成風，故宜移風易俗，申飭直省，崇尚節儉，則國帑可以無虧缺。

督撫因不能久任，畏懼日後派差，為預籌陞遷離任資斧，而侵挪國帑。雍正元年九月二十六日，工科掌印給事中康五瑞奏請世宗「推心置腹」，明示以安督撫之心。其有實心任事潔己愛民者，不次超擢，以示優異。並慎簡賢能以接其任，則大臣法而小臣廉，帑藏無憂，吏民相安，以清虧空根源。

州縣錢糧繁多，一官精力有限，猾吏從中侵蝕，其中大縣，弊端尤夥。雍正元年四月十八日，掌山西道事湖廣道監察御史江芑奏請慎選賢良，實行分任之法。一縣錢糧數目合算銀米六十萬兩以上者，設縣丞三員；四十萬兩以上者設縣丞二員；二十萬兩以上者設縣丞一員。將其錢糧數目按籍劃分，專其責成，朝查夕考，按限徵比，隨徵隨解，則抗糧包收侵蝕隱匿諸弊，俱可釐剔。催科有術，撫字有方，澄清吏治，不失為杜絕虧空根源的良策。

虧空各員，平日花銷於未參之前。勢難賠補於被參以後。雍正元年八月初四日，大理寺卿李敏啟奏陳州縣承收錢糧，應令同城佐貳教職協助，每日輪流公同監收，至晚公同封貯，每十日開明所收數目，報明上司，每二十日解交布政司。凡非例應在州縣支銷者，不准擅動分毫，如此錢糧既不能久留不解，則可免除州縣任意侵欺的流弊。地方輸賦，歲有定額，州縣經徵領賦，定例隨收隨解，歲終全完奏銷，即予以議敘。但州縣官員，一經捧檄，即將徵收的錢糧，恣意花銷，或為子弟捐官，或逢迎上司，或置田買產，或經營生理，遂釀成虧空巨案。雍正元年八月初十日，通政使司右通政使錢以塏具摺奏陳虧空弊源，並請隨徵隨解。州縣開徵之始，知府即委賢員或親封銀櫃，自後每十日或二十日，另委賢員會同州縣管官當眾拆封，立即起解，不得狥情容隱，以除挪移弊端。

吏役侵蝕，實因州縣官管下錢糧繁多，一官精力有限，耳目不能遍及，蠹吏奸書，從中作弊，始於侵蝕，終成拖欠。內閣學士兼禮部侍郎胡煦曾指出其中弊端，例如浙江嘉定、崑山、長洲、吳江等縣，其實徵銀數約二十六七萬兩不等，此外漕糧雜項亦有二十餘萬兩不等。州縣官員蒞任之初，既有前任承追各款，又有當年徵額，不得不挪動正項，以經營打點，俾一二年間大計離任，妻子受累時，以為燃眉之計。因此，胡煦奏請先將所有浮糧盡行豁免，使侵蝕奸徒及抗拒人戶，無從藉為口實，然後將現存實徵錢糧以一縣分為十餘縣，使一縣所管錢糧不過一萬餘兩。擇身家殷實的人員，保舉任事，並嚴定賞罰，一年全完者加一級，至四年加四級，即破格晉陞；一年不能全完者降一級，至四年降四級者則革職，即以其身家追賠。

州縣徵收錢糧，以完作欠，徵多報少的現象，極為普遍。其所以敢於恣意妄為，弊端出自紅簿串票。紅簿又稱為流水簿，是州縣自立的印簿，按日臚列完納花戶姓名及數目。州縣平日印用紅簿備案，上司亦據紅簿盤查錢糧。串票為一種三聯單，單上開列州縣官銜、姓名、年月，註明完納花戶姓名數目，上司原可據紅簿串票澈底盤查，但不肖州縣俱將原立的紅簿串票，每日填寫完納實數，而另立一份紅簿串票，每日揑填假數，如遇盤查時，即將揑填紅簿串票抵對完納數目，上司遂無從辨其真假。雍正二年七月二十五日，普照奏請自雍正三年起凡各省州縣的紅簿串票，盡用布政使印信鈐蓋，每州縣一年約需紅簿若干本，串票若干張，在開徵兩個月前即陸續申送布政司蓋印發給，布政司於月終委員查驗，已用若干，未用若干，其完納數目多寡，遂不能掩飾，悉解司庫，隨徵隨解，並報明督撫，以便查核。

直省藩庫為錢糧總匯，藩司負責典守，巡撫則負責盤查。定例盤查藩庫是用巡撫封條封貯，但新收錢糧多寡，卻不得而知。巡撫與藩司相為表裏，每多假借，藩司侵挪，巡撫往往代為掩護，巡撫濫用，藩司無不應付，上下通同狗隱，庫帑虧空，遂不可勝數。廣東巡撫年希堯曾奏請另設一庫，委派道員一人，會同藩司察看收支情形。但世宗頗不以為然，因朝廷設官，各有職掌，巡撫與藩司同在一城，理應協同辦理，而且向來道庫，藩司有盤查的責任，年希堯奏請以道員盤查藩庫，自下察上，事屬倒置，故未准行。雍正元年八月初九日，掌江南道事湖廣道監察御史江芑具摺奏請以巡撫盤查藩庫錢糧，每歲隨奏銷一併具題，著為定例，各省中有總督者，以總督監盤，無總督者，以提鎮監盤，錢糧足數時，同監盤官會疏保題；倘有虧空，亦同監察官會疏糾參。若監盤官與巡撫通同狗隱，以致虧空時，則一體治罪，照例分賠，如此互相牽制，嚴行稽查，則可杜絕虧空根源。世宗鑒於藩庫多有侵挪，故特設春秋二撥之法，按季撥解，使藩庫虧空無可掩飾。雍正四年十二月初四日，江南安徽布政使覺羅石麟又奏請將道庫實存錢糧分別應存及應解二項，盡數登明造冊報部，聽候撥解京餉，使錢糧均有查考，按季截解，且庫無多積，撥解有時，則虧空弊源自可杜絕[13]。

雍正二年（1724）四月，廣西布政使劉廷琛具摺指出各州縣每有挪新掩舊的流弊，其原因實由於劣衿土棍每年輪充甲頭里長，包攬錢糧，希圖侵蝕，任意抗納所致。因此，劉廷琛奏請特

---

13 《宮中檔》，第 75 箱，377 包，1038 號。雍正四年十二月初四日，覺羅石麟奏摺。

頒上諭，令糧民各戶親自到官繳納，不許甲頭巧立名色。地方紳衿貢監倚恃護符，於錢糧未完項下概注民欠字樣。雍正五年（1727）八月，江西巡撫布蘭泰奏請將紳衿另立一單，分別催科，先比紳衿，後比民戶，以杜詭寄包攬的弊端。奉旨允行後，布蘭泰即嚴檄各州縣於實徵冊及催糧滾單內將紳衿貢監與考職吏員以及各衙門吏役，凡有倚恃抗欠者分別開造，其餘民戶，另立冊單，凡屆開徵日期，先比紳衿職吏，後比民戶。京外臣工紛紛具摺奏陳釐剔錢糧積弊，清世宗亦飭臣工澄清吏治，杜絕虧空，嚴懲侵挪各員。地方上凡有因公挪用各案，州縣詳明督撫咨部具題，奉旨允准後始准開銷，否則無論多寡，俱照侵盜錢糧例議處，雖八旗大員亦不例外。八旗題定條例，凡侵盜錢糧及挪移二萬兩以上者，俱發極邊烟瘴地方充軍，其重者擬斬監候，妻子入辛者庫[14]。

## 五、直省彌補虧空之經過

康熙末年，從中央到地方，庫帑虧空情形異常嚴重。世宗決心整理財政，彌補虧空，特命怡親王胤祥總理戶部三庫事務[15]。世宗曾於諭旨中指出若怡親王不能查清，即另遣大臣辦理，若大臣再不能查清，世宗即欲親自清查。直省錢糧侵欺挪移，動輒盈千累萬，世宗亟於彌補虧空，限於三年內如數補足。向來地方彌補庫帑的方法，不外為二途，即以通省俸工抵補與私徵火耗，科派百姓。但自康熙末年以後，各省俸工多已抵補軍需等項，督撫若欲如期清補虧空，唯有以耗羨抵補一途。安部健夫氏著「清代

14 按漢文「辛者庫」為滿洲語 sin jeku 之音譯，其意即內務府管領下食口糧人。

15 《大清世宗憲皇帝實錄》，卷 2，頁 28。

史之研究」一書亦指出雍正元年山西巡撫諾岷率先試辦並實施耗羨提解歸公，是因山西省面臨虧空纍纍的困境之故。次年，河南巡撫石文焯倣效諾岷實施耗羨提解歸公，據估計亦從四十萬兩的火耗中取出銀十五、六萬兩，以彌補虧空。直隸巡撫李維鈞提解耗羨，其目的之一，亦欲在二年內完補直隸虧空銀的未完部分。簡言之，雍正時期的耗羨提解歸公，其直接動機是出自財政上的需要，即彌補虧空[16]。

州縣虧空，上司原有分賠之例，虧空被參人員，亦應監追。在世宗即位恩詔內，將一應重犯除常赦所不宥外，其餘概行寬免，或減等發落。惟虧空監追人員，經三法司會同刑部等衙門議覆，以錢糧關係重大，不便竟行釋放，其能於三年內照數全完者，即行免罪，奉旨依議。但監追各犯，究不過家產盡絕，監斃獄中而已，實於補苴無益。大理寺少卿唐執玉旋指出監追人犯，監禁一二年至十數年不等，拘繫囹圄，身被重刑，終年禁錮，雖有可告貸的親友，可變賣的產業，因不能親身料理，呼應不靈，以致完納寥寥，拖累日久，終為獄底遊魂，以數百萬有用的錢糧，博取數百人無益的生命而已，於國帑並無補益。因此，唐執玉奏請將虧空監追人犯，旗員交與各旗都統，漢人遞回原籍，交與地方官，准其取保，勒限三年，責令完補，一年以內照數全完者，准其復還職銜，二年內照數全完者，許其捐還原職，三年內照數全完者，免罪釋放。三年屆滿，故意遲延不能完納者，即行正法，所虧銀兩，仍令其妻子變追[17]。其非監追虧空各員，向例先於本任追補，

16 安部健夫著《清代史之研究》，〈耗羨提解之研究〉，頁 682。昭和 46 年 2 月，創文社印行。

17 《宮中檔》，第 79 箱，307 包，5706 號，雍正元年八月十二日，唐執玉奏摺。

至數年仍無可估變時，始令原籍追賠。但各員於被參以後，往往預將所有產業移寄別戶，貲財藏匿知交親友處，希冀產盡豁免。雍正元年八月初十日，通政使司右通政使錢以塏奏請飭諭戶部等凡虧空官員於題參時，一面在任所嚴追，遍搜衙署，一面行文原籍地方官追變其家產，如此，虧空者既無漏網之虞，且國帑亦不致虛懸[18]。是月十四日，刑部右侍郎盧詢亦奏請將題參虧空各員即於本任追比，搜查囊橐，並咨行查變其原籍貲產生意，分家子亦不准其免追，其子若已出仕，亦題請解任行追，不准以過繼掩飾，俟其父欠完補後始開復原職。

直省雖奉諭凡有虧空無論已參出或未參出，俱勒限三年內如數補足，惟因各省虧空多寡不一，虧空緣由不同，故其辦理經過亦不一致。雍正元年，直隸清查通省虧空銀四十餘萬兩，為前任總督趙弘燮所虧缺，世宗曾諭令原署巡撫趙之垣代為完補。直隸巡撫李維鈞到任後，即奏請設法彌補。世宗竟批諭云「使不得，趙之垣如不能盡完，如趙世顯之子、張安世、李繼謨之流，革職離任之人說話，如現任有不妥亦當參革，令其培〔賠〕補。在任設法培補之舉，一分一釐也動不得。」李維鈞為彌補各屬虧缺錢糧，一方面將虧空各員嚴參審追，另方面奏請將雍正元年、二年分耗羨彌補庫帑，並將保定等各府州雍正三年分耗羨提解十一萬二千餘兩彌補庫帑，其中以六萬兩彌補無著虧空。

山東省原任巡撫李樹德任內虧空銀四十萬兩，經新任巡撫黃炳具摺奏聞。旋奉硃批在李樹德、王用霖二人名下追賠。雍正元年五月二十四日，據黃炳奏報李樹德已完銀二十五萬餘兩，但王用霖家屬卻分釐未解。奉墨筆批諭云「將李樹德並王用霖要緊子

18 《永憲錄》，卷 2，頁 137，雍正元年八月庚午，據錢以塏奏。

姪家人，著該都統發往山東清楚庫帑，如不能完結，必將伊等正法。」在藩庫內又查出李樹德任內借支兵餉銀二十二萬餘兩，因俱為窮苦兵弁，一時難以追償。黃炳只得於每季放餉時陸續扣除，以歸還正項。又有墊發軍前効力運米各官盤費銀三萬餘兩，原為各州縣公幫款項，黃炳即嚴催各州縣上緊補還。此外尚有各官借領銀四萬餘兩，黃炳亦嚴催原借各官清完。其地方公務挪用銀二萬餘兩，則由新舊任籌劃清補。山東各州縣歷年虧空地丁銀六十餘萬內，倉穀九十餘萬石，皆由歷任輾轉虧空所致，若將歷任各員概行參追，則虧空各員雖粉身碎骨仍不能追完。因此，黃炳奏請將新舊虧空各案，酌量數目多寡，定其賠補期限。黃炳擬另疏具題請旨，但世宗諭以「具疏題奏甚不便」，應「暗自做好，若有為難不可行處，再密摺奏聞。」世宗將黃炳奏摺交總理事務王大臣議奏，廉親王允禩等遵旨會議，即照黃炳所請酌量數目多寡，定其賠補期限，虧空多者限三年，次者限二年，少者限一年，逾限不完者即照例從重治罪，其巡撫以下督催上司一併嚴加議處，各照新例分賠。其有抵款項，著落後任出結官勒限清補，如係無抵款項，則後任官曾經詳揭有案卷可憑，應著落抑勒上司與出結官照數分賠。惟世宗頗不以為然，世宗將原奏墨批後發交黃炳閱看，略謂「此摺是王大人們議奏的，但不便發出，何也？朕有不許在任設法賠補之旨。今爾奏中若概行參追，雖粉身粹〔碎〕骨不能追完，如果如此在任賠補，不剝削小民，從何而出？即王大臣之議，亦難允行也。今將此事按下，並未宣之於部。如果不畏小民，又可清虧空，又保全人功名，最是好事。在你設法做去，不可明露之於本章，如借此屬員中少有擾害百姓，捏作民欠，以生事端，將來必罪及於你也，慎之。再已昇現任他省之員如何使得，本省朕尚然恐累百姓，豈有因你山東一省錢糧，累及他省百姓，豈朕之政也。如果有真實贓證，不妨你暗使人去問他。如果當賠者，他再無不完以全功名，其罪還使得，設如有此等者，亦須指名奏聞，拖欠多少之數目方可舉行。再爾所奏虧空六十萬銀、九十萬糧米，曾著落是何等人。再李元龍等幾個巨富貪庸之官，如今光景怎樣了？還未見你奏大概光景奏來，特諭[19]。」雍正元年十一月十二日，黃炳具摺奏明所有李樹德虧空款項，俱秉公清查完結。司庫內借支兵餉與各官借領挪用各款，自雍正元年七月起至二年三月止，俱經陸續扣補清完。世宗據奏後，即於黃炳原摺內批諭云「知道了，如何扣得如此迅速，不要難為了兵麼？」原任山東布政使王用霖業已身故，黃炳遵旨將其管事家人楊義及王用霖之子王元樞等交與濟南府知府姚讓嚴追，但所追出貲財尚不及應賠的十分之一。山東省自雍正二年七月耗羨歸公後，耗隨正項，其虧空經題明於雍正四年歲底以耗羨彌補全完。山東通省流抵虧空銀約五十萬兩，錢糧正額計三百四十餘萬兩，火耗加一八徵收，計每年耗羨銀五十四萬兩，內以二十萬兩彌補流抵虧空。雍正五年正月二十四日，山東巡撫塞楞額奏稱未完虧空錢糧尚有二十二萬餘兩，其原因固然由於民欠尚多，耗銀不能如數彌補虧空，但自提解耗羨以來，各員濫行支用，私相餽送，其彌補正項，遂致虧缺。

江蘇省虧空款項繁多，彌補需時。直省虧空錢糧，主要是以耗羨彌補。江蘇巡撫張楷亦提解耗羨補苴，但未蒙世宗俞允。張楷無可設法，只得以鹽規節禮變換籌措。江蘇賦重耗輕，提解耗羨仍難彌補虧空，是以因地制宜，不能比照他省辦理[20]，然而竟

19 《宮中檔》第 78 箱，287 包，4623 號，允禩等奏摺。
20 拙撰「清世宗與耗羨歸公」，「東吳文史學報」，第一號，頁 11，民國 55 年 3 月。

使江蘇省虧空錢糧久不得完補，以致張楷頗有怨言：「查得別省虧空錢糧，皆提火耗彌補，因何皇上既肯施恩於別省官吏，乃獨不施恩於江省[21]。」雍正五年五月二十六日，據蘇州布政使張坦麟奏報各州縣虧空一百九十餘案，計銀一百八十二萬餘兩，米麥豆三十五萬餘石。因虧空甚多，經數年催追，所完尚不及十分之一，奉旨准其寬至雍正七年彌補清楚，但江蘇補苴仍感乏術。各屬每歲俸工銀十四萬兩，以官役彌補正項虧空，原為分所當然，惟官役俸工曾奉旨不准捐輸，因此，張坦麟不敢議及，提解耗羨又不敢輕議，只得令失察各員分股賠補。張坦麟到任半年之久，完報仍然寥寥無幾。雍正五年十一月初十日，張坦麟奏稱「繁劇之邑，虧空獨多，兼有各省虧空咨追咨提案件，加之徵收地丁，開兌漕白，盜命各案，承審諸件，日不暇給，以致承追之項，視為奉行故事，及至屆限，甘受承追不力之處分而不惜。」江蘇承追各員如查必訥、張楷、魏廷珍等俱因料理不善而獲罪，其主要原因實由於江蘇吏治、民情、刑名、錢穀廢弛已極，積重難返所致。歷任各官以年久無著難於追補為辭，承審承追各員惟事寬縱，任其借端開脫，任意侵挪，寄藏隱匿，虧空各款，終無著落。雍正六年十二月十二日，尹繼善查明江蘇本省虧空銀二百六十餘萬兩，贓罰銀二十餘萬兩，米穀五十餘萬石，外省咨追銀一百七十餘萬兩。尹繼善即通飭布政使及各府州縣將各案虧空著追人員本身家屬逐一提究，其所有寄藏隱匿的貲財，抑勒賄買的款項及侵挪的贓物，俱勒限追賠。雍正七年六月十一日，監察御史伊拉齊奏明江屬各州縣承追案件，除續報一百七十餘案，約銀六十餘萬兩外，據司冊所報江蘇本省挪及外省咨追等項共六百餘案，約銀五百三

21 《宮中檔》，第 75 箱，435 包，14316 號。雍正四年七月二十日，范時繹奏摺。

十餘萬兩。其中有因年深日久產盡無可著追者，亦有隱匿家產而承追各官不能實力搜追者。至於外省咨追虧空銀兩則以鄉紳居多，地方官畏勢狥情，欲做「好人」，是以歷年清補完項者百無一二。

安徽、江蘇二省稱為上下江，因安徽較江蘇居長江的上流，故稱上江，而以江蘇為下江。自康熙末葉以來，安徽省未清錢糧包括三項：一為各屬民欠，計銀七十餘萬兩，安徽巡撫魏廷珍具題立限嚴查，以便漸次清理，世宗卻諭云「談何容易」；二為無著虧空，已歷二十餘年之久，計銀五萬餘兩。魏廷珍將狥隱失察及承追督催各官題明分賠，經部駁行再加妥議，魏廷珍仍堅持原議。世宗諭以「若如此料理，仍然無著，不過更一名色耳。部中公議，朕豈可私自判斷也。若如此糊塗省力省心辦理，自然易辦，何消說得」；三為有著虧空，計銀二十二萬餘兩，亦經二十餘年之久，虧缺未完。此外尚有贓罰銀及外省咨追銀兩，合計各項虧空未清銀數，實不及江蘇省的十分之一。布政使董永艾曾據寧池太廬鳳滁和廣十府州公議，將向來呈送各上司節禮每年計銀三萬餘兩，官役俸工銀二萬兩，自雍正二年起，按季解交藩庫抵補，其餘不足銀兩，仍於虧空各員名下嚴行追比。其後部議無著虧空將每年各官鹽規補完，有著虧空於各員名下追補。

江西省虧空各案內無可著追銀十二萬兩，雍正二年十二月，江西巡撫裴徫度奏請以通省各員公捐節禮彌補。江西各州縣除四季節禮外，又有賀禮、贄禮、署印禮、表禮、水禮、隨漕驗封幫費土儀。送禮時又有隨禮門禮種種陋規，約七八萬兩。裴徫度飭令布政使於起解錢糧時帶解收貯，至雍正三年十二月一年期間，各屬陸續完解銀八萬兩，裴徫度本身節省司庫平規銀一萬兩，布政使陳安策等捐銀六千兩，饒九道劉均、贛南道王世繩各捐銀二千兩，驛鹽道孫蘭芯捐銀二萬兩，共計節省捐貯銀十二萬兩，以彌補無著虧空，世宗讚其「料理甚好」。裴徫度又遵奉上諭將查出虧空州縣按照直隸成例，俱令解任賠補。但裴徫度並未釐剔積弊，德安縣知縣蕭彬虧空及互揭知府李敬熙、驛鹽道孫蘭芯詐贓一案，於司道揭報後，裴徫度竟遲迴兩月始行題參。武寧縣知縣廖科齡已參虧空之後，知府張景偉查出其任內有已徵未解地丁等項六千餘兩，捏稱有民欠可抵申報，裴徫度不將虧空狥庇官員續參，反令知府代完銀四千兩，餘銀勒令新任知縣方聲亮出結認徵。世宗指出「以已徵在庫知縣虧空之項，重複徵之於民，若百姓依限完納，則有一糧再輸之累，或接任徵催不前，勢必那新補舊，冀免處分，現收錢糧又致虧空，將來彼此挪移及離任盤查之日，皆以民欠藉口，國帑虛懸，州縣牽累。」因此，世宗派欽差大臣邁柱前往江西澈底審究。邁柱為吏部侍郎，奉命署理江西巡撫。邁柱鑒於虧空州縣每假捏花戶名色，錢糧最難清查，於是特採用調別府知府盤查的方法，委令廣信府高銳、瑞州府劉柟、九江府施士岡三員分頭澈底清查。吏部題補徐維藩等二十一員前往江西，將虧空州縣官大批更動，按照直隸之例，俱令解任，即將發往人員題補[22]。其後邁柱補授湖廣總督，江西錢糧虧空仍多。雍正六年十二月初三日，據署理江西巡撫張坦麟查明歷年承追各員虧空銀二十五萬餘兩，其中咨回旗籍著追銀六萬餘兩，經張坦麟催追銀九萬餘兩，未完銀仍有十萬餘兩。

浙江省虧空錢糧，據布政使王朝恩查明共銀二十九萬餘兩。其虧缺緣由：一項為滿漢官兵借支俸餉銀十四萬餘兩；一項為巡撫吊取銀四萬餘兩買米補漕；一項為前任布政使借支銀十九餘兩。但浙江虧空帑項的主要原因為挪移墊補。據浙江觀風整俗使

22 《雍正硃批諭旨》，第九冊，頁 5663。雍正五年正月二十五日，據邁柱奏。民國 54 年 11 月，文源書局。

王國棟奏稱，各州縣挪補錢糧，實出不得已，例如兵米計口授食，刻不容緩，青黃不接之時，無米可徵，不得不為墊給。漕糧兌限孔迫，民間尾欠不齊，勢需挪墊，以濟兌運。其他應捐各項，頭緒紛繁，抑辦各員不得不動挪墊用，遇有陞遷事故，接任官員報參虧空，則藉口有民欠官捐可抵，輾轉相沿，以致積欠不清。新任各員，雖提解耗羨，但補還無多。

福建省藩庫應存庫銀七十九萬餘兩，實存銀四十餘萬兩，虧缺銀三十九萬餘兩。雍正元年八月初五日，據布政使黃叔琬查明所缺銀兩計三項：一項為從前各標營借支俸餉及預支船工等共銀二十五萬餘兩，經黃叔琬按月領餉時扣除，至具摺時已歸補十九萬兩；一項為前任布政使沙木哈因公挪用銀十萬餘兩，曾經督撫奏明以歷年俸工抵補，黃叔琬即行文各州縣完解；一項為沙木哈本身虧空銀二萬餘兩，黃叔琬遵旨著落其子石泰賠補。

廣東省虧空較少，雍正二年五月，據布政使圖理琛開報前任藩司王朝恩任內有節年流抵未補俸工銀三萬五千餘兩。王朝恩於陞任湖南巡撫入京陛見時自認賠補，至雍正三年七月內陸續補完。

河南巡撫石文焯到任後查明通省未完銀七萬餘兩，未完穀三萬石。雍正元年八月二十七日，據石文焯奏稱，虧空各員內有本犯已經身故，著落家屬追賠日久無完者，亦有本犯任所無可變賠者，皆徒有追賠之名，並無補苴之實，即使咨回原籍搜變家產，但徒延時日，而無濟於國帑。通省未完銀穀，應遵照上諭，於三年以內如數補足，若以通省俸工抵補，則直扣至雍正九年始得補完。若以耗羨抵補，則向來謹飭自守未曾虧空人員竟以所得羨餘，反為他人抵補虧空，而奢侈妄費恣意虧空人員皆可仰賴他人代賠，實不合情理。因此，石文焯奏請將巡撫衙門節禮，令各屬繳存司庫，留為抵捕虧空款項，每年可得四萬餘兩，約計二年內已參未完各案便可如數補完。此外所有被參虧空各案，俱遵照新例，一面在任所嚴追，一面咨查原籍家產。至於實無可著追銀兩，則由耗羨內劃補，以致州縣頗有怨言。雍正二年五月初二日，世宗於石文焯原摺批諭云「聞得爾省將州縣一概火耗盈盡歸藩庫，以補虧空。又每千兩解費二十兩，名曰平餘，州縣分文不與。」田文鏡在河南布政使任內已積極整頓錢糧火耗，陞任巡撫後，亦將所收歷年耗羨劃補虧空。

山西省錢糧虧空甚鉅，雍正元年，世宗授內閣學士諾岷為山西巡撫。諾岷抵任後適值歲歉，倉庫空虛，諾岷將虧空較多州縣官疏劾奪官離任勒追，其餘州縣通行調任，互察倉庫[23]。雍正二年，諾岷奏請將通省每年所得耗銀提存司庫，以二十萬兩留補無著虧空，其餘分給各官養廉。布政使高成齡查明各案虧空共銀五十五萬餘兩，遷延數年，迄未完補。覺羅石麟抵山西巡撫任後與高成齡查議各案虧空，其中有可著追虧空可分五項：一項為虧空各員原籍家產已估計而尚未變解者；二項為審明應著落上司分賠者；三項為通同侵隱而認還者；四項為虧空各員開出他人借欠款項請追抵補者；五項為分賠認還尚未足數仍應在虧員名下追補及民欠撥補等項應追補者。其第一項計銀四萬餘兩，覺羅石麟請飭部行文各省著落原籍地方官將虧空各員原估衣飾等物定限文到四個月照數變解，至於分賠、借欠、認還等項共銀三十八萬餘兩，凡有在京應賠各員就近於刑部監追，其餘無論現任或候補候選人員俱題參革職，發往山西。若為無職人員，則由山西省徑行委員往提，將分賠認還人員監追。至於借欠人員審明因虧員牽抵實無未清款項者，即題請開復，其應還銀兩，仍由原虧空人員名下追

23 《清史稿》，列傳 81，頁 1126。

補。其審明實係借欠未清完者，則照分賠認還人員一例監追。世宗據覺羅石麟專摺具奏後，即諭以酌量秉公辦理，開印具題。因布政使高成齡在任已久，若不令離任，恐難清楚。據覺羅石麟覆奏稱，高成齡陞任布政使已經四年有餘，其於錢糧事務，不無瞻狥之弊，若仍在任，不免有掩飾牽混等情弊。因此奏請令其離任，俾一切錢糧易得清楚。

陝西省錢糧情形，據巡撫西琳稱「無大虧空」。惟倉貯積弊較嚴重，或借存七糶三的理由，或藉以米易穀的原因，挪前拖後，以致倉貯虛懸。但倉貯積弊，除捐納私用外，多因軍需挪借所造成。甘肅司庫虧帑甚鉅，布政使鍾保到任後核查司庫，應存銀五百二十九萬餘兩，實存僅銀二十五萬餘兩，因司庫款項混雜不清，鍾保朦混接受於前，又為扶同遮飾於後，旋即奉旨革職，新任布政使孔毓璞未到任之前，由按察使李元英暫為代理。鍾保移交冊籍所開，除存庫銀九十八萬兩外，尚有借支銀六百萬餘兩。李元英指出各項虧空，皆因甘肅十餘年軍務官吏通同乘機欺蔽所致。雍正三年十一月，甘肅巡撫石文焯到任後核查尚有未完銀二十九萬餘兩。甘肅歷年動用銀兩，向以文武各官俸工捐補，文職自司道以下，州縣以上，俸銀全捐，武職自提鎮以至副參遊守各官俸銀捐七留三，合計每年應捐銀一萬八千餘兩。石文焯指出若以俸工補還，估計約需二十年始能補完，況已奉旨永停捐俸，欲另籌補苴之法，已一籌莫展。因此，石文焯奏請將甘肅虧空各案俱著落年羹堯照數賠還。但世宗嚴斥石文焯「無恥之極，難為你如何下筆書此一摺。」世宗指出甘肅前任督撫輾轉因循以致庫帑無著，累及無辜賠補，若將從前不法諸人盡使漏網，而令年羹堯一人獨任其罪，「不公之甚」。雍正六年正月十六日，孔毓璞抵甘肅布政使任後，查明司庫錢糧內歷任交代借支未清銀六百七十餘萬兩，多屬因公動用，彌補庫帑仍需時日。

湖廣虧空案件牽連極眾，總督楊宗仁具摺奏明查辦經過時，世宗曾諭稱「總督巡撫布按七人，一樣七個東西，具該正法。」因世宗初登大位，不忍誅戮封疆大臣，所以容彼等一命。其被牽連人員有總督滿丕、巡撫張連登、布政使張文燦、張聖弼等人。世宗諭以「不要饒他們，都連引在內方暢快。」據滿丕、張聖弼等供稱，張文燦在布政使任內虧空庫銀十餘萬兩，由督撫應得平規銀填補全完，楊宗仁將審辦經過具摺奏聞。其時張文燦已陞任太僕寺卿，雍正元年十月十七日，刑部請旨提審張文燦，據其供稱，所有經手正雜錢糧俱已逐一交代清楚，滿丕等憑空揑造，冀掩侵欺。雍正四年三月初四日，辰沅靖道張廷樞引見同任，世宗以張聖弼等虧空案，楊宗仁所審有失公道，故令傳旨總督李成龍公審。李成龍遵旨查核檔案，質諸供詞後指出其弊實由從前督撫司道貪婪不職，上下扶同侵蝕，欺罔濫支混墊，以致虧空纍纍，故將督撫司道分別擬罪著落追賠，經部議覆張聖弼及張連登照侵盜錢糧應斬，張文燦及糧驛道許大定照挪移應流。其原參虧空銀三十餘萬兩，即於各員名下追賠，滿丕已病故，家產盡絕，其應追銀兩則攤於張連登等名下分賠。虧空各員照例革職監追，所有任所及原籍房屋貲財器物等，俱令其嚴行搜查變賣完補。

## 六、結　論

康熙末年，海宇承平日久，生齒日繁，地畝不加增，民生已有不給之虞。清聖祖為政寬大，與民休息，惟流弊所及，不免失之寬弛放任，財政上積弊叢生。康熙五十一年十二月，朝鮮譯官李樞曾指出皇太子胤礽分遣人至十三省富饒地方勒徵貨賂[24]。康熙五十三年三月，朝鮮冬至使趙泰采亦稱皇太子「締結不逞之徒，專事牟利，財產可埒一國[25]。」雍正元年二月，朝鮮陳慰正使礪山君枋、副使金始煥抵達瀋陽時，道路傳聞清聖祖子女眾多，不能徧令富饒，諸子女受賄鬻官，漕總監務等職，隨其豐薄而定賕多寡，且於京外富戶勒取財產，多至數十萬。世宗即位後，飭令諸昆弟將所奪民財，限一年併還原主[26]。直省額賦本重，科派亦繁。自督撫司道以至州縣吏役侵欺錢糧，恣意挪移，以致庫帑虧空纍纍。清世宗御極之初，財政上已面臨重重困難。國家用度浩繁，但戶部庫帑虛懸已久。世宗曾諭諸王滿漢文武大臣，略謂「理財之難，更為諸臣言之，為君者豈不知蠲租薄賦，重賞厚祿，乃人君美德。然國家經費浩繁，上自郊廟社稷祭祀大典，下至百官之俸，吏役之需，外而兵丁之糧餉，河防之修築，何事不取資於國帑。務須足用，且有備無患，凡軍國大計，以及年歲豐歉之不齊，又須儲蓄以待用。設或經畫未周，以致國用不敷，必反致於重累百姓，此失算之甚者[27]。」因此，整理財政，釐剔錢糧積弊，杜絕中飽，以增加中央稅收，遂成為雍正初年當前急務。世宗為彌補虧空，曾採取種種措施，或以俸工抵補，或以規銀捐補，或提解耗羨，或籍沒家產，雷厲風行，虧空案件，層出疊見，以致「外間流言，有謂朕好抄沒人之家產[28]。」為防止地方官吏挪移侵蝕錢糧，世宗又飭令直省錢糧每歲正供所入除俸食兵餉工役動

24 《肅宗大王實錄》，卷 52，頁 42。肅宗三十八年十二月癸酉，據李樞狀啟。
25 同前書，卷 55，頁 5，肅宗 40 年 3 月戊辰，據趙泰采狀啟。
26 《景宗大王實錄》，卷 11，頁 17，景宗三年二月己卯。
27 《上諭》，頁 5。雍正二年十一月十五日，上諭。清世宗御撰，清內府朱印本。
28 《永憲錄》，卷 4，頁 289。雍正四年七月，上諭。

用以外，春秋二撥俱令解部，一方面使戶部府庫豐盈，度支優裕，一方面以杜外官侵蝕，易於稽查。嗣後直省錢糧盡輸中央，地方物力搜括殆盡。雍正三年七月，河南巡撫田文鏡已具摺奏稱「臣以為內帑固當有餘，而司庫亦不可使為不足。臣不敢妄陳他省，惟在豫言豫，臣查雍正二年春撥雍正元年丁地銀三十萬兩，兩次湊解銀二十萬兩外，尚有未解銀十萬兩。據陞任布政使臣楊文乾詳稱正在湊解間，接奉副總河咨令於司庫內撥銀五萬兩，以為雍正三年歲搶修之用。又欽奉諭旨將司庫錢糧撥銀五萬兩，交與副總河相機料理。無項可動，僅有署司移交詳定起解京餉銀並前造春撥冊內實在貯庫項下康熙六十年丁地款內銀共為五萬兩解赴副總河交收。又將署司交存康熙六十年丁地款內支剩銀新收雍正二年丁地銀共湊五萬兩，解赴河道交收。是庫內並無存貯，未完尚未徵收，萬難設法，惟有飛檄各州縣將雍正三年錢糧速徵解司，先抵奉撥雍正元年未解之十萬兩，再陸續催解，並抵康熙六十一年丁地解部之項。惟是本年春撥在即，大部復行撥解，勢難兩全，必致顧此失彼，請將雍正三年錢糧暫停動撥等情。臣正在咨部候覆，隨接准部咨為請定酌撥條例事，本年春撥已將存貯司庫銀二萬八千五百一十七兩，盡數撥解，內有太行堤工餘剩節省銀二萬三百八十七兩零，原係題明留為民壯工食之用，一併撥解在內。又經咨明嗣准部覆，令臣即行解部，其民壯工食於本省各年未完民欠銀內催徵補項在案，則是豫省司庫之空虛如此，那移湊墊，甚屬拮据。萬一偶有急需，則司庫無預儲之項，將何支應，況河南居天下之中，實京畿之門戶，關係非小[29]。」其他各省拮据情形，同樣嚴重，每年春秋兩撥解部，除將丁地錢糧俱行起解外，

29 《宮中檔》，第 79 箱，331 包，7211 號。雍正三年七月初六日，田文鏡奏摺。

其餘追補虧空及贓罰等項銀兩，亦須解部，以致地方緩急無所恃。各省公事繁重，動支項目極多，舉凡修造礮臺營房工料、鋪墊道路橋樑、造辦時憲曆、印刷聖訓紙張工料、修理城垣考棚書院、文武鄉闈額外貼墊科場需用、協辦賷奏本章部咨沿途安設塘馬工料飯食、欽差大員往返盤費、買補恩詔賑濟穀石、津貼義學塾師束修、礮手軍牢橋夫各役工食及督撫衙門書辦鹽菜賞犒官兵等項銀兩，俱不准動支司庫正項，均須取給於耗羨。提解耗羨原為一時權宜之計，世宗本意，欲俟虧空清完後，即停止提解耗羨。但由於直省多未於雍正三年內將歷年虧空彌補清完，且地方公事項目繁多，必須取資於耗羨，提解耗羨，遂成定例。

# 禍不妄至　福不徒來

## — 占卜與國事

我國占卜之術流傳已達七千年之久，不僅形式和內容多樣化，問卜的項目也非常廣泛。舉凡農事、征戰、祭祀、婚姻、治病等等，常以占卜避凶趨吉或預知行動的後果。推算個人的命運用占卜、國事的決疑也常求諸占卜。本文根據清代文獻檔案的一些有趣事例，談談占卜在國事上的運用。

## 占卜決疑　由微知著

占卜是術數家預測吉凶禍福的一種傳統方法。占是觀察；卜是以火灼龜殼，就其裂紋，以預測未來。灼龜觀兆，精微深妙，變化無窮，古法久已失傳。後世民間流行的龜卦、錢卦、米卦、六壬、拆字、占候、星命、鳥占、草占、夢占等等，多具有占卜的作用。古人將占卜徵兆看作是祖靈或神鬼對人們的啟示或警告。龜甲蓍草雖然是枯骨死草，但古人相信由明通公溥無適無莫的靈媒或術士，卜以靈龜，筮以神蓍，即能通天地，慼鬼神，決定吉凶。

巫術與原始宗教觀念，是以現實的生活為基礎的，巫師或術士從事宗教信仰活動或民俗醫療時，主要是依據占卜。他們在長期利用巫術的過程中，相信已經具有超自然的能力。通過占卜，就可以與神靈溝通，而預知人們的吉凶禍福。《史記・龜策列傳》記載說：「蠻夷氐羌雖無君臣之序，亦有決疑之卜，或以金石，或以草木，國不同俗，然皆可以戰伐攻擊，推兵求勝，各信其神，以知來事。」我國自古以來，就是一個多民族的國家，各少數民族所流行的占卜形式和用具，雖然不同，但判斷吉凶，多根據占卜時所出現的徵象作為判斷的標準。占卜遂成為許多少數民族各種活動的指南，舉凡狩獵、農事、婚媾、戰爭、治病等等都要先進行占卜，期盼通過占卜預知行動的後果。

國立故宮博物院珍藏清人謝遂繪製《職貢圖》畫卷是一套瑰麗的民俗畫冊，畫卷中描述四川會川營所轄通安等處白族，疾病惟恃卜禳。雲南麼些人自稱是占卜的民族，他們相信人之所以生病遭殃，都是由於厲鬼的作祟，惟有靠占卜算出是那一種鬼在搗亂，始能禳祭袚除不祥。峨昌人散居於雲南大理、永昌等府，以喇為姓，他們占卜時，用竹三十枝，頗似蓍莖，稱為竹卜。扯蘇人散居於楚雄、普洱各府邊境，他們以牛毛占卜晴雨。白儸儸居住於雲南、開化等府境內，其占卜方法，是投麥於水，驗其浮沈。拇鷄族散居於臨安、開化各府沿邊，他們用鷄骨占卜，稱為鷄卜。廣西岑溪俍人，散處於各山谷間，尤善鷄卜，視骨理明暗，以定吉凶。《廣西通志》記載境內少數民族鷄卜的方法云：

> 南人以雞卜，其法以小雄雞未孳尾者，執其兩足，焚香禱所占而撲殺之，取腿骨洗淨，以麻線束兩骨之中，以竹梃插所束之處，俾兩腿骨相背於竹梃之端，執梃再禱，左骨為儂。儂者，我也。右骨為人，人者所占之事也。及視兩骨之側所有細竅，以細竹梃長寸什者遍插之，或斜或直，或正或偏，各隨其斜直正偏而定吉凶。其法有一十八變，

大抵直而正，或附骨者多吉；曲而斜，或遠骨者多凶。亦有用雞卵卜者，焚香禱祝，書墨於卵，記其四維而煮之，熟乃橫截視當墨之處，辨其白之厚薄而定儂人吉凶焉。

雲南白儸儸占卜方法為投麥於水，驗其浮沈

《職貢圖》畫卷描述廣西融縣僮族的雞卜亦稱：「善雞卜，執雄雞禱畢，殺之，拔兩股骨，視骨側細竅遍側竹梃斜正偏直，任其自然，以定吉凶。」所述詳略，雖然不同，但所述雞卜的方法，卻頗為相近。《職貢圖》畫卷為我國少數民族的占卜文化傳統提供了珍貴的民間信仰史料，正是所謂禮失而求諸野。

## 為政以德　熒惑退舍

廣西岑溪俍人以雞卜定凶吉

星占學又稱占星術，星相家相信天象和人事有相互影響的關係，依據星宿方位的隱現，就可以占卜未來的吉凶禍福。二十八宿在我國古代天文學中占有重要的地位，所有恆星的觀測，都以二十八宿為基礎；制定曆法固然需要它，特殊天象的出現，也是以它作為記錄方位的依據。採用赤道座標以定天體在天球上的位置，是我國古代天文學的特點之一。二十八宿就是將天球赤道附近的天區，劃分成二十八個部分，每個部分作為一宿，用一個位於當時赤道附近的星座作為標誌。並且用這些星座中的一顆星作為標誌星，以便量度距離。

宿，本來是過宿的旅舍或位次的意思。東漢王充在《論衡·談天》中就已指出，「二十八宿為日月舍，猶地有郵亭，為長吏廨矣！」二十八宿最初是用來標誌月亮在一個恆星月中的運動位置，月亮每晚都有一個旅居的臨時休息站。從地球的角度來看，月亮繞地球一週，需時二九·五三日，稱為朔望月，但從恆星的角度來看，卻只需二七又三分之一日，稱為恆星月。朔望月和恆星月的週期平均整數為二十八，二十八個標誌星正好在整數度上，一個月共換二十八個休息站，所以叫做二十八宿，亦稱二十八舍。古人又由間接參酌月亮在天空的位置，來推定太陽的位置。若問太陽現在到了什麼位置？只要觀測二十八宿就可以明確的說出來了。從太陽在二十八宿中的位置，就可以預測一年的季節變化，以及人們的吉凶禍福。《史記·龜策列傳》記載二十八宿龜是八大名龜之一，若得名龜，家必大富。

推算個人命運的占星術，依據各人誕生時的天文現象，包括太陽在二十八宿中的宿度，可以推算出他的休咎壽夭。《星命溯源》一書記載李愷和張果老仙的問答，據張果老仙說：「推命之術，必在乎精，先觀主曜，次察身宮，以二十八宿為經。」由此可知二十八宿在占星術或星相學中所占的重要地位。古代占星術也把天上的星宿對應於地面上的區域，而加以分配，叫做分野。相信地面上的區域，各有天上的主星，天上星宿的變異，便是預示與它對應的國家，將要發生重大事件，包括國家的滅亡、君主的崩殂、年歲的災歉等等。《史記·天官書》首先很有系統的敘述中、東、南、西、北五宮的恆星及星座，接著詳細地說明五星的運行，然後把二十八宿和十二州相配，同時又和周、魯、齊、趙、魏、秦、楚、鄭、宋、衛、燕、吳十二國相配。就是按二十八宿和地面上各分野在占星術上的關係，說明天象的變異，來解釋國家的吉凶禍福和收成的豐歉，這種占星術頗能引起當時人們對天上星象觀測的重視。《史記・宋微子世家》記載宋國的南面，與陳國接壤，楚國滅了陳國，宋國將有災難，但因宋景公愛民如子，火星終於離開了心宿，宋國也解除了滅亡的命運，正是所謂「為政以德，熒惑退舍」。

祀與戎，是古代國家的大事，在祭祀和征伐的過程中，多有占卜的儀式。清朝初年，準噶爾得到俄羅斯的援助，聲勢日盛，屢次侵略喀爾喀，窺伺青海，分兵入藏。雍正皇帝命陝西總督岳鍾琪統師進剿，軍旅中帶兵的將官，其任命陞遷，都必須將他們的生辰八字開列呈覽。雍正六年（1728）四月二十九日，岳鍾琪遵旨開列陞遷將官的生辰八字，具摺奏聞，其原摺略謂：

> 查提臣馮允中、鎮臣袁繼蔭、張元佐三人年甲，臣已查明具奏。其副將王剛年歲，因未送到，亦經奏明在案。今據副將王剛開稱：現年四十六歲，四月十六日子時生，係癸亥丁巳戊子壬子等因開送前來，理合具奏。

引文中的提臣，是綠營的提督，鎮臣即總兵官，其下為副將、參將等。副將王剛的八字是：癸亥丁巳戊子壬子，依據八，可以推算他的禍福壽命及時運的好壞。雍正皇帝頗諳星命，他看了王剛的八字後，就在岳鍾琪奏摺上以硃筆批諭說：

> 王剛八字想來是好的；馮允中看過，甚不相宜，運似已過，只可平守；袁繼蔭亦甚不宜，恐防壽云云；張元佐上好正旺之運，諸凡協吉；參將王廷瑞、遊擊陳弼此二人命運甚旺好，若有行動，此二人可派入。今既數人不宜用，卿可

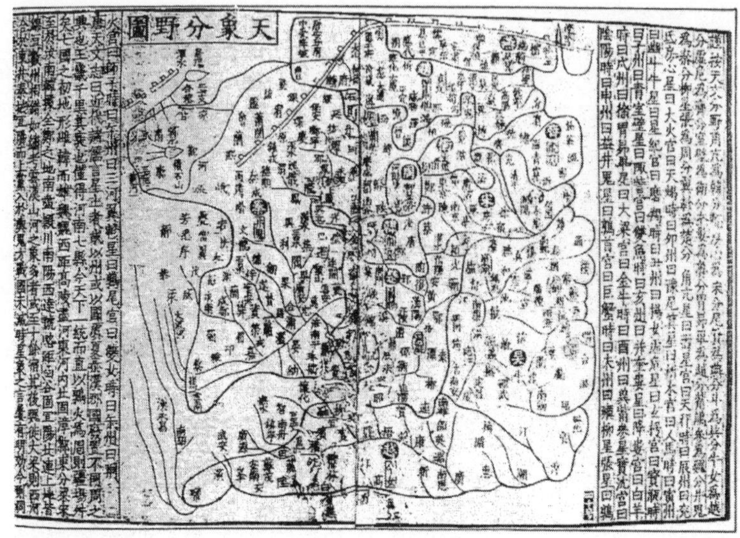


天象分野圖

陝西總督臣岳鍾琪謹
奏為奏
聞事竊查提臣馮允中鎮臣袁繼蔭張元佐三人年
甲臣已查明具
奏並副將王剛年歲因未送到亦經
秦州任案今據副將王剛開稱現年四十六歲四
月十六日子時生係癸亥丁巳戊子壬子等因
聞送前來理合具
奏伏乞
皇上睿鑒為此謹
奏

《宮中檔雍正朝奏摺》中的岳鍾琪奏摺，
開列陞遷將官的生辰八字

再籌畫數人，即將八字一併問來密奏。所擬將官中要用人員，不妨亦將八字送來看看。命運之理雖微，然亦不可全不信，即朕此謹慎求全一點誠敬之念，想上天自必洞鑒賜佑卿等所指協吉也。為日上遠，如副參中有可用之人，陞用他一般也。

術數家相信人的命運常同天球星宿的位置及運行有關，所以把人的生年月日時四柱，按照星宿的位置及運行，配以天干地支，就成八字，附會人事，就可以推算人的命運。吉凶禍福，命運好壞，微而難徵，但人生命理，也不可全然不信。

星宿信仰在民間新興宗教中也扮演了重要的角色。乾隆年間，陝甘地區元頓教的教主王伏林，自稱是彌勒佛轉世，能點石成金。王伏林所屬頭目十二人，封為十二星，其他頭目則封為二十八宿。直隸新城縣人王思明傳習老理會，教中傳說九曜星官中央轉，二十八宿將在丙戌年臨凡轉世，真紫微也在壬辰年間落凡。河南歸德府鹿邑縣人樊明德皈依混元教，念誦《混元點化經》，經文中也有「二十八宿臨凡世」等句。嘉慶年間，河南光山縣人孫家望皈依三陽教，平日卜卦算命營生，教中傳說，因天上星辰亂滾，所以五穀不生，民遭塗炭。民間新興教派預測二十八宿星神臨凡轉世之日，就是眾生解脫沉淪的時機。

## 世治聽人　世亂聽神

《御製文集》收錄乾隆皇帝撰〈卜筮說〉一文，原文指出：「國家大事，動資卜筮，以定吉凶，則言吉凶者紛至，將何適從？豈不同待議論定而敵兵早過河乎？」乾隆皇帝對卜筮迷信，雖然頗不以為然，但現藏軍機處檔案中卻含有頗多占卜起課的檔案資

丙午二月初五日巳時占逃賊

天后 丑 巳
青龍 未 丑
六合 酉 卯
元武 卯 酉

元 卯
六 酉
元 卯

陰寅 后丑 貴子 滕亥
元卯 朱戌
常辰 六酉
白巳 空午 青未 勾申

料，例如《上諭檔》中就含有吉夢熊占課的記載。吉夢熊曾任御史、侍讀學士等職，著有《研經堂文集》三卷，《詩集》十三卷，精於占課。因逃犯燕起久逸未獲，乾隆皇帝諭令軍機大臣將何時可以擒獲逃犯之處，傳諭吉夢熊占課。乾隆五十一年（1786），歲次丙午，二月初五日己卯巳時，吉夢熊占得六壬課辭如左：

吉夢熊所占六壬課辭釋文云：

> 支上酉為旬空·其陰神為卯，元武加之，元武為賊，卯為林木，賊應在多樹木之處。占逃亡看遊都，己日以丑為遊都。天后加丑，疑為陰人所庇，而丑之陰神為未，己日以未為遊都。青龍加之，以青龍貴神沖天后，宜可擒獲，惟酉係旬空，元武卯，遂坐空鄉，或此賊已伏冥誅。如果尚藏深林密箐之地，則須填實旬空，或係酉日酉月擒獲也。擒賊要勾陳得力，勾陳加申臨於寅，寅係東北方，元武卯臨於酉，酉為西方，應令東北方之人向西擒賊也。

二月初六日，軍機大臣將吉夢熊所占六壬課辭進呈御覽。六壬占課是用陰陽五行占卜吉凶的方法之一，與遁甲、太乙合稱三式。六十甲子天干中因有六個壬，所以叫做六壬。譬如乾隆九年（1744）歲次甲子，至嘉慶八年（1803），歲次癸亥，共計六十甲子中，有壬申、壬午、壬辰、壬寅、壬子、壬戌，干支中有壬六個。六壬占法，分為六十四課，並以天上十二辰分野刻有干支的天盤，地上十二辰方位也刻有干支的地盤，彼此相疊，天盤隨時運轉，地盤固定不動。占課時，即轉動天盤，然後得出所值的干支及時辰的部位，藉以判別吉凶。吉夢熊占卜起課後，推算出逃犯燕起藏匿深林密箐地方，應由東北方之人向西追捕。

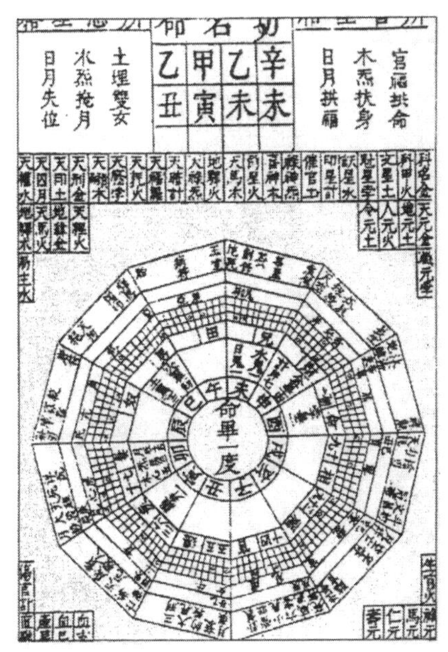

14 世紀時中國的命盤

邢士花是直隸元城縣人，自幼得有殘疾，兩腿從膝蓋以下都爛去，短了小腿。但他殘而不廢，平日勤勞種地，得有空閒，常提錢占卦，以貼補家用。乾隆四十八年九月間，邢士花拜徐克展為師，皈依八卦教，分在震卦。乾隆五十一年閏七月初一日，八卦教的教首段文經與徐克展商議搶占大名府城，劫牢搶庫後即轉山東單縣劫獄放人，於是令邢士花占卜吉日動手。邢士花占了一卦，起事日期是同年八月十五日。閏七月十二日，段文經因所占日期太遠，恐人多走漏消息，又令邢士花再占一卦，提前於閏七月十五日起事。八卦教起事失敗後，段文經、徐克展逃逸未獲，邢士花被解送軍機處，軍機大臣遵旨令邢士花當面照演提錢起課，以便追捕逸犯。邢士花即用九個銅錢團鋪地上，手提穿繩銅錢百十文，口念「關王大士，無生老母」等句咒詞，以錢動為准。邢士花看卦後即推算出段文經、徐克展二人的下落是在東方，即在山東單縣附近地方。乾隆皇帝雖然認為邢士花所占為懸揣之詞，但他仍傳諭山東巡撫明興在單縣嚴切查究。

青海西寧縣人劉邦禮幼年時，曾到過西藏，傭給喇嘛服役，

立石鐵臣繪〈抽籤卜卦〉，原刊於 1943 年 2 月《民俗臺灣》。

學習占課，念誦西藏咒語。喇嘛給過紙畫護身佛像，佔卜番牌九塊。劉邦禮返回西寧後，常替人占卜誦咒治病。後來又由四川洪雅縣道士雷姓傳授用九枚錢占卦的方法，並皈依八卦教，分在兌卦。

臺灣地區是一個移民社會，閩粵內地的游民渡海來臺後，從事卜卦算命的星相師，不乏其人。林爽文起事以後，許多術士投入了天地會的陣營，譬如，董喜會算命，眾人稱董喜為董仙，林爽文封他為軍師。陳梅也是星相師，素日藉為人起課度日，加入林爽文陣營後，常為林爽文起課，每卦總說是吉利。鳳山縣人連清水，平日替人測字算命為生，每占一卦，約收二、三十文不等。乾隆五十一年十二月，漳州籍移民王周載投入南部天地會陣營，莊大田封他為北門大將軍。乾隆五十二年二月十二日，連清水在鳳山縣城門口遇見王周載。王周載要連清水替莊大田起一課，問出陣打仗是否能得勝利。連清水隨手一占，測了一個「田」字，就說是好卦。王周載給了連清水五百文大錢，並允諾事成以後封連清水為巡檢。後來連清水被捕，供出實情。「田」字的歌訣是：「兩日不分明，四口暗相爭。半憂又半喜，不行又不行。」歌訣意思，本非好話，連清水為了要多得錢文，就哄說是好卦。

西藏札什倫布寺是向來班禪額爾德尼轉世駐錫的藏傳佛教聖地，寺內金塔供奉歷輩班禪額爾德尼舍利，金塔外面，鑲嵌珠寶，莊嚴華麗，全寺喇嘛約有三千餘名，規模頗大。乾隆五十六年八月初二日，廓爾喀分兵兩路，入侵西藏。八月十九日清晨，濟仲喇嘛羅卜藏丹巴等起意在吉祥天母前占卜龍丹，即稟告仲巴呼圖克圖，仲巴呼圖克圖並未阻止，卻將廟內要緊細軟財物連夜搬離札什倫布。翌日，濟仲喇嘛羅卜藏丹巴及四學堪布喇嘛就去求吉祥天母的龍丹，開始占卜，寫了「打仗好」、「不打仗好」兩籤，將糌巴和為丸，放入磁碗內求卜。結果占得「不打仗好」龍丹一丸，一面稟告仲巴呼圖克圖，一面將不必打仗一節告知僧俗人眾，以致人心惑亂，而紛紛離去。八月二十一日，廓爾喀兵輕易攻占札什倫布，肆行搶掠。濟仲喇嘛又起意在吉祥天母前占卜，占得講和好，於是派喇嘛前往廓爾喀兵營講和。佛典《賢愚因緣經》第一卷內記載佛陀捨身割肉餵鳥一節，廓爾喀兵侵犯西藏，不僅搶掠宗教聖地，而且更威脅到我國領土主權的完整。濟仲喇嘛羅卜藏丹巴等理應不惜軀命，護持札什倫布寺，不意祇為身謀，竟將國家大事，動輒假託占卜，搖惑人心，以致僧俗人眾，相率逃避，札什倫布寺遂捨棄不顧，實為佛法所不容。乾隆皇帝即降旨將濟仲喇嘛羅卜藏丹巴等剝黃正法，以示占卜一道，固不可信，尤足惑亂人心，必須嚴加取締，藉以破除迷信。

## 扶鸞禱聖　咎由自取

扶乩，又作扶鸞，是起源很早的一種占卜術。民間扶乩，多製丁字形木架，懸錐於直端，狀如踏碓的舂杵，承以沙盤，由兩人扶其兩端，作法請神。神至後其錐即自動畫沙成字，或示人吉凶休咎，或為人開藥方，或與人唱和詩詞。因傳說神仙來時都駕風乘鸞，所以稱為扶鸞。事畢，神退，錐亦不動。《古今圖書集成・

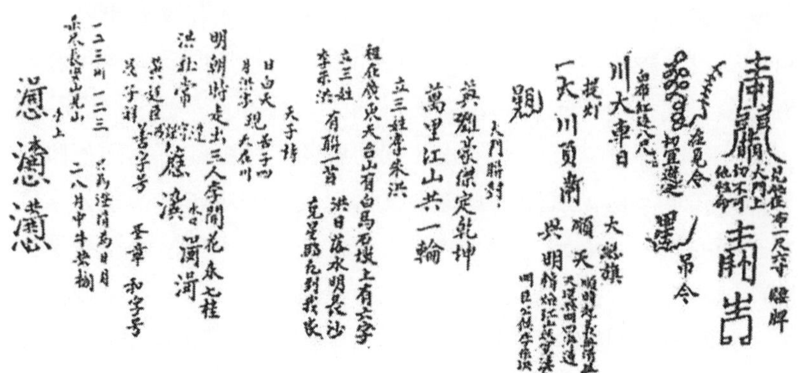


1806 年江西天地會吳之春等結會時所藏的符籙

神異典》引《江西通志》謂:「文孝廟在吉安府東，祀梁昭明太子統，有飛鸞，判事甚靈驗。」文中「飛鸞」，當即扶鸞。扶乩最流行的時期是在明清兩代，尤其是在文風較盛的江蘇、浙江等省，當地士子多存有「不信乩仙不能考中」的心理。民間新興宗教卜問吉凶、教中大事等，多取決於乩筆或鸞語。乾隆五十七年十一月，廣西境內因饒迹修等人借扶乩為名，編造鸞語詩句，竟稱劉萬宗為漢室後裔，含有政治意識，遂被指為惑眾悖逆。

道光年間，四川人陳汶海、彭超凡等人復興青蓮教，商議藉扶乩判出同教人字派，以便推動傳教工作。江寧人劉瑛向在湖南長沙，為人扶乩營生。同時聽信友人莫光點的勸告，皈依青蓮教，並於善化地方，與教中彭超凡等人相見。道光二十四年（1844）正月，彭超凡、劉瑛等人先後前往湖北漢陽，租住劉王氏空屋，設立乩壇，將無生老母捏稱瑤池金母，倩人畫出神像二幅，懸掛供奉，稱為雲城，又叫做紫微堂，作為復興青蓮教總部。陳汶海假託聖賢仙佛轉世，揚言喫齋行善，可以獲福延年，不遭水火劫難，作為乩筆判出。彭超凡表弟朱中立，又名八牛兒，他為人老實，被奉為教主。因恐眾人不見重，彭超凡等即開壇請乩，乃令劉瑛扶鸞禱聖，書寫無生老母降壇，傳達神諭，聲稱八牛兒即彌勒佛轉世，未末申初之年，應當成佛。八牛兒與《開示真經》中「八牛普度」等語相合，以便令人信服。

1974 年在河北宣化下八里遼墓中發現的〈黃道十二宮圖〉

1971 年在陝西西安出土的八卦紋銅鏡。

開壇扶乩是青蓮教的重要活動，教中重要大事，多取決於鸞語或乩筆。初入青蓮教的善男信女，稱為眾生，由乩筆判出准收的信眾，稱為添恩，然後是證恩、保恩、引恩，以次遞進，而以頂航為首。因此，青蓮教又稱為法船教。陳汶海等人復興青蓮教，為了避免與金丹道教信眾相混，於是開壇扶乩，依照鸞語定出「元秘精微道法專真果成」十個字派，編成道號，分派取名，都嵌入「依」字，叫做「十依」。又定出「溫良恭儉讓」五字，都嵌入「致」字，續添「克特」二字，共為十七字派，作為排行，分別內外等次，其中先天內五行又以水火木金土為序。譬如，彭超凡改名彭依法，為水法子；陳汶海改名陳依精，為火精子；安添爵改名安依成，為木成子；林祝官改名林依秘，為金秘子；宋潮真改名宋依道，為土道子。以上五人為先天內五行，都自稱是聖賢仙佛轉世，在雲城專管乩壇，總辦收圓。李依微等五人為後天外五行，夏致溫等五人為五德，後天外五行與五德合為十地大總。青蓮教以十八省為道教的十方，十地大總，各認一方，分區傳教，相當於各教區的主教。十地大總平日多藉開設命館、擺攤測字，以占卜起課，或開壇扶乩，吸收信徒。由於青蓮教的盛行，扶鸞禱聖的活動，遂蔚為風氣。

葉名琛是湖北漢陽人，道光十五年（1835）進士。道光二十八年，擢廣東巡撫。咸豐二年（1852），補授兩廣總督。葉名琛的父親葉志詵素好扶乩，葉名琛自幼耳濡目染，亦篤信扶乩，特建長春仙館，供奉呂洞賓、李太白二仙，一切軍機進止，都取決於乩筆。咸豐七年，英法聯軍攻打廣州，葉名琛既不設防，不許募集團練，又不與外人和談，諸事置之不理。同年十一月十二日，英法軍隊六千人登陸，情勢危急，但葉名琛處變不驚，經過扶乩後，乩筆判出，「過十五日必無事矣！」不料於十四日夜間，廣州城失陷，葉名琛被俘送印度加爾各答。途中還每日親作書畫，並自署「海上蘇武」。時人嘲笑他說：「不戰不和不守，不死不降不走，相臣度量，疆臣抱負，古之所無，今之罕有。」以此諷刺葉名琛的扶乩誤國，咎由自取。

占卜在《周易》中是以八卦為基礎的，規定「初筮告，再三瀆」。占一次卦，就宣告結果，以迴避矛盾。倘若為同一件事接二連三地來占卦，就是不信任占卜，就不告訴占卦結果，占卜就要失靈。《周易》占卜以八卦為基礎，多少還有科學成分。但是後來占卜卻以自然徵兆去推演未來的吉凶禍福，尤其是占卜與神諭結合，由乩仙或乩童以神靈身分說話，編造乩筆鸞語，使占卜成為神棍藉神諭誆人的手段。《史記・日者列傳》記載；「夫卜者多言誇嚴以得人情，虛高人祿命以說人志，擅言禍災以傷人心，矯言鬼神以盡人財，厚求拜謝以私於己。」古人占候卜筮，通稱「日者」。太史公相信刑與德雙；禍與福同。禍不妄至、「禍之至也，人自成之」；福不徒來，「福之至也，人自生之」。明白禍不妄至，福不徒來的道理，就不至於為占卜所惑了。

# 眞空家鄉

## — 清代八卦教的組織及信仰

### 一、前　言

秘密社會是指下層社會的各種秘密團體，因其生態環境、組織形態、社會功能及思想信仰，彼此不同，所以研究秘密社會問題，分為秘密會黨與秘密宗教，是有其必要的，但無論是秘密會黨或秘密宗教，俱未得到官方的承認，未經立法，其活動是不合法的，對官方而言，就是一種犯罪團體，所以遭到官方的取締。

秘密會黨是由異姓結拜組織發展而來的多元性械鬥團體，會黨林立，名目繁多；秘密宗教是起源於民間的各種信仰，包括祖先崇拜、神靈崇拜、自然崇拜等信仰，同時雜揉儒釋道的教義思想而創立的多元性的各種教派，有的是白蓮教的支派，有的是獨自創生的教派，教派林立，名稱尤夥，即所謂「經非一卷，教不一名」，不必一定起於一時一地，或創自一人。

過去解釋宗教的盛行，主要是歸之於社會經濟結構的轉變，認為元明清時期是一個多亂的社會，戰亂頻仍。康熙末年，規定盛世滋生人丁永不加賦，雍正初年，以丁額有定數，將丁銀攤入地畝內徵收，免除無地貧民的人口稅，後來又廢除編審制度，人丁脫離土地，不必附著在土地上，人口流動性更大，游離分子與日俱增。但社會經濟的轉變，只能說是外緣的因素。自從康熙年間平定三藩，經過雍正、乾隆年間，大致而言，社會相當安定，經濟亦頗繁榮。清代初年，是中國社會的上昇時期，政治上的制度化階段，開拓邊疆成果亦極豐碩，生存空間日益擴大，社會經濟相當進步，然而各教派卻像是雨後春筍，紛紛創立，由此可見各教派的社會功能等內在因素，亦不容忽視。八卦教是清代盛行的一個教派，其名稱的由來，宗教儀式，地理分佈，社會功能，以及其思想信仰，都是探討秘密宗教不可忽視的問題，對於從事區域研究，亦有裨益。本文僅就現存清代直省督撫奏摺、上諭檔、供詞等原始資料排比史事，分析八卦教得名的由來，直省查禁的經過，並探討其盛行的原因，俾有助於了解下層社會市井小民或走卒販夫的宗教活動。

## 二、八卦教的由來及組織

八卦是〔周易〕中的八種符號，由陰「⚋」和陽「⚊」兩種線形所組成，即：乾「☰」，坤「☷」，震「☳」，巽「☴」，坎「☵」，離「☲」，艮「☶」，兌「☱」。卦，通掛，意即懸掛物象，以示於人。〔易繫辭〕云：「古者包犧氏之王天下也，仰則觀象於天，俯則觀法於地，觀鳥獸之文，與地之宜，近取諸身，遠取諸物，於是始作八卦，以通神明之德，以類萬物之情[1]。」八卦各代表一定屬性的若干事物，乾為天，坤為地，震為雷，巽為風，坎為水，離為火，艮為山，兌為澤。其中乾與坤，震與巽，坎與離，兌與艮是對立的，剛柔相推，陰陽合德，八卦成列，象在其中。兩卦

1 《周易繫辭》（臺北，中華書局，四部備要），卷八，頁1。

相疊，可以演為六十四卦，以象徵自然現象和社會現象的發展及變化。八卦本為我國上古人們記事的符號，後來被用為卜筮符號，逐漸神秘化。春秋戰國以降，又成為君主宣揚天命論和迷信思想的工具。

檢查現存清代檔案，八卦教似由收元教衍化而來。康熙年間，山東單縣人劉儒漢傳授收元教，先後收山西定襄縣人劉起鳳、韓德榮，直隸長垣縣人王天賜等為徒。教中組織，分為八卦，每卦各設一卦長，下分左支右干某卦名目，所收信徒即納入某卦名下。因其組織分為八卦，所以收元教又稱八卦教，清代官書或地方官文書往往稱為八卦會，「教」與「會」混用之處，屢見不鮮[2]。康熙四十五年（1706），劉儒漢曾被劉本元首告「邪教」拏解山東審釋，其後由捐納選拔山西榮河縣知縣。康熙五十八年（1719），因其父劉佐臣為白蓮教頭目，劉儒漢被牽入白蓮教案內參革回籍。劉儒漢既曾被選拔為知縣，其父又是白蓮教頭目，所以擁有群眾基礎，此即收元教盛行的主要原因。其勢力主要分佈於直隸、山東、山西、河南、江蘇等省。教主的承襲是父死子繼，世代相傳。乾隆元年（1736）四月二十三日，劉儒漢病故，由其子劉恪充當教主，劉恪身故後，由劉恪之子劉省過充當教主。

乾隆年間，收元教中離卦的勢力較大，民間稱之為離卦教。嘉慶年間，據教犯郜添麟供稱，倡立離卦教的高祖是郜雲隴。惟查乾隆年間舊檔，並無郜雲隴倡立離卦教的案卷。在乾隆年間的收元教案中審明離卦教是郜姓傳習，河南商邱縣人郜從化充任離卦的卦長，其子郜大、郜二、郜三俱隨同入教，有虞城縣人陳霞九等亦在離卦名下入教。惟當郜從化身故後，離卦卦長的繼任人

2 莊吉發撰〈清代乾隆年間的收元教及其支派〉，《大陸雜誌》，第六十三卷，第四期（臺北，大陸雜誌社，民國七十年十月），頁 40。

選迄未決定。乾隆二十二年（1757）十月間，山東人孔萬林到河南商邱看地，郜三詢知孔萬林是坎卦的卦長，即相邀至家中，款待優渥。孔萬林與郜三等相商離卦卦長的繼任問題，因郜大愚蠢，郜二相貌言談不及郜三，俱難充卦長，於是公推郜三接充離卦的卦長，而以郜二為左支，又因陳霞九年老，乃以陳霞九之子陳聖儀為右干[3]。郜三接充卦長後，先後又招收夏天增等二十人為徒。

江蘇銅山縣人李中久，務農度日，乾隆七年（1742），因田房被水淹沒，無可謀生，其叔李文昇在山東單縣賣酒，李中久前往相依，遂與當地劉心齋的家人宋琴熟識，宋琴將李中久引進劉心齋家做工，李中久後來被派管田莊。宋琴告以劉心齋有祖傳八卦教，宋琴是坎卦支派，勸令李中久入教，以保平安，聲言送給教主銀錢，可卜來生富貴，李中久即拜宋琴為師，入坎卦支派。乾隆十一年（1746），李中久欲歸原籍，宋琴給與舊書一本，書中有「無生父母，彌勒教主」等句，與劉省過所供「無生父母，彌勒我主」等語相近[4]。

直隸開州人盛聚，又名盛齊，是震卦的頭目，乾隆二十六年（1761），有鄉村居住的劉臣拜盛聚為師，入震卦教[5]。乾隆三十三年（1768），河南內黃人林進道拜劉臣為師，入震卦教，其後周明等人亦陸續入教。乾隆三十六年（1771），直隸大名縣人謝有拜河南震卦頭目屈進河為師，入震卦教。

河南泌陽縣人李文振，素無家業，乾隆三十年（1765）二月，

3 《軍機處檔》，第二七六五箱，九二包，一七九七八號，乾隆三十七年八月二十九日，何煟奏摺錄副。

4 《軍機處檔》，第二七六五箱，九三包，一八一八三號，乾隆三十七年九月二十日，薩載奏摺錄副。

5 《宮中檔》，第仕七二七箱，二二〇包，五四七九四號，乾隆五十三年八月十八日，劉峩奏摺。

李文振聽從陳中舜招引，拜徐國泰為師，入收元教，徐國泰口授「南無天元太保阿彌陀佛」十字真經，令其回家持誦。乾隆三十四年（1769）冬間，李文振與其表甥張成功因貧難度，起意復興收元教，商定將舊日的榮華會與收元教合而為一，稱為「收元榮華會」。乾隆三十五年（1770）三月十五日，正式開教，張成功母子等人俱拜李文振為師，傳授十字真經[6]。榮華會與收元教既以性質相近而結合，所以榮華會也叫做八卦教。乾隆三十六年（1771）三月間，李文振、張成功等人被拏獲。次年，八卦教總教主劉省過、離卦卦長郜三、坎卦卦長孔萬林等俱被拏獲斬決。

山東冠縣人李坤先是坤卦的卦長，乾隆四十年（1775），李坤先到直隸南宮縣簡家莊出售粉皮時，見南宮縣人于聞粗通文理，即勸令入教。乾隆四十九年（1784）正月，李坤先在南宮縣傳授坤卦教時被訪獲[7]。簡家莊人簡七，曾隨其姊夫鄧耀羽學習拳棒。寧晉縣高口人李成章因地畝被淹沒，遷至衛村居住，簡七聞李成章拳棒精熟，隨後往拜李成章為師，學習小紅拳，後來返回高口居住。乾隆四十六年（1781）正月，簡七前往衛村向李成章拜年時，李成章已經兩腳殘廢。李成章告以原充兌卦的卦長，因年老待死，其子不足掌教，遂指定簡七接充兌卦的卦長，乾隆四十八年（1783）十一月間，簡七等被拏獲[8]。

直隸廣平縣人施敬，向來賣糧食營生，曾入楊五的離卦教，學習拳棒。元城縣人李六，原名李佩，因其父李光輝曾入震卦教，

6 《軍機處檔》，第二七七一箱，八四包，一四六六七號，乾隆三十六年七月十五日，何煟奏摺錄副。

7 《軍機處檔》，第二七七六箱，一四八包，三五三七六號，乾隆四十九年正月十三日，明興奏摺錄副。

8 《軍機處檔》，第二七七六箱、一四五包，三四六四五號，乾隆四十八年十一月二十四日，姜晟奏摺錄副。

李六即隨同燒香磕頭。乾隆四十三年（1778），元城縣人季培德因其父患瘡，邀請徐克展至家醫治，隨入震卦教，每季給徐克展錢一、二百文不等。南樂縣人袁剛等入離卦教，每逢朔望燒香禮拜。元城縣人呼連舉向來開鞋鋪生理，因妻郭氏患病，延請同縣人格景元醫治痊癒，呼連舉即拜格景元為師，入乾卦教[9]。乾隆四十六年（1781），山東冠縣人張普光、張浴焦等人邀山西樓觀臺道士師來明入離卦教，師來明未允入教。惟據師來明供稱教徒張洛焦已經學會金鐘罩，不怕刀砍，只怕拖[10]。直隸清豐縣人樊永錫，平素傭趁度日。乾隆四十八年（1783），有開州人郝成傳習東方震卦教，又名收元祖白羊教，招收張法仲等人為徒。其後張法仲又收樊永錫、樊永金兄弟等人為徒。河南巡撫畢沅指出樊永錫等人所習震卦教就是八卦教的支派[11]。

乾隆三十七年（1772），劉省過、孔萬林等被正法後，其逸犯多人未獲。劉省過次子劉二洪，原名劉齊年亦在逃，八卦教各卦長仍奉劉二洪為教主。乾隆四十八年（1783），山東鄒縣人孔玉顯是孔萬林的胞姪，聞劉二洪藏匿京中，因家計貧乏，藉養贍劉二洪為名，與同教李文功等商議復興八卦教，孔玉顯仍充坎卦卦長。乾隆五十一年（1786）閏七月，孔玉顯、李文功等人被拏獲，並在李文功家搜出抄本《苦功悟道經》一冊[12]。據孔玉顯供稱：

**我係鄒縣佛庄人，年四十七歲，父親孔興已，母親董氏，**

9 《宮中檔》，第二七七四箱，二一四包，五三三四五號，乾隆五十三年二月十九日，劉峩奏摺。

10 《宮中檔》，第二七二三箱，一〇〇包，一九六四五號，嘉慶二十年八月二十三日，朱勳奏摺。

11 《宮中檔》，第二七七四箱，二〇一包，四九八八一號，乾隆五十二年正月初七日，畢沅奏摺。

12 《宮中檔》，第二七七四箱，二〇二包，五〇一八九號，乾隆五十二年二月十四日，明興奏摺。

> 兄弟四人。我自幼過繼伯父孔興辰為子，從前胞叔孔萬林會看風水，傳習劉省過邪教，到劉省過犯案時，我胞叔也正法了。後來我因窮苦不過，又起意借傳教名色斂錢。四十八年，在集上與李文功、王秉禮會遇。因從前孔萬林犯案時，曾在濟南府與他們認識，彼此說起劉省過的二兒子劉二洪甚是窮苦。我們父兄都是劉省過教內的人，應該斂錢幫他。又捏稱劉二洪是彌勒佛轉世，我已接充坎教首，希圖騙錢度日，他們都信了[13]。

前引供詞中所稱「劉省過邪教」，即指八卦教，因孔萬林為坎卦卦長，孔玉顯稔知傳教可以斂錢，所以借劉省過之名傳習八卦教。

乾隆四十六年（1781），山東館陶縣人王崇仁因患病，由素識的張爾素醫治，張爾素是離卦教的信徒，王崇仁聽從張爾素的勸告，入了離卦教。直隸清豐縣人謝朝宗，平日販賣糧食生理，與同縣人鄭才素識，乾隆四十八年（1783）八月間，謝朝宗至鄭才家，遇見楊休。鄭才告以楊休是震卦教的頭目，鄭才已拜楊休為師。同時談及震卦教又名天一門，燒香行好，可以獲福，入教以後，必有好處。謝朝宗聽信入教，拜鄭才為師。乾隆四十九年（1784），江蘇豐縣人李元貞拜族叔李盛如為師，入震卦教，學習咒語：「耳聽東方直前噹，駱駝象馬槽上拴」等句[14]。

乾隆五十年（1785》二月間，直隸廣平縣人段文經拜李王氏為師，入八卦教，不久以後，充當卦長，劉二洪被訪拏後，段文經與元城縣震卦卦長徐克展商議糾眾劫獄，於是通告各地教徒定

13 《方本上諭檔》，乾隆五十二年春季檔，頁 322，三月初五日，孔玉顯供詞。
14 《軍機處檔》，第二七五一箱，三六包，五三七六四號，嘉慶二十二年十月二十六日，孫玉庭奏摺錄副。

期擺會。乾隆五十一年（1786）閏七月十四日，段文經、徐克展等五十餘人齊集教中許三家內，議定先搶道庫，再救教主。是日夜晚，教徒們手執器械，擁入大名縣衙門，道員熊恩紱被殺，但因寡不敵眾，各教徒四散逃亡，徐克展等被拏獲，段文經則竄逸未獲。是年九月，河南拏獲八卦教要犯郝潤成，解送軍機處，經軍機大臣覆訊，據供稱郝潤成「本係離卦教的人，王延引我入震字教。」易言之，八卦教中各卦可以同時皈依二卦以上的教派，拜多人為師，並不限於一卦。郝潤成又供出離字卦中學習拳棒，教中有總頭目、副頭目的組織[15]。

河南林縣北崗泉人裴錫富是震卦教的信徒，前往山西玉峽關挑炭為生，與郭俊熟識。乾隆五十二年（1787）十月，裴錫富至郭俊家，告以念誦行善歌詞，可以消災求福，郭俊並未聽從入教。次年三月，裴錫富又勸告郭俊入教，郭俊始入震卦教。郭俊被捕後，山西巡撫明興訊問震卦教名目的由來。據郭俊供稱「太陽出於東方，東方屬震，係八卦教內震字教[16]。」彰德府安陽縣拏獲震卦教信徒周明等人，據周明供稱河南的震卦教是由直隸大名縣車網集人劉彥傳授的，周明先拜劉彥為師，後又轉傳韓大儒等人。直隸衡水縣人英凌霄為已革武生，家中藏有祖遺印板《十王經》、飄高老祖、無生老母畫像，由其母英李氏供奉禮拜。乾隆末年，英凌霄拜其親戚胡德明為師，入離卦教。胡德明告以離卦教的祖師是頭殿真人郜老爺[17]。乾隆五十五年（1790），鉅鹿縣人孟見順

15 《宮中檔》，第二七七四箱，一九九包，四八八四三號，乾隆五十一年九月十四日，劉峩奏摺。

16 《宮中檔》，第二七七四箱，二一五包，五四二八一號，乾隆五十三年六月十三日，明興奏摺。

17 《軍機處檔》，第二七五一箱，九包，四八六九〇號，嘉慶二十一年八月初四日，方受疇奏摺錄副。

經蕭明遠勸令入離卦教，傳授誓語、經咒及運氣功夫。據供稱離卦教又叫做無為救苦教。乾隆五十九年（1794），孟見順轉傳侯岡玉[18]。由各省所破獲的教案看來，可知在乾隆年間八卦教的勢力已極龐大，流傳甚廣。

## 三、八外教的傳佈

嘉慶初年以降，八卦教的勢力更加興盛。教中收藏一份「教首清單」，由山東金鄉縣震卦掌教侯繩武收存，侯繩武之子侯位南被拏獲後供稱：

> 我記得單內乾卦姓張，鄆城縣人；坎卦姓郭，霑化縣人；艮卦姓許，忘記籍貫；震卦就是我祖父侯棠；巽卦姓朱，江南豐縣人；離卦姓郜，東昌府人；坤卦姓張，單縣人；兌卦姓郭，定陶縣人，均不記名字[19]。

由前引清單可知八卦教分佈的情形。據直隸新城縣人孫申供稱，離卦是武的，坎卦是文的[20]。在八卦教中，以離卦教所破獲的案件較多，據教犯郜添麟供稱，世居河南商邱縣，其高祖郜雲隴倡立離卦教，自號透天真人。郜雲隴之後，郜三等繼續在河南傳教，至郜添麟時始遷居山東聊城縣，改姓名為高道遠，先後收莘縣人靳清和、從中仁等人為徒。嘉慶十六年（1811）；高道遠病故，由其堂弟高繼遠接充教首。靳、從兩姓分別傳習離卦教，兩

18 《軍機處檔》，第二七五一箱，一三包，四九五一七號，嘉慶二十一年十月二十日，方受疇奏摺錄副。
19 《軍機處檔》，第二七五一箱，三〇包，五二五－四號，嘉慶二十二年八月初一日，陳預奏摺錄副。
20 《軍機處檔》，第二七五一箱，三〇包，五二五一三號，嘉慶二十二年八月初七日，景祿奏摺錄副。

家各傳其子孫，徒眾分為兩派，從教是以從中仁為教首，傳子從建，及道士吳連如等人。嘉慶二十四、五等年、從建先後收肥鄉、元城等縣人劉三沅、李中倫、常三塊、葉金聲等人為徒·後來葉金聲又轉收王正等人為徒；靳教先以靳清和為教首，被拏獲擬絞正法後，由其堂弟靳中和接充教首，先後傳子靳咸直及直隸肥鄉人閻大漢等人學習離卦教。嘉慶十八年（1813），高繼遠與靳中和犯案後，均被絞決。

由於八卦教傳習已久，其信徒分佈很廣，其中直隸、山東、河南、江蘇等省所屬各州縣，離卦教信徒尤夥。嘉慶十二年（1807）十月，江蘇銅山縣人耿孜元赴縣屬黃家集，遇見直隸清河縣人張東瞻在集中販賣棉花，告以行好免災的道理。次年二月間，耿孜元之父耿永昇令耿孜元進京為長子耿孜廣捐監，耿孜元邀族人耿羊兒同行，途中至張東瞻家求見透天真人，張東瞻告以先得真傳，然後得見真人，並表明自己是離卦教人，耿孜元、耿羊兒俱拜張東瞻為師，入離卦教[21]。

尹老須又名尹資源，直隸清河縣人，於乾隆六十年（1795）拜南宮縣人田藎忠為師，入離卦教，功夫純熟後，田藎忠即將尹老須帶往同縣離卦教總當家劉功家領法。嘉慶十三年（1808），直隸井陘縣人杜玉拜元氏縣人張老冲為師，入離卦教。嘉慶十五年（1810），張老冲至總當家劉功家，代為領號，是一「伯」字。嘉慶十四年（1809），山東蘭山縣人凝旺、凝興拜劉功之徒孫狄珍為師，入離卦教。嘉慶十八年（1813），狄珍在山東蘭山縣犯案，地方官行文直隸查拏教犯，狄珍被監斃，劉功因風聲緊急，即親赴尹老須家，令其接管教務，然後逃逸，不久被拏獲，解往山東質

21 《軍機處檔》，第二七五一、箱，一七包，五〇二〇二號，嘉慶二十一年十二月二十三日，孫玉庭奏稿。

訊，行抵景州病故·嘉慶二十一年（1816），同教的韓老吉等人到尹老須家看望，談及劉功已故，無人掌教，於是公推尹老須為總當家。狄珍被監斃後，凝興帶同凝旺、邳州人許成德等十餘人至尹老須家送錢入教。狄珍之子狄漢符於道光六年（1826）間拜謝老聞之徒王得功為師，入離卦教，學習運氣功夫。狄漢符又先後帶同狄珍之徒嶧縣人王元、蘭山縣人郝大盛等十餘人至尹老須家送錢入教。狄玢是狄漢符的堂叔，曾收李克昌等人為徒，道光三年（1823），狄玢犯案被正法，狄玢之子狄文奎畏懼不敢回籍，改從張姓，在邳州寄居，拜清河縣人解冰祥之弟解老松為師，學習採清換濁功夫，解老松身故後，解冰祥帶同狄文奎至尹老須家送錢入教。狄玢之徒李克昌等人亦先後拜尹老須為師，仍習離卦教。

山東鄆城縣人李芳春於嘉慶年間拜直隸清河縣離卦總當家劉功為師，道光三年（1823），李芳春自稱為彌勒佛轉世，託言劉功遺命，接充教首，繼續傳徒。滕縣人李成文的叔祖李平，曾拜江蘇蕭縣人呂姓為師，傳習離卦教，李成文是教中得盤弟子，道光七年（1827）十二月，李成文等三十三名被拏獲，搜出經卷書籍，在抄本經卷內有「真空家鄉，無生父母」字樣。城武縣人闞夢祥、沈相等人於嘉慶八年（1803）拜離卦教頭目張景文為師。嘉慶十八年（1813）八月間，張景文因聽從震卦教首徐安幗等起事被獲正法，闞夢祥畏懼，逃赴各處躲避。道光十四年（1834）正月間，闞夢祥以事隔年遠，潛回原籍，因貧難度，起意復興離卦教。道光十八年（1838）六月間，闞夢祥等七十餘名被拏獲[22]。直隸雞澤縣人郭青雲，營趁度日，嘉慶十七年（1812），離卦教信徒楊遇山赴郭青雲村內賣藥，郭青雲因其父患病，邀請楊遇山醫治痊癒，

22 《宮中檔》，第二七二六箱，一一包，一七四九號，道光十八年六月三十日，經額布奏摺。

郭青雲即拜楊遇山為師，入離卦教。同年十月間，郭青雲之父舊病復發，另延劉文明醫痊，郭青雲又拜劉文明為師，入離卦教。當林清等起事時，劉文明等亦加入反清行列，事敗之後，郭青雲逃逸，道光十九年（1839）九月，郭青雲等被拏獲。

在八卦之中，震卦與坎卦的勢力，亦相當龐大。據山東金鄉縣人侯位南供稱：

> 我祖父侯棠是坎、震兩卦掌教，侯棠故後，傳給叔祖侯朴，侯朴故後傳給我父親侯繩武。我父親後來年老，因哥哥侯化南無能，把坎卦教傳給劉元善的胞伯劉上達，震卦教傳給冠縣人張貫九，並他兄子張聖文，又傳給段純修。當時掌震卦教的名為扶震主事，掌坎卦教的名為扶坎主事，還有次一等的名為麥戶、秋戶、爻戶、大法等項名目，並無品級職分[23]。

侯棠生前是坎、震兩卦掌教，侯繩武年老時僅掌震卦一教，後來又令劉上達、張貫九分掌坎、震各教。河南人樊應新幼年曾讀書識字，向無恆業，於嘉慶二年（1797）出外算命卜卦營生，嘉慶十年（1805），樊應新回家，帶有東方震卦經咒一本，勸令其兄樊應城學習。樊應新又傳徒王玉林，樊應城則傳堂姪樊見法、表弟袁逢真及王珍等人。嘉慶十二年（1807），樊應城與王玉林至湖北隨州傳與姨甥胡德等人[24]。嘉慶十八年（1813），山東定陶縣人李法言拜表弟周文盛為師，入震卦教，念誦「真空家鄉，無生父母」八字咒語。李法言被拏獲後供稱，周文盛之師為劉景堂，

23 《軍機處檔》，第二七五一箱，三〇包，五二五一四號，嘉慶二十二年八月初一日，陳預奏摺錄副。

24 《宮中檔》，第二七二三箱，九九包，一九三〇八號，嘉慶二十年七月。

劉景堂之師為劉允中[25]。劉全智、劉全義兄弟原籍山東定陶縣，寄居曹縣田家莊。嘉慶十八年（1813）四月，劉全義拜教首袁興邦為師，入震卦教。同年八月，劉全智拜劉允中為師，亦入震卦教，傳授劉全智運氣功夫，並用火石尖將劉全智左手二指劃傷，用火香烙成月痕作為暗號[26]。

嘉慶十五年（1810），直隸新城縣人孫申，因妻患病，邀請陶爾燕、王忠念咒治癒，孫申即聽從入儒門聖會，拜陶爾燕、李榮、王忠三人為師，其中李榮是直隸新城縣監生，三人都是坎中滿的頭目。據王忠供稱：

> 我係直隸新城縣人，年四十九歲，在本縣宋家辛莊居住，種地度日，我自幼讀書，未能進學。嘉慶十五年間，有添宜屯住的程毓蕙，原是坎卦大頭目，他到我們村中說要修聖人廟化布施，我就助錢五百文，程毓蕙引我入儒門聖會，即大乘會，我就拜他為師，教給我念真空家鄉，無生父母八字[27]。

李榮在供詞內也指出程毓蕙是大乘教坎卦大頭目，李榮、王忠同拜程毓蕙為師，入大乘教[28]。

八卦中央是北辰所居，叫做北神，八卦與北神合稱九宮，此即九宮教得名的由來。乾隆末年，河南滑縣人王法文即王進道，拜張幗賓為師，入八卦教。嘉慶十一年（1806），王進道又拜宋克

---

25 《軍機處檔》，第二七五一箱，二包，四七四四八號，嘉慶二十一年五月初四日，方受疇奏摺錄副。

26 《軍機處檔》，第二七五一箱，九包，四八七〇二號，嘉慶二十一年七月二十九日，陳預奏摺錄副。

27 《軍機處檔》，第二七五一箱，三〇包，五二五〇七號，嘉慶二十二年八月初七日，英和奏摺。

28 《軍機處檔》，第二七五一箱，三一包，五二七八五號，嘉慶二十二年八月二十七日，英和奏摺。

俊為師，入九宮教，每日燒香磕頭，念誦八字真經。後來林清起事時即命王進道統領一千人，每人剃去腦後髮辮一綹作為暗記。宋克俊則封王進道為衛輝府總兵暨震宮伯，並用白布做旗，書明「奉天開道震宮伯王進道」字樣。嘉慶十年（1805），直隸宛平縣宋家莊人宋進耀即宋景耀拜青雲店顧亮為師，入白陽教。次年十一月，同縣郭潮俊拜顧亮為師，入白陽教榮華會，念誦八字真經。嘉慶十二年（1807）春間，宋進耀引林清入教，傳授八字真經。同年六月間，顧亮病故，郭潮俊的徒弟宋進惠、宋進耀等人公推郭潮俊掌坎卦教。郭潮俊見林清勢大，決定將坎卦交林清掌管。宋進惠、宋進耀的手下約有二百餘人，後來都歸林清指揮。據宛平縣宋家莊人田馬兒供稱，坎卦教宋進耀因打官司問罪之後，由林清掌坎卦教，其教稱為榮華會。

林清是直隸宛平縣黃村宋家莊人，十七、八歲時，曾在京中西單牌樓南首路西九如堂藥鋪內當學徒，後來在南路廳巡檢司充當書吏。據河南滑縣首要教犯牛亮臣供稱「林清說他的教是京南人顧文升傳授，從前山東曹縣人劉林是先天祖師，林清是劉林轉世，為後天祖師。這教本名三陽教，分青紅白三色名目，又名龍華會，因分八卦，又名八卦會，復又改名天理會。」[29]據林清供稱：

> 十一年上，有教頭宋景耀傳教，給我念的是真空家鄉，無生父母八字，有同教的劉呈祥曾掌坎卦。十三年上，劉呈祥因陳懋功在承德府呈控伊兄陳懋林傳教案內，與宋景耀、宋理輝俱犯案問徒，坎卦無人掌管，眾人纔推我掌坎

29 《欽定平定教匪紀略》（臺北，國立故宮博物院，嘉慶二十四年內府刊本），卷二六，頁 22，嘉慶十八年十二月十六日，據那彥成奏。

卦的[30]。

牛亮臣所稱龍華會，即榮華會，林清實係宋進耀的徒弟。林清因講理時會說話，所以眾人都推林清掌卦，後來又總領了八卦。林清又供稱：

這八卦的人，每卦多少不等，震、離兩卦人數最多。滑縣頭目于克俊，磁州頭目趙得一，長垣頭目賈士元、羅文志，衛輝頭目就是馮克善，手下人各有幾百名，這都是震卦。道口鎮頭目王休志手下人有一、二千名，曹縣頭目許安幗，德州頭目宋躍漋，金鄉頭目崔士俊，手下人各有幾百名，這都是離卦，此二卦頭目我都熟悉的。又巽卦頭目楊遇三在順德府，乾卦頭目華姓在宣化府，艮卦頭目王道漋在歸化城，坤卦頭目魏正中在安慶，兌卦頭目王忠須在潼關，這五卦頭目我都不熟，記憶不清[31]。

據定陶縣韓家大廟人劉景唐供稱：

李文成是震卦教主，林清是坎卦教首，尚有艮卦教首郭泗湖即郭四鬍，住居河南虞城縣郭村地方。又山西人解中寬即謝中寬亦係艮卦，在古北口外承德府一帶，不知地名。又巽卦教首程百岳，住居城武縣程家莊。坤卦教首邱玉，兌卦教首侯幗隴，都住居山西岳陽縣西南十里之王莊。又離卦尚有張景文為首，住居城武縣元家店，及乾卦教首張廷舉，住居定陶縣西三十五里之張家灣[32]。

天理教的信徒，按地理分佈分為八卦，各有教主，林清掌坎

30 《供詞檔》（臺北，國立故宮博物院），嘉慶十八年九月分，頁 35，九月十九日，林清供詞。

31 同前註。

32 《欽定平定教匪紀略》，卷一五，頁 1，嘉慶十八年十月二十九日，據同興奏。

卦；是坎卦的教主。河南滑縣人李文成是震卦的教主，除坎卦由林清直接指揮外，其他七卦都由李文成節制。但林清總管八卦，被稱為當家，李文成還要向林清磕頭，七卦內有事，李文成都必須稟報林清。後來林清等見攏的人多，就圖謀起事。教中推算「天書」，彌勒佛有青陽、紅陽、白陽三教，此時白陽教應興。「天書」上又說「八月中秋，中秋八月；黃花滿地開放」，各教首以嘉慶十八年（1813）九月十五日正是第二個中秋，就是白陽劫，決定起事，林清分東西兩路進入紫禁城，欲與李文成一路趁清仁宗回鑾時劫駕，但因李文成一路未能如期會合，終於失敗。林清教案內各要犯供稱，老理會就是坎卦教。惟據老理會頭目王銳供稱老理會起自山東曲阜縣人劉姓，輾轉相傳已歷六十餘年，與榮華會並非同教。當林清起事前，曾勸王銳加入榮華會，然而王銳指出「我原是山東老理會的根子，如何肯入你們的教叫你們管著呢[33]？」

林清起事失敗以後，八卦教遭到嚴重的打擊，但各逸犯仍然到處傳習八卦教。張廣發、張廣財是同胞兄弟，原籍山西潞安府，官方指張廣發兄弟為白蓮教案要犯。嘉慶十八年（1813），張廣發兄弟潛至北京崇文門外四條胡同路北開設廣發字號紬緞雜貨局，以充生意人，暗中傳教，每日五更念誦八字真經及「在理」二字入教暗號。教中分為八卦，各卦頭目以「發財利事有分坐主」命名，乾卦為張廣發，坤卦為張廣財，節制直隸京師；艮卦為張廣利，節制盛京；坎卦為張廣事，節制湖南；震卦為張廣有，節制安徽；離卦為張廣分，節制陝西；巽卦為張廣坐，節制廣東；兌卦為張廣主，節制河南，俱按八卦，節制七省。張廣發知會各省教首定期進京起事。道光十四年（1834）八月，被人告發，破獲

33 《軍機處檔》，第二七五一箱，三二包，五二八六五號，王銳供單。

各要犯[34]。

江蘇豐縣人郭泳清等拜呂華榮為師，傳授真空家鄉，無生父母八字咒語，入坤卦教，嘉慶十八年（1813），坤卦教被破獲[35]。山東臨清人馬進忠及其繼父馬萬良等傳習乾卦教，曾赴天津收張學恕等人為徒，訂於道光三年（1823）十二月十五日起事，欲先搶臨清、清河州縣，糾人編號，賑捐米石，但在未起事前，已被官方破獲，乾卦教中被兵役捕拏的首夥教犯，多達三百餘名，可見八卦教信徒相當眾多。

道光六年（1826），山東安邱縣人馬俊是坎卦總教頭，收劉杰等人為徒，劉杰又轉收劉日乾等人為徒。道光十五年（1835）八月，馬剛拜劉日乾為師。次年五月間，劉日乾帶領馬剛向劉杰行禮，劉杰見馬剛口齒伶俐，收為義子，令其掌管教務，充當總教頭。馬剛認為坎卦教久為官方所查禁，容易引人注意，為蔽人耳目，遂將坎卦教改為添柱教。馬剛與劉杰先後收徒二百多人，以劉杰之女劉金妮為女教頭。道光十六年（1836）十一月間，劉金妮揚言其相貌體面，屢有夢兆，將來必大富大貴，遂與劉杰商議聚眾起事，訂於道光十八年（1838）二月起事。但在十七年正月初七日晚，因聞知縣官差役訪拏，劉杰等即提前於正月初八日晨糾眾起事，進城戕官，謀佔縣城，因寡不敵眾而告失敗，兵役拏獲男女教犯一百五十餘名。清廷取締秘密宗教，不遺餘力，八卦教自清初以來，屢經官方嚴厲取締，教案疊起，但八卦教卻屢禁不絕，芟而復生，可見八卦教勢力的深厚。

---

34 《軍機處檔》，第二七四三箱，八九包，六九〇九九號，道光十四年八月二十七日，匿名揭帖。

35 《軍機處檔》，第二七五一箱，二五包，五一五四四號，嘉慶二十二年五月初七日，孫玉庭奏摺錄副。

## 四、八外教的宗教儀式

直隸開州人盛聚是震卦的頭目，乾隆二十六年（1761），盛聚收劉臣為徒。劉臣轉收周明等人為徒，周明被拏獲後供稱：

> 聽從開州人劉臣傳授愚門弟子等歌詞，指太陽為聖帝，每日三次磕頭，每年五次上供，謂能消災祈福，又自認單縣劉洪分支已經犯案正伕之王中為後派，因劉洪家向有先天、中天、後天稱呼，即呼王中為後天的王老爺。上供時，將各人姓名、籍貫用紙書寫，不識字者口誦通名，俱自稱後天王老爺之徒，遞相傳授，斂錢多寡不一，此劉臣等傳習邪教之原委也[36]。

太陽有青陽、紅陽、白陽之分，震卦教以太陽為聖帝老爺，所以教中有禮拜太陽的儀式，一日三遍向太陽磕拜，以早午晚三時向東南西三面磕頭。入教時所念的歌詞為：「愚門弟子請聖帝老爺，捲蓮釦對，清氣上升，濁氣下降。原是一句無字真經，三頭磕開天堂路，一柱信香到天宮，遲學晚進，人數不清，照應弟子，弟子與聖帝老爺磕頭。」及「給聖帝老爺磕頭保佑平安」等句。歌詞中尚有「也學太公居魏水，一釣周朝八百秋」等語。每年二月初一日太陽生日，與立春、立夏、立秋、立冬，上供五次，藉以消災求一福[37]。乾隆四十八年（1783），直隸清豐縣人樊永錫、樊永金兄弟拜張法沖為師，入震卦教，每年正月十五、三月十五

---

36 《宮中檔》，第二七二七箱，二一八包，五四二三五號，乾隆五十三年六月初八日，畢沅奏摺。

37 《宮中檔》，第二七七四箱，二一七包，五四一三八號，乾隆五十三年五月二十八日，畢沅奏摺。

等日，各出錢一、二百文做會，燒香磕頭，祈求保佑來世。樊永金病故後，張法沖給與樊永錫字紙一張，令其在墳上焚化，並口授「三點三山七竅開，整起圓光下天臺，真來投凡如一法，大本還原上天臺，受過符下紙，好赴龍花來」六句咒語，囑令隨念隨燒。

離卦教每逢朔望燒香禮拜，教中有暗號，據山西樓觀臺道士師來明供稱離卦教的口號，見人先說：「真空」兩字，答應說：「妙」。乾隆五十一年（1786）九月，河南拏獲離卦教要犯郝潤成，據供稱「離字教暗號，向人拱手時，用左手大指壓住右手大指，稱本姓某。若問是那一卦人，只說在那一座靈山走過，答說：東方，即是震教，答說：南方，即是離教。」嘉慶八年（1803），山東城武縣人沈明等人拜教首張景文為師，入離卦教。張景文教以每日早午晚三時朝太陽磕頭吸氣，口念「真空家鄉，無生父母」及「耳為東方甲乙木」等咒語，並令學習拳棒。每年三、九兩月，張景文邀集徒眾做會一次。嘉慶十三年（1808），江蘇銅山縣人耿孜元拜直隸清河縣人張東瞻為師，入離卦教，張東瞻執香向日磕頭，焚香爐內，教令念誦「透天真人埋頭修行，今生不好修來生，超生了死真妙道，天下無比數第一，漏洩真法，不過百日，身化膿血」等句。張東瞻又教耿孜元舌抵上腭，鼻採真氣，閉目存神以後，頂上透出小人，無所不照，即得真傳。張東瞻令耿孜元等人四季做會，擺供，念誦「太陽出現滿天紅，晝夜行走不住停，走的緊來催人老，走的慢來不從容，收乾曬濕都是俺，倒叫眾生叫小名，有朝一日叫惱了，發個災病他應承」等句，據稱可以消災獲一福[38]。

38 《軍機處檔》，第二七五一箱，一七包，五〇二〇二號，嘉慶二十一年十二月二十三日，孫玉庭奏摺錄副。

乾隆六十年(1795),直隸清河縣人尹老須拜南宮縣人田藎忠為師，入離卦教，田藎忠向尹老須指點「耳為東方甲乙木，目為南方丙丁火，鼻為西方庚辛金，口為北方壬癸水，性在兩眉中間，外為十字街，內為方寸寶，地是中央戊己土。」同時傳授閉目運氣的方法，即:「從鼻孔收入，名為採清，又從鼻內放出，名為換濁，統名而字工夫，取承上起下之義。」若遇同教之人，彼此問答，均以「在理」二字作為暗號。尹老須照依學習，田藎忠見尹老須功夫純熟，即帶往清河縣離卦總當家劉功家中領法，經劉功傳授「真空家鄉，無生父母」八字真言及「後有一祖叫收元，名喚折金駕金船，懷揣日月先天氣，袖吞乾坤地道傳」等句靈文，叫做內度，尹老須默記在心，時常念誦。按照教中規矩，領法以後，即可傳徒，稱為開法。嘉慶十五年(1810),尹老須因習教已久，「積妄生魔」，每逢閉目時，彷彿見天上人來往，又似聽聞音樂，自謂已「悟道明心」。總當家劉功聞知後即傳喚尹老須至家問明前情，稱許其功夫深透，可以上天至無生老母處辦事。劉功令尹老須每年立春、立夏、立秋、立冬等日，在家上供，稱為四季祭風；以正月十五日為上元、七月十五日為中元，十月十五日為下元，屆期上供，稱為三元，藉以消災祈福。劉功又口授祭文，內有「進全供一桌望聖慈悲」等語，尹老須臨時照依書寫黃紙焚化，稱為昇單。又給與「豐」字作為記號，昇單時填寫在內，即可昇至無生老母處。尹老須返家後，按照節氣日期上供，並將同教人姓名一併列入單內代求福祐。直隸元氏縣人張老冲是離卦教頭目，曾收杜玉等人為徒，嘉慶十五年(1810),張老冲到劉功家，代杜玉領號，是一「伯」字，囑令每逢上供昇單時，將「伯」字填寫單內，即可昇至無生老母處，並傳授昇單式樣，四季上供昇單時，由同教李化功閉目出神，上天問話。嘉慶十八年(1813),

劉功身故後不久，尹老須被推為總當家，即照教中舊規，按四季三元上供昇單，為教中信徒祈福。由教內蕭滋、田幅榮充當明眼，作為閉目出神，上天問話，聲稱加福，以出錢多寡，定其加福等次，同時由蕭滋編造將有劫數的預言，欲使民眾畏懼，以出錢祈福。

山東城武縣人張懷亮曾拜劉秉順為師，入離卦教，時常為人治病。嘉慶元年（1796）三月間，城武縣人劉化安因染患時疾，拜張懷亮為師，入離卦教。張懷亮教劉化安尊敬長上，孝順父母，敬天地，修今生，知來生事，存心無歹，燒香磕頭，戒酒色財氣，行好免罪。並令劉化安向太陽兩手垂下，閉眼運氣，聲言功成即能替人治病。又口授「耳為東方甲乙木，眼為南方丙丁火，鼻為西方庚申金，口為北方壬癸水」四句咒語，後來劉化安開始為人治病，藉以招收信徒[39]。

嘉慶十三年（1808），直隸人劉黑知、孟洛功、苗洛英等為求消災免難，先後入離卦教。入教時，點香三炷，供茶三碗，跪地叩頭。同時口授誓語：第一學好人，尊當家；第二皈依佛皈依怯皈依僧，皈依三寶向善；第三再不開齋破戒，違者身化膿血。隨後又教令閉著口眼，從鼻中運氣功夫。聚會時，在傳教的家中聽講孝順父母，敬重尊長的道理，並無一定日期[40]。

山東金鄉縣人侯位南是八卦教的要犯，侯位南被獲時曾供稱凡入教的人，每日早朝東，午朝南，晚朝西，念誦八字咒語。嘉慶十八年（1813）四月，山東定陶縣人劉全義拜袁興邦為師，入

---

39 《軍機處檔》，第二七五一箱，九包，四八六二八號，嘉慶二十一年七月二十四日，陳預奏摺錄副。

40 《軍機處檔》，第二七五一箱，一九包，五〇七五三號，嘉慶二十二年二月二十五日，方受疇奏摺錄副。

震卦教。袁興邦教劉全義每日三遍磕拜太陽，早向東、午向南、晚向西，做運氣功夫。同時口授「太陽出來一滴油，手使鋼鞭倒騎牛，閉住紅門血不流」及「真空家鄉，無生父母」等句咒語[41]。山東鄆城縣人李芳春拜離卦總當家劉功為師時，劉功曾傳授八字真經及「耳為東方甲乙木」等咒語，並教李芳春每日向東南西三方朝太陽磕頭，閉目運氣，舌抵上齒，一起一落，稱為一起功夫。道光三年（1823），李芳春自稱為彌勒佛轉世，託言劉功遺命，接充教首，繼續傳徒，將舊日一起功夫加成二起，稱為三才全備，分為文武二教：文教念咒運氣，聲稱功夫深透，可見無生老母；武教演練拳棒技藝。文武二教輾轉招收徒眾，俱以李芳春為總師父，致送根基錢[42]。

## 五、八卦教的教義

八卦教所念誦的寶卷，主要是收元寶卷。從乾隆年間以來所破獲的收元教案中，曾起出不少的收元教書籍，如《錦囊神仙論》、《稟聖如來》、《金丹還元寶卷》、《五女傳道書》、《八卦說》、《行善書》等書籍，就是八卦教平日誦習的經卷。山西巡撫準泰翻閱各書後指出各寶卷中的文字都是荒誕不經，類如「村婆佛偈」，混引八卦五行之說，飾以村俗之語，衍成鄙俚歌詞，其大意主要在勸人修行學好。為吸收徒眾，各教首常宣傳劫變思想。嘉慶十二年（1807）十月，江蘇銅山縣人耿孜元在縣屬黃家集遇見直隸清

41 《軍機處檔》，第二七五一箱，九包，四八七〇二號，嘉慶二十一年七月二十九日，陳預奏摺錄副。

42 《宮中檔》，第二七二七箱，五包，一〇四四號，道光十七年六月初二日，經額布奏摺。

河縣離卦教信徒張東瞻，張東瞻告以人要行好，今生不如人，須修來生，見了透天真人，即能躲過輪迴，不遭刀兵。張東瞻又告以「人得太乙之氣而生性，父母呼吸之氣而生命。」

直隸清河縣人尹老須拜田蓋忠為師入離卦教時，田蓋忠即告以「性是無生父母所給，無生父母住在三十三天中黃天，名為真空家鄉。」離卦教相信人類的生命是得自父母，而人性則為無生父母所賜，無生父母所住黃天，就是真空家鄉。當尹老須向離卦教總當家劉功領法以後，劉功即告以無生老母曾留下兒女共有九十六億，以前青陽劫內燃燈佛收去二億，紅陽劫內釋迦佛又收去二億，現在白陽劫內彌勒佛要收十億。八卦教將世上分成三個階段，以青陽、紅陽及白陽分別代表過去、現在及未來，每個階段都由三世佛分別掌管。其宗旨主要是在宣傳劫變的思想，青陽、紅陽末期，劫變降臨，災禍重大，紅陽末劫是世上最後一次的大劫，彌勒佛是無生父母差遣下凡救度眾生的使徒，當紅陽劫過後，便進入白陽階段，亦即進入理想的未來極樂世界，返回真空家鄉。

嘉慶二十一年（1816），尹老須接管教務後，令離卦教信徒將姓名逐一開寫，每名出錢數百文，彙送尹老須家上供，將各人姓名列入單內昇至無生老母處，稱為「書丁」，宣稱死後皆可昇天，免墮地獄。教徒分為南北兩會，其中山東清平、冠縣等處的離卦教稱為南會；高塘、夏津、聊城、邱縣、堂邑等處的離卦教稱為北會，尹老須令教中謝老聞將前來「書丁」的教徒代記賬單，並書寫傳單，載明某年應有黑風劫，某年應有臭風劫，屆時即有妖獸食人。又宣稱八卦本是周文王所定，尹老須就是文王轉世，所以充當離卦教首，其長子尹明仁是武王轉世，韓老吉幫輔傳教，年近八旬，是太公轉世。

嘉慶十五年（1810），新城縣人孫申入儒門聖會，拜坎卦教頭目李榮等人為師。據孫申供稱教中徒弟功課大的將來有頭等頂兒，功課小的有二等頂兒，功課再小的有三等金頂兒，再小的也有無窮富貴。李榮等亦告訴孫申說：「現在是釋迦佛掌教，太陽是紅的，後來彌勒佛掌教，太陽是白的[43]。」道光十五年（1835）八月，坎卦教的教首劉日乾收馬剛為徒，後來馬剛接充總教頭，同教劉杰之女劉金妮為女教頭，教中宣稱劉金妮是織女星下凡，馬剛是白虎下凡，見過無生老母，並稱上年瘟疫盛行，將來收成還要不好，同遭劫運，凡信徒入教者，可以免災，亦即可以免除水火刀兵天災人禍的苦難。

## 六、結　論

清代的八卦教是因秘密教派的組織而得名，收元教、榮華會、天理教、儒門聖會、大乘教、九宮教等教派的信徒，分隸乾、坤、震、巽、坎，離、艮、兌八卦，遂有八卦教的名稱，各卦長為一教中的總當家，自行傳教，世代承襲，其中離卦教、震卦教、坎卦教的信徒較夥，勢力尤大。就其地理分佈而言，主要包括直隸、山東、河南、江蘇、山西等省所屬各州縣。直隸的八卦教信徒，主要分佈於南宮、鉅鹿、清河、肥鄉、廣平、大名、南樂、清豐、開州、長垣、雞澤、寧晉、元氏、井陘、衡水等州縣，都在直隸西南部，北緯三十八度以南與山東、河南鄰接的地區。山東省的八卦教信徒，主要分佈於臨清、館陶、冠縣、聊城、莘縣、曲阜、鄆城、金鄉、城武、單縣、滕縣、嶧縣、定陶、曹縣等州縣，亦即在山東省西部，東經一一六度以西與河北、河南、江蘇接壤的

43 《軍機處檔》，第二七五一箱，三〇包，五二五一三號，嘉慶二十二年八月初七日，景祿奏摺錄副。

地區。河南省的八卦教信徒，主要分佈於內黃、安陽、滑縣、衛輝、虞城、商邱、泌陽等州縣，與河北、山東鄰接的地區，亦即在河南的東北部。江蘇的八卦教信徒，主要分佈於豐縣、蕭縣、銅山、邳州等州縣，在江蘇的西北部，北緯三十四度以北與山東、河南鄰近的地區。此外，山西省定襄、岳陽等縣，亦破獲八卦教案件。大致而言，八卦教的信徒，主要分佈於北緯三十四度至三十八度、東經一一四度至一一六度的各州縣，由此可知其地緣關係。

八卦教的成員，包括耕種度日的農人，小本營生的商販，或出售粉皮，或販賣糧食、棉花、藥品，或開張鞋鋪，除劉儒漢曾由捐納選拔知縣，英凌霄為已革武生外，其餘多為家無恆業的貧苦民眾。八卦教信徒多能為村民消災除病，或禮拜太陽，焚香磕頭，或療治時疾，或傳授坐功運氣，身心有病的貧民偶逢治療痊癒，即拜師入教。八卦教的入教儀式，較為簡單，拜師入教後，念誦咒語歌詞，學習坐功運氣的方法，每日三次磕拜太陽，並定期上供做會。天地會入會時傳授隱語暗號，八卦教的暗號，向人拱手時，用左手大指壓住右手大指，稱本姓某。見人先說「真空」，答應說「妙」，便知是同教。

明清時期的秘密教派，大都宣傳劫變思想，青陽、紅陽、白陽，分別代表過去、現在、未來三個階段，八卦教也宣傳三世思想，附會劫變思想，以青陽為過去世，紅陽為現在世，白陽為未來世，世上經歷著三個階段的演進，人類同樣經歷各種不同的變化，遭受水火刀兵之劫，紅陽劫到來時，彌勒佛將降臨人世，濟度眾生，八卦教的總當家就是彌勒佛轉世，世人皈依八卦教，即可避免災禍；返回真空家鄉，進入未來極樂淨土。明清時期，社會多亂，生老病死，飽嘗痛苦，現實社會的變化無常，與八卦教所宣傳的劫變思想，頗相符合．因此，三劫歷轉的理論，雖然俚俗荒誕，但一般民眾都深信劫運之說，為祈求福佑，消除災病，遂拜師入教。

姑不論宗教信仰是否出於人類恐懼的情緒，或者是社會自我的啟示，但在人類文化中，宗教信仰佔著非常重要的地位，則無可置疑。人類在求生存的過程中，經常遭遇到種種困難與挫折，例如天災、人禍、疾病、死亡等問題，其中死亡是人生過程中所遭遇的最有破壞性的挫折。宗教信仰多能適時地給予人類某些程度的助力，使人類有信心的生存下去。研究宗教行為的人類學家，認為宗教的存在具有三種基本的功能，即：生存的功能、整合的功能與認知的功能。所謂生存的功能，是指宗教的信仰能彌補安慰人類在與自然奮鬥以求生存過程中所產生的挫折與憂慮心理；所謂整合的功能，是指藉宗教的信仰，能使人類社群生活得更為和諧完滿；所謂認知的功能，是指宗教信仰能維持人類認知過程的持續發展[44]。宗教信仰是在人和環境之間建立起一種聯繫，確認人與其周圍環境之間有著密切的關係，任何形式的宗教信仰，都是適應個人及社會的需要。八卦教的宗旨，主要在勸人行善，祈神保佑，以求苦業離身，解脫沉淪，求生淨土，其思想觀念與佛教的教義最相切近，一般民眾皈依八卦教，正反映他們對現實世界的失望，對未來理想世界的憧憬與渴望。當佛法宏揚於中土之際，流行於民間為人治病的舊有巫覡方術，亦逐漸發展成為具有宗教形態的道教，其經典儀式，多取法於佛教，其修真養性的途徑，則多蹈襲易經、老、莊的義理。皈依八卦教的善男信女，多因身體染患疾病，亟待醫療，八卦教的教首多能為村民治病，

44 李亦園著《信仰與文化》（臺北，巨流圖公司，民國六十七年八月），頁33。

或教人念誦「真空家鄉，無生父母」八字真言，以消災除病，或使用針灸按摩等方法，以療時疾，或傳授盤膝坐功，捲舌運氣，磕拜太陽，其修真養性消災除病的方式，與道教亦頗相近。八卦教是雜揉儒釋道的思想而產生的一個教派，儒家勸人為善，佛、道兩教也有修行懺悔的話，八卦教也教人為善修行，入教可免劫數，並不承認皈依的宗教是一種邪教，他們不了解朝廷為什麼要禁止八卦教的傳播，這正是八卦教屢禁不絕，芟而復生，野火燒不盡，春風吹又生的主要原因。探討八卦教的發展，有助於了解明清時期秘密教派衍化創生的由來。

# 呼畢勒罕

## — 從故宮博物院典藏專案檔談西藏史料

## 一、專案檔的由來

發掘檔案是重建信史的基礎工作，熟悉史料是歷史研究的必備條件，西藏和中原的關係，開始得很早，但除了正史及轉手或間接記載外，真正可以稱為第一手或直接史料的檔案，卻很有限，就清初來說，漢文檔案就不算多，乾隆五十六年九月二十八日的「寄信上諭」就指出康熙五十七、八、九等年、雍正六年，俱曾出師西藏，調派滇省兵丁都由維西一路出巴塘赴藏，所有糧運事宜，均有派定章程，戶部檔案從前因遭回祿，業已殘缺不全，川省滇省舊案自尚齊全。由上面這一段話可以知道清初戶部關於西藏的資料已被燒燬無存，四川、雲南地方檔案，或許較為齊全。雍正七年，因用兵西北，辦理軍需，事關機密，由戶部設立了一個附屬機構，叫做軍需房，雍正十年以後，改稱辦理軍機處。乾隆初年以後，軍機處組織日漸擴大，經辦文書越來越多。軍機處為了便於查考舊案，例須將經辦文書抄錄存檔。軍機處檔大致可以分為月摺包和檔冊兩大類，月摺包主要是宮中檔奏摺的抄件及其附件，內含各種文書，原來是按月分包歸檔，所以叫做月摺包；檔冊是分類記載各種文書裝訂而成的簿冊，按照檔冊的性質，大致可以分為目錄、上諭、奏事、電報、記事、專案等六類。例如隨手登記檔是屬於目錄類，就是軍機處的公文收發薄；寄信上諭或廷寄檔等屬於上諭類；議覆檔等屬於奏事類；收發電檔等屬於電報類；密記檔等屬於記事類。至於專案類，則以事為綱，逐日抄繕成冊，其每一種檔冊，僅關同一類事件，並不雜載。

國立故宮博物院現藏清代專案檔，大約可分為三類：第一類是清廷整理邊疆的檔冊，內含緬甸檔、安南檔、廓爾喀檔等；第二類是平定少數民族之亂的檔冊，內含金川檔、苗檔、勦捕逆回檔、勦滅逆番檔等；第三類是平定內地民亂的檔冊，內含東案檔、口供檔、林案供詞檔、臺灣檔等。現藏廓爾喀檔，共計十三冊，其中乾隆五十六年分共三冊，五十七年分共九冊，五十八年分一冊。就檔冊內的文書種類來說，包括寄信上諭、明發上諭、知會、咨文、稟帖、檄諭、軍機大臣奏稿，以及當事人的供詞等。後藏距離內地遙遠，清廷鞭長莫及，而廓爾喀就在後藏西南，其疆土和西藏犬牙相錯，在歷史上彼此關係密切，透過廓爾喀可以了解西藏的問題。

## 二、呼畢勒罕制度的形成

關於西藏呼畢勒罕的制度，可從專案檔內找到部分資料，例如乾隆五十七年八月二十七日，《廓爾喀檔》，頁二〇三記載說：藏內達賴喇嘛、班禪額爾德尼等呼畢勒罕示寂後，俱令拉穆吹忠作法，降神附體，指明呼畢勒罕所在。但是弊端叢生，拉穆吹忠既不能認真降神，所指呼畢勒罕所在：往往受人囑託，任意妄指，所以達賴喇嘛、班禪額爾德尼、哲卜尊丹巴呼圖克圖等都以親族世襲，由一家人包辦，蒙古、唐古忒人多不服。乾隆皇帝規定由拉穆吹忠四人認真作法，降神指出，找尋實在根基呼畢勒罕名姓若干，將其生年月日各寫一籤，放入由北京發去的金本巴瓶內令達賴喇嘛等會同駐藏大臣共同念經，對眾拈定。

## 三、西藏商上職官的設置

西藏商上是喇嘛庫藏出納之所，稱為商上，《清史稿》職官志記載商上的設置：四品仔琫三人，掌稽商上事務；四品商卓特巴三人，掌庫務；五品葉爾倉巴，掌糧務等。乾隆五十七年十二月二十七日，《廓爾喀檔》記載商上陞補情形頗詳，其商上仔琫、商卓特巴缺出，以業爾倉、協爾幫、大中譯及濟仲喇嘛陞補，業爾倉、協爾幫缺出，以希約第巴、朗仔轄、密本達本陞補。文中官名略有出入，《清史稿》中「葉爾倉巴」、「碩第巴」，《廓爾喀檔》作「業爾倉」、「希約第巴」。其餘各級職官，記載詳細，可補《清史稿》的疏漏。

## 四、西藏的貨幣資料

在專案檔內也可以找到西藏的貨幣資料。例如乾隆五十七年十二月初八日，《廓爾喀檔》頁四六談到西藏地方，向來使用銀錢，不用銅錢，中國內地的銅錢，僅行使到打箭爐而止，從打箭爐直到拉里，全是使用碎銀。西藏不用銅錢的原因，主要是由於西藏地方向來不產銅，山上沒有林木，地勢太高，不能燒煉生銅。但因西藏商上向來不鑄銀錢，全用尼泊爾的銀錢，乾隆末年，由商上鑄造銀錢，純用紋銀，正面鑄漢字「乾隆寶藏」字樣，背面鑄藏文“chan lung pa’u gtsang”字樣，邊沿鑄造年分。統一幣值（每銀一兩，易換新鑄銀錢九錢），每紋銀一兩易換新鑄銀錢六圓，易換舊鑄錢文及尼泊爾舊錢八圓。每圓重一錢五分，六圓重九錢，多出一錢作為鑄錢工本。

## 五、西藏的地理

從福康安等領兵將領的報告，可以了解西藏的地形和氣候。從西寧進入西藏，地勢很高，冬天結冰，冰塊石塊累積一起，馬足溜滑易倒，行走艱難。十二月至二、三月間，冰雪覆蓋，過了巴顏喀拉山，地勢更高，瘴氣最大，人行寸步，氣喘如牛，頭暈目眩，皮膚浮腫，冬天的冷瘴，比夏季的熱瘴更可怕。西藏本土，山上光禿，並無林木，冬天草枯水乾。後藏和尼泊爾交界地方，也是崇山峻嶺，節氣較早，勇敢善戰的索倫兵，因晝夜行軍，履襪擦損，赤腳行走，石稜擦傷兩腳，螞蝗咬腳，每個都是兩腳腫痛。當地天氣惡劣，陰雨潮濕，每天只有辰巳兩個時辰，即上午七點至十一點之間天氣稍微放晴，到了中午就開始雲霧四合，大雨如注，山巔氣寒，一到晚上，雨皆成雪，溜滑難行。到了春夏之交，天氣和暖，雪開始融化。西藏的物產，主要是稞、麥、酥油（即牛羊乳熬成的油）、奶牛、食鹽、硝磺、鉛等。乾隆年間，在西藏傭工買賣的尼泊爾人已有千百人，在尼泊爾境內有不少的西藏人販運糧食、布疋。據清軍領兵大臣巴忠指出西藏向來出產食鹽，又從內地販運銀子及茶葉，尼泊爾人很需要這些貨品，所以常來西藏購買。西藏喇嘛丹津班珠爾也說西藏向來是把食鹽拿來交換尼泊爾的粳米，粳米是晚熟的稻米。由此可知西藏和尼泊爾關係的密切。《廓爾喀檔》記載乾隆五十六年的物價，西藏商上糧米，定價每石約銀二兩，麥子每石價銀一兩四錢八分，青稞每石價銀一兩七錢四分，這些都是珍貴的經濟史料。

《廓爾喀檔》記載貿易抽稅情形頗詳細，據載：「濟嚨、聶拉木抽收稅課無多，向定則例，凡巴勒布商民運米在邊界售賣者，每米一包，抽取一木碗，每年約收稅米一百數十石，俱運交大昭，以備攢昭念經之用，唐古忒番民零星販出邊界，鹽觔每包亦抽取一木碗，該營官復將鹽觔向巴勒布商人易換製辦藏香之香料及紙張菓品等物，運交商上。至巴勒布商民販運來藏各物，除米石外，其餘並不在邊界納稅，祇由該營官記名包數稟知商上，貨物到藏，不論粗細，每包止納銀錢一圓，即金花緞疋、珊瑚、珠子、蜜蠟、細軟之物，皆係按包納稅，紅花不計包數，每克納銀錢一圓。」

## 六、西藏的札蒼喇嘛

在《廓爾喀檔》內收錄了頗多的供詞，有助於了解西藏各種問題，例如羅卜藏策登的供詞，除了談到西藏與尼泊爾衝突問題外，也談到一些基本的小問題。羅卜藏策登是聚巴扎蒼喇嘛，自幼學習經典，不會打仗，不是辦事之人，而是約束各扎蒼喇嘛傳習經典的僧人。每年商上散給青稞大麥，磨作糌粑，以供每日食用。扎蒼喇嘛師徒所有穿衣日用，全靠後藏班禪額爾德尼供給，此外只有靠施主們熬茶施捨了。

《廓爾喀檔》也記載扎蒼喇嘛羅卜藏策登的父親去世後，繼父生下班禪額爾德尼和沙瑪爾巴，三人是同母異父兄弟，按照西藏的規矩，「同母生的就是親兄弟」，這是研究西藏社會的基本資料，值得重視。

## 七、《廓爾喀檔》的宗教資料

西藏人對吉祥天母的崇信，也可以從檔案中看得出來。乾隆五十七年閏四月十二日，《廓爾喀檔》，頁一二三、一二四等頁，記載西藏人因有急難，而向吉祥天母祈求指示的經過。乾隆五十六年八月初二日，尼泊爾入侵西藏，八月十九日，逼近札什倫布，濟仲喇嘛羅卜藏丹巴等起意占卜，想求吉祥天母的龍丹占卜，第二天，羅卜藏丹巴和羅卜藏策登等人在吉祥天母前占卜，寫了「打仗好」，「不打仗好」兩條，把糌粑和成丸，放入磁碗中求卜，結果占得「不打仗好」龍丹一丸，於是一面稟明仲巴呼圖克圖，一面將占卜結果，遵照吉祥天母的指示告訴大家不必打仗而各自逃散，吉祥天母兼具戰神的特性，在戰亂期間占卜祈求指示就要問吉祥天母了。

西藏既然不產銅，向來鑄造佛像所用的銅，主要是把尼泊爾商人運到西藏的各種銅器銷燬以後再鑄造佛像。根據乾隆五十七年十二月初八日，《廓爾喀檔》頁四五，「阿桂奏稿」的記載可以知道當時西藏銷燬器皿的銅價，每斤需銀六錢，不夠用的銅再到雲南吉當地方收買熟銅，每斤需銀八錢，每年鑄佛收買的熟銅至少四、五千斤，共需銀三、四千兩。

在《廓爾喀檔》乾隆五十七年八月二十七日，頁二〇七，偶爾也談到佛教的教義思想，大意說：佛法當以施捨為心，錢財貨幣皆係身外之物，在俗家尚且不應該吝惜，出家人以空寂為務，更不容吝惜，當知六波羅密中施捨為第一。

西藏本土不能鑄造佛像，向來鑄造佛像的匠作多半是尼泊爾人。乾隆皇帝傳諭把尼泊爾人裡面鑄造佛像的匠作編戶為民，列入編戶，否則藏內不能鑄造佛像，亦無不可，因為佛法空寂本無色相，不必講究其形式。乾隆五十七年九月初三日，寄信上諭內指出西藏喇嘛向來不肯自戕，認為服毒自殺或其他方式自戕身死的人必致墮入惡趣，不能轉生。所謂惡趣，就是惡道，指地獄、餓鬼、畜生三道。紅帽喇嘛沙瑪爾巴勾引尼泊爾入侵西藏，是佛教罪魁，乾隆皇帝指示不准他轉世傳衣缽，沙瑪爾巴廟內前輩紅帽喇嘛江阿娃鍍金大銅像及鍍金沙瑪爾巴大小銅像，都下令銷燬。解京物件中含有沙瑪爾巴生前供奉的釋迦銅佛一尊，高一丈六尺。陽八井廟內紅教喇嘛一百零三名，都強迫皈依黃教，乾隆皇帝認為紅教所傳習的經典，本來就和黃教相彷彿，改為黃教並非難事。皈依黃教後的喇嘛，分散於前藏各大寺，交堪布嚴加管束。

札什倫布寺是歷代班禪駐錫之地，寺院很大，地方散漫，《廓爾喀檔》記載中提到札什倫布廟前左右堆積柴薪很多。在經堂前樓上供奉乾隆皇帝的御容。在套塔上鑲嵌銀片、寶石等物，在金塔上鑲滿了珍寶。在十二輩班禪額爾德尼供樓上，當尼泊爾兵入侵西藏前，一寸長的鐵針千餘根掉下來，針落如雨，在塔的四周堆滿地上，傳說是塔座將被破壞的預兆。當尼泊爾兵進入西藏時，薩迦廟紅帽喇嘛呼圖克圖竟向廓爾喀投遞哈達，由此可知西藏紅教與尼泊爾的關係十分密切，似可說明當時尼泊爾通行的佛教是紅教。

## 八、西藏文化對大小金川的影響

就文化方面來說，大小金川和西藏的關係，遠較內地密切。大小金川的土司或喇嘛到西藏熬茶，學醫求經，大小金川往來文書，多用藏文書寫，番子讀書識字，多以藏經為教本。四川督撫提鎮衙門設有譯字房，繙譯大小金川文件，軍機處轉呈的金川文書，有時候是由章嘉呼圖克圖代譯。金川地名或人名，多半是唐古忒語音，繙譯時，是先將唐古忒語音，譯成滿文，然後再由滿文譯成漢字。正因為大小金川和西藏關係的密切，我們可以從《金川檔》找到一些關於西藏的史料。國立故宮博物院現存《金川檔》，起自乾隆三十六年，到乾隆四十一年止，共十三冊，都是當時辦理大小金川軍務，由軍機處彙抄的檔冊。

乾隆三十七年十二月十四日，四川總督文綬將小金川頭目薩爾甲等六名解送到北京，交刑部收禁，由軍機大臣會同刑部大臣審問，其中小金川頭目達邦是老土司澤旺手下的伴當，因小金川地方沒有醫生，所以老土司澤旺派達邦進入西藏學醫，達邦在第穆胡土克圖地方學了六年醫術。據達邦供稱：「我學的醫道也是診脈用藥，男子從左手診起，女子從右手診起，用的藥材，與內地一般，他那裡也有醫書，是西番字的，共有四種。」所謂西番字的醫書，就是藏文寫的醫書。

大小金川的喇嘛，多半到過西藏學習佛經。例如都甲喇嘛雍中澤旺，原來是金川人，從十歲開始就在舍齊寺內出家，到西藏學習經卷，乾隆十三、四年回到金川，在思都甲溝廟裡當喇嘛，有十三、四名徒弟。當清軍進兵大小金川時，喇嘛達固拉僧格奉命到西藏見達賴喇嘛，他說：「如今官兵打得緊了，幾次求將軍大人，總沒有給回信，只得去求佛爺轉求大皇帝，或者肯饒我們的命。藏裡學過經的人共有十幾個，因我年紀輕，所以叫我去的。」

西藏原始的神道教，叫做本巴教，清代官書多作「奔波教」，供奉吉祥天母，但相信符術，崇尚神異，趨向邪術，所穿衣冠黑色，後人稱之為黑教。大小金川的喇嘛，大多為奔波教喇嘛。由於金川喇嘛到西藏學習奔波教義，帶回奔波經典，使西藏的神道教也傳佈於大小金川等地。據大金川都甲喇嘛雍中澤旺供稱：「我學奔波的教，會用藥材，並長流淨水，念著經求雨。」都甲喇嘛雍中澤旺被拏解時，隨身攜帶物件包括：奔波經一卷，這卷經是早晨燒松柏枝，念了敬佛的。此外有銅鈴、鐵杵、鼓等法器及繪畫的小佛像。當清軍打下小金川時，大金川土司索諾木令都甲喇嘛雍中澤旺在噶爾丹喇嘛寺念經詛咒清軍，使清軍不利，土司命畫匠畫了一條蛇，一隻鵰，一匹馬，一個狐狸，一個豬，用五個牛角，每一個牛角配成這五樣東西，裝入牛角後埋在附近地方，挖土二三尺深，將牛角埋入土中。堪布喇嘛的法力道行都比雍中澤旺高得多。雍中澤旺供稱：「我在促浸與堪布喇嘛一同起坐，本事卻跟不上他，他學習的經典，也比我深，就是求雨本事也比我好。」據達固拉僧格供稱：「他們會咒語的，只有都甲、堪布兩個喇嘛，聽見說，擄去的人就交與都甲喇嘛問領兵的大人名字，記下念咒，所咒教人心裡迷惑，打仗不得勝，靈驗不靈驗，我就不知道了。至於下雪下雹子，他們向來會咒的，又聽得說他們會咒起雷來打人。」又供稱：「索諾木教人起事，取下頭髮指甲，每人各封一小包，上面寫了名字，交給都甲喇嘛，盛在匣內，有那個逃走的，就咒那一個。」堪布喇嘛色納木甲木燦原是革布什咱的喇嘛，在大金川住了九年，老土司莎羅奔兄弟三人都拜他為師，學習喇嘛。據他說：「這念咒總要是讐人有了他的頭髮指甲，念了還能準些，若是空念，是沒用的。」

川康邊境土司番民多相信大小金川喇嘛善用「札答」，每當官兵撲碉吃緊之際，突然疾風暴雨，雷電交作，土兵深信金川喇嘛有呼風喚雨下雪降雹的邪術，都怯而不進，必俟天晴始肯進兵。四川總督桂林等人亦指出札答邪術在番地山中用之頗有效，官兵必須以毒攻毒，使用札答回阻。清高宗乾隆皇帝鑒於大小金川詭施札答，為破其邪術，即令領兵將軍阿桂等人在番地訪求能回風止雪的喇嘛隨營聽用，並祭山祈神，以求助順。同時傳諭軍前，官兵所至之處，即將埋入土中的詛咒物件刨挖焚燬，足見喇嘛詛咒邪術迷惑兵心影響士氣的深重。

清軍征討大金川，大金川亡在旦夕，土司莎羅奔曾寄信給綽斯甲布土司，信中指出「我促浸與你綽斯甲布遵奉的是桑結靈巴楞則恩喇嘛袞珠爾佛爺所傳的遺教，兩家修的廟宇供的佛像都是一樣，你想我們促浸要是滅了的時候，你綽斯甲布還能得好嗎？」信中又說「傳這雍中奔布爾的教，就只是我促浸與你綽斯甲布兩家，我們兩家要是滅了的時候，這雍中奔布爾教就完了。」誠然，由於清軍澈底剿平大小金川，奔布教遭受最致命的打擊。

乾隆皇帝認為崇奉喇嘛，信仰佛教，原屬邊外番人舊俗，但因所奉為奔布爾邪教，於是詔諭各土司皈依黃教，修持行善，為眾生祈福。乾隆四十一年（1776）三月，清廷頒發四川各土司詔諭一道，繕寫滿漢文字，並令章嘉呼圖克圖譯出藏文，繕寫三樣，發交川省軍營，通行曉諭各土司，《金川檔》乾隆四十一年春季，頁二七七，抄錄詔諭全文，茲引一段內容如下：

> 爾等崇尚佛法，信奉喇嘛，原屬番人舊俗，但果秉承黃教，誦習經典，皈依西藏達賴喇嘛、班辰喇嘛，修持行善，為眾生祈福，自無不可，若奔布喇嘛傳習咒語，暗地詛人，本屬邪術，為上天所不佑。即如從前鄂克什土司因有詛咒鎮壓僧格桑之事，屢經兵革，若非大兵救援，幾至滅亡。又如索諾木令都角堪布喇嘛等咒詛將軍大臣，今大功告成，將軍大臣等班師奏凱，受朕重恩，而索諾木等及所用之喇嘛等俱解京共受重罪，均不能保其軀命，詛咒之不足信，欲害人而適以自害，更顯然可見矣。

乾隆皇帝取締奔波教，弘揚黃教，以統一大小金川等土司的宗教信仰。在大小金川境內，以雍中喇嘛寺的規模最為可觀，是四川邊外最大的廟宇，容納眾多喇嘛，廟宇十分華麗，如果全部拆毀，又覺可惜，乾隆皇帝命阿桂將雍中喇嘛寺銅瓦及美麗裝飾拆運京師，擇地照式建蓋，又在金川另建廣法寺，皈依黃教。

# 故宮檔案與清代臺灣史研究

## — 諭旨檔臺灣史料的價值

國立故宮博物院現藏清代檔案，除《宮中檔》硃批奏摺及《軍機處檔》月摺包的件數較多以外，各類檔冊的數量，亦相當龐大。在各類檔冊之中，又以諭旨類的檔冊為數較多。

諭旨是皇帝曉諭臣民的一種文書。清代諭旨，名目繁多，性質不同。據《欽定大清會典》記載：「凡特降者為諭；因所奏請而降者為旨；其或因所奏請而即以宣示中外者亦為諭。其式，諭曰內閣奉上諭，旨曰奉旨，各載其所奉之年月日。」諭旨就是指上諭和聖旨，其中由皇帝特降的，稱為上諭；凡須宣示全國臣民的，也叫做上諭，以內閣的名義頒降，並冠以「內閣奉上諭」字樣；凡因臣工奏請批示而頒降的，稱為旨，也叫做奉旨，都須書明所奉諭旨的年月日。內閣奉上諭又稱為明發上諭，簡稱明發。由軍機大臣擬寫的諭旨，述旨發下後交兵部由驛站馳遞，不經內閣傳抄，這類諭旨稱為寄信上諭，簡稱寄信，也叫做字寄。因軍機處在內廷隆宗門內，寄信上諭既由內廷發下，所以又習稱廷寄。

國立故宮博物院現存各類檔冊之中，諭旨類的檔冊，數量頗多。依照各類檔冊的來源，大致可以分為兩大類：一類是內閣的上諭簿；一類是軍機處的各類諭旨檔冊。依照檔冊的規格形式，可以分為方本上諭檔和長本上諭檔。依照諭旨的文書性質，可以分為明發上諭檔、寄信上諭檔、譯漢上諭檔及兼載各類諭旨的上諭檔。

兼載各類諭旨的上諭檔，其簿冊規格，形似方本，為便於區別，習稱方本上諭檔，是軍機處的重要檔冊。國立故宮博物院現存軍機處方本上諭檔始自乾隆朝，每季一冊，或二冊。嘉慶朝以降，每月增為一冊，全年十二冊，閏月另增一冊，現存各朝方本上諭檔，雖有闕漏，但其數量卻佔各類檔冊中的多數。

軍機處設於雍正七年（1729），稱為軍需房，是由戶部分設的附屬機構，其主要職掌是清廷用兵於準噶爾而密辦軍需。雍正皇帝崩殂後一度裁撤，乾隆二年（1737），軍機處恢復建置，威權日隆，軍機大臣又以大學士及各部尚書侍郎在軍機處行走，而逐漸吸收了內閣或部院的職權，其職責範圍日益擴大，軍機處遂由戶部的分支演變成為獨立的中央政治機構。其後不僅掌戎略而已，舉凡軍國大計，莫不總攬，於是逐漸取代了內閣的職權，成為清廷政令所自出之處。

軍機處方本上諭檔所抄錄的文書種類較多，主要為：寄信上諭、明發上諭、硃筆特諭、奉旨、傳諭、敕諭、軍機大臣奏稿及奏片、咨文、知會、劄文、供詞、清單等等，品類繁多。撰擬諭旨是軍機處的主要職掌，明發上諭即內閣奉上諭，例應由內閣大學士撰擬，自乾隆初年以來，不僅寄信上諭由軍機大臣撰擬，即內閣奉上諭或奉旨事件，亦由軍機大臣撰擬。

方本上諭檔因抄錄的文書種類較多，史料價值較高，有許多廷寄即寄信上諭，不准敘入本章，實錄亦未記載。此外如供詞、清單，俱極珍貴，官書因體例及篇幅的限制，多闕漏不錄。例如康熙六十年（1721）四月，朱一貴等自稱明裔，豎旗起事。清軍平定朱一貴後，刑部等衙門具題，並錄有朱一貴供詞。乾隆五十一年（1786）十一月，林爽文起事以後，軍機大臣遵旨將朱一貴聚眾抗官一案相關卷宗調取查閱。其中紅本即題本查出後摘敘略節清單，並將閩浙總督覺羅滿保、提督施世驃、總督藍廷珍等列傳副本進呈御覽。這些資料都保存在乾隆朝的方本上諭檔。據刑部等題本略節記載，朱一貴起事後，於五月初一日焚燬臺灣府治，總兵官歐陽凱等倉皇戰歿。提督施世驃統領大兵於六月十二日登舟開行，議併南路守兵，專攻中北二路。施世驃由鹿耳門登陸，進克安平。六月二十二、三等日打敗朱一貴，克復臺灣府治，朱一貴等被捕後押解入京，經刑部會同隆科多審訊定擬，朱一貴、李勇、吳外、陳印、翁飛虎、王玉全、張阿三照律凌遲處死，緣坐人犯照律分別定擬。乾隆朝方本上諭檔也抄錄了朱一貴的供詞，其內容如下：

> 我係漳州府長泰縣人，康熙五十三年，我到臺灣道衙門當夜不收。後我告退，在大目丁地方種地度日。去年知府王珍攝理鳳山縣事，他不曾去，令伊次子去收糧，每石要折銀七錢二分，百姓含怨。續因海水泛漲，百姓合夥謝神唱戲。伊子說眾百姓無故拜把，拏了四十餘人監禁，將給錢的放了，不給錢的責四十板，又勒派騷擾不已。因此，今年三月內，有李勇等尋我去說，如今地方官種種騷擾，眾心離異，我既姓朱，聲揚我是明朝後代，順我者必眾，以後就得了千數餘人，要打搶臺灣倉庫，臺灣府發官兵四五百與我們打仗，被我們殺敗。傍晚時，遊擊周應龍帶領兵丁番子前來，周應龍懸賞殺賊，番子就殺了良民四人。因此，百姓們懼怕，投順我的有二萬餘人，殺敗周應龍的兵丁。後總兵歐陽凱、副將李雲、遊擊游崇功等帶兵來戰。我們數萬人將總兵殺死，兵丁俱各潰散，進了臺灣府，佔了道衙門並倉庫。我手下李勇出來向眾人說，我姓朱，係

明朝後代，稱為義王，與我黃袍穿了，國為大明，年號永和，將手下洪鎮封為軍王〔師〕，王進才為太師，王玉全為國師，李勇、吳外、陳印、翁飛虎等封為將軍，張阿三等為都督，即派兵三千看守鹿耳門。六月十六日，大兵來攻鹿耳門，炮臺爆炸，大兵殺進，取了安平寨。我差翁飛虎等與大兵對敵，互相放炮。二十二日早，大兵駕坐三板船，分三路從沼亭等處上岸來攻，我們就敗了，各自奔散。我逃到下加冬地方，同李勇、吳外等到楊旭家去，楊旭等將我們誘拏出首等語。

對照《明清史料》後，可知前引朱一貴供詞，與《明清史料》所錄供詞，都是同一來源，而詳略不同。乾隆朝方本上諭檔所錄供詞，內容簡略，是因軍機大臣摘敘略節的要點；《明清史料》所刊供詞，則是內閣大庫保存的紅本原件，但因紅本殘破，刊本脫漏殘闕之處，例如朱一貴稱「義王」、「國為大明」、「年號永和」等字樣，俱可據方本上諭檔供詞改正。

林爽文起事以後，軍機處曾就林爽文一案，將往返文移抄錄成冊，稱為臺灣檔，是屬於軍機處專案類的檔冊，習稱專案檔。這類檔冊是以事為綱，逐日抄繕，然後按年月裝訂成冊，其每一種檔冊，僅關一類之事，並不雜載。臺北國立故宮博物院整理檔冊時，將臺灣專案檔歸入方本上諭檔內，以致軍機處專案檔內獨缺臺灣檔。清軍平定林爽文的起事，義民有不世之功。清廷為鼓舞義民，乾隆皇帝親書匾額，令福康安等描摹賞賜義民村莊，方本上諭檔亦記載匾額名稱，其中廣東客家莊賞褒忠匾額，泉州莊賞給旌義匾額。因諸羅縣義民堅守城池，被圍困數月之久，仍能保護無虞，乾隆皇帝認為「該處民人，急公嚮義，眾志成城，應錫嘉名，以旌斯邑。」乾隆五十二年（1787）十一月初二日，方本上諭檔記載軍機大臣遵旨更定諸羅縣名，擬寫：嘉忠、懷義、靖海、安順四名，進呈御覽，恭候硃筆點出，以便寫入諭旨。乾隆皇帝就「嘉忠」與「懷義」二名中，各取一字，而定名為嘉義，取嘉獎義民之義。十一月初三日，正式頒降諭旨，將諸羅縣改為嘉義縣。

清軍平定林爽文後，福康安將林爽文部眾所使用的武器解送軍機處。乾隆五十三年（1788）七月初十日，方本上諭檔記載軍機處奉旨將福康安解送的盔、甲、刀、矛等件，除竹盔、紙甲交學藝處外，其餘鐵尖、竹弓二張，撒袋連箭二付，半截刀二把，撻刀二枝，鉤鐮刀二枝，牛角叉二枝，三角叉二枝，竹篙矛二枝，竹篙鎗二枝，鳥鎗二桿，炮二個，於北京紫光閣及熱河避暑山莊萬壑松風閣每樣各貯一件，此外竹藤牌一面，貯放於紫光閣，皮藤牌一面，貯放於萬壑松風閣。由前列名目，可以說明乾隆年間臺灣地區所使用的武器已經引起清廷的重視。

人類體質外表的差異，不是造成道德和智力懸殊的原因。我國歷代以來，就是一個多民族的國家，我國的歷史文化，是各民族共同創造的。由於生活環境的不同，各少數民族都擁有保持自己獨特風俗習慣及發展自己長久使用語文的自由權利。官書檔案對臺灣原住民的稱呼，多使用「生番」字樣，但並無歧視的含意。為了求其客觀，今後可採用「內山原住民」，或「生界部落」等字樣。內山原住民對平定林爽文起事，曾作出貢獻。清軍平定亂事後，臺灣內山原住民屋鰲總社華篤哇哨等大小首領共七名，阿里山總社阿吧哩等大小首領共九名，大武壠總社樂吧紅等大小首領共六名，傀儡山總社加六賽等大小首領共八名，奉旨入京覲見，方本上諭檔將各大小首領、通事、社丁名字逐一記錄下來，留名後世，可供鉤考史實。各社大小首領在京師瞻覲期間，乾隆皇帝分別在西廠小金殿、重華宮、紫光閣等地筵宴，並賞賜物件，方本上諭檔詳載軍機大臣擬賞物件清單。其中布疋衣帽清單，主要包括：回子花布、紅花氆氌、彩色布、印花布、八絲緞、五絲緞、綾、騷鼠帽、官用緞面灰鼠皮補褂、羊皮蟒袍、紬襖、緞靴、布襪、絲線帶手巾、紅氈大褂等。所賞食物清單，包括：鹿、豬、羊、麅子、野雞、魚、掛麵、小棗、哈密瓜乾、磚茶、鹽、糖、煙等物。在賞賜物件清單中還包括各種珍玩器物，如：磁器、玻璃器、螺鈿匣、鼻煙壺、鼻煙等等。乾隆五十五年（1790）七月十六日，方本上諭檔記載臺灣內山原住民進貢給乾隆皇帝的貢單，包括：「胎鹿皮一百張，豹皮四十張，番錦一百疋，千年藤五匣，沙連茶五匣。」七月十七日，方本上諭檔記載賞給內山原住民十二名每名「漳絨一疋，五絲緞一疋，綾一疋，皮漆碗一個，火鐮一把，磁鼻煙瓶一個。」七月十九日，方本上諭檔記載賞給內山原住民首領十二名每名「磁盤一件，磁碗一件，漆茶盤一件。」以上清單是探討清代族群融和及清廷民族政策的重要文獻，值得重視。

方本上諭檔抄錄頗多軍機大臣的奏稿，各式奏稿，多屬於軍機大臣遵旨會議覆奏事件。例如福康安在兩廣總督任內曾具奏「捕盜章程並現辦巡緝事宜」一摺，於乾隆五十四年（1789）八月初一日奉旨：「軍機大臣會同核議具奏」。軍機大臣和珅等即遵旨閱看原摺，並會同酌核，逐條分析，議覆呈覽。八月初十日，奉旨：「依議」。方本上諭檔詳載軍機大臣議覆奏稿，為了便於說明史料價值，僅就其中偷渡臺灣問題，節錄於後。福康安原奏稱：

> 粵閩洋面，毗連兩省，無藉貧民，以臺灣地方膏腴，往往私行偷渡，現在實力稽查，數月以來，節據澄海縣拏獲大埔縣民黃非等五名，又該營盤獲大埔縣民陳阿為等三名，

又拏獲海陽縣民陳阿趣等七名。先後飭縣審訊，均係無業貧民，因有親屬在臺灣耕種，欲往相依。當照偷渡未成本例杖責遞籍，嚴行管束。又據海門營拏獲潮陽縣偷渡民人周淑加等十名，訊係縣民陳志儀招境同往臺灣尋覓生理，陳志儀上岸，未知去向等供。現飭該縣將已獲各犯切實嚴審，並速拏陳志儀到案，嚴行究辦。

軍機大臣針對偷渡一款，議定：「查閩粤無業貧民偷渡臺灣向來設有例禁，且臺匪甫於上年搜捕淨盡，更宜嚴加防範，剷除萌孽，以絕奸民滋事之端，現獲各犯，固應嚴審，照例定擬，嗣後尤須嚴切示禁，諄飭各守口員弁等實力稽查，無稍踈懈。」軍機大臣認為無業貧民偷渡臺灣，是奸民滋事之端，必須嚴禁。

軍機大臣會議覆奏時，必須閱看原奏，斟酌核議，其議覆奏稿，例應節錄原奏內容。因此，方本上諭檔所抄錄的奏摺，就可以補充《宮中檔》硃批奏摺及《軍機處檔，月摺包》奏摺錄副的缺漏。例如閩浙總督覺羅伍拉納等具奏「籌議設立官渡章」一摺，於乾隆五十四年（1789）十二月初一日具奏發文，原摺計約一千二百餘字。同年十二月二十一日奉硃批：「軍機大臣會該部議奏速行。」十二月二十四日，軍機大臣等議覆具奏。方本上諭檔抄錄軍機大臣奏稿全文，對照覺羅伍拉納原摺，可知軍機大臣奏稿節錄了原摺大部分的內容，連同議覆文字，合計約一千六百餘字，保留了覺羅伍拉納奏摺的重要原文，倘若硃批奏摺或奏摺錄副缺漏時，即可查閱方本上諭檔。覺羅伍拉納原奏已指出，從福建渡海來臺，其渡海正口，共設三處，如泉州府屬廈門，與臺灣鹿耳門對渡，蚶江則與鹿仔港對渡，五虎門則與淡水八里坌對渡。凡商船貨物，並搭載民人出口，俱責成福防、廈防、蚶江三廳管理，會同守口汛弁驗放。船隻抵達臺灣入口，又責成淡防、臺防、鹿港三廳會同營員稽查，其餘沿海口岸，一概不許船隻私越。淡水八尺門、彰化海豐港、嘉義虎尾溪、鳳山竹仔港等處，可容小船出入，亦經添撥汛防駐守，訪拏辦理，但偷渡積弊，仍復年辦年有，其主要原因，就是由於官渡必須給照，難免守候稽延，一經胥役之手，不無掯索留難等弊。若由正口赴商船搭載，每名索取番銀四、五圓不等，其價較昂。遂有積慣船戶、客頭於沿海小港私相招攬，每人不過番銀二、三圓，即可登舟開駕。因此，覺羅伍拉納奏請凡遇客民請照赴臺，該管廳員查驗屬實，立即給予執照。同時酌定船價，商船搭載民人，如由廈門至鹿耳門，更程較遠，每名許收番銀三圓，由南臺至八里坌，蚶江至鹿仔港，更程較近，每名只許收番銀二圓。軍機大臣等悉心會議，立定章程，使「渡海民人既無慮給照之留難，又得省搭載之繁費。」雖然未能永杜偷渡的弊端，然而軍機大臣奏稿對研究渡臺禁令沿革等問題，卻提供了第一手的原始資料。

一九九一年六月，北京中國第一歷史檔案館整理《乾隆朝上諭檔》，共十八冊，由檔案出版社出版，各冊都含有部分臺灣史料，可補國立故宮博物院現藏上諭檔的缺漏。民國八十五年十月，國立故宮博物院整理出版《清宮諭旨檔臺灣史料》，共三冊。民國八十六年十月，續出三冊。所選各件史料，均與清代臺灣史有關，取材於院藏方本上諭檔、長本上諭檔、木刻本上諭檔。內含明發上諭、寄信上諭、奉旨、軍機大臣奏稿、清單、供詞等，均依年月先後排列，屬於編年體的史料彙編，對清代臺灣史研究，提供可信度較高的珍貴直接史料。

# 社會衝突

## — 故宮檔案與清代秘密社會史研究

## 一、前　言

史料與史學，關係密切，沒有史料，便沒有史學。史學家探討歷史事件，其所依據的就是史料。大致而言，史料可以分為直接史料與間接史料，前者又稱為第一手原始史料，後者又稱為第二手或轉手史料。以檔案與官書為例，檔案是屬於直接史料，其可信度較高；官書則屬於間接史料，其可信度不及檔案。發掘檔案，抱著「有幾分證據說幾分話，有七分證據不能說八分話」的態度，使記載的歷史儘可能接近真實的歷史，就是史學家重建信史的主要途徑。

有清一代，史料浩如煙海，私家著述固不待論，即官方史料，可謂汗牛充棟。國立故宮博物院在成立之初，即以典藏文物為職志，其後由於時局遷聽徙靡常，清代檔案分散各處，惟其移運來臺者，為數仍極可觀，現藏清代檔鄴猶近四十萬件，舉凡宮中檔御批奏摺，軍機處檔月摺包與檔冊，內閣部院簿冊，清代國史館及清史館紀志表傳稿本等，品類繁多，史料價值尤高。近數十年來，由於檔案的積極整理，使清代史的研究，走上新的途徑，並為未來的研究發展，奠定良好的基礎。

秘密社會是下層社會的各種秘密組織，近年以來，中外史家研究中國秘密社會史的風氣，雖然日盛一日，不過由於資料欠缺，官書記載固然失之於隱諱，私家著述則多憑傳聞，以致對秘密社會的起源及其發展，眾說紛紜，莫衷一是，甚至牽強附會，不足採信。有清一代，秘密社會案件，層出不窮，地方官歷次查辦案件，其呈報朝廷的文卷，仍多保存，實為探討秘密社會的珍貴史料。為了要使秘密社會的歷史獲得更具體、更可信的敘述，惟有從現存的檔案中發掘新史料，掌握可信度較高的直接史料，從史料的綜合敘述與分析中重建秘密社會的信史。

## 二、國立故宮博物院的成立經過

國立故宮博物院的成立，可以追溯到古代宮廷的舊藏。我國歷代文物的收藏，因為缺乏類似現代各地博物館的組織，所以集中於宮廷。西漢的天祿閣，東漢的東觀，都是兩漢文物收藏之所。隋代宮廷有妙楷、寶蹟二臺，分藏法書及圖畫。唐代宮廷有凌煙閣、弘文館，收藏畫像及圖書。宋代崇文院祕閣是古畫、墨跡之所，此外如龍圖閣、太清樓等處，都有藏書目錄。清代宮廷文物是我國歷代宮廷的舊藏，故宮博物院就是由清宮遞嬗而來。

民國元年（1912）二月十二日，清遜帝溥儀退位，宣布共和，民國政府公佈皇室優待條款，溥儀暫居宮禁，日後移往萬壽山頤和園。民國六年（1917）七月一日，張勳復辟，破壞國體，違反優待條件。民國十三年（1924）十一月四日深夜，黃郛攝政內閣舉行攝政會議，決議將溥儀即日遷出皇宮。翌日，攝政內閣總理黃郛代表民意，修正皇室優待條款，廢除皇帝尊號，交出國璽皇宮。同日午後四時，溥儀出宮，退居什剎海醇王府，並遣散宮女、太監。

民國十三年（1924）十一月六日，查封養心殿、儲秀宮、長春宮、乾清宮等處，派員點驗公私物品，清室內務府派出紹英等四人，警察廳派出二人，警衛司令部派出二人，俱為點查委員，即由清室和民國政府合組清室古物保存委員會。同日晚間開始點驗物品，屬於公物者即由委員會保管，至於隨身用品，准由宮女、太監等人攜帶出宮。

國務院決議組織辦理清室善後委員會，以接收清宮，並函聘留學法國的李煜瀛為委員長。李煜瀛接受國務院的聘請，主張多延攬學者專家，改清宮為博物院。十一月十四日，國務院公佈辦理清室善後委員會組織條例。十一月二十日，委員長李煜瀛就職任事，辦理清室善後委員會正式成立，隨即開始分組點查清宮物品。

民國十四年（1925）九月二十九日，辦理清室善後委員會因點查工作即將告竣，為了遵照組織條例的規定，並執行攝政內閣的命令，乃開始籌備組織故宮博物院，議定設立臨時董事會和臨時理事會。董事會是監察機構，理事會是執行機構，其下轄古物、圖書兩館。同年十月十日雙十節午後二時，在乾清門內舉行開幕典禮，散會後開放展覽，故宮博物院遂正式成立，對於清宮文物的保全，貢獻至鉅。

民國二十年（1931)，九一八事變後，華北局勢動盪不安，故宮博物院為謀文物的安全，決定將文物南遷。民國二十一年(1932）十一月，故宮博物院改隸行政院。民國二十二年（1933）二月六日起，故宮博物院的文物分批南運至上海，古物陳列所、國子監及頤和園的文物，亦同時南遷。民國二十五年（1936）八月，南京朝天宮庫房落成。同年十二月八日，文物由上海再遷南京。民國二十六年（1937）一月一日，南京分院成立。七七事變發生後，北平故宮博物院的文物疏散後方，分存川黔各地。

戰後，文物由後方運回南京，古物陳列所、國子監及頤和園的文物，撥歸中央博物院籌備處收藏。民國三十七年（1948）十二月，徐蚌戰事吃緊，南京危在旦夕，故宮博物院與中央博物院籌備處理事會舉行聯席會議，決定甄選文物精品，分批遷運臺灣。民國三十八年（1949)，遷臺文物，儲存於臺中縣霧峰鄉北溝。

民國三十八年（1949）八月二十三日，故宮博物院、中央博物院籌備處、中央圖書館及教育部電影製片廠，合併組織國立中央博物圖書院館聯合管理處。民國四十四年（1955）一月，聯合管理處奉令改組為中央運臺文物聯合管理處。同年十一月十二日，又改組為國立故宮中央博物院聯合管理處，電影製片廠則由教育部撤回。

民國五十年（1961)，行政院在臺北市郊士林外雙溪為國立故宮中央博物院建築新廈。民國五十四年（1965）八月，新廈落成，行政院公佈國立故宮博物院管理委員會臨時組織規程，明定設立國立故宮博物院，中央博物院籌備處的文物，暫交國立故宮博物院保管使用。新址為了紀念國父孫中山先生百歲誕辰，所以又稱中山博物院。國立故宮博物院所保管的文物，實已代表北平故宮、瀋陽故宮及熱河避暑山莊三個故宮。

故宮博物院的成立，大致可以劃分為兩個階段：從民國十四年（1925）十月十日至民國三十八年（1949）八月二十二日為北平故宮博物院時期；從民國三十八年（1949）八月二十三日起為國立故宮博物院時期。國立故宮博物院在士林外雙恢復建置之初，專業單位僅有古物、書畫兩組。民國五十七年（1968）七月，奉准增編為器物、書畫、圖書文獻三處，及展覽、出版、登記三組。

故宮博物院成立之初，對各處有系統的儲藏，仍存其舊，文物南遷時，對於選件工作，並無困難，首先裝運展覽室中的展品，次及各集中地點的文物，然後分赴各宮殿，作最後的選提，所以當時南遷文物，數量既多，精品盡數包括在內。文物遷臺時，本院工作同仁，有曾參與當時南遷工作者，對於箱中文物情形，瞭如指掌，故能於匆忙之中將南遷文物精品，全部提檢運臺，由此可知存臺文物，其數量雖較南遷時為少，而精華遂盡萃於此。國立故宮博物院現藏器物，包括銅器、瓷器、玉器、漆器、珐瑯、文具、雕刻、雜項等約六萬餘件；書畫部分包括法書、名畫、圖像、碑帖、成扇、織繡等約八千餘件；圖書文獻約五十六萬餘件，總計約六十餘萬件。

## 三、現藏文獻檔案的整理出版

民國十四年（1925）十月，北平故宮博物院正式成立後，在圖書館下設文獻部，定南三所為辦公處，開始集中宮內各處檔案。同年十二月，提取東華門外宗人府玉牒及檔案，存放於寧壽門外東西院。民國十五年（1926）一月，向國務院接收清軍機處檔案，移存大高殿。二月，開始整理軍機處檔案。八月，提取內務府檔案，存放於南三所。十二月，提取壽皇殿清代帝后像攝影。

民國十六年（1927）一月，開始蒐集檔案中重要史料，預備刊行叢編。同年十月十日，在乾清門舉行紀念大會，開放大高殿，展覽檔案。十一月，改文獻部為掌故部。民國十七年（1928）一月，出版掌故叢編。六月，接收清史館。民國十八年（1929）三月，改掌故部為文獻館。八月，開始整理宮中檔案及內務府檔案。

九月，接收清代刑部檔案，移存大高殿。十月，清史館檔案移存南三所。十一月，清史館起居注稿本移存南三所。十二月，開始編輯清代文字獄檔，整理清史館檔案，壽皇殿方略移存大高殿。民國十九年（1930）一月，清代軍機處檔案目錄出版，影印出版籌辦夷務始末。三月，實錄庫漢文實錄及起居注冊移存大高殿，掌故叢編改名文獻叢編。六月，清理皇史宬實錄，出版史料旬刊。八月，整理乾清宮實錄。

民國二十年（1931）一月，開始整理內閣大庫檔案。二月，在內閣大庫檔案中發現滿洲入關前的滿文原檔及清太祖武皇帝實錄。五月，開始編輯清代嘉慶朝外交史料，清代文字獄檔第一輯出版。八月，開始編印清代三藩史料。十月，開始編輯清代光緒朝中日交涉史料。十二月，清代外交史料嘉慶朝第一冊出版。民國二十一年（1932）一月，內務府各司檔案由秘書處移交文獻館，出版清乾隆內府輿圖、康熙與羅馬使節關係文書。三月，出版清光緒朝中日交涉史料第一冊。十月，清光緒朝中法交涉史料第一冊開始出版。十二月，皇史宬實錄提存文獻館，開始校勘清太宗實錄。

民國二十二年（1933）二月，文物開始南運以後，文獻館的史料出版工作並未中輟，其間先後出版的史料包括清光緒朝中法交涉史料、清宣統朝中日交涉史料、朝鮮國王來書、太平天國文書、清代道光朝外交史料、內閣大庫殘本書影、多爾袞攝政日記、廣西沿邊各營駐防中越交界對汛法屯距界遠近圖、清代實錄總目、內閣庫貯舊檔輯刊、清季各國照會目錄、文獻特刊、歷代功臣像、內閣大庫現存清代漢文黃冊目錄等，對清史研究提供了珍貴的資料。

北平故宮博物院文獻館南遷的檔案計三千餘箱，其遷運來臺者，共二〇四箱，雖尚不及南遷十分之一，然各類略具。國立故宮博物院現藏清代檔案，依其來源，大致可以分為宮中檔、軍機處檔、內閣部院檔、史館檔等四大類。宮中檔的內容主要是清代歷朝君主親手批示的硃批奏摺及其附件，所謂奏摺，就是臣工進呈君主的書面報告，奏摺奉御批發還原奏人後，初無繳回宮中的規定，清世宗即位後，始命內外臣工將御批奏摺查收呈繳，嗣後繳回御批奏摺，遂成為定例。奏摺繳回後貯存於宮中懋勤殿等處，因為奏摺置放宮中，後人遂習稱御批奏摺為宮中檔。

雍正七年（1729），清廷因用兵於準噶爾，一切軍務，事關機密，經戶部設立軍需房，其後改稱辦理軍機處，簡稱軍機處。乾隆年間以降，軍機大臣的職責範圍擴大，軍機處遂由戶部的附設機構，演變為獨立的中央統治機構，國立故宮博物院現藏軍機處檔案，主要可分為月摺包與檔冊兩大類，前者多為奏摺錄副存查的抄件及咨呈、稟文、知會、照會等文書；後者則為目錄、諭旨、專案、奏事、電報等類，都是軍機處經辦事項分類抄錄的檔冊。

內閣部院檔中的滿文原檔是滿洲入關前以無圈點老滿文及加圈點新滿文記錄的檔冊，滿洲入關後，滿文原檔由盛京移至北京，由內閣掌管。內閣記載國家庶政的檔冊，主要為六科史書、絲綸簿、上諭簿、外紀簿。由內閣承宣的文書，主要為詔書、敕諭、誥命、國書等，此外，起居注冊、實錄等都是重要的官修記載。

史館檔包括清代國史館及民初清史館的史料，其內容主要為正史體例中紀、表、志、傳的各種稿本及其所咨取的各種檔案。國立故宮博物院現藏以上四大類檔案及其他雜檔，合計總數約在四十萬件以上，均屬近世罕覯的珍貴檔案資料，頗足供治清史者考研之用。

檔案的整理與出版，頗能帶動歷史的研究。近數十年來，由於檔案的不斷發現與積極整理，使清代史的研究，走上新的途徑。故宮博物院在成立之初，既以典藏文物為職志，亦以刊佈文獻為一貫的計畫。民國五十四年（1965），國立故宮博物院正式恢復建置以來，即積極進行檔案的整理工作。首先著手整理宮中檔，將奏摺按奏報年月日的順序排列，在原摺尾幅背面加鈐登錄號碼，包括件數號碼、包號、箱號。編號既定，然後摘錄事由，填明年月日及具奏人官銜姓名，先寫成草卡，經核校後，再繕正卡，並編製奏摺具奏人姓名及分類索引。宮中檔編目工作告竣後，又繼續軍機處月摺包的編目工作，按照宮中檔奏摺的編目方法，先編草卡，再繕正卡，除登錄具奏年月日外，另填明奉硃批日期，以利查檢，並編有具奏人姓名索引，並進行自動化工作，整理檢索基本資料，茲將宮中檔卡片及自動化檢索表影印如後：

| 類別 | | 編號 |
|---|---|---|

國立故宮博物院 朝檔案卡片

| 登錄總號 | | 包號 | | 箱號 | | | |
|---|---|---|---|---|---|---|---|
| 類別 | | 時間 | 年 | 月 | 日 | | |
| 題奏人 姓名 | | | | | | | |
| 題奏人 官職 | | | | | | | |
| 附件情形 | | | | | | | |
| 事由： | | | | | | | |
| 硃批： | | | | | | | |
| 顯微攝影號 | microfilm# | 出版 | | | | | |
| 原有記錄 | | | | | | | |
| 附註 | | | | | | | |

158　　　　莊吉發

| 文物分類號 | | CD-760812-1 |
|---|---|---|

國立故宮博物院文物資料表——文獻檔案

| | | | | | |
|---|---|---|---|---|---|
| (31)文獻類名 表① | | (32)文獻編號 | | (33)附加號 | |
| (34)品名 | 宮中檔雍正朝奏摺 | (35)版本 | | | |
| (36)頁次 | (37)影本編號 | 卷冊 | (38)卷 | (39)冊 | |
| (40)原分類編號 | | (41)存放位置 | 排　架　格　函 | | |
| (42)微縮片編號 | 至 | (43)纂輯者 | | | |
| (44)時代 | 清 | (45)質材／質地 表② | 220 | (46)形制／形式 表③ | 1 |
| (47)朝代表（年號）27 | 1.天命　2.天聰　3.崇德　4.順治　5.康熙　6.雍正　7.乾隆<br>8.嘉慶　9.道光　10.咸豐　11.同治　12.光緒　13.宣統　99.其他 | | | | |
| (48)保存現況 表⑤ | 1 | (49)語文 表28 | 1 | | |
| (50)備註 | | | | | |
| 具奏人 (51)姓名 | | 受諭（旨）者 (53)姓名 | | | |
| 具奏人 (52)官職 | | 受諭（旨）者 (54)官職 | | | |
| 發文者 (55)姓名 | | 受文者 (57)姓名 | | | |
| 發文者 (56)官職（機構） | | 受文者 (58)官職（機構） | | | |
| 時間 (59)具奏日期 | 年　月　日 | (60)奉旨日期 | 年　月　日 | | |
| 時間 (61)硃批日期 | 年　月　日 | (62)發文日期 | 年　月　日 | | |
| (63)內容摘要 | | | | | |
| (64)內容種類 | | | | | |
| (65)列傳人物姓名 | | | | | |
| 內容分類 (66)人 | | | | | |
| 內容分類 (67)事 表㉙ | | | | | |
| 內容分類 (68)地 | | | | | |
| 內容分類 (69)時 | 年　月　日 | 年　月　日 | | | |
| | 年　月　日 | 年　月　日 | | | |

填表日期：　　　填表人簽名：　　　核對人簽名：

國立故宮博物院現藏清代檔案，無論巨篇零簡，或片紙隻字，俱不失為重要史料，皆未敢輕忽，既以最佳的設備，作最妥善的保管維護，亦依照編目分類方法、建立卡片、按件入目，以提供學術研究。為便於繙檢各類檔案，特編輯出版國立故宮博物院清代文獻檔案總目、國立故宮博物院藏清代文獻傳包傳稿人名索引各一冊，標列檔冊名稱及其現存年月、冊數，傳稿、傳包亦標明姓名及編號，頗便於提件。為便利中外學人的研究，近年來陸續影印出版滿文原檔、宮中檔康熙朝奏摺、宮中檔雍正朝奏摺、宮中檔光緒朝奏摺、宮中檔乾隆朝奏摺等檔案，海內外學人利用現藏檔案撰寫專書及論文者，已指不勝屈，這是史學界值得慶幸的貢獻。

## 四、故宮檔案與清代秘密宗教研究

秘密社會是指下層社會中因未經立法而不能公開活動的各種民間組織，由於生態環境、組織形態、思想信仰及社會功能的差異，為了研究上的方便，可以劃分為秘密宗教與秘密會黨兩個範疇。所謂秘密宗教，是指雜揉儒釋道的思想而產生的各種民間教派，其共同宗旨主要在勸人燒香誦經，導人行善，求生淨土，其思想觀念，與佛教的教義最相切近。各教派多傳授坐功運氣，為村民療治時疾，其修身養性的方式，與道教頗相近似。但因各教派未經立法，並未得到官方的認可，在清代律例中詳列查禁白蓮教的條文，所以各教派的組織與活動，都是不合法的，對官方而言，各教派都是一種秘密性質的不合法宗教團體，而遭到官方的取締，各省大吏查辦教案的文卷，仍多保存，都是探討秘密宗教活動可信度最高的直接史料。

秘密宗教的教首常以治病為由，傳習宗教。雍正十年（1732）五月間，直隸趙州隆平縣查獲教首李思義以替人消災治病為由，傳習儒理教，收張茂林等人為徒。宮中檔內含有刑部尚書署理直隸總督劉於義奏摺，原摺內錄有張茂林供詞，略謂：

> 我是隆平縣人，今年肆拾玖歲了，我因兒子有病，到城裏去請醫生，遇著張重義，他說有李思義善會醫病，就請了李思義來醫，他說今年有災，有個儒理教，每日向太陽叩頭叁次，家裏要供三代宗親，早晚燒香，可以免得災難[1]。

教中姜宗亦供稱「李思義對我說今年災病很多，叫我禮拜太陽，供養祖先，方可免災。我問他的緣故，他說每日向太陽叩頭叁次，早上朝東，晌午朝南，晚上朝西，虔心叩拜，早晚燒香，供奉祖先，叫做儒理教。」署理直隸總督劉於義原摺也錄有儒理教教首李思義供詞，據李思義供稱「我是隆平縣人，今年叁拾陸歲了，從小讀書，因不得上進，就學看醫書。會貳拾肆樣針扶，還會揉掐治病。」儒理教以揉掐治病，又稱為摸摸教。

打坐運氣，修真養性，是秘密宗教常用的方法。各教派傳授坐功運氣時，多有向太陽磕頭的儀式，他們相信坐功運氣可以消災除病，延年得道，死後免入輪迴。據直隸長垣人崔士俊供稱震卦教磕拜太陽的儀式是每日早午晚三次朝拜太陽，兩手抱胸，合眼趺坐，口念「真空家鄉，無生父母」八字真言十一遍，稱為抱功，相信功成可免災難。離卦教入教時也傳授坐功運氣，嘉慶年間，山東滕縣人李平向習離卦教，現藏軍機處檔月摺包兩江總督琦善奏摺錄副含有李平供詞，在供詞內云「鼻內出氣，口內收氣，

1 《宮中檔雍正朝奏摺》，第十九輯（臺北，國立故宮博物院，民國六十八年五月），頁 826，雍正十年閏五月初六日，署理直隸總督劉於義奏摺。

早向東方，午向南方，晚向西方，一日三次朝太陽磕頭[2]。」

山東曹縣胡家莊人胡成德曾因患病求震卦教頭目徐安幗醫治，胡成德被兵役拏獲後詳細供出震卦教治療疾病的經過。軍機處檔月摺包山東巡撫陳預奏摺錄副內錄有胡成德的供詞，略謂：

> 乾隆五十一年上，我老子胡新淳因年歲荒歉，帶著家小往河南鹿邑縣楊家莊替人家種地度日，後老子病故，我到孟家莊松山家住著，賣豆腐腦營生。嘉慶十五年十二月裏，我因買賣平常，帶了女人陳氏、兒子胡小、女兒大姐仍回到曹縣胡家莊種地。十六年二月初間，我因害病，有族叔胡廣向我說有個行醫的徐師傅名叫徐安幗，在紀大幅家住著，治病狠好。二十四日，胡廣同了紀大幅，並范大皮把徐安幗請來，問了病由，徐安幗要了一股香，在我床前桌上點著，供了三杯酒，徐安幗左手指著訣，右手用兩個指頭，點在我頭上，嘴裏唸咒，念完了，叫我喝這三杯酒，過了兩天，我的病果然好了。二十六日，胡廣告訴我說：徐安幗說我人還老實，要收我做徒弟，治病行好。我當下應允，就同胡廣到紀大幅家，徐安幗叫我洗了臉，喝了茶，點著香，徐安幗左手大指、食指、小指伸起指訣，右手食指、中指伸著說是劍訣，嘴裏念著「真空家鄉，無生父母,v八字咒語，教我都依著他做。還說每日早晨、晌午、晚上念三遍，久之自有效處。若替人治病，大病念五十六遍，小病念三十六遍[3]。

2 《軍機處檔月摺包》(臺北，國立故宮博物院)，第二七四七箱，二七包，五八二一五號，道光七年十二月二十一日，兩江總督琦善奏摺錄副。

3 《軍機處檔月摺包》，第二七五一箱，二六包，五一八六五號，嘉慶二十二年六月初七日，山東巡撫陳預奏摺錄副。

各教派相信念誦咒語可以降魔驅祟，消災除病，避禍致福。針灸按摩是民間宗教常見的治病方法，例如紅陽教的教首李九擅長以針灸為人治病，病患崔五被拏獲後供出治病經過，軍機大臣英和奏摺錄有崔五供詞，其供詞略謂：

> 我係直隸通州人，年七十五歲，在本州城外周義村西邊小白村居住，種地度日。嘉慶十四年六月，我患肚疼病，叫素識的李九給我醫治，他用針將我肚臍上扎了三下，我的病好了，我就給李九磕頭，拜他為師，他叫我燒一炷香，入紅陽會[4]。

各教派也常用茶葉醫治眼疾、頭疼、心疼、傷寒、腿疾、疙疸等症狀。秘密宗教的治病方法可以稱為民俗醫療，各教派的教首幾乎都是民俗醫療的醫師。在傳統下層社會中幾乎一切的疾病都倚靠民俗醫療，其醫療體系，不僅是一套行為，而且也是一套信仰。傳統下層社會的民眾相信宗教的神聖力量，可以解釋超自然的病因，能夠無病不醫，藥到病除，例如將茶葉等物品供佛禱祝後，相信可以產生神力治療的功效。因此，秘密宗教的調治疾病兼具了世俗及神聖的醫療體系。國立故宮博物院現藏清代宮中檔、軍機處檔月摺包及各種檔冊含有相當豐富的教案資料，都是重建秘密社會信史的第一手史料。

## 五、故宮檔案與秘密會黨史研究

秘密會黨是由下層社會異姓結拜組織發展而來的秘密團體，其成員以兄弟相稱，藉盟誓維持橫的散漫關係。因清初以來，政

4 《軍機處檔月摺包》，第二七五一箱，三一包，五二六九三號，嘉慶二十二年八月十七日，英和奏摺。

府已經製訂刑律，查禁異姓結拜弟兄，所以各會黨的倡立，都與清廷律例相牴觸，各會黨的活動，都是不合法的，而遭到官方的取締。清代各省地方大吏查辦會黨案件的文卷仍多保存，國立故宮博物院現藏各類檔案內含有頗多的會黨史料，具有高度的史料價值。

秘密會黨的起源及其發展，與我國南方的社會經濟背景都有密切的關係。福建、廣東聚族而居，宗族制度較發達，各族姓之間，動輒聚眾械鬥，大姓欺壓小姓，各小姓為求自保，彼此連合抵制。宮中檔福建觀風整俗使劉師恕奏摺對異姓結拜組織的由來，奏報頗詳，其原摺略謂：

> 查泉屬七縣，晉江、南安、同安最為難治，安溪、惠安次之，永春、德化又次之。其初，大姓欺壓小姓，小姓又連合眾姓為一姓以抗之。從前以包為姓，以齊為姓。近日又有以同為姓，以海為姓，以萬為姓者。現在嚴飭地方官查拏禁止，伊等稍知斂戢，無有械鬥之事。其晉江之施家即施世綸、施世驃之族也，人丁最多，住居衙口、石下、大崙諸村，販私窩匪，強橫無比[5]。

晉江縣施姓為施琅之子漕運總督施世綸、福建提督施世驃家族。各大姓恃其既富且強，族大丁多，上與官府往來，下與書差勾結，倚其勢焰，動輒擄人勒贖，小姓受其魚肉，積憤不能平，於是連合數姓，乃至數十姓，以抵敵大姓，列械相鬥。各小姓連合時，常以「齊」、「同」、「海」、「萬」及「洪」等字為義姓。各異姓結拜組織連合時，多舉行歃血飲酒、跪拜天地盟誓及公推大哥等儀式。因此，天地會等秘密會黨就是由異姓結拜組織發展而

5 《宮中檔雍正朝奏摺》，第十四輯（臺北，國立故宮博物院，民國六十八年二月），頁 44，雍正七年十月十六日，福建觀風整俗使劉師恕奏摺。

來的各種秘密團體。乾隆朝宮中檔福建巡撫定長奏摺指出福建結會樹黨的由來，其原摺略謂：

閩省山海交錯，民俗素稱強悍，凡抗官拒捕，械鬥逞兇之案，歷所不免，近經嚴立科條，有犯必懲，此風已稍為斂戢。惟臣自抵任以來，留心訪察，知閩省各屬向有結會樹黨之惡習，凡里巷無賴匪徒逞強好鬥，恐孤立無助，輒陰結黨羽，輾轉招引，創立會名，或陽托奉神，或陰記物色，多則數十人，少亦不下一二十人。有以年次而結為兄弟者，亦有恐干例禁而並無兄弟名色者，要其本意，皆圖遇事互相幫助，以強凌弱，以眾暴寡，而被侮之人，計圖報復，亦即邀結匪人，另立會名，彼此樹敵，城鄉效尤，更間有不肖兵役潛行入夥，倚藉衙門聲勢，里鄰保甲莫敢舉首，小則魚肉鄉民，大則逞兇械鬥，抗官拒捕，亦因此而起，是結會樹黨之惡習，誠為一切奸宄不法之根源[6]。

從上面所引原檔可知地方大吏的奏摺，是探討天地會起源的重要資料。除宮中檔奏摺外，軍機處檔月摺包也含有頗多關於秘密會黨活動的奏摺錄副。乾隆年間，臺灣小刀會極其盛行，三五成群各結小刀會。福建水師提督黃仕簡奏摺錄副略謂：

緣彰邑城內兵民雜處，兵悍民強，各不相下，由來已久，而小本經紀之人歷被營兵短價勒買，遂各聯同類，藉以抵制。乾隆三十七年正月間，有大墩街民林達因賣檳榔被汛兵強買歐辱，起意邀同林六、林水、林全、王錦、葉辨、陳畝、林掌、楊奇、吳照、盧佛、盧騫、林豹、李水即李潤水、陳倪即陳霓、李學、林貴、許樊等十八人結為一會，

6 《宮中檔乾隆朝奏摺》，第二十二輯（臺北，國立故宮博物院，民國七十三年二月），頁 804，乾隆二十九年十月初八日，福建巡撫定長奏摺。

> 相約遇有營兵欺侮，各帶刀幫護，續因林達與賴焰等買柴角毆赴縣告驗，營文先後移究，始有十八王爺及小刀會之名[7]。

由前引奏摺的敘述，可以知道臺灣小刀會的成立，是為了抵制清朝營兵的肆橫凌虐擾累地方。軍機處檔月摺包內也含有多羅質郡王永瑢的奏摺錄副，永瑢議覆臺灣小刀會盛行的原因時指出：

> 查臺灣一府，地居海中，番民雜處，是以多設兵丁，以資彈壓，乃兵丁等反結夥肆橫，凌辱民人，強買強賣，打毀房屋，甚至放鎗兇鬥，以致該處居民，畏其強暴，相約結會，各持小刀，計圖抵制，是十餘年來，小刀會之舉，皆係兵丁激成[8]。

質言之，臺灣小刀會成立的背景，主要是由於清代吏治廢弛，兵丁貪黷牟利，累民斂怨所致。秘密會黨的起源，與閩粵臺灣地區的社會經濟背景有極密切的關係。因此，蒐集新資料，發掘清代檔案，比較公私記載，排比史實，從事有系統的敘述及分析，才是探討秘密會黨的起源及其發展的重要途徑。近年以來，由於檔案的公佈，使秘密會黨史的研究有了突破性的成果。

## 六、結　論

歷史記載，最主要的是人物事蹟，歷史學就是以人物作為主要的研究對象，但社會包含許多成員，歷史研究的注意力，不能

7 《軍機處檔月摺包》（臺北，國立故宮博物院），第二七七六箱，一四〇包，三三二〇六號，乾隆四十八年六月二十六日，福建水師提督黃仕簡等奏摺錄副。

8 《軍機處檔月摺包》，第二七七六箱，一四〇包，三三三二〇號，乾隆四十八年七月初一日，多羅質郡王永瑢奏摺錄副。

僅集中在少數上層社會的精英身上，而忽視下層社會的廣大群眾。近數十年來，中外史家對傳統中國歷史的研究方向，已經逐漸由上層社會的王公大臣或士紳知識分子轉移到下層社會的市井小民或販夫走卒，尤其是中國秘密社會的問題，早已引起中外史家的廣泛興趣。由於研究方向的轉變，使傳統中國歷史的研究領域，確實比以前更加擴大了。

過去由於檔案尚未開放，文獻不足，學者僅據民間流傳的幫會叢書，使用影射索隱的方法，演繹神話，牽引史事，穿鑿附會，多憑主觀臆測。影射索隱方法的最大弱點，就是忽視社會經濟背景的分析研究，以致對秘密社會的討論，始終囿於單純起源年代的考證，眾說紛紜，一直未能得到較有說服力的解釋。

檔案的整理與開放，頗能帶動歷史的研究。近數十年來，由於國立故宮博物院的積極整理檔案，對清代秘密社會史的研究，提供了珍貴的第一手原始史料。國立故宮博物院現藏宮中檔奏摺、軍機處檔月摺包奏摺錄副，除部分各部院廷臣的摺件外，主要是來自各省外任文武大臣，其內容含有非常豐富、價值極高的地方史料，包括吏治、社會、經濟、文化等方面，因此發掘檔案，掌握直接史料，結合區域史研究成果，分析社會經濟背景，就是重建秘密社會信史的主要途徑。

# 異姓結拜

## — 清代添弟會源流考

清朝入關以後，漢人紛起抵抗。南明諸王的恢復事業，雖告失敗，但秘密社會的活動卻日趨活躍，威脅清朝政權。白蓮教假藉釋氏，盛行於北方民間，揚言劫數將至，凡口誦「真空家鄉，無生父母」八字真經者，即可逢凶化吉，消除災禍。當新的千福年降臨時，即可結束人世間的罪惡，返回淨土。清仁宗「御製邪教說」曾指出「白蓮教之始，則為騙錢惑眾，假燒香治病為名，竊佛經仙籙之語。衣服與齊民無異，又無寺廟住持，所聚之人，皆失業無賴之徒，所以必統為盜賊，是又僧道之不若矣[1]。」清初諸帝，以左道惑眾，最為人心風俗之害，為杜奸萌而除亂源，故屢申邪教禁令。盛行於南方各省的秘密社會，則為一種異姓結拜團體，入會時須歃血瀝酒，跪拜天地立誓，並傳授口訣暗號，強調內部的互助，結盟拜會，秘密社會案件遂層出不窮。本文僅就現存清代宮中檔奏摺原件及軍機處月摺包奏摺錄副等檔案，以討論添弟會的起源及其活動情形，俾有助於清代秘密社會的研究。

添弟會是一種異姓結拜織，追溯天地會的起源，則有助於了解添弟會名稱的由來。清高宗乾隆四十八年，福建漳州平和縣人嚴煙即莊煙，又名嚴若海，賣布為名，渡海至臺灣。乾隆四十九

1 《清仁宗睿皇帝實錄》卷七八，頁 26。嘉慶六年正月丙午，「御製邪教說」。

年，嚴煙在溪底阿密里座傳授天地會，是年三月十五日，林爽文聞知天地會人眾勢大，利於料搶，即聽從嚴煙入會。軍平定林爽文後，嚴煙旋被拏獲。

福康安將天地會傳自何人？起自何地等項逐逐一嚴訊跟究。據嚴煙供稱「這天地會聞說是朱姓、李姓起的，傳自川內，年分久遠了。有個馬九龍糾集和尚四十八人，演就驅遣陰兵法術，分投傳教。後來四十八人內死亡不全，只有十三人，四處起會。那在廣東起會的是萬和尚，俗名徐喜，如今在那裏？實不知道。又有趙明德、陳丕、陳彪三人，從廣東惠州府來到漳州詔安縣雲霄地方傳會[2]。」嚴煙又供出首先起會的朱姓叫朱鼎元，幫同傳會的李姓，不知名字，他們兩家傳下一個洪字暗號，所以叫做洪二房，旗上書寫洪號字樣，並有五點二十一的隱語，都是取洪字的意思，此外又有木立斗世及李朱洪等暗號。傳會時是在僻靜地方設立香案，排列刀劍，令入會者在刀下鑽過，即傳給會內口號，結為弟兄。乾隆五十二年二月初五日，兩廣總督兼署廣東巡撫孫士毅以天地會歌訣內有木立斗世字樣，遂稱「匪會係起於乾隆三十二年」[3]。翁同文教授所撰「天地會隱語『木立斗世』新義」一文中指出，四字隱語並非紀念該會創立的年代，而是在隱喻明裔真主復位之世，亦即朱明之世[4]。天地會的傳授，年分久遠，可以上溯至乾隆以前。

天地會的暗號，有「三指按胸」、「喫煙喫茶俱以三指接遞」、

2 《宮中檔》，第二七七四箱，二一五包，五三四五五號，乾隆五十三年三月初六日，福康安、鄂輝奏摺。

3 《宮中檔》，第二七七四箱，二〇二包，五〇一一五號，乾隆五十二年二月初五日，孫士毅奏摺。

4 翁同文撰〈天地會隱語木立斗世新義〉，《史學彙刊》第七期，頁 186，民國六十五年七月。

「大指為天，小指為地」等手勢。在後世天地會文書內八拜中前二拜為「一拜天為父，二拜地為母」，亦即指天為父，指地為母，父天母地，故天地會又名父母會[5]。《清仁宗睿皇帝實錄》內記載福建歐狼創立父母會案件，嘉慶二十年三月二十八日上諭內以歐狼為首創立父母會名目，糾眾斂錢，奉旨即行正法[6]。歐狼又名歐品重，原籍福建漳浦，遷居霞浦縣地方。福建巡撫王紹蘭曾提審歐狼，嘉慶十九年六月間，歐狼因貧難度，稔知添弟會名目，可以斂錢使用，隨即起意結會，先後糾邀謝奶桂等三十六人，約定於六月十五日在霞浦天岐山空廟內會齊。至期，各人同拜歐狼為師，歐狼取名父母會，傳授三八二十一洪字口號。又問從那裏來？那裏去？答從東邊來，西邊去。問從那裏過？答稱橋下過。取物喫煙，俱用三指向前暗號，盟誓時宰鷄取血滴酒共飲，各人送給歐狼錢二百文而散[7]。據歐狼所供，父母會是由添弟會易名而來，但父母會的名稱起源甚早，並非始於嘉慶年間。就現存清代檔案而言，父母會名稱的出現，實早於天地會，因此，父母會也可以說是天地會的前身，而非由天地會易名而來。林爽文起事以前，臺灣即有父母會的存在，清高宗遂以天地會為藉名父母會而來。雍正六年正月十二日，諸羅縣屬相離八十里的茇仔林地方，縣民陳斌在湯完外號猴完家起意招人結父母會，每人出銀一兩，「如有父母老了，彼此幫助」，故稱為父母會。陳斌等先後糾邀二十一人入會，合計共二十三人，正月十三日，在湯完家歃血拜把結盟，共推湯完為大哥，以朱寶為尾弟，蔡祖為尾二，給與朱寶、蔡祖

5 戴玄之撰〈天地會名稱的演變〉，《南洋大學學報》第四期，頁 155，一九七〇年出版。

6 《清仁宗睿皇帝實錄》，卷三〇四，頁 24，嘉慶二十年三月甲寅上諭。

7 《宮中檔》，第二七二三箱，九四包，一七九八四號，嘉慶二十年二月三十日，王蘭紹奏摺。

緞袍各一件，帽各一頂，鞋襪各一雙，銀班指各一個[8]，結盟時，各人以針刺血滴酒設誓。三月十九日是湯完生日，欲俟人齊後寫盟書，但在十八日即被查獲。是年六月內，諸羅縣蓮池潭地方，又查獲蔡蔭結會案件，守備楊樊等先後拏獲陳卯等人。據陳卯供稱，雍正四年五月初五日，蔡蔭與陳卯等十三人結盟，以蔡蔭為大哥，未曾歃血。雍正六年三月十八日是注生娘娘生日，蔡蔭等又在蕭養家飲酒拜盟，除原來十三人外，又新添洪林生等八人，共二十一人，再行結父母會。其中周變未到，實僅二十人，仍以蔡蔭為大哥，以石意為尾弟。福建總督高其倬指出「結盟以連心，拜把以合黨，黨眾漸多，即謀匪之根。」陳斌是招人起意者，湯完為大哥，蔡蔭兩次拜把，又是為首大哥，且夥眾漸增，俱令曉示立斃杖下，其餘各按例杖責。據高其倬奏稱，臺灣父母會是由福建鐵鞭會改名而來，其原摺略謂「查臺灣地方，遠隔重洋，向因奸匪曾經為變，風習不純，人情易動，此等之事，懲治當嚴。況福建風氣向日有鐵鞭等會，拜把結盟，奸棍相黨生事害人，後因在嚴禁，且鐵鞭等名，駭人耳目，遂改而為父母會[9]。」翁同文教授指出諸羅縣父母會的聚會拜把，正日都是三月十九日，就是天地會以忌辰作為誕辰的傳統，即紀念明崇禎皇帝殉國，並藉此場合聚會拜把[10]。父母會的活動，不限於福建、臺灣，廣東亦有結父母會的案件。雍正九年九月初二日，饒平縣已革武舉余猊與陳阿幼等十三人，在海陽縣屬歸仁都橫溪鄉托稱拜父母會，歃血

8 《宮中檔，第七十五箱，第四五一包，一五二九七號，雍正六年六月初四月，常寶奏摺。原摺內湯完作猴完。

9 《宮中檔》，第七十九箱，第三二〇包，六四七〇號，雍正六年八月初十日，高其倬奏摺。

10 翁同文撰《大陽誕辰節的起源與天地會》，《史學彙刊》，第七期，頁 192，民國六十五年七月。

結盟，共推余猊為大哥[11]。余猊遣陳阿幼、陳阿蘭等分往海陽、饒平等處散帖，計劃於九月二十四日在潮州府城南門外教場聚會舉事。另遣夥黨在揭陽縣屬河婆六約地方揚言稱先年有海豐守備李傑為六約居民所害，今有其孫請兵報仇，欲行勦洗等語，以致六約居民紛紛携眷逃避。余猊、陳阿幼等被拏獲後，俱供認歃血拜盟不諱。由前舉各案，可知在林爽文起事以前，父母會已有多次結盟活動，父母會既為天地會的前身，其宗旨亦在強調內部的互助。為避官兵查拏，父母會亦易以別名，乾隆四十九年，福建巡撫雅德在漳州府所查獲的孝子會[12]，其小生質與父母會相近。

添弟會與父母會都是各種會黨的名稱之一，地方官查辦添弟會案件，始於乾隆五十一年。臺灣諸羅縣九芎林山地方，捐職州同楊文麟螟蛉長子楊光勳，又名楊功懋，楊文麟親生兒子楊媽世，又名楊功寬，楊文麟溺愛楊媽世，將楊光勳析居相離數里的石溜班房屋，每年給以銀穀。楊光勳不敷花用，父子兄弟之間時因爭財吵鬧。乾隆五十一年六月間，楊光勳糾人潛至楊文麟臥室，搬取財物，被楊媽世知覺，率眾趕走。楊光勳更加懷恨，起意結會樹黨，欲乘秋成，搶割稻穀，遂約素日相好的何慶為主謀，意欲弟兄日添，則爭鬧必勝，故稱其會為添弟會。楊媽世聞知後，亦起意結會，以防楊光勳搶鬧，另約潘吉為主謀，以楊光勳不肖，必被雷擊死，故名雷公會。添弟會內共有六七十人，立有會簿，登記入會姓名、住址[13]。署彰化縣令劉亨基辦理楊光勳械鬧一案時，會名已稱添弟會。林爽文起事以後，清廷嚴查天地會，清高

11 《宮中檔》，第七十五箱，四八七包，一七三五〇號，雍正九年十月二十二日，郝玉麟奏摺。
12 《方本上諭檔》，乾隆五十三年四月二十七日，雅德供詞。
13 《明清史料》戊編，第三本，頁 227-228，據黃仕簡奏。

宗遂以楊光勳案內所稱添弟會，明係天地會名目，劉亨基等將天地二字改為添弟字樣，換以同音的字意，欲化大為小，實屬有心取巧，希圖規避處分。地方官將天地會改作添弟會，是誰的主見，清高宗令軍機處寄信閩浙總督李侍堯等確查嚴參。李侍堯細查楊光勳械鬥案件，原卷內有臺灣鎮總兵柴大紀、臺灣道永福奏稿一件，臺灣府知府孫景燧稟文一扣，俱係添弟字樣[14]。永福被革職摯交刑部治罪時亦供稱原案文稟，俱係添弟字樣，並非擅改[15]。添弟會既非由地方官改名而來，則其存在亦必早於乾隆五十一年。閩浙總督汪志伊查辦添弟會案件時曾指出添弟會名目的起源時間，其原摺略謂「伏查添弟會名目，閩省起自乾隆四十年後，歷將著名會匪摯獲究辦，愚民稍知警惕，該匪等復改立雙刀、百子等項會名，多方誘引。」[16]原摺內僅指出閩省添弟會名目的出現時間，但由此已可知地方官辦理臺灣楊光勳械鬥一案以前，添弟會確已存在，並非將天地二字改為添弟字樣，其源流甚早。

嘉慶二十年七月，浙江巡撫顏檢查辦添弟會案件，查出民人劉奎養等聽從謝幗勳加入添弟會，並給秘書一本。據劉奎養供稱，秘書是由輾轉抄傳而來，是「康熙年間洪二和尚即萬提喜舊事」，顏檢即照復興添弟會名目，將劉奎養加重問擬斬決[17]。清仁宗以秘書內語句悖逆之處甚多，顏檢既經起獲，並未追究是何人編造，作何行用？草率完結，而降旨切責。七月二十七日，顏檢覆奏時曾指出曾率同布按兩司，將劉奎養等嚴加熬審。據劉奎養供稱，

14 《宮中檔》，第二七七四箱，二〇二包，五〇二七二號，乾隆五十二年二月二十七日，李侍堯奏摺。

15 《清高宗純皇帝實錄》，卷一三〇二，頁 28，乾隆五十三年四月丁未上諭。

16 《軍機處檔》，第二七五一箱，一五包，四九七九三號，嘉慶二十一年十月二十五日，汪志伊奏摺錄副。

17 《清仁宗睿皇帝實錄》，卷三〇八，頁 3，嘉慶二十年七月丙戌奉旨。

秘書實係謝幗勳給與，當時曾加查問，據謝幗勳云，係康熙年間洪二和尚即萬提喜舊事，相沿鈔錄。秘書內首敘夢兆，及萬提喜得夢緣由，因即編成此秘書。顏檢於覆奏摺內略謂「向來添弟會匪俱在閩粵等省居多，浙省無從追究。卷查閩省屢有咨送查辦會匪之案，咨內敘有該匪等結拜時供奉洪二和尚即萬提喜牌位之語。是萬提喜似係確有其人，久經物故，該匪等自康熙年間相沿至今，時有破獲之案，閩省俱經究辦，並非相隔百餘年，此時復行傳布（下略）[18]。」乾隆五十三年十一月間，廣東巡撫圖薩布提審天地會案犯陳丕，據陳丕供稱「小的係福建漳浦縣人，今年六十四歲，祖居雲霄山尾鄉，自幼學習拳棒，會醫跌打損傷。乾隆三十二年，聽得本縣高溪鄉觀音亭有提喜和尚傳授天地會，如入此會，大家幫助，不受人欺負，小的就與同鄉的張破臉狗去拜從提喜入會[19]。」陳丕等親自拜從提喜入會，則提喜確有其人。陳丕又供出提喜「現年六十八九歲，是漳浦縣人，俗家住在何處？是何姓氏，小的未曾問過，近年以來亦未到觀音亭去。」推算提喜年歲，當生於康熙末年。惟據陳丕指出，「天地會傳聞已久，不知始自何年何人？並非提喜倡起的。」天地會因拜天地而得名，而添弟會則因「先進者為兄，後進者為弟」，「弟兄日添，則爭鬧必勝」而得名。

乾隆末年，林爽文起事以後，清廷嚴飭閩粵各省督撫提鎮查拏會黨，添弟會遭遇嚴重挫折，惟其活動與發展，並未因此終止。嘉慶初年，添弟會的聲勢益盛，福建海盜蔡牽等竟與添弟會互相連絡，聲氣相通，衙役書吏及兵丁亦有入會者，州縣官往往不敢

18 《宮中檔》，第二七二三箱，九九包，一九四三二號，嘉慶二十年七月二十七日，顏檢奏摺。

19 《宮中檔》，第二七二七箱，二二三包，五五五四四號，乾隆五十三年十一月初十日，圖薩布奏摺。

查辦，會黨蔓延更廣，除臺灣、福建、廣東以外，廣西、江西、四川、浙江、雲南等省，俱有添弟會的活動，會黨人數多寡不等，少者數十人，多者數萬人。清廷為澈底查辦，曾屢飭地方官密為察訪，改扮客商，隨眾入會，暗查會黨首領的姓名、住址，逐一訪拏，以致添弟會迭有破獲。但每因地方官操切張皇，濫殺無辜，而激成事端。嘉慶七年，兩廣總督覺羅吉慶訪知廣東惠州、潮州一帶添弟會黨隨處皆有，於是親往歸善縣查辦。是年八月二十二日，覺羅吉慶奏報行抵歸善縣陸續拏獲首夥四十餘名，投出脅從者一百九十餘名，會黨亦紛紛解散。惟是月二十九日，覺羅吉慶奏報摺內則稱歸善、博羅地方，添弟會人數共有一二萬人，羊屎山內起事添弟會人數有萬餘人，官兵先後擒斬三千餘人。是年九月間，博羅會黨與永安會黨聯合祭旗起事。是年十月二十二日寄信上諭內指出廣東會黨，隨處皆有，向來並不敢謀逆，覺羅吉慶派兵搜拏，株連人眾，以致會黨心生畏懼，藉口起事。據覺羅吉慶奏單內所開附從正法民人，多達七百餘人，誅戮過多，濫及無辜，會黨遂聯合起事。十一月二十三日，奉旨，覺羅吉慶失察於前，錯謬於後，革去協辦大學士，拔去雙眼花翎，並解去兩廣總督之任，覺羅吉慶旋即自戕身故。四川省添弟會黨的人數亦極眾多，嘉慶十六年八月間，福建汀州府上杭縣人陳仁由貴州前往四川，從樂山縣赴雅州，行至犁頭灣地方時，被添弟會一二十人縛至張老五家，逼令入會，同吃血酒訂盟，經管會內名冊，據陳仁稱，名冊內含添弟會、雙刀會人名，計一萬多人，會黨首領籍貫，分隸湖廣、廣東、山東等省。清仁宗曾指出廣東省添弟會，因查拏不淨，以致蔓延於湖南等地，而有擔子會、情義會種種名目[20]。

20 《清仁宗睿皇帝實錄》，卷三五八，頁 5，嘉慶二十四年五月己巳，上諭。

福建省添弟會案件，亦層出不窮，閩浙總督汪志伊曾具摺奏明歷年查辦情形。嘉慶十五年間，查獲謝佩成等五名。十六年間，查獲賴茄等十二名。十七年間，查獲朱士達、朱海輝等十三名。十九年間，查獲張顯魯、熊毛、廣昌、喇蝌等一百一十四名。二十年間，查獲李發廣、謝奶桂等七十名。二十一年間，查獲吳萬松等七十三名。地方官查辦不力，例應降調。廣西省容縣黎樹等結拜添弟會，知縣冉基安因僅獲首夥七名，未及半數，經部議照例降二級調用。

天地會傳有拜會歌訣，入會眾人分飲鷄血酒，傳授暗號手勢。添弟會歃血盟誓的儀式，與天地會相同。嘉慶十一年三月十三日，福建晉江李文力在南平縣地方，途遇素識的老陳，糾同余幅官、余吉春、張貴仔、羅老仔、王妹仔等在南平大力口空廟內同入鄭興名為首的添弟會，會內一共二十二人。鄭興名搭起神桌，上寫萬和尚牌位，中放米斗、七星燈，及剪刀、鏡子、鐵尺、尖刀、五色布各物。入會的人，從刀下鑽過，立誓相幫。傳授開口不離木，出手不離三，取物吃煙，俱用三指向前暗號。鄭興名交給李文力舊會簿一木，內有順天字樣[21]。南會北教固不能混為一談，但白蓮教與添弟會並非不能相容，會黨立教案件，亦有破獲者。福建省及江西省龍泉、南安、贛州、寧都等地方所立陽盤、陰盤教，即為會黨與白蓮教的結合。嘉慶七年七月間，福建省建陽縣人陳淑金即陳金奴在本鄉空廟內拜吳以作為師，加入陽盤教。嘉慶十年六月二十五日，陳淑金與會黨杜世明等七人閒談，杜世明起意結會，說起舊有陰盤、陽盤二教名目，暗存天地二字，有願入陰盤教者，抄傳經本，吃齋念誦，有願入陽盤教者，傳授開口

21 《宮中檔》，第二七二四箱，八八包，一六三三〇號，嘉慶十九年八月十九日，汪志伊奏摺。

不離本，出手不離三手訣口號。二十六日，眾人偕至建陽山內空廟結會，用白紙一張寫立合同。杜世明等憶及從前江西會黨廖幹周等曾用「洪萬」二字圖記，隨於合同內編寫二十五人名字，並寫明「眾兄弟投進萬大哥洪記麾下」字樣，將洪字作為總姓，金字作為排行，以取同心堅志之意。陳淑金填名洪金鴻，杜世明填名洪金明，其餘各人俱照式將各姓名前二字，易以洪金二字。由其結拜儀式可知所謂陽盤教，即添弟會的別名，陰盤教即白蓮教，以避官方耳目，嘉慶二十年，陳淑金等被查獲。嘉慶十三年十月初八日，廣西容縣人張日華途遇黎樹，黎樹向張日華告知有韋老六起意糾邀人結拜添弟會，遇事相幫。十月初十日，在牛頭嶺三界廟結拜，一共四十人，不序年齒，推黎樹為大哥，韋老六為師傅，一同跪拜。黎樹、韋老六將刀架起，令眾人從刀下鑽過，傳授開口不離本，出手不離三暗號，分給每人紅布一塊，以為憑據，並將鷄血滴入酒內分飲。嘉慶十七年九月間，福建武平縣人劉奎養與謝幗勳閒談，謝幗勳素知添弟會秘訣，告以如遇同會人，俱有照應，可免欺凌。劉奎養應允入會，與陳斗星、李萬山、賴丙、鍾三姑、藍崇佳、劉發光、鍾四衍等同拜謝幗勳為師。謝幗勳傳授暗號，以外面布衫第二鈕釦寬著不扣，髮辮盤起，辮梢向上，及開口不離本，出手不離三要訣。謝幗勳給與劉奎養秘書一本。嘉慶十八年二月間，劉奎養邀允朱鳳光入會，朱鳳光即拜劉奎養為師，照傳暗號要訣，又將秘書給與朱鳳光照抄一本。朱鳳光本名朱鳳岡，福建汀州府武平縣人，時年二十六歲。據朱鳳光供稱，加入添弟會的好處，有人幫助，不受欺侮，互相照應。嘉慶十九年閏二月二十九日，余三仔聽從李文力糾邀，在福建省建陽縣黃墩地方結拜添弟會，同會共二十七人，各人送給李文力錢二百五十文，李文力傳授取物吃煙俱用三指向前等暗號。

廣西省來人與土著的械鬥案件，層見疊出，地方不靖，會黨的活動，極為活躍，其中思恩等府五方雜處，添弟會案件，屢經破獲。嘉慶二十年十一月初二日，遷江縣人黃有為混名黃添忘會遇巫老三，談及孤身出外，恐人欺侮，巫老三即起意結拜添弟會，以便遇事得有幫助，先後共邀得二十四人，每人出錢二百文，交給黃有為買備香燭、鷄、酒，於十一月初六日在黃有為家中會齊，共推黃有為做大哥，巫老三為師傅，並傳授暗號口訣，鑽刀飲酒而散做[22]。廣西融縣亦為會黨重要基地，嘉慶十六年十月十八日，融縣人龍超一聽從薛老五入會，共二十七人，在融縣南平空廟內結拜添弟會，以莫矜聰為大哥，薛老五為師傅，龍時雨為次師傅。龍超一在本鄉傭工度日，生活清苦。嘉慶二十一年六月初七日，龍超一與龍騰雲、黃有連、鍾亞青等閒談，各道貧苦，龍騰雲起意結拜添弟會，共邀得三十四人，六月十一日，在冒嶺村空地結拜，推龍騰雲為大哥，鍾亞青為師傅，傳授口號，鑽刀飲酒而散[23]。是月二十九日，黃有連復起意邀人拜會。兵丁入會者，亦屢見不鮮。嘉慶二十一年三月間，廣西梧州府蒼梧縣人麥老二與梧州協右營兵丁黎朝龍彼此認識，各道貧苦，黎朝龍起意興復添弟會，斂錢結拜，共邀得四十三人，在蒼梧縣屬老筑峽地方一同拜會，推麥老二為大哥，黎朝龍為師傅。麥老二拿刀架叉，令眾人鑽過，傳授口號，分飲血酒而散[24]。嘉慶二十年三月初三日，融縣人龍老四與素識的崔老七各道貧苦，崔老七熟知添弟會口號，起意結

22 《軍機處檔》，第二七五一箱，三二包，五三〇一八號，嘉慶二十二年七月二十八日，慶保奏摺錄副。

23 《軍機處檔》，第二七五一箱，三二包，五三〇二二號，嘉慶二十二年七月二十八日，慶保奏摺錄副。

24 《宮中檔》，第二七五一箱，二〇包，五〇八九六號，嘉慶二十二年二月初八日，慶保奏摺。

拜添弟會，共相幫助，共邀得二十六人。三月初六日，在土名西瓜沖空廟內結拜，其中廖雙養等八人未到場，參加盟誓等共十八人，推龍老四為大哥，崔老七為師傅，龍老四、崔老七用刀斜架為叉，令眾人從刀下鑽過，崔老七傳授暗號後，分飲血酒各散[25]。三月十六日，龍老四復邀得龍騰高等十八人，仍在原地拜會。龍老四等旋被官兵拏獲，並起出名單一紙，歌詞三本，紅綾一塊，插有竹簽，上寫「天官賜福」字様。

雲南省地處邊區，與粵省接壤。廣東曲江縣人楊憨頭曾拜高要縣人王姓為師，加入添弟會。嘉慶二十年十月，楊憨頭遷居開化府文山縣新寨塘，與楊贊相好，一同居住。嘉慶二十一年二月二十四日，楊憨頭起意結會，先後邀得朱仕榮等二十七人，二月二十八日，眾人俱至鄧七家結拜添弟會，共推楊憨頭為大爺，朱仕榮為先生。是日晚在鄧七家後園空地擺設香案，朱仕榮寫立五祖牌位，供奉桌上，桌前插刀兩把，地下挖掘大坑，入會眾人俱跳火坑，從刀下鑽至牌位前叩頭盟誓。朱仕榮寫立表文，當天焚化，各飲鷄血酒一杯。廣東王先生傳會時，每人各給紅布一塊，楊憨頭以紅布易於遺失，而令眾人將髮辮向左邊繞去挽住作為會中暗號，又傳授舉手不離三手訣，開口不離本口訣。其會簿及祝文，俱為白紙黑字，詩句聯對，文理粗鄙，大致勸人齊心，有事共相幫助等語[26]。

清初天地會最主要的特徵是在結盟時須排設香案，在神前歃血飲酒鑽刀及拜天地立誓的儀式。從添弟會結拜的儀式加以觀

25 《軍機處檔，第二七五一箱，七包，四八三〇八號，嘉慶二十一年閏六月初四日，慶保奏摺錄副。

26 《軍機處檔》，第二七五一箱，七包，四八三八二號，嘉慶二十一年六月二十七日，伯麟奏摺錄副。

察，實與天地會無異。添弟會盟誓時須將雞血滴入酒內分飲，入會的人，須從刀下鑽過，擺設香案，在神前盟誓，添弟會結盟地點多選擇在空廟的原因，就是要在神前立誓。天地會傳授暗號主要為「三指取物」、「三指按心」及「大指為天，小指為地」等手訣。添弟會亦傳授「開口不離本，出手不離三」等暗號。易言之，添弟會就是天地會，名異實同，以致清代地方官或稱天地會，或稱添弟會，彼此奏報名稱不一致。天地會或添弟會，俱屬異姓結拜弟兄的組織，其宗旨在強調內部的互助，會黨首領每藉閒談貧苦或遇事相幫免受欺侮的時機，起意結會，吸收會員，擴充勢力。朝廷制定禁止異姓結拜的律例，即以會黨為對象。天地會起源甚早，陳丕已指出天地會「並非提喜倡起的」。

浙江巡撫顏檢原摺內所稱添弟會黨等「自康熙年間相沿至今」的說法，頗值重視。清軍平定林爽文等人所領導的天地會起事以後，添弟會事實上就是天地會，惟因添弟會邀人入會，不序年齒，以先進者為兄，後進者為弟，兄弟日添，爭鬥必勝，異姓結拜兄弟的本意即在增添兄弟，因此，添弟會名稱的出現，頗具新意義。添弟會在本質上就是異姓結拜兄弟的秘密結拜團體。嘉慶初年，湖北白蓮教大規模起事，蔓延數省。海疆不靖，蔡牽等洋盜，騷擾沿海。添弟會案件，迭有破獲，會黨勢力，遭遇嚴重打擊。但添弟會的活動與發展，並未終止，添弟會或易名為仁義會[27]，或改稱三合會。嘉慶二十四年，御史黃大名條陳廣東積弊一摺已指

---

27 《軍機處檔》，第二七五一箱，三二包，五二九〇九號，嘉慶二十二年九月初七日，盧蔭溥、那彥寶奏摺。原摺內稱福建長汀縣人黃開基於嘉慶十年正月間加入鄭細觀為首之添弟會。嘉慶十九年二月初二日，黃開基料邀十三人，在順昌拜會，改名仁義會。

出「粵東三合會名目，即從前之添弟會[28]。」道光初年，三合會的勢力益盛，御史馮贊勳曾奏報廣東等省，有三合會名目，其黨分為五房，福建為長房，廣東為二房，雲南為三房，湖廣為四房，浙江為五房，添弟會的活動，確實不能忽視。

28 《清仁宗睿皇帝實錄》，卷三六四，頁 15，嘉慶二十四年十一月戊辰，寄信上諭。

# 開創盛運

## ——《康熙傳》導讀

清朝入關前的歷史，稱為清前史。在清太祖努爾哈齊、清太宗皇太極的努力經營下，建立政權，國號大金。滿洲由小變大，由弱轉強。天聰十年（1636），改國號為大清。順治元年（1644），清朝勢力由盛京進入關內，定都北京，確立統治政權。宣統三年（1911）辛亥革命，清朝政權終結，共計二百六十八年，稱為清代史。在清代史的前期中，清聖祖康熙帝在位六十一年（1662-1722），清世宗雍正帝在位十三年（1723-1735），清高宗乾隆帝在位六十年（1736-1795），三朝皇帝在位長達一百三十四年，正好佔了清代史的一半，這段時期的文治武功，遠邁漢唐，稱為盛清時期，康熙、雍正、乾隆這三朝皇帝，就是所謂的盛清諸帝。

康熙帝幼承孝莊太皇太后慈訓，深悉得眾得國的治道，施政寬仁，孜孜求治，為清初政局的安定及盛運的開創，奠定了穩固的基礎。蔣兆成先生、王日根先生合著《康熙傳》詳述康熙帝的一生經歷及其偉蹟，生動地體現了這位英明仁君的謀略與膽識。康熙帝在位期間，勤政愛民，崇儒重道，澄清吏治，鞏固了清朝的統治政權，實現了多民族國家的統一。本書共十二章，蔣兆成先生撰寫第一、二、三、四、五、十二章，王日根先生撰寫第六、七、八、九、十、十一章，最後由蔣兆成先生總纂修改定稿。

康熙帝玄燁，是順治帝的第三個兒子。玄燁六歲時向父親請安，就有了效法皇父的抱負，得到順治帝的賞識。玄燁八歲踐祚，原書分析玄燁能繼承帝位，是滿族君主的傳統繼位制與漢族嫡長子世襲制相結合的產物，是清朝以皇權為核心的傳統專制政體進一步強化的結果，也是順治帝對滿族繼位制歷史發展的總結；同時，這同玄燁取得祖母孝莊太皇太后的全力支持、自身的優勢與機遇是分不開的。

為了削弱諸王貝勒的權力，避免宗室結專權，順治帝遺詔改變了幼主由宗室輔佐的傳統，特命內大臣索尼、蘇克薩哈、遏必隆、鰲拜等四位異姓勳舊重臣為輔佐。在四輔臣中，鰲拜欺君專權，結黨亂政。康熙帝少年顯英才，智除鰲拜。原書指出，康熙帝依恃太皇太后的全力支持，通過實踐，逐步熟悉國家的政務活動以及各類代表人物之間的矛盾和鬥爭。從中增長自己的知識和才幹，為由輔政過渡到親政積極創造條件。在智鬥和處理鰲拜專權案中，年輕的康熙帝已開始顯示出機智、沉著、勇敢與正直的本色。在他締造未來的偉業中，終於跨出了成功的第一步。

康熙六年（1667），玄燁十四歲，開始親政。康熙帝除掉了鰲拜集團，消滅了朝廷內部侵奪皇權的勢力後，國內仍然存在著不安定的因素。平南王尚可喜、靖南王耿精忠、平西王吳三桂，稱為三藩。在清朝統一戰爭的過程中，三藩逐步發展成為割據一方的軍閥勢力，對朝廷構成了嚴重的威脅。康熙帝目睹三藩勢焰日熾，已逐步形成尾大不掉的態勢。鑒於歷代因藩鎮勢力強大，以致危及國家存亡的嚴重歷史教訓，康熙帝親政以後，他就一直把解決三藩問題當作頭等重要的大事，他決定撤藩。三藩之亂，歷經八年。康熙帝智勇兼備，運籌帷幄，戰略部署，全面周密，終於消滅了三藩，年輕的康熙帝又經歷了一次嚴峻的考驗。

順治十八年（1661），鄭成功率軍攻佔臺灣，結束了荷蘭在臺灣三十八年的統治。從此，鄭氏政權以臺灣為根據地，以金門、廈門兩島為支點，繼續堅持著反清運動。康熙帝根據不同時期的形勢變化，交替運用軍事征剿與和平談判的兩手策略，同鄭氏政權進行了長期複雜的鬥爭。

原書指出，臺灣遠隔大洋，孤懸海外，清軍三次出征，都為風浪所阻，不果而返，這無疑地引起了清廷對繼續征剿臺灣的疑慮；長期的國內戰爭，導致瘡痍滿目，民生凋蔽，財經困乏，為了醫治戰爭創傷，清廷也需要獲得喘息時機，休養生息；而統治集團內部因鰲拜專權與激烈的派系鬥爭，更需大力整頓，以穩定統治。由此，清政府對統一臺灣的策略，就由軍事征剿轉變為和平談判。在鄭氏一方，由於臺灣正處在新開發時期，百業待興，亟需贏得時間，從事和平建設，增強實力，以待東山再起。這樣，清朝與鄭氏之間就出現了和平共處的短暫時期。清、鄭之間的和平局面，一直維持到三藩之亂，才被打破。康熙二十年（1681），鄭經逝世。馮錫範串通劉國軒，勾結鄭經諸弟，發動政變，殺害鄭克壓，十二歲的鄭克塽繼位，內部混亂，自相殘殺。康熙帝慎選帥才征臺，經過澎湖海戰，臺灣的基本軍事力量已被摧毀。康熙二十二年（1683）八月，施琅統率舟師到達臺灣，鄭克塽等納土歸降，和平就撫，臺灣正式隸屬清中央政權的行政管轄之下。

在清朝政府平定三藩之亂和統一臺灣的前後，俄羅斯的侵略勢力正在步步深入清朝黑龍江流域，嚴重地破壞著清朝的主權和領土完整。康熙帝面對俄羅斯的侵略，一方面謀求和平解決，力圖通過外交途徑同俄羅斯進行耐心的交涉；一方面周密備戰反擊，經過兩次雅克薩之戰，清軍擊潰俄軍。康熙二十八年（1689），中俄雙方正式簽訂《中俄尼布楚條約》。條約中規定中俄東段邊界以外興安嶺至海，格爾必齊河和額爾古納河為界。通過條約，清朝收回了被俄羅斯侵佔的一部分領土，制止了俄羅斯對黑龍江地區的進一步侵略，並打破了俄羅斯同厄魯特蒙古的準噶爾部噶爾丹之間的聯盟，這為後來清朝政府得以集中力量平定噶爾丹的叛亂創造了條件。

康熙初期，準噶爾部的首領噶爾丹力圖擴張自己的勢力範圍，肆意掠奪蒙古各部，不斷製造民族矛盾和民族分裂，使清朝與準噶爾部的矛盾更加尖銳。康熙二十九年（1690），康熙帝首次親征，擊潰噶爾丹於烏蘭布通。康熙三十五年（1696），康熙帝調集十萬大軍，分東、西、中三路進兵，深入瀚海，昭莫多之戰，盡殲噶爾丹精銳。康熙三十六年（1697），康熙帝親赴寧夏，第三次親征，深入沙漠，終於平定了噶爾丹。原書指出，康熙帝平定了噶爾丹分裂勢力後，同時以和睦親善的民族政策，妥善地處理清廷同蒙古諸部的關係，實現了統一漠北蒙古的目的。又在科布多、烏里雅蘇台等地派駐將軍和參贊大臣，進一步加強了對蒙古的統轄。

康熙帝面對西藏問題，實質上已不只是單純西藏一地的問題，它涉及到西藏內部教派間的矛盾鬥爭以及對西藏產生過較深影響的蒙古各部之間的矛盾鬥爭。康熙帝對西藏地方事務的直接干預，是出於對西北準噶爾部覬覦西藏的客觀形勢而作出的。康熙五十七年（1718），康熙帝增派京營滿兵，發往甘肅等地駐紮，以備調遣，任命皇十四子胤禎（胤禵）為撫遠大將軍，帶兵駐紮莊浪、甘州。康熙五十九年（1720）九月，清軍進人西藏拉薩，平定西藏。康熙六十年（1721），清朝政府組建了新的西藏地方政府，廢除了西藏地方政府中獨攬大權的第巴一職，而設置噶布倫，共同負責西藏地方行政工作，克服了自桑結嘉措和拉藏汗以來西藏行政權力過分集中的弊病，從而更有利於對西藏實行統治。原書指出，康熙帝平定西藏，清朝便徹底結束了自順治二年（1645）固始汗人藏以來蒙古諸部對西藏的佔領和統治，建立了由清朝中央政府直接控制西藏地方的政權。

康熙帝在位期間（1662-1722），重視民生經濟問題。原書指出，康熙帝雖然是清朝入關後的第二個皇帝，實際上他面對的是開國皇帝必須解決的許多問題。康熙帝意識到安定民生是施政的首務，在清初土地大量拋荒、流民成群的情況下，為迅速地實現土地與勞動力的合理結合，他採取了幾項重要措施，包括：將國家掌握的荒熟土地分歸臣民所有；禁止侵犯民人所有的土地與釋奴為民；鼓勵軍墾。康熙帝重視推行輕徭薄賦的政策，以減輕農民負擔。在國力增強之後，就致力於愛養民力的工作，實施蠲賑，在安商恤民方面，也做了大量的工作。他竭力倡導節儉的社會風氣，移風易俗，不遺餘力。正因為康熙帝竭力把保民、安民、恤民、重民等思想付諸實施，使清初的政治局面、社會經濟狀況有了很大的改觀，從而為清初盛世奠定了堅實的物質基礎與社會基礎。

康熙帝為整飭吏治、釐剔積弊，首先充實和嚴格官吏的考核制度。他考察鞭策官員的辦法，包括：引見、陛辭、出巡、密奏等，取得了許多積極的效果。在他整飭吏治中，費力最多且最具特色的，當數他表彰扶植清官的措施。他認為貪官宜懲，清官宜扶。原書指出，由於康熙帝堅持長期不懈，並採取制度建設、親自巡察與扶植清官、打擊貪官等多管齊下的辦法，及時準確地掌握了下情，並能明辨是非功過，施以獎懲，以正抑邪，使官吏受到激勵與約束，遏制了吏治的腐化趨勢。由於吏治相對澄清，正氣得以抬頭，社會相對安定，經濟日見復蘇，可以說康熙朝整飭吏治的成效為清初盛世的出現奠定了良好的基礎。

治河是貫穿康熙帝執政始終的一件大事，而漕運與治河密切相連，他在實踐中不斷總結治理淮黃的經驗，終於在治河方面取得了顯著成績。原書指出，康熙帝治河，功蓋前世。首先是他樹立了正確的、積極的戰略思想，不但要求制止水患，而且要變害為利，既安定漕運，又保證民生。康熙帝把治水當作立國之本，在戎馬倥傯之際，仍心繫河務。在國家統一之後，更親自指揮，具體指導，直至成效大顯。為了確保治河有方，他矢志鑽研治河古籍；南巡閱河過程中，曾親登堤岸，以水平儀測量水位，顯得十分內行。他深信治河上策，惟以深浚河身為要。他還形成了一整套的治河方略。他認為治水不僅在避害，同時亦可興利。可以說，康熙帝治河的成功，是膽識、毅力與勤政等多種因素共同作用的結果。

在康熙帝的執政生涯中，理學是他念念不忘的思想根基和決策指南。他諳服朱熹對儒學的注釋和闡發。他尊孔重儒，推崇程朱，可以說是理學治國。原書指出，康熙帝竭力宣揚孔孟之道所提倡的三綱五常等倫理道德教條。朱熹強調君臣父子之矩，君仁、臣忠、父慈、子孝，朋友有信，各有定矩。康熙帝深愛讀書，自然為朱熹之學所吸引。在他當政的六十一年中，精心培植了一批心腹官僚，除了李光地、湯斌、熊賜履等理學大師外，還有「力崇程朱為己任」的張伯行，「篤守程朱」的陸隴其，還有魏象樞、張廷玉、蔡世遠等，都是顯赫一時的理學名臣，是理學化解了滿漢統治者之間的芥蒂，推崇理學成為滿漢統治者的共同語言。自朱熹之後，理學經歷了五個世紀的發展，已經衰落下來。康熙帝推崇理學，同時也挽救了理學，他發揚了「經世致用」的學說，給理學注人新的生機，為理學重整旗鼓創造了條件。

晚明時期，是中西文化交流的高峰期之一，西方傳教士在其中扮演了重要的角色。中國一批儒家知識分子漸漸熱衷於在科技方面有所建樹，傳教士具有的近代科技知識，恰好成了他們渴望學到的東西。他們把這種文化交流看成是縮短中西科技差距的好途徑，並積極地把學來的科技知識運用於制定曆法，用於軍事，用於災異治理，用於安定國家。順治、康熙交替之際，反教勢力極猖獗。從平反湯若望事件中，康熙帝確立了「唯是是從」的思想。康熙帝接受西洋科學很大程度上是在於它可服務於自己的統治。原書指出，由於康熙帝在與西洋傳教士的接觸已漸漸形成了吸收其西洋文化卻不包括宗教的思想，用其所長，為了清朝的維持和發展服務，就構成了康熙帝尊教徒政策的一個重要方面。南懷仁在科學技術方面的學識優勢，很為康熙帝所賞識。南懷仁為清政府製造各種類型的新礮，在征討三藩、抗擊俄羅斯侵略以及平定噶爾丹的叛亂中發揮了很大的作用。原書指出，康熙帝排除守舊勢力的阻撓和傳統觀念的干擾，吸收西方先進的科學文化，促進了中西文化交流和中國科學文化的發展。他既不盲目排外，也不盲目崇外，在學習西方先進科學文化的同時，對西方荒誕不經的哲學和宗教理論棄而不取，一方面與西方人進行文化友好往來，一方面保持自己國家的政治獨立不受干擾，以維護國家和民族的尊嚴。

康熙帝重視騎射，康熙二十年(1681)，在承德開闢木蘭圍場，頻歲舉行。在木蘭圍獵的準備、行獵、宴賞過程中，訓練八旗官兵長途跋涉、吃苦耐勞、嫻習弓馬、嚴守紀律的素質，培養八旗官兵行軍野戰、摧鋒挫銳、協同配合、攻擊取勝的能力。經過嚴格訓練的八旗官兵，在雅克薩、烏蘭布通與昭莫多等戰役中長途遠擊，克敵制勝。在訓練過程中，康熙帝也練就了一手好武藝，培養了堅韌不拔的毅力。康熙帝重視皇子教育，他積極地讓諸皇子學習各種技藝和知識，學習的課程包括滿文、漢文、蒙文和經史等文化課，還有騎射訓練等，可謂煞費苦心。康熙帝皇子眾多，晚年，他一直被皇太子的廢立問題困擾著，諸子爭奪嗣位的激烈鬥爭，使他心情抑鬱，精力耗盡。有關康熙帝駕崩和雍正帝篡位的歷史疑案，原書做了有史實依據的分析與辨證。原書指出，康熙帝早已多病在身，康熙帝之死，並不存在暴亡的現象。康熙帝的遺詔不能懷疑是胤禛篡改的，從康熙、雍正兩朝的實錄記載看來，雍正帝繼位是合法的。胤禛自幼貼近康熙帝，對康熙帝的性格、心理及其旨意都有較深的瞭解，使康熙帝對他有個「孝誠」和「性量過人」的印象。他又能在處理國家事務的實際工作中，顯示出較強的政治魄力和膽識，獲得康熙帝的信任。因此，康熙帝把他留在身邊，讓他執行本該由康熙帝自己執行的事務。所以，胤禛在儲位鬥爭中實際上已佔據有利的地位，為他取得皇位鋪平了道路。由此看來，胤禛被康熙帝指定為自己的繼位人，是比較符合實際的。

蔣兆成先生、王日根先生合著《康熙傳》，徵引康熙朝奏摺、起居注冊、實錄等檔案官書，文獻足徵。原書以十二章的篇幅詳述康熙帝的一生經歷及其豐功偉業，生動地體現了這位傑出帝王的求實精神和出色的謀略與膽識。為人君，止於仁，康熙帝是一位仁君，他勤政愛民，崇儒重道，幾暇格物，經文緯武，統一寰宇，雖曰守成，實同開創，他開創了清初的盛運，本書作了詳盡的分析與辨證，是一本學術價值極高的歷史名著。

# 承先啓後

## ——《雍正傳》導讀

康熙帝、雍正帝、乾隆帝是盛清時期的三個好皇帝。康熙帝在位六十一年（1662-1722），雍正帝在位十三年（1723-1735），乾隆帝在位六十年（1736-1795）。

康熙帝八歲即位，雍正帝四十五歲即位，他即位之初，就能以成熟的認識制定一系列順應歷史趨勢的具體政治措施。他宵旰勤政，勇於改革，政績可觀。雍正一朝處於康熙和乾隆兩朝之間，雖然只有十三年，但是倘若缺少了雍正朝，則清朝前期的盛世，必然大為遜色。馮爾康先生著《雍正傳》，將雍正朝的歷史分為兩大階段、五大部分、十七個方面進行論述。原書第一章，皇子時代的胤禛，是他的前半生的歷史，也是原書的第一部分；原書第二至十二章，是雍正帝即位後的重要政治活動，也是原書的第二部分；原書的第十三至十五章，是雍正帝的為人、作風，也是原書的第三部分；原書第十六章，雍正帝的駕崩和遺政，是原書的第四部分；原書第十七章，總結雍正帝的一生和時代，提出了一些帶有規律性的問題，是原書的第五部分。

雍正帝胤禛是儲位鬥爭的勝利者。原書第一章指出，康熙帝不顧歷史情況，冒然冊立嫡長子胤礽為皇太子，又讓皇太子從政，植成黨羽，也讓諸皇子預政，為他們覬覦儲位創造機會，於是出現皇太子與皇帝、皇太子與兄弟間的雙重矛盾，造成皇太子再立再廢的悲劇。儲位鬥爭把胤禛捲了進去，使他的青壯年時代在黨爭中度過。胤禛最終獲得皇權，是康熙帝指定的也好，篡奪的也好，在皇室內部的紛爭中，誰上臺都包含謀奪的成分。儲位之爭，給胤禛的思想以深刻的影響，給了他豐富的政治鬥爭經驗，並在鬥爭中提出政治主張，在他繼位後，發展成為全面的施政綱領和政策，貫徹實行。

康熙朝後期，由於政治上的廢弛，社會矛盾益趨嚴重。原書第二章向讀者提供了雍正帝政治思想的概貌，作者從興利除弊的革新思想；反對朋黨，強調忠君；主張為政務實與反對沽名釣譽；捨寬仁從嚴猛；主張人治等問題分析雍正帝的政治思想。作者指出，雍正帝的「人治」，強調君主勵精圖治，重視官吏的任用得人，希望實現清明政治。

原書第三章論述雍正帝收拾允禩集團，迭興年羹堯、隆科多諸獄。作者指出，雍正帝和允禩的鬥爭，可以劃分為兩個階段：康熙朝為第一個時期，互相爭奪儲位；雍正朝是第二個時期，允禩、允禟不甘心失敗，企圖推翻雍正帝的統治，這就使得這個時期的鬥爭具有保衛皇權和奪取皇權的性質。康熙、雍正兩朝四十年儲位 — 皇位鬥爭，雍正帝把它結束了，使皇帝、宗室和一些官僚從黨爭中擺脫出來，以更多的精力從事有益於清朝政府和社會的政務。關於雍正帝的打擊朋黨，做了結論：就他個人講含有報舊恨雪新仇的成分，但更重要的是以此強化君權，使統治階級中更多的人去進行正常的政治活動，加強清朝的統治，從而保持清朝前期政治的穩定，有利於形成康雍乾較長時期的社會經濟發展和邊疆的進一步鞏固。

康熙後期，官吏貪污、錢糧短缺、國庫空虛的情況，已經相當嚴重，雍正帝要想國家強盛，就不能不把整理財政、清查賦稅列為當務之急。原書第四章論述雍正帝改革賦役、整頓吏治的經過。雍正帝明確規定了在地方清理錢糧的方針、政策和注意事項。在地方上的清查虧空，雍正元年（1723）已普遍開展起來。既要保證虧欠歸還國庫，又不許贓官得好處，雍正帝還採取了許多措施，包括：命親戚幫助賠償；禁止代賠；挪移之罰，先於侵欺；對畏罪自殺官員加重處理。在雍正帝有計劃地清查虧空的同時，遇有新的貪贓，則嚴懲不貸。雍正初年，實行耗羨歸公，其用途有三大項：一是給官員的養廉銀；二是彌補地方虧空；三是留作地方公用。雍正初年，清理錢糧虧空的另一個途徑，就是提解耗羨銀來彌補。原書指出耗羨歸公和養廉銀制度使地方政府的正稅和附加稅都制度化，支出按預計的進行，是政府在財政管理上的進步。耗羨歸公，包含解決紳衿與平民耗羨負擔不合理的問題。雍正帝認為政府、紳衿、平民三者的矛盾，肇端在不法紳衿，就希圖剝奪和限制他們的非法特權，使他們同平民一體當差。雍正帝為保護政府和平民正當權利，用剝奪紳衿的非法特權、平均賦役的辦法，使平民、紳衿、清朝政府三者間的矛盾得到一定程度的解決，維護清朝的有效統治。徭役制度的不合理久已成為必須解決的社會問題，雍正年間實行丁歸糧辦損富益貧利國的政策，也保障了丁銀的徵收。清理積欠，是雍正帝的一項政策，它的對象，包括侵佔錢糧的官員，包攬錢糧的胥吏和紳衿，拖欠賦稅的有田民戶。清欠分為清理侵欺、包攬、民欠三種類型。雍正帝的清欠，主要目標是保證政府稅收，確實收到了一定的成效。清代商品經濟發展，需要貨幣較多，因製造銅錢的主要原料黃銅生產不足，鑄錢就少，於是出現錢貴銀賤的現象。私鑄因沒有來源，所以銷毀制錢，用作原料，使制錢更加減少。雍正帝為制止私鑄，禁止使用銅器。雍正帝的政策，緩和了階級矛盾，在一定程度上整頓了吏治。他的攤丁入糧、耗羨歸公是中國賦役制度史上的重大改革，是他的革新思想的產物和體現。

原書第五章論述查抄江寧織造曹家。雍正五年（1728），雍正帝以江寧織造曹頫虧空官帑而又轉移財產的罪名，下令查抄他的家產。原書指出，雍正前期，抄了很多人的家，曹頫不過是罹罪者之一，他的官職又小，被抄家對於當時政局幾乎沒有影響，原無足深論，似乎沒有開闢專章來敘述的道理，但是抄家影響了曹家成員曹雪芹的生活、思想及其《紅樓夢》的創作。人們為了理解《紅樓夢》，很自然地要了解作者的家世，因此曹家的政治經濟地位及其被查抄，就成為引人注目的問題，因而需要對雍正帝查抄曹家作些說明。其實，抄家的原因，是雍正帝在執行整理財政、清查虧欠政策中，追索曹寅、曹頫的錢糧虧空而對曹頫採取的強制手段。雍正帝實行革新政治，整理財政是其中一項內容，且在清理財政同時整肅官吏，從這個意義上說，曹家被查抄是雍正帝新政的必然結果，也是一種政治因素在起作用。

原書第六章論述雍正帝實行重農抑末的政策。雍正帝清楚地看到戶口繁多、墾田有限而食糧不足的問題，為此設法推動農業生產，採取了許多措施，包括：授予老農頂戴、推廣耤田法、限制經濟作物的發展、墾荒、提倡社倉。社會經濟的發展，要求礦冶業的相應擴大生產，開拓手工業。雍正帝認為開礦害多利少，害怕新的生產部門的發展，衝擊崇本抑末的方針，因而堅持禁止開礦的政策。雍正帝禁止開礦，惟對採銅網開一面，允許雲南開發銅礦，在於他急需黃銅鑄造貨幣。雍正帝的崇本抑末政策，實質上是阻礙農業發展的。原書指出，雍正帝墨守歷朝政府的重農抑末的政策，違背經濟發展的要求，阻礙手工業、商業的發展，從而不利於資本主義萌芽的生長，不利於清代社會的向前發展。

原書第七章析論圍繞士人的矛盾和政治鬥爭，雍正四年（1726），經過兩次反對朋黨的鬥爭，徹底打垮了允禩集團、年羹堯集團。直隸總督李紱彈劾河南巡撫田文鏡案，引出第三次打擊朋黨事件。原書指出，雍正帝反對允禩集團、年羹堯集團，打擊的對象是一部分滿洲貴族和一部分官僚。在這些官僚中，有科舉出身的，也有非科目人，而第三次打擊朋黨，則以反對科舉入仕者為目標，李紱等人的攻訐田文鏡，具有科甲官員與非科甲官員鬥爭的性質。三次打擊朋黨的目標，歸結起來，就是雍正帝澄清官方，推行他的改革政治。雍正六年（1728），打擊科甲朋黨還沒有完全結束，湖南秀才曾靜上書川陝總督岳鍾琪，策動他反清。雍正帝嚴加審訊，廣肆株連，引出呂留良文字獄。曾靜案和呂留良案發生後，雍正帝和官員們更加注意對人們思想的控制。原書分析雍正朝的文字之禍，有著發展變化，前期是政治鬥爭的一個組成部分，後期則是加強思想統治的問題，有著不同的性質和內容。

雍正帝整頓吏治的同時，對行政機構、管理制度也相應作了一些變革，原書第八章論述軍機處的創建和奏摺制度的確立。原書指出，六科原是一個衙署，雍正帝使六科實質上隸屬於都察院，臺省合一，削弱六科諫議權，加強都察院對臣工的監察，兩者相輔相成，是強化皇權的兩個側面。雍正帝這一改制，使皇帝更加集權了。向地方派遣觀風整俗使，也是雍正帝的一個創造。觀風整俗使這個官職，是針對某省的特殊情況設置的，其使命主要是懲治不法紳衿，改變當地風俗，強化對紳衿和人民的統治。比臺省合一更影響政治的是奏摺制度的確立與全面實行。原書把奏摺制度的作用，概括為：皇帝直接處理庶務，強化其專斷權力；推行雍正朝政治的工具；控制官員的一種手段。奏摺制度的確立，其影響之大，遠超出一般衙門的興廢，它涉及到君臣間權力的分配，皇帝政令的施行，是官僚政治上的重大變化。軍機處的設立與奏摺制度的確立相輔相成，雍正帝親自批答奏摺，向軍機大臣面授機宜，天下庶務都歸他一人裁決。軍機處的設立，使它日益取代內閣的作用，使議政處名存實亡，使內閣形同虛設。雍正帝設立軍機處，加強皇權的同時，還提高了行政效率。雍正帝從維護宗族制度出發，改定有關律例。雍正帝針對原來律例中尊長卑幼名分關係而處刑不合理的問題，改定新例，既維護尊長的權力，又不允許他們恣意為非作歹，使刑律改得更加合理，使宗族在實際上具有一定的司法權。雍正帝在司法行政方面，對決囚頗為重視。地方決囚，亦需三覆奏，把處決權收歸中央，而最終是加強皇帝的司法權。雍正帝大量增設府、直隸州和州、縣等地方行政機構，府州縣官員請旨補授，削弱吏部銓選權，使皇帝進一步加強對地方行政的指導。雍正帝從中央到地方全面地調整了官制，其結果是進一步強化了皇權。

原書第九章論述雍正帝改革旗務和處理滿漢矛盾的問題。皇權與旗主權，互相矛盾，雍正帝即位以前，八旗旗主的權力，已經逐漸被削弱，原書指出，雍正帝以宗室貴冑管理都統事務的辦法，終結了下五旗私屬關係。「固山額真」，是努爾哈齊建立八旗時的老名稱，「額真」，滿語意為「主」。雍正帝為正名分，崇君主，命將「固山額真」改為「固山昂邦」，意為總管，即漢文的都統，早已不復是旗主的意思。「伊都額真」，改為「伊都章京」，意為領班。旗下不能稱為「主」，只能尊奉皇帝一個主人。雍正六年（1728），以銓法劃一為理由，將原屬於旗缺、翼缺的各部員外郎、主事、內閣中書等，一律改為公缺，既解決銓法的不公平，亦不使旗主、管主干預旗缺中任何一部分旗員的任用。雍正帝在繼位之初，急急忙忙地改革旗務，是同打擊朋黨、整頓吏治緊密結合。

雍正帝把辦宗學與削奪諸王權力，打擊宗室朋黨同時進行，以鞏固他在政治上的勝利。在八旗人員逐漸脫離生產、追逐享樂、生活窘迫的現實面，雍正帝試圖解決八旗生計問題，勸誡八旗人員節儉，堵塞錢財漏洞，發展生產增加他們的財源。他的努力收效甚微，沒能阻止旗人的腐化趨勢，旗人的生計問題依然存在。雍正帝反對華夷之辨，強調滿族統治的合理性。原書指出，雍正帝處理滿漢關係的原則：一是以八旗滿洲為立國根本，保護它，維持其生計和特權地位，防止滿人漢化；二是適當調節滿漢矛盾，打擊恣意壓迫漢人的不法旗人，重用漢人中有才能的人士。

原書第十章論述西南改土歸流與西北兩路用兵的問題，原書指出，年羹堯平定青海羅卜藏丹津的叛亂後開展屯田，興辦農業，促進少數民族地區的經濟發展。由於清朝中央政府加強對青海的治理，有利於清朝對西藏的進一步經營。雍正帝吸收了撤兵的教訓，為鞏固在西藏的統治，設駐藏大臣，正副二人，留兵二千，分駐前後藏，歸駐藏大臣統轄，是駐藏大臣制度的發端。

我國西南各省少數民族地區，元、明以來，實行土司制度，土司、土舍是大大小小的割據者。土司之間，為了爭奪土地、人畜，互相廝殺，世代為仇。土司屬民與漢民對立，往往成群結夥騷擾漢民。雍正年間，土司制度的弊端，已暴露無遺，改土歸流，已是當務之急。改土歸流時間自雍正四年（1726）開始，一直延續到雍正末年。實行的地區，為雲南、貴州、廣西、四川、湖南、湖北六省，而以雲南、貴州為主。改流的方式，以用兵為先導，以撫綏繼之。包括取消世襲土司，設置府廳州縣，派遣流官，增添營汛，建築城池，興辦學校，實行科舉，改革賦役制度等內容。改土歸流，打擊了土司割據勢力，減少了叛亂因素，加強了中央政府對邊疆的統治，它對我國多民族國家的統一、社會經濟文化的發展有著積極意義。

青海和碩特叛亂首領羅卜藏丹津逃亡準噶爾，清朝政府索取，準噶爾拒不交出，清朝與準噶爾雙方處於敵對狀態。清軍自雍正七年（1729）主動向準噶爾用兵，至雍正十二年（1734）自動停止進兵，要求議和。西北兩路用兵的失敗，應當歸咎於雍正帝的調度乖方。用兵儘管失敗了，然而仍有一定意義，清軍失敗了，也起了扼制準噶爾發展的作用，使準噶爾不能干預喀爾喀、青海和碩特和西藏的事務，雍正帝對西北邊疆的經營有其成效，可以肯定。

雍正帝對民眾運動的態度和相應政策，是他行政的重要內容。原書第十一章首先論述推行保甲和宗族制度的問題。雍正帝實行攤丁入糧制度後，停止編審，厲行保甲，包含調查戶口與維持治安兩項內容。也就是自雍正四年（1726）起，清朝政府日常控制人民的手段，主要是保甲法，設立族正，倡導孝道，使政權自上而下地支持族權，宗祠又自下而上地維護政權，加強了皇權，使清朝統治更穩固。雍正帝更定禮樂制度的目的，也是為了鞏固清朝統治。雍正帝力求移風易俗，要求官民在衣食住行、婚喪、社交等方面，遵循清朝定制，安分守己，奉公守法，防止可能發生的人民反抗和統治集團的內亂。雍正七年（1729），雍正帝命在鄉村設立鄉約，其主要任務是宣講《聖諭廣訓》，宣揚三綱五常，讓人民安分守法。丐戶、樂戶、蜑戶、世僕、伴當等賤民是歷史遺留問題，雍正帝大刀闊斧，豁除賤民，它同攤丁入糧、耗羨歸公、改土歸流等項政事一樣，是改革政治整體中的一個組成部分。在雍正初年，統治尚不穩固，特別需要民眾的支持，這也是雍正帝忙於處理賤民問題的原因。雍正年間，有農民的反對地租和賦役剝削，城市居民的搶糧，即所謂民變；有工匠的鬥爭，稱為工變；有旗下人的鬥爭，可視為旗變；還有士卒的兵變，雍正帝一概殘酷鎮壓。雍正帝高度重視白蓮教等祕密宗教的活動，把它看作隱患，以密對密，不動聲色，講求方法，消彌禍患於未形。

原書第十二章論述雍正帝對外關係與對外貿易政策。康熙帝晚年嚴禁西洋人在華傳教及華人出洋貿易，目的是為了保障社會秩序。雍正初年，基本繼承了前朝政策，把通曉西洋科技知識又願供職內廷的送到北京，禁止西洋人傳教，把傳教士驅逐到澳門，或集中於廣州。原書指出，雍正帝的驅逐傳教士，是防範他們深入民間，影響民眾思想，影響清朝的統治。與外商洽談貿易的行商，又叫洋商，或官商，雍正初年，洋行稱為十三行，設立行頭，清朝政府用行商壟斷外商的貿易。康熙帝晚年，禁止人民往南洋貿易後，使一部分人失業，無法生活。雍正年間，經福建、廣東督撫奏准開放洋禁，允許人民出洋貿易，不失為消除人民反抗的一個方法。雍正帝即位後，全部繼承了康熙朝的對俄國政策。雍正六年（1728）五月，中俄簽訂《恰克圖條約》。原書指出，雍正帝簽訂《恰克圖條約》，是為防禦俄國的侵略，保衛喀爾喀地方領土，也是為清朝解決準噶爾問題時，防止俄國干涉清朝內政的方法。

原書第十三章，論述雍正帝的文化思想與政策，孔子思想，教人各守本分，君君臣臣父父子子，三綱五常一實現，就沒有犯上作亂的，君主的統治就安穩，帝王從中受益最多。因此，雍正帝極力尊崇孔子。雍正帝繼承了康熙帝的傳統文化政策，他提倡「四書」文，也是以儒家理學為正宗。康熙帝雖然注意災異，但他認為相信祥瑞，貽譏後世。原書指出，雍正帝講求祥瑞，究其原因，一方面是他相信天人感應，另一方面是複雜的政治鬥爭的需要，雍正帝藉此打擊政敵，爭取民眾。儒釋道三教有許多共同的內容，雍正帝尊儒，以儒助佛，抬高佛教的地位。他把道家的著作歸入佛家典籍，是把道歸入於佛，含有揚佛的意思。因此，雍正帝揉合了三教，可以全面利用它們，充分發揮它們各自的御用工具的作用。雍正帝使政權與神權高度結合起來，強化了清朝政府對人民的統治。

原書第十四章論述雍正帝的用人、待人及其寵臣，雍正帝非常重視官吏的任用，他把用人看作行政的第一件大事。因此，對用人的原則、方法倍加考究，也形成他的風格和特點。他強調用人一定要得當，要因事擇人，不能因人派差事，他的方針是論才技而不限成例，用人要用人才之人。原書總括雍正帝的用人思想和實踐後指出，雍正帝為貫徹革新政治的總目標，希望有一個振作有為的官僚隊伍去執行他的政策，他重用有才能的人，為此而不顧清朝傳統的規章制度。雍正帝所重用的人多非藩邸舊人，他能夠容納持有不同政策主張的人，凡是為鞏固清朝和他的統治著想的，不管政見與他相同與否，一概寬容。雍正帝同寵臣間的關係，可以反映他的為人、用人和政治。其中怡親王允祥忠敬誠直勤慎廉明，鄂爾泰是一個政治家，有政治目光，張廷玉的文字工作和設立軍機處制度，是第一宣力的漢大臣，田文鏡監生出身，是模範督撫，李衛勇敢任事，這些王公大臣是雍正帝眷寵隆久的寵臣，他們有著共同點，這就是忠、公、能三者的兼備。

原書第十五章論述雍正帝的才識、性格與作風，雍正帝自幼接受嚴格的教育，掌握了滿文和漢文。他當皇子時間長，盡有時間讀書，登極之後，為了敷政寧人，繼續學習。他因熟於儒家典論，所以能熟練地應用它敷政寧人，教育臣下。他也很熟悉歷史，在位期間，能吸取前代經驗，改善和加強他的統治。他文思敏捷，於日理萬幾之中，親自書寫硃諭、硃批，少則數字、數十字，多則千言，文字流暢，全係政事內容，可見他的才思和從政能力相一致。雍正帝的政治才能，突出表現在三個方面：一是比較瞭解下情；二是比較瞭解自己；三是建立在這種瞭解基礎上改革政治的抱負。瞭解情況，認識自己，就可以制定比較切合實際的施政綱領、方針和政策，而且有能力有信心去實現。雍正帝宵衣旰食，勤理朝政，自早至晚，少有停息，堅持不懈，朝乾夕惕，勵精圖治，雍正帝是當之無愧的。雍正帝的才能、性格，對於他的政治的出現，影響重大，他的剛毅果斷，講究功效，使他在即位之初就開展革除積弊的措施，也取得一定的效果。雍正帝思維敏捷，自撰和編輯的書籍頗多，其中《上諭內閣》是把雍正帝的諭旨輯錄而成的著作。雍正帝在敕令整理《上諭內閣》的同時，又編輯《硃批諭旨》，雍正十一年（1733），刊刻成書。《硃批諭旨》所公布的文獻，經過增刪潤飾，與原來的奏摺及硃批，不盡相同。雍正帝的詩文，在乾隆年間編成《世宗憲皇帝御製文集》。《世宗憲皇帝聖訓》，於乾隆五年（1740），剞劂問世。康熙帝作「聖諭十六條」，雍正帝即位後加以說明。雍正二年（1724），刊刻頒發，題為《聖諭廣訓》，向臣民灌輸三綱五常的倫常，約束臣民的行動。《大義覺迷錄》是關於曾靜投書案和呂留良文字獄的歷史紀錄。雍正帝公布這本書，是為說明他繼承的合法。雍正六年（1728），雍正帝命儒臣採錄經史子集所載古代帝王的功德謨訓、名臣章奏和儒家聖賢語類，雍正帝親加刪定，至雍正十三年（1735）書成，名為《執中成憲》，以闡發他的儒家的政治觀點。雍正四年（1726），雍正帝把他在藩邸時編輯的《悅心集》刊刻出版，收錄歷代政治家、思想家、僧道及一般文士的著述，這本書含有告誡臣下安分守己的作用。雍正八年（1730），雍正帝和允祉等追憶康熙帝對他們兄弟的教誨，得二百四十六條，成《庭訓格言》一書。這本書既是追憶，肯定含有雍正帝的思想成分，一定程度上可以作為研究雍正帝思想的資料。《御選語錄》和《揀魔辨異錄》是雍正帝編輯的關於佛學的兩本書，都成於雍正十一年（1733）。前者是正面講道理，後者則是批駁性的。原書指出，雍正帝的著述，與他的勤政相適應，他的述作記錄了雍正一朝的政治，從繼位開始的幾次重大政治鬥爭，他那個時代的社會生活。反映了他本人的思想經歷和生活狀況。

原書第十六章論述雍正帝的生活、辭世與政治的延續。圓明園在京城西北郊，雍正帝受封雍親王前後，康熙帝把圓明園賜給了雍正帝。雍正年間，大修圓明園，完成二十八處重要建築群組的興建。與宮中一樣，分為外朝與內朝兩大部分。外朝在圓明園南部，正中為正大光明殿，是雍正帝坐朝的地方。其東側是勤政親賢殿，是雍正帝接見臣僚，批閱奏章，處理日常政務的地方。正大光明殿之南為軍機處值房，再南為內閣、六部值房。原書指出，圓明園建設了皇帝和中央政府的辦公處，成了施政之所，雍正帝並不是在此逸居遊樂。在正大光明殿之北，前湖後湖之間，是九洲清晏一大組建築群，是雍正帝寢息之所。四宜書屋建築群，四季適於居住，雍正帝常休憩於此。自雍正三年（1725）起。雍正帝來往於皇宮與圓明園，這兩處都成為清朝統治的心臟。雍正帝共有八個后妃，他的后妃，比起乃祖、乃父、乃子都少得多。雍正帝共有十個兒子，長到成年的是弘時、弘曆、弘晝、弘瞻四人。其中弘曆是皇四子，早為雍正帝秘密立為儲君，雍正十一年（1733），受封為寶親王，參預一些政務。雍正十三年（1735）八月二十三日，雍正帝駕崩。原書指出，雍正帝的死因，有三種可能：一如官書所載，因病而亡，中風死去是值得重視的說法；二為劍客所刺，此無稽之談，經不起辯駁；三是死於丹藥中毒，此說雖然頗有合於情理處，然而究屬推論，未可成為定讞。弘曆即位後，改明年為乾隆元年（1736），儲位密建法，收到了立國本以固人心的政治效果，有利於政局的穩定。遺詔中以莊親王允祿、果親王允禮、大學士張廷玉、鄂爾泰為總理事務王大臣輔佐弘曆，保證雍正帝繼嗣統治的穩定，使他的秘密立儲制度成功地實現了。乾隆帝即位初，基於理想的不同，就主張去嚴從寬，指斥獻祥瑞。原書指出，乾隆帝改變乃父一些政策的同時，仍保留了乃父創行的主要制度，即改土歸流、奏摺制度、軍機處、攤丁入糧、火耗提解與養廉銀等制度，說明乾隆朝政治與雍正朝政治有繼承性、一貫性。由此可見雍正朝政治的出現，適合了清朝統治的需要。

原書第十七章總結評論雍正帝和他的時代，雍正帝是一個奮發有為的君主，在他十三年統治中，惟日孜孜，勵精圖治，抱定宗旨，勇於革新，解決歷久相沿的弊政，在施政的各個方面實行具有他的特色的政策，在一定程度上適應了生產力發展的要求，促成吏治的相對澄清，造成國力的強盛和國家政局的安定，促進多民族國家的鞏固。雍正帝是對歷史發展作出貢獻的君主，是我國歷史上為數不多的比較傑出的帝王之一，是值得肯定的歷史人物。

雍正帝是清朝歷史承先啟後的政治家，康乾盛世，應當包括雍正朝歷史地位的肯定。康熙朝後期的弊政，倘若不是經過雍正帝的大力整飭，清朝的中衰時代，可能提早來臨。雍正朝一系列行之久遠的政策，為乾隆朝的長遠統治創造有利條件。雍正朝處於康熙和乾隆兩朝之間，康乾盛世，沒有雍正帝，必然大為遜色。馮爾康教授撰《雍正傳》，以十七章篇幅論述雍正帝的一生事蹟及其施政得失，權衡雍正帝對歷史發展的影響，不言而喻功績大於過失，雍正朝的歷史有光明面。通過《雍正傳》的閱讀，可以加深盛清歷史的理解。

# 運際郅隆

## —— 《乾隆傳》導讀

清高宗乾隆帝弘曆（1711-1799），是雍正帝胤禛第四子，在位六十年（1736-1795）。康熙帝雖然並不寵愛胤禛，但他卻十分疼愛胤禛的第四子弘曆，由愛孫而及子，在歷史上確有先例。明成祖先立朱高熾為太子，後來因不滿意，而常想更換。當廷議冊立太子時，明成祖想立漢王朱高煦。明成祖雖然不喜歡朱高熾，但他卻很鍾愛朱高熾的兒子朱瞻基。侍讀學士解縉面奏明成祖說朱高熾有好兒子，明成祖有好聖孫，這才打動了明成祖的心，最後決定立朱高熾為太子。清朝康熙帝一家的三代，有些雷同。康熙帝有好聖孫弘曆，也有好兒子胤禛，祖孫三代，都是盛清時期的三位好皇帝。

唐文基先生、羅慶泗先生合著《乾隆傳》，除前言、附錄〈乾隆帝弘曆年表〉外，全書共計五章。原書第一章〈從皇孫到初政〉，弘曆六歲就學，先後受業於庶吉士福敏、署翰林院掌院學士朱軾、編修蔡世遠等名儒。弘曆自己說「於軾得學之體，於世遠得學之用，於福敏得學之基。」樂善堂是弘曆的書齋，他把自己的讀書處命名為「樂善堂」，「蓋取大舜樂取於人以為善之意也」。雍正八年（1730）秋，年僅二十歲的弘曆，將他從十四歲以來的詩文，選出一部分，輯成《樂善堂文鈔》付梓。《乾隆傳》指出，弘曆刊刻《樂善堂文鈔》是有政治意圖的，目的在於為日後當皇帝作輿論準備。

康熙年間，皇太子再立再廢，皇子們各樹朋黨，骨肉相殘，動搖國本。為了杜絕皇位的爭奪，雍正元年（1723）八月十七日，雍正帝採行儲位密建法，在傳位詔書上親自書寫皇四子弘曆名字。儲位密建法對於穩定政局，鞏固皇權，起了正面的作用。雍正十一年（1733），弘曆受封為和碩寶親王。雍正十三年（1735）八月二十三日，雍正帝駕崩，寶親王即位，改明年為乾隆元年（1736）。乾隆帝即位後，最急迫的莫過於西南和西北的民族問題。原書討論苗疆用兵，平定古州台拱叛亂；與準噶爾部息兵議和，完成雍正帝未竟之業。原書指出，乾隆帝是位有志向有抱負的年輕皇帝，擺在他面前的任務，不是對乃祖乃父政策全面地改弦更張，而是有針對性地就某些政治經濟政策，作局部調整。其中政治政策的調整，包括：強調實政，革除官場惡習；重新處理允禩團體和曾靜案；調整宗室內部關係和弘晳集團案。經濟政策的調整，包括：財政政策的調整；農業政策的調整和水利的興修：恤商政策，對非法經商嚴厲打擊，對商人的正當貿易，則採取保護政策；甄別僧尼道，頒給僧道度牒，改革民間婚喪侈靡陋習，維護契尾合法性等社會經濟政策的調整，一方面改變某些政策，另方面完善某些政策。

原書第二章分析了乾隆六年（1741）至十五年（1750）的歷史。乾隆帝在即位的第六年恢復木蘭秋獮，並非偶然。原書指出，乾隆帝堅持行圍木蘭，確非狩獵取樂，其目的是「遵循祖制，整飭戎兵，懷柔屬國」。所謂「整飭戎兵」，就是寓習武於打獵的活動。乾隆帝曾多次就軍隊中貪圖安逸、武備廢弛的現狀，斥責將領。木蘭秋獮，就是鍛鍊滿洲貴族士兵吃苦耐勞與尚武精神的大好機會。清朝統治者藉秋獮的機會，出關會見蒙古各部王公台吉，加強中央政府與蒙古地方政權的關係，這就是所謂「懷柔屬國」。

乾隆帝「冀為成康」之治，除了木蘭秋獮整飭戎兵之外，還必須解決糧價上漲、民食艱難的問題。原書將乾隆帝平抑糧價，解決糧荒所採取的措施歸納為六個方面，包括：關心農業，重視糧食生產；普免錢糧，散財於下，以促進農業生產；減少國家糧儲，通過平糶以控制糧價；通過截漕、撥運等辦法，解決災區糧食供應問題；鼓勵商人長途販賣糧食，嚴禁囤積居奇；鼓勵糧食進口，禁止糧食出口。除了糧價上漲之外，錢貴銀賤也是乾隆朝前期的大難題。為了解決制錢短缺，乾隆帝採納臣僚建議，添爐鼓鑄幣，改革鑄幣材料，嚴禁囤積制錢，亦不許販運錢幣投機倒賣。經過清朝政府採取的種種措施，降至乾隆十七年（1752），大多數省分的錢文，已漸趨平穩。

八旗兵和滿洲貴族是清朝政權的支柱。旗人謀生路窄，不少人因而遊手好閒，生計困難。乾隆帝即位以後，採取了重要措施，包括：以生息銀兩為旗人謀福利；不時賞賜旗人銀兩；撥給土地，移駐屯墾；回贖旗地；出旗為民。其中「出旗民」政策，實質上是解放旗地莊園上農奴的政策，確實收到釋農奴解放生產力的實效。

礦冶業在經濟生活中具有重要意義。雍正帝採取禁礦政策，乾隆帝開放礦禁政策，他最重視銅的開採和冶煉，以供鑄幣，解決錢貴銀賤問題。在經營方面，乾隆帝對礦廠的管理，礦冶產品的銷售、價格以及礦來源等方面，控制尤其嚴格。原書指出，乾隆帝保守的礦冶政策，阻礙了中國礦冶業的更快發展，從而延緩了整個社會生產領域中動力改造與工具革命，使中國社會生產力發展水平與歐洲的差距更大了。

朋黨之爭會從內部瓦解中央政權。原書指出，乾隆帝對鄂爾泰、張廷玉兩大政治集團呼朋引類，黨同伐異，壟斷仕途，拓展營壘的鬥爭，不能不予置理。他採取的是利用、限制到最後鏟除的策略。康熙帝、雍正帝都曾從釐正制度入手，大力整頓吏治。乾隆帝並未改革已有的官僚機構，而是針對中央九卿、科道和各省督撫、地方府縣衙門存在的不同問題，從傳統官吏職責規範化的角度，有針對性地提出整治要求。乾隆帝要求九卿大臣作為皇帝股肱，應深謀遠慮國家大計，有所建樹。科道、御史承擔監察職責，必須慎重言官選拔。督撫身繫一方國計民生重任，乾隆帝以察吏為安民根本，視作封疆大臣首責。他還十分重視州縣地方官的人選，能採取有效措施，發展地方經濟，又能關心百姓疾苦的，才是好官。要整頓吏治，就要加強對官吏的考核。乾隆前期，對官吏的考核十分認真，不少地方官因考核不及格或罷或降或休致，並非徒具形式。

由於民間祕密宗教的信仰背離了正統思想，其組織和活動與中央政權相對立，所以被清朝政府目為「邪教」。原書對取締大乘教，鎮壓福建老官齋教徒的暴動，都作了詳盡的論述。

從四川打箭爐以西至西藏，是藏族聚居地。在雅礱江上游夾江而居的是瞻對。分上中下三瞻對，是內地經打箭爐通往西藏的交通要道。瞻對四面環山，地方險阻，時常劫掠行旅。乾隆帝決定用兵瞻對，嚴禁夾壩。大小金川地處青藏高原，與大小金川接壤相錯的有雜谷、瓦寺、沃日、木坪、明正、革布什咱、巴底、巴旺、綽斯甲布等土司。為了爭奪土地與權力，各土司之間常互相攻殺。乾隆初年，大金川屢次發兵攻打革布什咱。乾隆十二年（1747），乾隆帝降旨派兵進剿大金川。大金川在清軍圍困之下，堅持了一年又八個月，因糧盡兵疲而投降。大金川戰火甫熄，西藏又發生叛亂。清軍平定西藏叛亂後，藏王制被取消，噶隆權力受限制，重大問題須經達賴喇嘛及駐藏大臣核准。這是西藏政治體制的重大改革，它強化了清朝中央政府對西藏的統治，有利於西藏政局的穩定。

原書第三章將乾隆十六年（1751）至三十八年（1773）的歷史，稱為乾隆盛世。原書指出，乾隆帝省方問俗下江南的主要目的，就是要親自視察水利工程，解決江南頻繁的水害。江南是清代經濟重心，在以農業為本的傳統社會中，一個關心民瘼、孜孜求治的帝王，自然要關心水利工程。

清朝西北地區的安定與否，關鍵在於能否遏制準噶爾割據勢力的膨脹。康、雍兩朝，多次用兵，問題未能徹底解決。噶爾丹策零之死，引起準噶爾汗位之爭，西北邊陲大亂，乾隆帝趁機戡定準噶爾。清軍平定阿睦爾撒納叛亂後，清朝政府直接統治四衛拉特，引進內地郡縣政治體制，遷移人口，大興屯田，開臺設卡，駐兵換防，開創清朝統治邊疆地區的新局面。阿睦爾撒納叛亂甫定，又發生回部大小和卓叛清分裂的嚴重事件。清軍平定回部叛亂後，為了加強中央對回城的控制，在喀什噶爾設參贊大臣節制南路各回城，同時又受北路伊犁將軍的管轄。

乾隆帝以回治回的政策，維護了南疆地區少數上層統治集團的權益。他們居功恃寵，需索無度。清朝駐烏什辦事大臣蘇成父子久有惡名，強徵回人，採辦官糧，從不給價。乾隆三十年(1765)，烏什回人掀起了一場官逼民反的抗暴事件。烏什暴動失敗後，清朝重新釐定回部事宜條例，包括：阿奇木之權宜分；格訥坦之私派宜革；回人之差役宜均；都官伯克之補用宜公；伯克等之親隨宜節；賦役之定額宜明；民人之居處宜別；伯克等與大臣官員相見之禮宜定。烏什事變後，清朝政府對回政策的更定，彌補了種種漏洞，重視解決回部大小伯克與駐紮大臣勾結擅權、貪贓勒索等問題。

乾隆二十年（1755），英商洪任輝率商船到達寧波。乾隆二十二年（1757），洪任輝第二次率商船到寧波貿易。乾隆帝指示採取三項措施，包括：提高浙海關關稅；洪任輝外國商船，令其原船返回廣州，不准入浙江海口；不許在寧波開設洋行及天主教堂。同年十一月，宣布洋船只許在廣州交易，而把閩、浙和江海關都關閉了，採取閉關政策，加強對廣州海關的外貿管理。

中俄簽訂《恰克圖條約》後，俄羅斯繼續蠶食清朝東北、西北和蒙古地區。乾隆二十三年（1758），乾隆帝批准黑龍江將軍綽勒多奏請，在靠近俄羅斯邊界添設卡座。乾隆三十年（1765），清朝組織力量，查勘精奇里江等河源，添立鄂博，加強巡查。清軍平定準噶爾阿睦爾撒納叛亂前後，清朝加強了對唐努烏梁海、阿爾泰烏梁海和阿爾泰淖爾烏梁海的管轄，設旗分佐領，確定貢賦。採取各項防禦性措施，以遏制俄羅斯的蠶食。

土爾扈特本是西北厄魯特蒙古四衛拉特之一，遊牧於塔爾巴哈台所屬額什爾努拉一帶。明朝崇禎年間（1628-1644），土爾扈特內受準噶爾部威脅，外受俄羅斯威脅，被迫離開故土，舉族西遷伏爾加河下游。乾隆年間，清軍平定準噶爾叛亂之後，西北邊疆局勢穩定，良好的政治環境，吸引遠離故鄉的土爾扈特蒙古回歸故土。乾隆三十六年（1771），土爾扈特部回歸故土後，在清朝中央政府統一管轄下，設置了地方政權。其中舍楞所部被稱為新土爾扈特，建青色特啟勒圖盟，設有兩扎薩克，遊牧於阿爾泰山一帶，受科布多參贊大臣管轄，定邊左副將軍節制。渥巴錫所部被稱為舊土爾扈特，建立烏訥恩蘇克圖盟，設有十個扎薩克，遊牧於珠勒都斯河、塔爾巴哈臺、庫爾喀喇烏蘇、精河等地，受伊犁將軍節制。

清朝與緬甸的戰爭，起因於緬甸對清朝邊境的侵擾，經過四次戰爭，勝負不分，直至乾隆五十三年（1788），緬甸稱臣奉表納貢，征緬之事，才算了結。乾隆十二年（1747），乾隆帝首征大金川，莎羅奔表面臣服，但清軍並未獲勝，土司制度依然保留。清朝中央政府不出兵，利用川西各土司力量，以番攻番，聯合攻擊大金川，並未收到效果。乾隆三十六年（1771），為剿滅金川，乾隆帝不惜撥巨餉，遣重兵，以五年時間，最終平定大小兩金川。為確保這一地區的長期穩定，乾隆帝於戰後採取了若干措施，包括：建立各土司輪流入覲制度；設將軍駐紮成都；於噶拉依、美諾建廟宇，從京師派黃教喇嘛前往住持；金川部民遵制薙髮；兩金川改土歸流，於小金川設立美諾廳，於大金川設阿爾古廳；安兵屯墾。

《四庫全書》是曠古大叢書，為了編纂《四庫全書》，乾隆帝建立了一個龐大的四庫全書館組織機構。乾隆帝主持《四庫全書》的編纂，不僅親自確定書籍徵集的範圍、原則、方法，親自遴選纂修人員，親自確定全書編纂原則，而且還親自閱讀了纂修人員陸續呈送的部分著作。皇子與顯臣奉命參與其事，表明乾隆帝高度重視《四庫全書》的編纂，對編纂工作的順利進展，起到了政治上、行政上的保證作用。《四庫全書》的分類原則，是乾隆帝親自裁定的，他強調按經史子集四部分類法，是要突出儒家經典居群書之首的地位。《四庫全書》的編纂，對於保存與整理我國古代文化遺產，起了巨大的作用。《四庫全書》的編纂者，還編寫了《四庫全書總目》，介紹著錄與存目書籍，寫明作者姓名、所處年代與該書要旨，集圖書作者、內容與版本三者於一體，對我國目錄學的發展，有重大影響。但是，由於《四庫全書》編纂者抱著狹隘的政治目的，在編纂過程中，對於不利於清朝的書籍，採取銷毀、刪削、挖改等文化專制手段，使我國古代文化又遭受一次浩劫。

原書第四章論述乾隆三十九年（1774）至嘉慶（1799）的歷史，作者指出，這個時期是清朝由盛入衰的轉折年代。爆發於乾隆三十九年（1774）的山東王倫起事，是為乾隆朝從盛入衰的轉折標誌，它爆發於清朝統治的腹心地帶，它不僅是當時社會階級矛盾激化的產物，也揭開了清代中期以後各族人民大規模反抗鬥爭的序幕。甘肅循化廳是撒拉族聚居地，信奉伊斯蘭教。乾隆二十六年（1761），安定縣人馬明心為反對門宦勢力對教民的壓迫與剝削，另創新教。清朝中央政府利用舊教，鎮壓新教。乾隆四十六年（1781），導致新教首領蘇四十三、田五的反政府暴動。蘇四十三、田五被清軍鎮壓下去後，乾隆帝頒諭禁止新教，所有新教的教堂，嚴令拆毀，教徒慘遭殺害。乾隆五十一年（1786），距田五暴動僅二年，臺灣又發生林爽文起事。清軍鎮壓林爽文後，乾隆帝知道，臺灣事變是官吏貪黷所致，整頓吏治實為穩定臺灣局勢的關鍵。清朝文字獄不僅數量較歷代增多，也格外殘酷。乾隆時期，大案迭起，據不完全統計，乾隆帝在位六十年，製造的文字獄多達百餘起，羅織罪名甚多，作者歸納為三類：譏諷官方推崇的理學和聖賢；誹毀皇帝和朝政；詆毀清朝或收藏詆毀清朝的違礙書籍。作者將乾隆一朝百餘起文字獄，以乾隆三十九年（1774）為界，分作前後二個時期。前期的罪名主要是非儒毀聖、攻擊皇帝與朝廷；後期多以收藏違礙書籍獲罪。乾隆帝製造文字獄，使文人筆墨不敢觸及現實，不敢議論時政，甚至不敢治史。乾隆帝推行思想文化恐怖統治，必然導致國運衰落。乾隆帝寵信和珅，和珅上恃乾隆帝為靠山，下以一批官僚為羽翼，貪污索賄，弄權亂政，對乾隆朝後期政局敗壞所起的作用，未可低估。乾隆朝後期，驕侈之風日熾，吏治日趨腐敗，貪污大案，接連出現。乾隆後期的貪污案，有其特點，包括：貪污的花樣多；貪污犯中高級官員多；集團性貪污案件多；貪污數額巨大；官官相護，揭發案件難，懲辦更難。原書指出，貪污案的特點，表明降至乾隆朝後期，清朝政治已進入腐朽階段。

安南黎朝是經過清朝冊封的政權，乾隆年間，西山阮氏崛起，稱新阮。黎朝消滅舊阮政權後，形成西山新阮與黎朝南北對峙的局面。乾隆五十二年（1787），西山阮文惠攻佔黎城，安南國王黎維祁出走。清軍以興滅繼絕字小存亡之道出師安南。黎維祁恢復王位後，殘酷報復，日事屠殺，以致人心渙散。西山阮文惠驅逐清軍，復據黎城，黎維祁逃過富良江，進入關內。乾隆帝始則出兵助黎氏復國，繼而因天厭其德，從扶黎改為親阮，乃奉天道而行。原書指出，安南因政權更迭而紛爭，這本是安南國內的事情。乾隆帝以宗主國之尊，出兵干預，實是對鄰邦的侵犯。乾隆五十三年（1788），正當清軍準備進攻安南之時，廓爾喀藉口西藏增加商品入口稅、所售食鹽摻沙土，遣將率兵入侵西藏，邊境重鎮聶拉木、濟嚨、宗喀相繼失守。正當乾隆帝在調兵遣將準備抗擊廓爾喀時，西藏地方僧俗卻暗中與廓爾喀談判，以賠款求退兵。乾隆五十六年（1791），因西藏無財力每年支付廓爾喀三百個銀元寶，廓爾喀第二次入侵西藏，洗劫札什倫布寺。乾隆帝厚集兵力，分路進討，廓爾喀投降。乾隆帝採取措施，以保持西藏地方的局勢穩定。包括：通過提高駐藏大臣的地位與權力，加強中央對西藏的管理；把噶隆、戴綳、第巴等西藏地方官員的任命權收歸中央，由皇帝補放；創設金奔巴制度，以取代拉穆吹忠挑選轉世靈童；整頓西藏地方武裝，提高藏兵戰鬥力；設爐鼓鑄西藏貨幣，正面以漢文鑄「乾隆寶藏」字樣，背面用藏文鑄 “chan lung pa’u gtsang” 字樣。通過這些章程，使清朝政府強化了對西藏的管理，對西藏地區的政治穩定起了重大作用。

英國為擴大對華貿易，授命馬嘎爾尼代表英國政府與清朝皇帝直接談判，要求清朝政府保護在華貿易的英商利益。清朝認為英使是為叩祝乾隆帝八十壽辰進貢而來。英使提出派一人駐北京照管貿易、在浙江寧波、舟山及天津泊船貿易、允許傳教士任聽傳教等八款要求。八款中主要內容，尤其是要求在舟山、廣州給地居住，減免內河關稅等，乾隆帝為了維護國家主權，而拒絕了這些侵略性的要求。

乾隆帝在位六十年，八十六歲時歸政。為維護統治核心的穩定，防止因公開立太子而引起統治核心分裂成不同政治集團互相爭鬥，因此他採取祕密建儲的方式和不立嫡不立長而立賢的建儲原則。以「賢」作為選擇儲君的標準，否定了嫡子長子繼承權，作者指出，這是歷史的進步。乾隆六十年（1795）九月初三日，乾隆帝宣布皇十五子永琰為皇太子，明年改元嘉慶，永琰改為顒琰。嘉慶元年（1796）元旦，乾隆帝御太和殿，親授顒琰皇帝之寶，退位後稱太上皇，新皇帝稱嗣皇帝，太上皇與嗣皇帝起居注冊分別纂修。太上皇期間，乾隆帝依然集政權、財政、軍權於一身。

乾隆帝自幼受滿漢文化薰陶，在位期間又勤學怠，遂成一位多才多藝飽學之君，就文化素養而言，歷代帝王，無人可望其項背。乾隆帝精通歷史，他非常強調正統史觀，他強調大清是接替明朝而獲得正統。乾隆帝寫了不少史論文章，他重視歷代帝王的統治經驗。他認為治理天下，除了帝王本身的道德修養之外，君臣也要以心相交，帝王必須任賢能，採嘉言。據統計，他在位六十年間，所作的詩多達四萬一千八百餘首。他愛作詩，但他首先是一個皇帝，他的詩，是乾隆朝歷史的寫照，他的詩，史料價值遠遠高於文學價值。

乾隆帝在位六十年（1736-1795），加上三年太上皇，執政長達六十三年。唐文基先生、羅慶泗先生合著《乾隆傳》，把乾隆帝置於他所處的時代來考察。作者寫乾隆帝，論乾隆帝，符合歷史事實。乾隆帝的政治、經濟、社會、文化、軍事、外交諸多活動，構成了色彩斑斕的歷史畫卷。乾隆帝從皇孫到登上皇帝寶座，完成皇祖、皇父未竟之業，開疆拓宇，揆文奮武，運際郅隆。耄期倦勤，蔽於權倖，從盛入衰，令人歎息。全書史料豐富，內容翔實，鞭辟入裡，是認識乾隆朝歷史的一本名著。

# 實用滿語

## — 《清語老乞大譯註》導讀

在中韓文化交流史上，朝鮮商人一直扮演著重要的角色，《老乞大》就是朝鮮李朝初期以來為朝鮮商旅等人而編著的漢語教科書，具有很高的權威性，為研究元明時期的漢語，提供了很珍貴而且豐富的語文資料。在《老乞大》一書的卷首，就有一段對話提到朝鮮商人學習漢語的動機及其重要性。書中的對話說「你是高麗人，卻怎麼漢兒言語說的好？我漢兒人上學文書，因此上些少漢兒言語省的。」原書又說「你是高麗人，學他漢兒文書怎麼？你說的也是，各自人都有主見。你有甚麼主見？你說我聽著。如今朝廷一統天下，世間用著的是漢兒言語，我這高麗言語，只是高麗地面裏行的，過的義州，漢兒地面來，都是漢兒言語，有人問著一句話，也說不得時，別人將咱們做甚麼人看？你這般學漢兒文書時，是你自心裏學來？你的爺娘教你學來？是我爺娘教我學來。」由於漢語使用很廣，朝鮮來華商人學習漢語，有它實際的需要，《老乞大》就是李朝以來朝鮮人學習漢語的一種重要教科書。

朝鮮商人來華貿易，多在華北，宋元時期，蒙古勢力崛起，為了學習蒙古語文，漢語《老乞大》後來又譯成蒙古語文。明代後期，由於滿族勢力的興起，清太祖努爾哈齊創製了滿文。清朝勢力進入關內後，為了教學滿洲語文的目的，又有《清語老乞大》滿語譯本的刊行。對於比較元明時期以來通俗口語的發展變化，各種版本及譯本的《老乞大》，都提供了很有價值的語文資料。

「乞大」，又作「乞塔」，是漢文「契丹」一名的同音異譯，語出蒙古對漢人或中國的通稱，蒙古語讀如"kitad"，「老乞大」，意即「老漢人」，或「老中國」。一說《老乞大》的「老」，是遼東或遼河的「遼」之音變，「老乞大」就是指「遼契丹」[1]。《老乞大》一書，就是朝鮮李朝最具權威性的重要漢語會話教本之一。

《老乞大》現在通行的，都是後來的改訂本。《老乞大》原來的編著者，固然已經不可考，其著成時代，也只能大致推定。韓國學者閔泳珪推斷《老乞大》一書的著成時間，「大概在元末明初」[2]。

民國六十七年（1978）六月，臺灣聯經出版事業公司影印出版《老乞大諺解・朴通事諺解》一冊，書中有丁邦新先生和羅錦堂先生的重印序文。羅錦堂先生在序文中指出：「按老乞大和朴通事是在中國元代（1271-1368）流行於高麗的兩本漢語教科書，而且也是當時最具權威的會話手冊；究竟原來編寫的人是誰？以及編寫的確切年代，現在都無法找到證明[3]。」丁邦新先生在序文中指出《老乞大》和《朴通事》是朝鮮李朝初期（1392 之後）學習中國話的兩種重要的教科書，《老乞大》書中沒有可以據以推斷成

---

1 哈勘楚倫撰〈溫故而知新—「蒙語老乞大」即「蒙語遼契丹」〉，《蒙古文化通訊》，第 12 期，民國八十二年六月，頁 33-34。

2 李學智撰〈老乞大一書編成經過之臆測〉，《中韓關係史國際研討會論文集》（臺北，中華民國韓國研究學會，民國七十二年三月），頁 427。

3 《老乞大諺解・朴通事諺解》（臺北，聯經出版事業公司，民國六十七年六月），羅錦堂序，頁 7。

書年代的資料，而《朴通事》書中有一段話說：「南城永寧寺裏聽說佛法去來。一箇見性得道的高麗和尚，法名喚步虛。」句中「南城」是指元代的燕京，當時以燕京為大都，俗呼「南城」。而在永寧寺裏說法的和尚「步虛」是可考的人物，據《朴通事諺解》說：「步虛俗姓洪氏，高麗洪州人。法名普愚，初名普虛，號太谷和尚，有求法於天下之志，至正丙戌春入燕都。」句中「至正」是元順帝的年號，丙戌是至正六年（1346），所以可以肯定《朴通事》的著成年代不得早於一三四六年。朝鮮李朝實錄有印行《老乞大》、《朴通事》的記載，世宗五年六月條記載：「禮曹據司譯院牒呈啟，《老乞大》、《朴通事》、《前後漢》、《直解孝經》等書，緣無板本，讀者傳寫誦習，請令鑄字所印出，從之。」世宗十六年六月條又說：「頒鑄印《老乞大》、《朴通事》於承文院司譯院，此二書譯中國語之書也。」世宗五年是一四二三年，十六年是一四三四年，可知在一四二三年之前，《老乞大》、《朴通事》兩書已經在朝鮮流行，到一四三四年正式頒行。從步虛和尚的年代，與鑄印《老乞大》、《朴通事》兩書的年代可知《朴通事》一書著成於一三四六至一四二三年之間，丁邦新先生據此推定《老乞大》一書「大概也就是寫成於這個時代」[4]。

中華民國韓國研究學會於民國七十年（1981）十二月十二日至十五日舉行中韓關係史國際研討會，七十二年（1983）三月，該會出版論文集。會中李學智先生發表〈老乞大一書編成經過之臆測〉一篇論文，李學智先生認為丁邦新先生和羅錦堂先生的推斷，有的是根據《老乞大》、《朴通事》兩書的語法而定，有的是

4 《老乞大諺解・朴通事諺解》，丁邦新序，頁 2。

根據書中所記事件與人名而定。根據語法所下的斷語，實證太少，缺乏直接的證據。李學智先生於是提出一種「新看法」，略謂《老乞大》書中都是一些問答的句型，在某些問答中多少也提供一些時間的史證，例如書中說：「我往山東濟寧府東昌、高唐收買些絹子、綾子、綿子廻還王京賣去[5]。」據《新元史・地理志》記載：「濟寧路：金濟州，屬山東西路。舊治鉅野（今鉅野縣），後徙任城（即今濟寧）。太宗七年（1235）割隸東平府（今東平縣）。至元六年（1269）還治鉅野。八年，升為濟寧府，治任城。尋仍治鉅野。十二年（1275），復置濟州。是年又以鉅野為府治，濟州仍治任城，為散州。十六年（1279），升濟寧府為路，置總管府。至正八年（1348），遷濟寧路於濟州。十一年（1351），置中書分省於濟寧。」李學智先生引用《新元史・地理志》後指出在《老乞大》問答語句間所記那位扮演高麗商人欲往山東「濟寧府」的回答語句裡，曾將濟寧一地說為濟寧府。山東的濟寧被稱為府，僅僅從元世祖的至元八年（1271）到至元十六年（1279），除此以外，未見稱濟寧為「濟寧府」的記載。所以從這條直接的史料記載，《老乞大》一書寫成的時間，或不至於晚於西元一二七九年以後太久，最低限度在《老乞大》書中的這條問答記錄的時間，應該是在元世祖至元年間[6]。李學智先生的「新看法」雖然只是一種「臆測」，但也說明《老乞大》寫成的時間當在元代。

澳洲國立大學亞洲研究中心葛維達教授（Svetldana Rimsky-Korsakoff Dyer）著《老乞大之文法分析》（Grammatical Analysis

5 《老乞大諺解》，卷上，頁 11。

6 李學智撰〈老乞大一書編成經過之臆測〉，《中韓關係史國際研討會論文集》，頁 428-429。

of the Lao Ch'i-ta, with an English Translalion of the Chinese Text）一書指出朝鮮李朝世宗五年（1423）鑄字所印行的《老乞大》是原刊舊本，其詞彙都是元朝「時語」，與明清實用的口語，頗有差異，未解之處，屢見不鮮。作者在原書〈緒論〉中指出由於漢語的變化，為配合時代演變的語言現實，《老乞大》自明初以降，屢經改訂。李朝成宗十一年（1480），朝鮮漢語學者崔世珍編著《老乞大集覽》及《單字解》。房貴和、葛貴等人以當時通行的口語將《老乞大》原刊舊本加以改訂，使其可以解讀，此即《老乞大》最早的改訂新本[7]。現存《老乞大》、《朴通事》兩書的漢語部分，大致反映了明初的漢語，到一五一五年左右，崔世珍把《老乞大》、《朴通事》兩書繙譯成朝鮮語[8]，編著了《老乞大諺解》上、下二卷，及《繙譯老乞大・朴通事凡例》一卷。明末清初，《老乞大諺解》上、下二卷刊印，後來奎章閣本《朴通事諺解》附《老乞大集覽》及《單字解》，相傳都是崔世珍所作。

朝鮮李朝英祖三十九年（1763），邊憲著《老乞大新釋諺解》出版。正宗十九年（1795），李洙、張濂、金倫瑞等編印《重刊老乞大》一卷，其卷數內容及段落，與《老乞大新釋》頗相近似。《老乞大》現在通行的是後來的改訂本，全書共四十八葉，每葉二十行，每行十七字，而《老乞大新釋》共四十四葉，每葉二十行，每行二十字。葛維達教授指出《老乞大》與《老乞大新釋》在文法結構上有很大的不同，例如《老乞大》說：「我漢兒人上學文書，

7 葛維達（Svetldana Rimsky-korsakoff Dyer）著《老乞大之文法分析》（Grammatical Analysis of the Lao Ch'i-ta, With an English Translation of the Chinese Text）p. 9, Canberra, a, Australian National University, 1983.

8 《老乞大諺解・朴通事諺解》，丁邦新序，頁2。

因此上些小漢兒言語省的。」《老乞大新釋》則說：「我在中國人根前學書來著，所以些須知道官話。」其改變十分有趣，且頗具意義。葛維達維教授也將《老乞大》與《重刊老乞大》互相比較，發現《重刊老乞大》較《新釋老乞大》更接近《老乞大》的原文。《老乞大》與《重刊老乞大》的差異，主要在詞彙的不同，例如《老乞大》裏的「將、休恠、驟面間斯見、這般重意」，《重刊老乞大》，改作「取、別恠、驟然相會、這般見愛。」質言之，對於比較元明清時期通俗口語的發展，各種版本的《老乞大》確實有其價值。

中外學者對漢語《老乞大》的分析研究，論著頗多，有助於了解元明清漢語語法的演變發展。葛維達教授著《老乞大之文法分析》一書，包括緒論、十四章正文、附錄《老乞大》漢文教本的英文繙譯、參考書索引，是近年來探討《老乞大》較有系統的重要著作。葛維達教授將十四章正文分為三部分：第一章至第九章為第一部分，分析《老乞大》的語法結構； 第十章至第十三章為第二部分，討論《老乞大》的習慣表現法；第十四章為第三部分，探討《老乞大》漢語教本的內容。

原書第一部分，主要在討論代名詞、時節名稱、量度單位、前置詞、副詞、連接詞、動詞、質詞、重疊與附加字的使用及變化。日本學者太田辰夫指出《老乞大》的人稱代名詞只有七個，即：「我、我們、咱、咱們、你、他、他們」，而元代的著作如《元朝秘史》有十二個，《元曲選》有三十三個。葛維達教授認為《老乞大》的人稱代名詞所以較少且簡單的主要原因，或許是由於《老乞大》不過是為行走於華北地區的朝鮮商人編寫的口語教本。在《老乞大》裏，「咱」出現七次，「咱們」出現八十五次。因為「你」、

「我」可以表示多數，例如「你三箇」、「我四箇」，所以「你們」、「我們」兩個人稱代名詞並不通行。

在現代口語裏，代名詞「這」、「那」可以單用作主詞，但在《老乞大》裏卻不能單用，而是用「這的」、「那的」。葛維達教授統計「這的」出現三十次，「那的」出現三次，可以分為不同的三組：第一組，「這的」相當於現代口語裡的「這一箇」；第二組，「這的」、「那的」相當於現代口語裡的「這」、「那」；第三組，「這的」相當於現代口語裡的「這裏」，或「這兒」[9]。楊聯陞先生也指出在現代口語裡，代名詞「這」、「那」可以單用作主詞或起詞。「這」、「那」的意思，與「這個」、「那個」稍有不同。「這個」、「那個」比較確定，通常指的是可以計數的事物，而且指物多於指事。「這」、「那」則比較空靈，不重在分別計數。在《老乞大》、《朴通事》兩書裡，「這箇」、「那箇」，與現在用法相同。但「這」、「那」不能單用，代名詞「這的」、「那的」，用做比較空靈的主語或起詞[10]。

葛維達教授在《老乞大之文法分析》一書中指出在《老乞大》裡，「日」從未用來表示天數，而是在「日頭」前加上數目及單位名稱，以表示天數，例如「限十箇日頭，還足價錢。」在「日頭」前加上吉祥字樣則表示一個幸運吉利的日子，例如「我與你選箇好日頭。」「日頭」也是用來表示未來某一個時間，例如「如今辭別了，休說後頭再不廝見，山也有相逢的日頭。」

9 《老乞大之文法分析》，頁 47。

10 楊聯陞撰〈老乞大朴通事裏的語法語彙〉，《中央研究院歷史語言研究所集刊》，第二十九本，上冊（臺北，中央研究院，民國四十六年十一月），頁 198。

葛維達教授指出《老乞大》的量度單位名稱，往往使用「箇」來代替其他單位名稱，例如「一箇手」、「十箇馬」等。但是使用指示代名詞如「這」或「那」時，往往省略數目及單位名稱，例如「這馬」、「這灑子」、「這馬們」[11]。丁邦新先生觀察《老乞大》一書中的量詞後，歸納為八類：

（一）單位詞或個體量詞：一「個」學生、一「座」橋、一「頭」驢、一「條」細繩子、一「卷」紙、一「間」空房子、一「枝」箭、一「張」弓。

（二）跟動賓式合用的量詞：我說一「句」話。

（三）群體量詞：一「群」羊、一「束」草。

（四）部分量詞：一「塊」石頭、一「半」兒（漆器家火）。

（五）容器量詞：半「盞」香油、一「盃」酒、一「椀」飯、一「碗」溫水。

（六）標準量詞：八「分」銀子、一「斗」粳米、十「斤」麵、五「里」路。

（七）準量詞：第一「會」、這一「宿」、一「日」辛苦。

（八）動詞用量詞：走一「遭」、打三「下」。

丁邦新先生指出在《老乞大》、《朴通事》兩書中沒有「暫時量詞」，列如：碰了一鼻子灰的「鼻子」、一桌子剩菜的「桌子」，其他各種量詞都已見到[12]。

在《老乞大》裡，「著」的用法甚廣，葛維達教授指出「著」可作「用」或「拿」解，例如「著筯子攪動」；可作「讓」解，例如「不揀怎生，著我宿一夜。」也可作「給」解，例如「著馬喫」；

11 《老乞大之文法分析》，頁 67。

12 《老乞大諺解・朴通事諺解》，丁邦新序，頁 4。

又可作「該」解，例如「文契著誰寫」；有時可作「經過」解，例如「再著五箇日頭到了」；此外可當「招致」解，例如「休在路邊淨手，明日著人罵」[13]。

重疊字最簡單的形式是單字的重複，在《老乞大》裡的重疊名詞幾乎都是親屬關係的術語，例如「哥哥」、「姐姐」等，然而並不使用「妹妹」、「弟弟」字樣，而是作「妹子」、「兄弟」。重疊形容詞是以單字重複來強化形容詞，例如「這織金胸背，與你五兩是實實的價錢。」至於「嘗一嘗」、「補一補」等，則屬於重疊動詞。

《老乞大之文法分析》一書正文第十章至十三章屬於第二部分，原書討論《老乞大》的習慣表現法，包括常用片語、特殊用語、成語及格言的各種表現法，其中「磨拖」、「害風」、「利家」、「歪斯纏」等詞彙，在現代口語裡已屬罕見。在《老乞大》裡常見有各種成語及格言，例如「千零不如一頓」；「休道黃金貴，安樂直錢多」；「慣曾出外偏憐客，自己貪盃惜醉人」；「一箇手打時響不得，一箇腳行時去不得」；「三人同行小的苦」等等，都是探討特殊表現法的珍貴語文資料。

葛維達教授所著《老乞大之文法分析》一書第十四章屬於第三部分，討論《老乞大》教本的內容。作者所用的《老乞大》教本一卷，四十八葉， 九十六頁，共 16,008 字，其主要內容為關於行旅交易、飲食、醫藥、為人處世之道等情事的會話。就《老乞大》全書的結構而言，大致可以分為對話與長篇獨語兩大部分。前者包括漢族行旅商販、小店主、掮客、農夫與朝鮮商人之間的對話，以及朝鮮行旅商人之間彼此的對話 ；後者又可分為詞彙

13 《老乞大之文法分析》，頁 90。

的節段及道德上的談話。詞彙部分包括每天實用物品如菓菜、醫藥、衣服、食品、雜貨、馬匹、羊隻、弓箭、車輛的列舉計數，以及親屬方面的術語等；道德上的談話則在教導讀者如何處世待友？簡單地說，《老乞大》的前半部是對話；後半部則為對話與長篇獨語的混合[14]。葛維達教授著手研究《老乞大》時，原來只想專心分析其語法結構，後來發現書中的習慣表現法，非常有趣，同時因其內容豐富，頗具史料價值，而認為其重要性並不亞於語法結構，所以也作了相當深入的探討。《老乞大之文法分析》一書引用西文、中文、韓文及日本的論著八十餘種，徵引繁富，足見作者的博雅，原書就是探討《老乞大》的各種問題不可或缺的著作。

《老乞大》的語法結構及習慣表現法，可能受到阿爾泰語系的影響。李學智先生撰〈老乞大一書編成經過之臆測〉一文指出「老乞大一書的漢文，不一定都是當時華北漢語的語法，很可能完全是將一些原非漢語的阿爾泰系的語言，用不高明的漢語常識，直譯而成的。很可能在第十世紀的契丹民族所建立的遼朝時，已由一些出使契丹的高麗通事們從契丹語的問答中譯成高麗語形態的漢文，漸次改正與重編，其間或又將契丹語改為女真語，甚而由女真語改為蒙古語，最後又將蒙古語改為清語即滿洲語，原有的由契丹語譯寫的高麗語形態之漢文本《老乞大》，雖曾經過多次的改正與補充，但仍然保持著高麗時代的漢文形態，所以仍保持著高麗語形態的漢文句形，李學智先生認為這是韓國《老乞大》一書著成的經過[15]。

14 《老乞大之文法分析》，頁 273；《中韓關係史國際研討會論文集》，頁 434；《中央研究院歷史語言研究所集刊》，第二十九本，上冊，頁 202。
15 《中韓關係史國際研討會論文集》，頁 434。

楊聯陞先生撰〈老乞大朴通事裏的語法語彙〉一文指出元代漢語，有受蒙古語法影響之處，《老乞大》與《朴通事》兩書裡例子頗多，例如《老乞大》裡「你誰根底學文書來？」「漢兒上學文書」等句中的「根底」、「上」表示場所，「咱弟兄們和順的上頭」的「上頭」表示原因，這都像受了蒙古語法的影響，例如「是漢兒人有」，《老乞大集覽》注云：「元時語必於言終用『有』字，如語助而實非語助，今俗不用[16]。」

為了教學語言之目的，《老乞大》除漢文本外，先後譯出《蒙語老乞大》、《清語老乞大》等不同文體。朝鮮仁祖十四年（1636），丙子之役以後，朝鮮與滿洲的關係日趨密切，滿洲語文用途日廣，文書往復，言語酬酢，多賴滿洲語文，於是有《老乞大》滿文譯本的刊行，但因字句齟齬生澀，文義率多訛謬，且因歲月寖久，古今異假，書中語法多已不實用。朝鮮崇政大夫行知中樞府事金振夏，以善滿洲語文聞名於當時，於是乘會寧開市之便，就質於寧古塔筆帖式，將舊本字畫音義，詳加考訂。英祖四十一年（1765），歲次乙酉，改編重刊，題為《清語老乞大》。韓國閔泳珪教授參觀法國巴黎東洋語學校圖書館所見《清語老乞大》八卷，就是經金振夏改訂後再版的箕營重刊本，韓國延世大學發行的《人文科學》第十一、二輯，曾據該館藏本影印出版[17]。一九九八年，鄭光先生編著駒澤大學圖書館所藏《清語老乞大新釋》卷一末附錄〈清語老乞大新釋序〉云：

清學在今諸譯為用最緊，為功最難。其課習之書有《老乞

16 《中央研究院歷史語言研究所集刊》，第二十九本，上冊，頁 202。

17 莊吉發譯《清語老乞大》（臺北，文史哲出版社，民國六十五年九月），序文，頁 ii。

大》及《三譯總解》，而《三譯總解》則本以文字翻解，無甚同異訛舛，若《老乞大》則始出於丙子後我人東還者之因語生解，初無原本之依倣者，故自初已不免齟齬生澀，而今過百秊，又有古今之異假，使熟於此書，亦無益於通話之實，從事本學者多病之。庚辰，咸興譯學金振夏因開市往留會寧，與寧古塔筆帖式質問音義，辨明字畫，凡是書之徑庭者改之，差謬者正之。翌秊開市時復質焉，則皆以為與今行話一一脗合，自此諸譯無所患於舌本之間強，振夏儘有功於本院矣。因都提舉洪公筵稟入梓箕營，不佞方與聞院事，故略記顛末如此云。乙酉秋提調行判中樞府事洪啟禧謹序。

引文中「乙酉」，相當於清高宗乾隆三十年，朝鮮英祖四十一年，西元一七六五年，就是《清語老乞大》改編重刊的年分。原書卷八附錄重刊人員職稱及姓名，包括：檢察官資憲大夫行龍驤衛副護軍金振夏，校正官通訓大夫前行司譯院判官邊翰基、朝散大夫前行司譯院直長玄啟百，書寫官通訓大夫前行司譯院判官李光赫、朝散大夫前行司譯院奉事李寅旭、通訓大夫前行司譯院判官尹甲宗，監印官通訓大夫行宣川譯學卞相晉。

將《清語老乞大》與漢語《老乞大》互相比較後，發現兩者頗有出入，不僅卷數不同，在內容上亦有繁簡之別，其文體尤多改變。漢語《老乞大》共一卷，《蒙語老乞大》及《清語老乞大》俱各八卷；漢語《老乞大》云：「大哥你從那裏來？我從高麗王京來。」句中「高麗」，《清語老乞大》及《蒙語老乞大》俱作"coohiyan"，意即「朝鮮」。在漢語《老乞大》卷末曾提到高麗人在中國買書的情形說：「更買些文書。一部《四書》都是晦庵集註，又買一部《毛詩》、《尚書》、《周易》、《禮記》、五子書、韓文、柳文、東坡詩、《詩學大成押韻》、《君臣故事》、《資治通鑑》、《翰院新書》、《標題小學》、《貞觀政要》、《三國誌評話》[18]。」羅錦堂先生指出在這些書目裏，有兩點值得我們的注意：第一是所買書中，有《三國誌評話》，足見當時的人對此書的重視，與韓柳文、東坡詩一樣看待；第二是其中如《翰院新書》、《標題小學》，甚至《君臣故事》等現在已不是容易看到的書了[19]，可是《蒙語老乞大》及《清語老乞大》都不見這些書目。大致而言，許多見於《老乞大》漢文本的詞句內容，不見於《蒙語老乞大》，朝鮮學者增訂《清語老乞大》時，並未據漢語《老乞大》增訂補譯。質言之，《清語老乞大》的內容詞句更接近於《蒙語老乞大》，而與漢語《老乞大》出入較大。

《清語老乞大》與漢語《老乞大》雖有出入，但兩者大同小異之處頗多，例如漢語《老乞大》敘述北京的物價說：

> 哥哥曾知得，京裏馬價如何？近有相識人來說，馬的價錢，這幾日好，似這一等的馬，賣十五兩以上，這一等的馬，賣十兩以上。曾知得布價高低麼？布價如往年的價錢一般。京裏吃食貴賤？我那相識人曾說，他來時，八分銀子一斗粳米，五分一斗小米，一錢銀子十斤麵，二分銀子一斤羊肉。似這般時，我年時在京裏來，價錢都一般[20]。

18 漢語《老乞大》，《老乞大諺解・朴通事諺解》（聯經出版事業公司，臺北，民國六十七年六月），頁 47。

19 《老乞大諺解・朴通事諺解》，羅錦堂序文，頁 9。

20 漢語《老乞大》，頁 3。

《清語老乞大》所述京中物價，可將滿文影印後轉寫羅馬拼音，並譯出漢文於下：

<table>
<tr><td>[illegible]</td><td>阿哥你原來是走過的人，京城的馬價如何？<br>新近我有相識的人來說，這一向馬價很好，這一等的馬值十五兩，這一等的馬值十兩。<br>葛布的價錢值錢嗎？<br>據說葛布價錢是與去年的價錢一樣。<br>京城的食物短缺嗎？富足嗎？<br>我問了認識的那個人，據說他將要來時，一斗白米給八分銀子，一斗小米給五分銀子，十斤麵給一錢銀子，一斤羊肉給二分銀子。<br>若是這樣，與我去年在京城時的價錢一樣[21]。</td></tr>
<tr><td colspan="2">age si daci yabuha niyalma, gemun hecen i morin hūda antaka？<br>jakan mini takara niyalma jifi hendurengge, morin hūda ere ucuri sain, ere emu jergi morin tofohon yan salimbi, ere emu jergi morin juwan yan salimbi sere.<br>jodon hūda salimbio salirakūn？<br>jodon hūda duleke aniya i hūda emu adali sere.<br>gemun hecen i jetere jaka hajio elgiyūn？<br>mini tere takara niyalma de fonjici, alarangge i jidere hanci, jakūn fun menggun de emu hiyase šanyan bele, sunja fun menggun de emu hiyase je bele, emu jiha menggun de juwan ginggin ufa, juwe fun menggun de emu ginggin honin yali bumbi sere.<br>uttu oci bi duleke aniya gemun hecen de bihe hūda emu adali.</td></tr>
</table>

由前引內容可知漢語《老乞大》與《清語老乞大》所述馬匹、米麵羊肉的價錢，固然相同，其詞意亦相近。漢語《老乞大》云：

21 《清語老乞大譯註》，卷一，頁 50。

你自來到京裏，賣了貨物，卻買綿絹，到王京賣了，前後住了多少時？我從年時正月裏，將馬和布子，到京都賣了。五月裏到高唐，收起綿絹，到直沽裏上船過海。十月裏到王京，投到年終，貨物都賣了，又買了這些馬并毛施布來了[22]。

前引內容亦見於《清語老乞大》，可先將滿文影印後轉寫羅馬拼音，並譯出漢語如下：

| | |
|---|---|
| ᠰᡳ ᡩᠠᠴᡳ ᡤᡝᠮᡠᠨ ᡥᡝᠴᡝᠨ ᡩᡝ ᡤᡝᠨᡝᠮᡝ ᡠᠯᡳᠨ ᠪᡝ ᡠᠨᠴᠠᡶᡳ᠈ ᡤᡝᠯᡳ ᡴᡠᠪᡠᠨ ᠴᡝᠴᡝᡵᡳ ᠪᡝ ᡠᡩᠠᡶᡳ ᠸᠠᠩ ᡤᡳᠩ ᡩᡝ ᡥᡡᡩᠠᡧᠠᠮᡝ ᡤᡝᠨᡝᡥᡝ ᡩᡝ᠈ ᠠᠮᠠᠰᡳ ᠵᡠᠯᡝᠰᡳ ᡠᡩᡠ ᠪᡳᠶᠠ ᠶᠠᠪᡠᡥᠠ᠉ ᠪᡳ ᡩᡠᠯᡝᡴᡝ ᠠᠨᡳᠶᠠ ᠴᡳ ᡝᠪᠰᡳ ᠮᠣᡵᡳᠨ ᠵᠣᡩᠣᠨ ᠪᡝ ᡤᠠᠮᠠᠮᡝ᠈ ᡤᡝᠮᡠᠨ ᡥᡝᠴᡝᠨ ᡩᡝ ᡤᡝᠨᡝᡶᡳ ᡤᡝᠮᡠ ᡠᠨᠴᠠᠮᡝ ᠸᠠᠵᡳᡶᡳ᠈ ᠰᡠᠨᠵᠠ ᠪᡳᠶᠠ ᡩᡝ ᡬᠠᠣ ᡨᠠᠩ ᡩᡝ ᡤᡝᠨᡝᡶᡳ᠈ ᡴᡠᠪᡠᠨ ᠴᡝᠴᡝᡵᡳ ᠪᡝ ᠪᠠᡵᡤᡳᠶᠠᡶᡳ ᠵᡳᡴ ᡬᠣ ᡩᡝᡵᡳ ᠵᠠᡥᡡᡩᠠᡳ ᡨᡝᠮᡝ ᡩᠣᠣᡶᡳ᠈ ᠵᡠᠸᠠᠨ ᠪᡳᠶᠠ ᡩᡝ ᠸᠠᠩ ᡤᡳᠩ ᡩᡝ ᡳᠰᡳᠨᠠᡶᡳ᠈ ᠠᠨᡳᠶᠠ ᠸᠠᠵᡳᠮᡝ ᡥᠠᠮᡳᠮᡝ ᡠᠯᡳᠨ ᠪᡝ ᡤᡝᠮᡠ ᡠᠨᠴᠠᡶᡳ᠈ ᡤᡝᠯᡳ ᡝᡵᡝ ᠮᠣᡵᡳᠨ ᠮᡠᡧᡠᡵᡳ ᠵᠣᡩᠣᠨ ᠪᡝ ᡠᡩᠠᠮᡝ ᡤᠠᠵᡳᡥᠠ᠉ | 你從前到京城裡賣了貨物，又買棉絹到王京去做生意時，往返走了幾個月？<br>我從去年以來攜帶馬匹和葛布到京城去都賣完了，五月裡到高唐去收買棉絹，由直沽坐船過海，十月裡到了王京，將近年終，把貨物都賣了，又買了這些馬匹、夏布，葛布帶來了[23]。<br>si daci gemun hecen de geneme ulin be uncafi, geli kubun ceceri be udafi wang ging de hūdašame genehe de, amasi julesi udu biya yabuha？<br>bi duleke aniya ci ebsi morin jodon be gamame, gemun hecen de genefi gemu uncame wajifi, sunja biya de g'ao tang de genefi, kubun ceceri be bargiyafi jik g'o deri jahūdai teme doofi, juwan biya de wang ging de isinafi, aniya wajime hamime ulin be gemu uncafi, geli ere morin mušuri jodon be udame gajiha. |

由前引內容可知「五月」、「十月」等月分，「高唐」、「直沽」

22 漢語《老乞大》，頁 5。
23 《清語老乞大譯註》，卷一，頁 61。

等地名俱相同。引文中「毛施布」，《清語老乞大》作夏布葛布」，為高麗名產，又作「沒絲布」、「木絲布」，滿文讀如 “mušuri” ，讀音相近，漢人習稱「苧麻布」[24]。除布疋外，馬匹也是朝鮮商人重要的交易項目，漢語《老乞大》和《清語老乞大》都詳列各色馬匹名目，可列表於下：

**漢語《老乞大》、《清語老乞大》馬匹名稱對照表**

| 漢語老乞大 | 清語老乞大 | 漢譯 | 備註 |
|---|---|---|---|
| 兒馬 | dahan morin | 馬駒 | |
| 騸馬 | akta morin | 騸馬 | |
| 赤馬 | jerde morin | 赤馬 | |
| 黃馬 | konggoro morin | 黃馬 | |
| 鷰色馬 | keire morin | 棗馬 | |
| 栗色馬 | kuren morin | 栗色馬 | |
| 黑鬃馬 | hailun morin | 水獺皮馬 | |
| 白馬 | suru morin | 白馬 | |
| 黑馬 | kara morin | 黑馬 | |
| 鎖羅青馬 | sarala morin | 貉皮色馬 | |
| 土黃馬 | kula morin | 土黃馬 | |
| 繡膊馬 | kalja morin | 線臉馬 | |
| 破臉馬 | kara kalja morin | 黑線馬 | |
| 五明馬 | seberi morin | 銀蹄馬 | |
| 桃花馬 | cohoro morin | 豹花馬 | |
| 青白馬 | | | 清語缺 |
| 豁鼻馬 | oforo secihe morin | 開鼻馬 | |
| 騍馬 | geo morin | 騍馬 | |
| 懷駒馬 | sucilehe morin | 懷駒馬 | |
| 環眼馬 | kaca morin | 環眼馬 | |

資料來源：漢語《老乞大》、《清語老乞大》。

前表所列貿易馬匹名目頗多，可以互相對照，對照漢語《老乞大》，有助於了解滿文馬匹名稱的含義，選擇較正確的漢文術

24 《中央研究院歷史語言研究所集刊》，第二十九本，上冊，頁 203。

語，例如《清語老乞大》中的“jerde morin”，可作“jerde”，漢譯可作「紅馬」，或「赤馬」。《清語老乞大》中所列馬匹名目，有不見於一般滿文字書者，亦可對照漢語《老乞大》譯出漢文，例如“kula morin”，當即「土黃馬」；“kaca morin”，當即「環眼馬」。

將《清語老乞大》與漢語《老乞大》互相比較後，發現兩者，詳略不同，大致而言，漢語《老乞大》敘述較詳，而《清語老乞大》所述則較簡略。例如《清語老乞大》云：

<table>
<tr><td rowspan="2">[illegible]</td><td>這三個人是你的親戚呢？或是相遇而來的呢？以前因未及請教姓名，現在敢請賜告，這位阿哥貴姓？<br>這位姓金，是我姑母所生的表哥，這一位姓李，是我舅舅所生的表哥，這一位姓趙，是我鄰居的伙伴。<br>你的這位表兄弟，想是遠族的表兄弟吧！<br>不，我們是親表兄弟[25]。</td></tr>
<tr><td>ere ilan niyalma, eici sini niyaman hūncihiyūn? eici ishunde acafi jihenggeo? onggolo jabdurakū ofi bahafi hala gebu be fonjihakū bihe, te gelhun akū fonjiki, ere age i hala ai?<br>ere emke hala gin, mini gu de banjiha tara ahūn, ere emke hala lii, mini nakcu de banjiha tara ahūn, ere emke hala joo, mini adaki boo i gucu.<br>sini ere tara ahūn deo, ainci aldangga mukūn i tara ahūn deo dere.<br>akū, be jingkini tara ahūn deo.</td></tr>
</table>

25 《清語老乞大譯註》，卷一，頁 63。

前引對話，亦見於漢語《老乞大》，但詳略不同，為便於比較，將漢語《老乞大》原文照錄於下：

> 這三箇火伴，是你親眷那？是相合來的？都不曾問，姓甚麼？這箇姓金，是小人姑舅哥哥。這箇姓李，是小人兩姨兄弟。這箇姓趙，是我街坊。你是姑舅弟兄，誰是舅舅上孩兒？誰是姑姑上孩兒？小人是姑姑生的，他是舅舅生的。你兩姨弟兄，是親兩姨那？是房親兩姨？是親兩姨弟兄。我母親是姐姐，他母親是妹子[26]。

對照漢語《老乞大》與《清語老乞大》後可知兩者不僅內容詳略不同，其習慣表現法亦有差異。漢語《老乞大》中的姐妹稱呼是值得注意的，不稱妹妹，而作「妹子」。《清語老乞大》敘述賣緞子的一段話說：

> "suje uncara age sinde fulaburu bocoi sajirtu, fulgiyan boco de aisin i jodoho suje, sain cece ceri gemu bio？"
> 賣緞子的阿哥，天青色的胸背，紅色織金的緞子，好的紗羅你都有嗎[27]？

前引內容，文字簡短，滿文不及二十字。漢語《老乞大》則云：

> 賣段子的大哥，你那天青胸背、柳青膝欄、鴨綠界地雲、

26 漢語《老乞大》，頁 6。
27 《清語老乞大譯註》，卷六，頁 211。

鸚哥綠寶相花、黑綠天花嵌八寶、草綠蜂趕梅、栢枝綠四季花、蔥白骨朵雲、桃紅雲肩、大紅織金、銀紅西蕃蓮、肉紅纏枝牡丹、閃黃筆管花、鵝黃四雲、柳黃穿花鳳、麝香褐膝欄、艾褐玉塼堦、蜜褐光素、鷹背褐海馬、茶褐暗花，這們的紵絲和紗羅都有麼[28]？

由前引漢語《老乞大》內容可知《清語老乞大》將各色紗羅名目刪略的情形，許多羅緞名稱都不見於《清語老乞大》。《清語老乞大》敘述朝鮮商人學做漢人料理說道：

"muse enenggi buda be nikan be alhūdame weilefi jeki. uttu oci nimaha šasiha, coko šasiha, kataha saikū, halu, mentu dalgilaci sain."

我們今天學漢人做飯吃吧!若是這樣，魚湯，雞湯、風乾的酒菜、細粉、饅頭預備好[29]。

漢語《老乞大》所述較詳，其原文云：

咱們做漢兒茶飯著，頭一道團攛湯，第二道鮮魚湯，第三道雞湯，第四道五軟三下鍋，第五道乾按酒，第六道灌肺、蒸餅、脫脫麻食，第七道粉湯、饅頭，打散[30]。

漢語《老乞大》所載酒菜內容，似乎是元代華北漢人的菜單，其中「脫脫麻食」就是北亞草原民族的一種甜食。《清語老乞大》不僅記述簡略，其內容也看不出是漢人料理。《清語老乞大》記述

28 漢語《老乞大》，頁 32。

29 《清語老乞大譯註》，卷七，頁 234。

30 漢語《老乞大》，頁 36。

朝鮮商人擇日看相的一段話。先將滿文影印如下，並轉寫羅馬拼音，譯出漢語。

<table>
<tr><td></td><td>我們擇個好日子回去吧！<br>這裡有五虎先生，善於擇日，去叫他擇吧！<br>你看看我的八字吧！<br>你的出生年月日時刻告訴我吧！<br>我是屬牛的，今年四十歲了，七月十七日寅時生。<br>你的生辰十分好，雖然衣食尚豐不至於窘迫，但是沒有官星，做買賣很好。<br>我這幾天想要回去，那一個日子好？<br>你且慢，我擇擇看吧！本月二十五日寅時，向東啟程前往時可得大利[31]。</td></tr>
<tr><td colspan="2">muse sain inenggi be sonjofi amasi geneki.<br>ubade u hū siyan šeng bi, inenggi sonjorongge umesi manga, tede sonjobume geneki.<br>si mini jakūn hergen be tuwa.<br>sini banjiha aniya biya inenggi erin be ala.<br>bi ihan aniyangge, ere aniya dehi se oho, nadan biya juwan nadan i tasha erin de banjiha.<br>sini banjiha erin umesi sain kemuni eture jeterengge elgiyen mohoro gacilabure de isinarakū bicibe, damu hafan hergen i usiha akū, hūdašame yabure de sain.<br>bi ere ucuri amasi geneki sembi, ya inenggi sain？<br>si takasu bi sonjome tuwaki, ere biya orin sunja i tasha erin de, dergi baru jurafi geneci amba aisi bahambi.</td></tr>
</table>

31 《清語老乞大譯註》，卷八，頁 284。

漢語《老乞大》也記述朝鮮商人占卦擇日的一段對話，其原文云：

> 我揀箇好日頭廻去，我一發待算一卦去。這裏有五虎先生，最算的好，咱們那裏算去來。到那卦舖裏坐定，問先生，你與我看命。你說將年月日生時來。我是屬牛兒的，今年四十也，七月十七日寅時生。你這八字十分好，一生不少衣祿，不受貧，官星沒有，只宜做買賣，出入通達。今年交大運，丙戌已後財帛大聚，強如已前數倍。這們時，我待近日廻程，幾日好？且住，我與你選箇好日頭，甲乙丙丁戊己庚辛壬癸是天干，子丑寅卯辰巳午未申酉戌亥是地支，建除滿平定執破危成收開閉，你則這二十五日起去，寅時往東迎喜神去，大吉利[32]。

由前引原文可知《清語老乞大》所述內容，與漢語《老乞大》文意相近，十二生肖中屬牛的朝鮮商人，其年歲及生年月日時辰，俱相同，但兩者詳略不同，《清語老乞大》將天干地支等刪略不載。《清語老乞大》所述內容間有較詳者，例如書中描述炒肉的一段對話，對炒肉的敘述，詳略不同，可將滿文影印於下，先轉寫羅馬拼音，然後譯出漢語。

32 漢語《老乞大》，頁 47。原文中「你則這二十五日起去」，句中「則」，《老乞大諺解》，卷下，頁 65，作「只」。

<table>
<tr><td>[illegible]</td><td>主人如果來不及做，我們伙伴裡頭，派出一人來炒肉吧！<br>我不會炒肉。<br>這有什麼難處，把鍋刷洗乾淨，燒火，鍋熱時放進半盞白麻油，油沸後把肉倒進鍋裡，用鐵勺翻炒半熟後，再把鹽、醬水、生薑、花椒、醋、葱各樣物料撒進去，把鍋蓋覆蓋上去，不讓它出氣，燒一次火以後就熟了啊[33]！</td></tr>
<tr><td colspan="2">boihoji weileme amcarakū ohode, meni gucui dorgi de emu niyalma be tucibufi yali colabukini.<br>bi yali colame bahanarakū.<br>ere ai mangga babi, mucen be šome obofi bolokon i hašafi, tuwa sindame mucen be halhūn obuha manggi, hontohon hūntaha i šanyan malanggū nimenggi sindafi, nimenggi urehe manggi yali be mucen de doolafi sele mašai ubašame colame dulin urehe manggi, jai dabsun misun muke furgisu fuseri jušun elu hacin hacin i jaka be sesheme sindafi, mucen i tuhe dasifi sukdun be tuciburakū emgeri tuwa sindaha manggi uthai urembi kai.</td></tr>
</table>

《清語老乞大》將炒肉的技巧及調和食味的各種作料名稱，敘述頗詳。漢語《老乞大》所述內容如下：

主人家，迭不得時，咱們火伴裏頭，教一箇自炒肉。我是

33 《清語老乞大譯註》，卷二，頁 72。

高麗人，都不會炒肉。有甚麼難處？刷了鍋著，燒的鍋熱時，著上半盞香油，將油熟了時，下上肉，著些鹽，著筯子攪動，炒的半熟時，調上些醬水生葱料物拌了，鍋子上蓋覆了，休著出氣，燒動火一霎兒熟了[34]。

由前引內容可知漢語《老乞大》所用的調味作料，只有醬、鹽、生葱，而《清語老乞大》則有鹽、生薑、花椒、醋、生葱，品類較多。

漢語《老乞大》有一段敘述人生價值觀的長篇獨語說：

咱們每年每月每日快活，春夏秋冬一日也不要撇了。咱人今日死的，明日死的，不理會得，安樂時，不快活時，真箇呆人。死的後頭，不揀甚麼，都做不得主張，好行的馬別人騎了，好襖子別人穿了，好媳婦別人娶了，活時節著甚麼來由不受用[35]。

《清語老乞大》也有這一段長篇獨語，先將滿文影印如下，然後轉寫羅馬拼音，並譯出漢語。

34 漢語《老乞大》，頁 7。
35 漢語《老乞大》，頁 37。

<table>
<tr><td>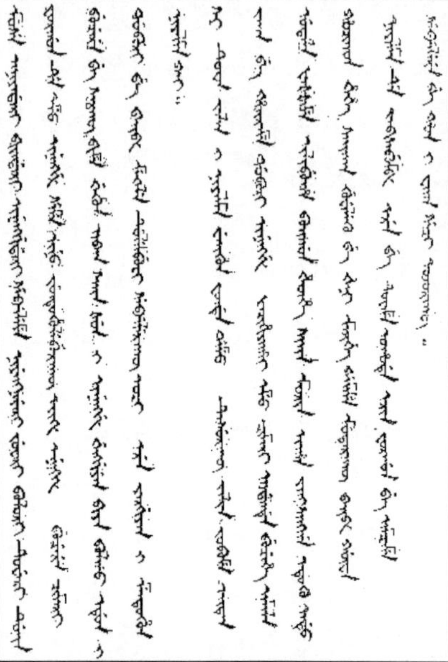</td><td>我們每年每月每日享樂，春夏秋冬四季，一天也不空過地玩吧！不知今日死，明日死，晴天豔陽的日子，明月清風之夜，若白白枉然虛度不行樂時，這實在是蠢人啊！<br>你看世人活著的時候，只是為不足憂愁而愛惜一切東西，日夜奔波，一旦之間死了以後，這些勤勞建立的家產，好的馬牛，有文彩的衣服，連美女佳妾一點也帶不走，白白的便宜了別人，由此看來，及時行樂，實在不可厚非[36]。</td></tr>
<tr><td colspan="2">muse aniyadari biyadari inenggidari sebjeleme, niyengniyeri juwari bolori tuweri duin forgon de emu inenggi seme inu funtuhuleburakū efiki, enenggi bucere cimari bucere be sarkū bime, gehun abka sain šun i inenggi, genggiyen biya bolho edun i dobori be baibi mekele dulembufi sebjelerakū oci, ere yargiyan i mentuhun niyalma kai.<br>si tuwa jalan i niyalma weihun fonde, damu tesurakū jalin jobome eiten jaka be hairame, dobori inenggi facihiyahai emu cimari andande bucehe amala utala faššame ilibuha boigon hethe, sain morin ihan yangsangga etuku adu, hocikon hehe saikan guweleku be heni majige gamame muterakū, baibi gūwa niyalma de jabšabumbi, ere be tuwame ohode, erin forgon be amcame sebjelere be hon i waka seci ojorakū.</td></tr>
</table>

前引內容可知《清語老乞大》與漢語《老乞大》所述人生觀，其文意極相近，但《清語老乞大》經過潤飾，而與漢語《老乞大》

36　《清語老乞大譯註》卷七，頁 242。

略有不同，同時也說明《清語老乞大》不僅是滿語教科書，而且是一種滿文中罕見的文學作品。

滿語與漢語是兩種語言，在漢語《老乞大》裡，有許多特殊的習慣表現法，其中包括頗多現代口語裏罕見的詞彙，多可透過《清語老乞大》的滿語繙譯，而了解這些詞彙的含義。例如漢語《老乞大》中：「我漢兒人上學文書，因此上些小漢兒言語省的。」[37]句中「省的」，《清語老乞大》作"bahanambi"，意即理會的「會」[38]。漢語《老乞大》說：「小絹一疋三錢，染做小紅裏絹[39]。」句中「小紅」，《清語老乞大》作"fulahūn boco"，意即「淡紅色」[40]。漢語《老乞大》說：「我五箇人，打著三斤麵的餅著，我自買下飯去。」[41]句中「下飯」，《清語老乞大》作"booha"，意即下酒飯的「菜餚」[42]。

由於漢語《老乞大》特殊習慣語的不易理解，可以透過滿語的繙譯，而了解詞意，例如漢語《老乞大》說：「主人家，迭不得時，咱們火伴裏頭，教一箇自炒肉[43]。」句中「迭不得」，《清語老乞大》作"amcarakū"，意即「來不及」[44]，淺顯易懂。漢語《老乞大》說：「火伴你將料撈出來，冷水裏拔著，等馬大控一會，

37 漢語《老乞大》，頁 1。
38 《清語老乞大譯註》，卷一，頁 36。
39 漢語《老乞大》，頁 5。
40 《清語老乞大譯註》，卷一，頁 58。
41 漢語《老乞大》，頁 7。
42 《清語老乞大譯註》，卷二，頁 70。
43 漢語《老乞大》，頁 7。
44 《清語老乞大譯註》，卷二，頁 72。

慢慢的喂著[45]。」句中「大控」，《清語老乞大》作“teyere”，意即「歇息」[46]。漢語《老乞大》說「我不是利家，這段子價錢我都知道。」句中「利家」，《清語老乞大》作“hūdašara niyalma”，意即「生意人」[47]。楊聯陞先生指出「利家」是「市行之人」[48]，與滿語的意思相合。漢語《老乞大》說：「這主人家好不整齊，攪料棒也沒一箇[49]。」句中「好不整齊」，《清語老乞大》作“umesi la li akū”，意即「好不爽快」[50]。漢語《老乞大》說：「主人家哥，休恠，小人們，這裏定害。」[51]句中「定害」，《清語老乞大》作“ambula jobobuha”，意即「太打擾了」[52]。漢語《老乞大》說「這客人，怎麼這般歪斯纏。」句中「歪斯纏」，是元明時期的特殊用語，不見於《朴通事》，葛維達教授認為《老乞大》裡的「歪斯纏」，意思是「煩擾」[53]，《清語老乞大》則作“balai jamarambi”，意即「胡鬧」[54]。漢語《老乞大》說：「既這般的時，休則管的纏張。[55]」句中「纏張」，《清語老乞大》作“temšere”，意即「爭執」[56]。漢語《老乞大》說：「這賣酒的，也快纏，這們的好銀子，怎麼使

45 漢語《老乞大》，頁 8。
46 《清語老乞大譯註》，卷二，頁 78。
47 《清語老乞大譯註》，卷六，頁 216。
48 《中央研究院歷史語言研究所集刊》，第二十九本，上冊，頁 205。
49 漢語《老乞大》，頁 10。
50 《清語老乞大譯註》，卷二，頁 94。
51 漢語《老乞大》，頁 15。
52 《清語老乞大譯註》，卷三，頁 112。
53 《老乞大之文法分析》，頁 245。
54 《清語老乞大譯註》，卷三，頁 126。
55 漢語《老乞大》，頁 18。
56 《清語老乞大譯註》，卷三，頁 130。

不得[57]？」句中「快纏」,《清語老乞大》作“temšere mangga”,意即「好爭」[58]。漢語《老乞大》說:「咱們休磨拖,趁涼快,馬又喫的飽時,趕動著[59]。」句中「磨拖」,葛維達教授作「浪費時間」解[60],惟《清語老乞大》則作“teyere”,意即「歇息」[61]。

在漢語《老乞大》裡,常見有各種成語及格言,例如漢語《老乞大》說:「常言道,常防賊心,莫偷他物[62]。」《清語老乞大》也有這一條格言,“bai gisun de henduhengge, aniyadari haji be seremšе, erindari hūlha be seremšе sehebi.”意即:「常言道,年年防飢,時時防賊[63]。」滿語的改譯,較漢語更清晰。現代口語的「吃」,漢語《老乞大》又作「得」,例如:「常言道,馬不得夜草不肥,人不得橫財不富[64]。」《清語老乞大》則云“dekdeni henduhengge, morin dobori orho be jeterakū oci tarhūrakū, niyalma hetu ulin be baharakū oci bayan ojorakū sehebi.”意即:「常言道,馬不吃夜草不肥,人不得橫財不富[65]。」句中將頭一個「得」字改譯為「吃」。漢語《老乞大》說:「飢時得一口,強如飽時得一斗[66]。」句中「得一口」、「得一斗」,俱用「得」字。《清語老乞大》則云“yadahūšara erin de emu angga jeterengge, ebihe de emu

57 漢語《老乞大》,頁 22。
58 《清語老乞大譯註》,卷四,頁 156。
59 漢語《老乞大》,頁 20。
60 《老乞大之文法分析》,頁 243。
61 《清語老乞大譯註》,卷四,頁 144。
62 漢語《老乞大》,頁 12。
63 《清語老乞大譯註》,卷二,頁 94。
64 漢語《老乞大》,頁 11。
65 《清語老乞大譯註》,卷二,頁 92。
66 漢語《老乞大》,頁 15。

hiyase bele bahara ci wesihun.”即：「餓時吃一口，強如飽時得米一斗。」[67]句中也是將前面一句的「得」字改譯為「吃」。漢語《老乞大》說：「卻不說，好看千里客，萬里要傳名[68]。」《清語老乞大》則云“hendure balama minggan bade antaha be saikan kundulefi unggirengge, tumen bade gebu be bahaki sehebi.”[69]句中「好看」，滿語作“saikan kundulefi”，意即「好好地待人恭敬」，全句可譯作「俗話說，敬客千里，傳名萬里。」漢語《老乞大》說：「這早晚黑夜，我其實肚裏飢了，又有幾箇馬，一客不犯二主，怎麼，可憐見，糶與我一頓飯的米和馬草料如何[70]？」句中「一客不犯二主」，葛維達教授譯成英文作“one guest does not bother two hosts.”「犯」字，作「煩擾」解[71]。《清語老乞大》則云“emu antaha inu juwe boihoji de baire kooli akū”[72]意即「一個客人也沒有求兩個主人之例。」句中「犯」，作「求」（baire）解。

由前舉諸例可知《清語老乞大》與漢語《老乞大》的詞彙及特殊語法，頗有不同。漢語《老乞大》、《蒙語老乞大》、《清語老乞大》的文體及內容，並不相同，漢語《老乞大》裡的語法既深受阿爾泰語系的影響，對《清語老乞大》等了解愈多，並加以比較，則對漢語《老乞大》的語法分析，將更有裨益。

大致而言，《清語老乞大》的滿文讀音，與清朝入關後通行的

67 《清語老乞大譯註》，卷三，頁 114。
68 漢語《老乞大》，頁 15。
69 《清語老乞大譯註》，卷三，頁 114。
70 漢語《老乞大》，頁 18。
71 《老乞大之文法分析》，頁 270。
72 《清語老乞大譯註》，卷四，頁 132。

滿文讀音相近。其中稍有出入的滿文，譬如：漢語「半年」的「半」，通行的滿文讀如"hontoho"，《清語老乞大》讀作"hontohon"。《清語老乞大》有一句對話說：「你在本月初一日啟程後到如今將近半個月，為何纔到這裡呢？」句中「半個月」《清語老乞大》讀作"hontohon biya"。漢語「主人」，滿文讀如"boigoji"，《清語老乞大》讀作"boihoji"。例如：「哎呀！主人阿哥在家啊！這一向貴體與府上都好嗎？」句中「主人阿哥」，《清語老乞大》讀作"boihoji age"。漢語「睡覺」，滿文讀如"amgambi"，《清語老乞大》讀作"amhambi"，例如：「在路旁樹底下蔭涼地方歇息睡著。」句中「睡著」，《清語老乞大》讀作"amhaha"。

漢語《老乞大》原刊舊本，所使用的詞彙，多為元朝「時語」，是元代通俗的華北口語，與明清時期的實用口語，頗有差異，由於漢語的變化，漢語《老乞大》為了適應社會的實際需要，自明初以來，屢有改訂，於是出現了多種版本。中國本部由於民族的盛衰，政權的遞嬗，民族語言的使用範圍，也隨著轉移。蒙古、滿洲先後崛起，蒙古語文及滿洲語文都成為統治政府的「國語」，朝鮮商人及春秋信史往返華北，對當地通用語文確有學習的必要，為了教學語言的目的，除了屢次改訂漢語《老乞大》以外，還將漢語《老乞大》先後編譯成《蒙語老乞大》、《清語老乞大》等各種不同版本及譯本，都具有很高的文學價值，尤其對於比較元明清時期通俗口語的發展變化，提供了很珍貴的語文資料，具有很高的學術價值。

將《清語老乞大》與漢語《老乞大》互相比較後，發現兩者不僅卷數不同，內容也有詳略。大致而言，《清語老乞大》雖以漢語《老乞大》為藍本而改譯，但其內容多較簡略。由於滿語譯本文義清晰，淺顯易解，漢語《老乞大》未解的罕見詞彙，可藉《清語老乞大》的滿語譯本而了解其含義，探討漢語《老乞大》的語法及詞彙，《清語老乞大》是不可或缺的參考用書。研究清代的滿文發展，《清語老乞大》也是很有價值的語文資料。漢語《老乞大》裡的語法既深受阿爾泰語系的影響，分析漢語《老乞大》的語法，不能忽略《清語老乞大》的參考價值，《清語老乞大》與漢語《老乞大》的比較研究確實具有意義。

韓國延世大學發行的《人文科學》第十一、二輯曾據法國巴黎東洋語學校圖書館所藏《清語老乞大》，計八卷，影印出版。因影印本字跡漫漶模糊之處頗多，筆者曾於一九七六年據原文逐句重抄，轉寫羅馬拼音，譯出漢語，並承胡格金台先生審訂出版。抄寫疏漏之處，在所難免，為便於初學者閱讀，此次特據韓國學者鄭光先生編著日本駒澤大學圖書館所藏《清語老乞大新釋》滿文影印譯註，題為《清語老乞大譯註》，對於初學滿文者，或可提供一定的參考價值。是書滿文羅馬拼音及漢文，由國立中正大學博士班林加豐同學、中國文化大學博士班簡意娟同學打字排版，駐臺北韓國代表部專員連寬志先生、國立苗栗農工國文科彭悅柔老師協助校對，並承國立臺灣大學中文學系滿文班同學的熱心協助，在此一併致謝。

大哥伱從那裏來我從高麗王京來如今那
裏去我往北京去伱幾時離了王京我這月
初一日離了王京既是這月初一日離了王
京到今半箇月怎麽纔到的這裏我有一箇
火伴落後了來我沿路上慢慢的行着等候
來因此上來的遲了那火伴如今赶上來了
不曾這箇火伴便是夜來纔到伱這月盡頭
到的北京麽到不得知他那話怎敢說天可
憐見身已安樂時也到伱是高麗人却怎麽

漢語《老乞大》，頁一。《老乞大諺解・朴通事諺解》
（臺北，聯經出版事業公司）

清語老乞大卷之一

쥬라카 셔셔낫ᄂᆞ다 비 어려 바 이쳐 더 쥬라카
비언제王京의

거넘비 ᄒᆞ여가노라 시 아탕기 왕 깅 치
내皇城으로向

압시 거넘비 로가ᄂᆞ다 비 거문 허쳔 이 바루
이제어ᄃᆡ

챳한 왕 깅 치 지허 로셔왓노라 터
내朝鮮王京으

암바 아거 시 애비치 지허 뒤로셔온다 비
큰형아네어

《清語老乞大新釋》，卷一，頁1：日本駒澤大學圖書館藏本。

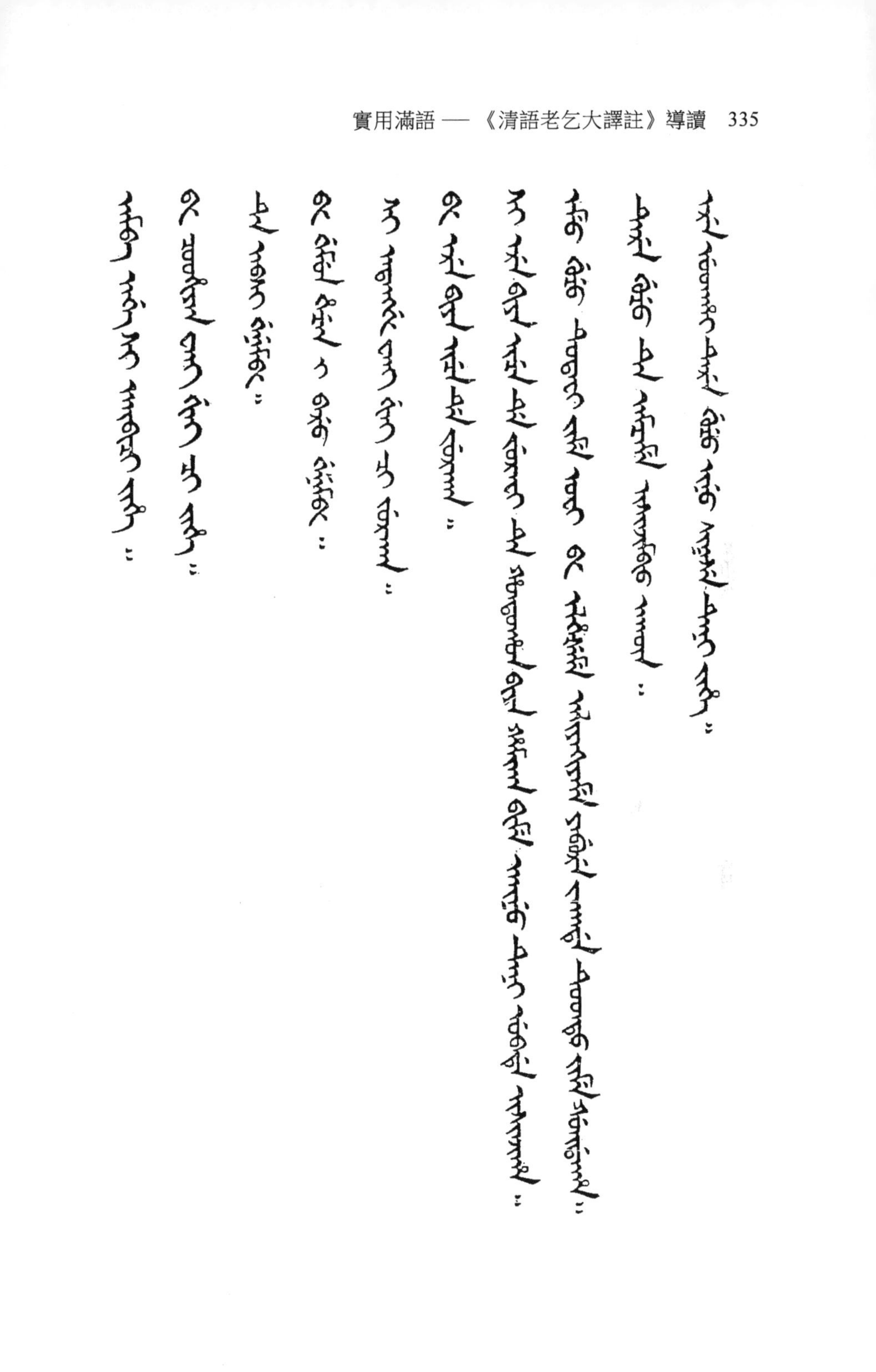

[illegible]

[illegible]

[illegible]

[illegible]

[illegible]

[illegible]

[illegible]

[illegible]

[illegible]

# 清語老乞大　卷一

amba age si aibici jihe？
bi coohiyan wang ging ci jihe.
te absi genembi？
bi gemun hecen[73] i baru genembi.
si atanggi wang ging ci juraka？
bi ere biya ice de juraka.
si ere biya ice de jurafi, te hontohon[74] biya hamika bime ainu teni ubade isinjiha？
emu gucu tutafi jime ofi, bi elhešeme aliyakiyame yabure jakade tuttu jime goidaha.
tere gucu te amcame isinjimbio akūn？
ere uthai tere gucu inu sikse teni jihe.

---

大阿哥你是從哪裡來的？
我是從朝鮮王京來的。
如今要往哪裡去？
我要往京城去。
你是幾時從王京啟程的？
我是在本月初一日啟程的。
你在本月初一日啟程後到如今將近半個月，為何纔到這裡呢？
因為有一個伙伴落後了來，我慢慢走著等候，所以來遲了。
那位伙伴如今趕到了嗎？
這位就是那個伙伴，昨天纔到的。

---

大阿哥你是从哪里来的？
我是从朝鲜王京来的。
如今要往哪里去？
我要往京城去。
你是几时从王京启程的？
我是在本月初一日启程的。
你在本月初一日启程后到如今将近半个月，为何纔到这里呢？
因为有一个伙伴落后了来，我慢慢走着等候，所以来迟了。
那位伙伴如今赶到了吗？
这位就是那个伙伴，昨天纔到的。

---

73 “gemun hecen”，韓文諺解作「皇城」，此據乾隆十四年（1749）十二月新定滿語譯作「京城」。
74 漢字「一半」，或「半個」，滿文讀如“hontoho”，此作“hontohon”，異。

# 佛門孝經

## ——《地藏菩薩本願經》滿文譯本校註導讀

佛教歷經二千餘年的傳佈，久已成為世界性的宗教，佛教經典就是亞洲各民族共同的精神寶藏，對東方語文、思想的保存，影響深遠。《大藏經》是佛教一切經典的總集，漢文《大藏經》分為經律論三部，佛的教法稱為經，佛的教誡稱為律，佛弟子研習經律而有所著述稱為論，統稱三藏。藏文《大藏經》則僅分為甘珠爾（bKaḥ-ḥGyur）及丹珠爾（bsTan-ḥGyur）二部。前者相當於漢文《大藏經》的經藏及律藏二部，後者相當於漢文《大藏經》的論藏。

有清一代，《大藏經》的繙譯，主要是中國境內各族文字的互譯，包括滿文本、蒙文本、藏文本、滿漢合璧本、滿蒙合璧本、滿藏合璧本、滿蒙漢藏合璧本等，有寫本，也有刻本。清高宗乾隆皇帝生於康熙五十年（1711）八月十三日，雍正十三年（1735）八月二十二日即位，年二十五歲，改明年為乾隆元年（1736）。乾隆三十七年（1772），當他六十二歲時，深慨於印度佛經先後譯成漢藏蒙各種文字，獨闕滿文，於是命設清字經館於西華門內，由章嘉國師綜其事，達天蓮筏僧協助，考取滿謄錄、纂修若干員，將漢文《大藏經》繙譯成滿文，至乾隆五十五年（1790），歷時十九年，繙譯告成，以朱色刷印成帙，題為《清文繙譯全藏經》，以寓大藏之全的意思。同年二月初一日，清高宗親撰〈清文繙譯全藏經序〉，並分別譯成藏文、蒙文、漢文，成為滿、藏、蒙、漢四體文字。其漢字序文云：

> 為事在人，成事在天，天而不佑，事何能成？人而不為，天何從佑？然而為事又在循理，為不循理之事，天弗佑也。予所舉之大事多矣！皆賴昊乾默佑，以至有成，則予之所以感貺奉行之忱，固不能以言語形容，而方寸自審，實不知其當何如也？武功之事，向屢言之，若夫訂四庫全書，及以國語譯漢全藏經二事，胥舉於癸巳年六旬之後，既而悔之，恐難覩其成。越十餘載而全書成，茲未逮二十載而所譯漢全藏經又畢蕆。夫耳順古稀已為人生所艱致，而況八旬哉！茲以六旬後所剏為之典，逮八旬而得覩國語大藏之全成，非昊乾嘉庇，其孰能與於斯，而予之所以增惕欽承者，更不知其當何如矣！至於國語譯大藏，恐人以為惑於禍福之說，則不可不明示其義。夫以禍福趨避教人，非佛之第一義諦也。第一義諦，佛且本無，而況於禍福乎！但眾生不可以第一義訓之，故以因緣禍福引之，由漸入深而已。然予之意仍並不在此，蓋梵經一譯而為番，再譯而為漢，三譯而為蒙古。我皇清主中國百餘年，彼三方久屬臣僕，而獨闕國語之大藏可乎！以漢譯國語，俾中外胥習國語，即不解佛之第一義諦，而皆知尊君親上，去惡從善，不亦可乎！是則朕以國語譯大藏之本意在此，不在彼也。茲以耄耋觀蕆事，實為大幸，非溺於求福之說，然亦即蒙天福佑，如願臻成所為，益深畏滿怵惕儆戒而已耳，是為序[1]。

1 《清文繙譯全藏經》（臺北，國立故宮博物院，乾隆五十五年，清內務府原刻朱印滿文本），〈御製清文繙譯全藏經序〉，頁上一至上三。

序文中指出，「梵經一譯而為番，再譯而為漢，三譯而為蒙古。」句中「番」，是指藏文《大藏經》，包括甘珠爾及丹珠爾二部。

滿文《大藏經》原刻朱色初印本首函除載清高宗〈御製清文繙譯全藏經序〉外，亦詳載清字經館譯刻等員名銜，包括總裁、副總裁、提調官、纂修官、收掌官、繙譯官、謄錄官、校對官、閱經總裁、閱經副總裁、辦理經咒喇嘛、校對經咒喇嘛、總校僧人、講經僧人等員，多達九十六員，可以說是清代規模頗大的譯經事業。

滿文《大藏經》，共一百零八函，計六百九十九部，二千四百六十六卷。各函經葉上下經板彩繪諸佛菩薩圖像，例如《大般若經》第一卷，其一葉上是首葉，經名由左至右，分別以滿、藏、蒙、漢四體文字標列，居中讚語書明「頂禮佛」(namo buddha ya)、「頂禮法」(namo dharma ya)、「頂禮僧」(namaḥ saṃgha ya) 等字樣，左側彩繪釋迦牟尼佛像，右側彩繪文珠菩薩像，圖像鮮明，獨具風格。

佛教對於中國學術的最大貢獻，便是佛經的繙譯。佛教徒的譯經事業，從東漢末年到唐朝，達到了最高潮。印度的佛教思想，藉著繙譯的佛經在中國散播，使中國人的思想和生活都發生了劇烈的變動。據統計從東漢末年到盛唐時代的六百年間，因繙譯佛經而創造的新詞彙和成語，便有數萬之多[2]，對中國語文的發展，大有助益。佛教思想也逐漸注入中國的傳統文化之中，唐人的詩，已含有濃厚的佛學色彩，使儒家文化吸收了新營養。

有清一代，佛教經典譯成滿蒙藏文者，卷帙非常可觀，在譯

2 傅樂成著《中國通史》，下冊（臺北，大中國圖書公司，民國六十七年十月），頁 485。

經過程中，增加了許多詞彙，對中國少數民族語文的研究，提供了豐富的語文資料。內府朱印滿文本《清文繙譯全藏經》第九十一函，包括十七部經典，其中第十六部經典為《地藏菩薩本願經》（na i niyamangga fusa i da forobun i nomun），計二卷。此外，北京國家圖書館、中央民族大學圖書館也藏有滿漢合璧《地藏菩薩本願經》，刻本，二卷。盧秀麗、閻向東主編《遼寧省圖書館滿文古籍圖書綜錄》，對《地藏菩薩本願經》曾作扼要介紹：「唐釋實叉難陀譯，清刻本，一冊，綫裝，滿漢合璧本。實叉難陀，唐朝高僧，于闐人。善大小乘，旁通異學。武后時被徵至京，譯文殊授記等經。以母老歸。景龍中再次被徵至京，卒於京城。是書半葉版框高二十一·五釐米，寬十四·四釐米，十二行，行字不等。四周雙欄，白口。書口處依次有文書名，黑魚尾，漢文卷次、頁碼[3]。」滿漢合璧本《地藏菩薩本願經》、內府滿文朱印本《地藏菩薩本願經》，雖據漢文譯出滿文，惟其譯文不盡相同，進行比較研究，頗具意義。

地藏菩薩，滿文讀如“na i niyamangga fusa”，句中“niyamangga”，意即「親戚」，地藏，是地下的親屬。《地藏菩薩本願經》又稱《地藏本願經》，經中記述釋迦牟尼佛在忉利天替母說法，後召地藏菩薩永為幽明教主，使世人有親人者，都得報本薦親，共登極樂世界。此經詳述地獄諸相，及追薦功德，向稱佛門中孝經。地藏菩薩亟於救度眾生，曾許下地獄不空誓不成佛的弘願，故以地藏本願為佛典名。劉雅琴撰〈《地藏經》音樂文化研

3 盧秀麗、閻向東主編《遼寧省圖書館滿文古籍圖書綜錄》（瀋陽，2003 年），子部，頁 489。尹富撰〈《地藏菩薩本愿經》綜考〉《四川大學學報》（哲學社會科學版），成都，2007 年，第 6 期，頁 50，文中指出，《地藏菩薩本愿經》在兩宋時期已經相當流行，肯定該經為中土所撰偽經。

究 — 記安徽蕪湖廣濟寺超度亡靈儀式〉一文指出,《地藏本願經》的功用主要是對故去亡靈進行超度，以達到解脫眾生的目的。《地藏本願經》是一部記載萬物眾生其生、老、病、死的過程，及如何讓自己改變命運的方法，並能超度過去的怨親債主令其解脫的因果經。佛家認為人的生死自無始劫以來皆輪迴不已，福報的聚集和修行的功德力的累積是他人無法替代的，這一觀點正好又迎合了中國社會傳統文化中信奉一個生命的逝去必要使其靈魂得以超脫、安寧以致穩妥進入「極樂世界」的精神理念。由此《地藏本願經》起到了修福修慧，廣利有情眾生的作用[4]。

《地藏菩薩本願經》，滿漢合璧本、內府滿文朱印本，各二卷；卷上，計六品；卷下，計七品，可將各品名稱譯文列表如下。

**《地藏菩薩本願經》，卷上品名譯文對照表**

| 漢文 | 滿漢合璧本 | | 內府滿文朱印本 | | 備註 |
|---|---|---|---|---|---|
| 忉利天宮神通品第一 | ᡤᡡᠰᡳᠨ ᡳᠯᠠᠨ ᠠᠪᡴᠠᡳ ᡤᡠᡵᡠᠩ ᡩᡝ ᡧᡝᠩᡤᡝ ᡨᡠᠯᠪᡳᠨ ᡳᠯᡝᡨᡠᠯᡝᡵᡝ ᡠᠵᡠᡳ ᡶᡳᠶᡝᠯᡝᠨ | gūsin ilan abkai gurung de šengge tulbin iletulere ujui fiyelen. | ᡤᡡᠰᡳᠨ ᡳᠯᠠᠨ ᠠᠪᡴᠠᡳ ᡤᡠᡵᡠᠩ ᠨᡳ ᡧᡝᠩᡤᡝ ᡨᡠᠯᠪᡳᠨ᠈ ᡠᠵᡠᡳ ᡶᡳᠶᡝᠯᡝᠨ | gūsin ilan abkai gurung ni šengge tulbin, ujui fiyelen. | |

4 劉雅琴撰〈《地藏經》音樂文化研究 — 記安徽蕪湖廣濟寺超度亡靈儀式〉,《現代企業教育》，2012 年 6 月下期（安徽，蕪湖，安徽師範大學音樂學院），頁 231。

| 漢文 | 滿漢合璧本 | | 內府滿文朱印本 | | 備註 |
|---|---|---|---|---|---|
| 分身集會品第二 | | dendehe beye isame acara jai fiyelen. | | beyebe faksalafi isan de isanjire jai fiyelen. | |
| 觀眾生業緣品第三 | | geren ergenggei weilen i holbohon be cincilara ilaci fiyelen. | | geren ergenggei weilen holbohon be cincilara ilaci fiyelen. | |
| 閻浮眾生業感品第四 | | dzambu tib i geren ergenggei weilen i jibure duici fiyelen. | | dzambu tib i geren ergengge sui i acinggiyabuh-angge duici fiyelen. | |

| 漢文 | 滿漢合璧本 | | 內府滿文朱印本 | | 備註 |
|---|---|---|---|---|---|
| 地獄名號品第五 | | na i gindana i gebu i sunjaci fiyelen. | | na i gindana i gebu colo, sunjaci fiyelen. | |
| 如來讚歎品第六 | | ineku jihe fucihi i saišame maktara ningguci fiyelen. | | ineku jihe fucihi saišame maktara ningguci fiyelen. | |

## 《地藏菩薩本願經》，卷下品名譯文對照表

| 漢文 | 滿漢合璧本 | | 內府滿文朱印本 | | 備註 |
|---|---|---|---|---|---|
| 利益存亡品第七 | | banjire akūhangge de aisi tusa arara nadaci fiyelen. | | banjire bucere urse de aisi tusa arara nadaci fiyelen. | |
| 閻羅王眾讚歎品第八 | | ilmun han sai ferguweme maktara jakūci fiyelen. | | geren ilmun han se maktame ferguwere jakūci fiyelen. | |
| 稱佛名號品第九 | | fucihi i gebu colo be tukiyere uyuci fiyelen. | | fucihi i gebu colo be tukiyecere uyuci fiyelen. | |

| 漢文 | 滿漢合璧本 | | 內府滿文朱印本 | | 備註 |
| --- | --- | --- | --- | --- | --- |
| 校量布施功德緣品第十 | ᡶᡠᠯᡝᡥᡠᠨ ᠪᡠᡵᡝ ᡤᡠᠩᡤᡝ ᡝᡵᡩᡝᠮᡠ ᡳ ᡥᠣᠯᠪᠣᡥᠣᠨ ᠪᡝ ᡩᡠᡳᠪᡠᠯᡝᠮᡝ ᠪᠣᡩᠣᡵᠣ ᠵᡠᠸᠠᠨᠴᡳ ᡶᡳᠶᡝᠯᡝᠨ | fulehun bure gungge erdemu i holbohon be duibuleme bodoro juwanci fiyelen. | ᡶᡠᠯᡝᡥᡠᠨ ᠪᡠᡵᡝ ᡤᡠᠩᡤᡝ ᡝᡵᡩᡝᠮᡠ ᡳ ᡥᠣᠯᠪᠣᡥᠣᠨ ᠪᡝ ᡩᡠᡳᠪᡠᠯᡝᠮᡝ ᠪᠣᡩᠣᡵᠣ ᠵᡠᠸᠠᠨᠴᡳ ᡶᡳᠶᡝᠯᡝᠨ | fulehun bure gungge erdemu i holbohon be duibuleme bodoro juwanci fiyelen. | |
| 地神護法品第十一 | ᠨᠠ ᡳ ᡝᠨᡩᡠᡵᡳ ᡳ ᠨᠣᠮᡠᠨ ᠪᡝ ᡴᠠᡵᠮᠠᡵᠠ ᠵᡠᠸᠠᠨ ᡝᠮᡠᠴᡳ ᡶᡳᠶᡝᠯᡝᠨ | na i enduri i nomun be karmara juwan emuci fiyelen. | ᠨᠠ ᡳ ᡝᠨᡩᡠᡵᡳ ᡳ ᠨᠣᠮᡠᠨ ᠪᡝ ᡴᠠᡵᠮᠠᡵᠠ ᠵᡠᠸᠠᠨ ᡝᠮᡠᠴᡳ ᡶᡳᠶᡝᠯᡝᠨ ᠉ | na i enduri i nomun be karmara juwan emuci fiyelen. | |
| 見聞利益品第十二 | ᠰᠠᠪᡠᡵᡝ ᡩᠣᠨᠵᡳᡵᡝ ᡩᡝ ᠠᡳᠰᡳ ᡨᡠᠰᠠ ᠠᡵᠠᡵᠠ ᠵᡠᠸᠠᠨ ᠵᡠᠸᡝᠴᡳ ᡶᡳᠶᡝᠯᡝᠨ | sabure donjire de aisi tusa arara juwan juweci fiyelen. | ᠰᠠᠪᡠᡵᡝ ᡩᠣᠨᠵᡳᡵᡝ ᡩᡝ ᠠᡳᠰᡳ ᡨᡠᠰᠠ ᠠᡵᠠᡵᠠ ᠵᡠᠸᠠᠨ ᠵᡠᠸᡝᠴᡳ ᡶᡳᠶᡝᠯᡝᠨ ᠉ | sabure donjire de aisi tusa arara juwan juweci fiyelen. | |

| 漢文 | 滿漢合璧本 | | 內府滿文朱印本 | | 備註 |
|---|---|---|---|---|---|
| 囑累人天品第十三 | | niyalma abka i jalin jobobume afabuha juwan ilaci fiyelen. | | niyalma abka de dahime afabume alara juwan ilaci meyen. | |

北京中華書局出版《中華大藏經》，收錄《地藏菩薩本願經》，上、下二卷，計十三品，附校勘記。對照滿漢合璧本，各品名稱俱相同。滿漢合璧本、內府滿文朱印本品名，雖據漢文譯出滿文，但譯文大同小異。其中〈忉利天宮神通品第一〉，合璧本滿文作“gūsin ilan abkai gurung de šengge tulbin iletulere ujui fiyelen”，意即「在三十三天宮顯神通第一章」。朱印本滿文作“gūsin ilan abkai gurung ni šengge tulbin, ujui fiyelen”，意即「三十三天宮的神通第一章」。〈分身集會品第二〉，「分身集會」，合璧本滿文作“dendehe beye isame acara”，朱印本滿文作“beyebe faksalafi isan de isanjire”。〈觀眾生業緣品第三〉，句中「業緣」，合璧本滿文作“weilen i holbohon”，朱印本滿文作“weilen holbohon”。〈閻浮眾生業感品第四〉，句中「業感」，合璧本滿文作“weilen i jibure”，朱印本滿文作“sui i acinggiyabuhangge”。〈地獄名號品第五〉，句中「名號」，合璧本滿文作“gebu”，意即「名字」，朱印本滿文作“gebu colo”，意即「名號」，文義相合。〈如來讚歎品第六〉，句中「如來讚歎」，合璧本滿文作“ineku jihe fucihi i saišame maktara”，朱印

本滿文作“ineku jihe fucihi saišame maktara”，句中省略“i”。〈利益存亡品第七〉，句中「存亡」，合璧本滿文作“banjire akūhangge”，朱印本滿文作“banjire bucere urse”，意即「存亡的人們」。〈閻羅王眾讚歎品第八〉，合璧本滿文作“ilmun han sai ferguweme maktara”，朱印本滿文作“geren ilmun han se maktame ferguwere”。〈稱佛名號品第九〉、〈校量布施功德緣品第十〉、〈地神護法品第十一〉、〈見聞利益品第十二〉，合璧本、朱印本譯文俱相同。〈囑累人天品第十三〉，合璧本滿文作“niyalma abka i jalin jobobume afabuha juwan ilaci fiyelen”，意即「為人天苦累囑付第十三章」，朱印本滿文作“niyalma abka de dahime afabume alara juwan ilaci meyen”，意即「再三囑付人天第十三節」。大致而言，合璧本和朱印本的滿文品名譯文，頗為相近。

有清一代，佛教經典譯成滿文者，卷帙頗多，在繙譯過程中，增加了許多詞彙，使滿文更具有文以載道的功能，可將滿漢合璧本、內府滿文朱印本常見詞彙列表如下。

**《地藏菩薩本願經》滿文佛經詞彙簡表**

| 漢文 | 滿漢合璧本 | | 詞義 | 內府滿文朱印本 | |
|---|---|---|---|---|---|
| 地藏 | [Manchu script] | na i niyamangga | 地下的親屬 | [Manchu script] | na i niyamangga |
| 本願 | [Manchu script] | da forobun | 原本祝禱 | [Manchu script] | da forobun |

| 漢文 | 滿漢合璧本 | | 詞義 | 內府滿文朱印本 | |
|---|---|---|---|---|---|
| 神通 | ᡧᡝᠩᡤᡝ ᡨᡠᠯᠪᡳᠨ | šengge tulbin | 神測 | ᡧᡝᠩᡤᡝ ᡨᡠᠯᠪᡳᠨ | šengge tulbin |
| 智慧 | ᠰᡠᡵᡝ ᡠᠯᡥᡳᠰᡠ | sure ulhisu | 聰敏 | ᠰᡠᡵᡝ ᡠᠯᡥᡳᠰᡠ | sure ulhisu |
| 喜捨 | ᡠᡵᡤᡠᠨ ᡨᡝᡴᠰᡳᠨ | urgun teksin | 喜慶整齊 | ᡠᡵᡤᡠᠨ ᡨᡝᡴᠰᡳᠨ | urgun teksin |
| 解脫 | ᡠᠮᡝᠰᡳ ᡠᡴᠴᠠᡵᠠ | umesi ukcara | 全然開脫 | ᡠᠮᡝᠰᡳ ᡠᡴᠴᠠᡵᠠ | umesi ukcara |
| 無漏 | ᡝᡶᡠᠵᡝᠨ ᠠᡴᡡ | efujen akū | 不壞 | ᡝᡶᡠᠵᡝᠨ ᠠᡴᡡ | efujen akū |

| 漢文 | 滿漢合璧本 | | 詞義 | 內府滿文朱印本 | |
|---|---|---|---|---|---|
| 自在天 | | toosengga abka | 權變天 | | toosengga abka |
| 無量 | | mohon akū | 無窮的 | | mohon akū |
| 十地 | | juwan tangka | 十層 | | juwan tangka |
| 方便 | | mergen arga | 明智的方法 | | mergen arga |
| 正見 | | unenggi sabun | 真見 | | unenggi sabun |

| 漢文 | 滿漢合璧本 | | 詞義 | 內府滿文朱印本 | |
|---|---|---|---|---|---|
| 無間地獄 | | jaka akū na i gindana | 無間斷地獄 | | giyalan akū na i gindana |
| 因果 | | deribun šanggan | 開始、完成 | | nikejen šanggan |
| 果報 | | šanggan karulan | 完成報答 | | šanggan karulan |
| 善知識 | | sain mergen baksi | 好的賢達儒士 | | sain mergen baksi |

| 漢文 | 滿漢合璧本 | | 詞義 | 內府滿文朱印本 | |
|---|---|---|---|---|---|
| 宿命 | ᠨᡝᠨᡝᡥᡝ ᠵᠠᠯᠠᠨ | nenehe jalan | 先世 | ᠨᡝᠨᡝᡥᡝ ᠵᠠᠯᠠᠨ | nenehe jalan |
| 善女人 | ᠰᠠᡳᠨ ᡶᡠᠯᡝᡥᡝᠩᡤᡝ ᠰᠠᡵᡤᠠᠨ ᠵᡠᠰᡝ | sain fulehengge sargan juse | 好的根基的女子們 | ᠰᠠᡳᠨ ᡶᡠᠯᡝᡥᡝᠩᡤᡝ ᠰᠠᡵᡤᠠᠨ ᠵᡠᠰᡝ | sain fulehengge sargan juse |
| 惡業 | ᡝᡥᡝ ᠸᡝᡳᠯᡝᠨ | ehe weilen | 壞的造作 | ᡝᡥᡝ ᠸᡝᡳᠯᡝᠨ | ehe weilen |
| 布施 | ᡶᡠᠯᡝᡥᡠᠨ ᠪᡠᡵᡝ | fulehun bure | 給恩惠 | ᡶᡠᠯᡝᡥᡠᠨ ᠪᡠᡵᡝ | fulehun bure |
| 彼岸 | ᠴᠠᡵᡤᡳ ᡩᠠᠯᡳᠨ | cargi dalin | 對岸 | ᠴᠠᡵᡤᡳ ᡩᠠᠯᡳᠨ | cargi dalin |

| 漢文 | 滿漢合璧本 | | 詞義 | 內府滿文朱印本 | |
|---|---|---|---|---|---|
| 業障 | | weile dalibun | 造作遮擋 | | weilen i dalibun |
| 妄語 | | holo gisun | 謊言 | | holo gisun |
| 忉利天 | | gūsin ilan abka | 三十三天 | | gūsin ilan abka |
| 不可說 | | gisureme wajirakū | 說不完 | | gisureci ojorakū |

| 漢文 | 滿漢合璧本 | | 詞義 | 內府滿文朱印本 | |
|---|---|---|---|---|---|
| 娑婆世界 | | dosombure mangga jalan jecen | 堪忍世界 | | sablog'adado jalan jecen |
| 摩訶薩 | | amba fusa | 大菩薩 | | amba fusa |
| 伽藍 | | juktehen | 寺院 | | juktehen |
| 白衣 | | baisin | 白丁 | | bolgo etukungge |
| 胡跪 | | bethe bukdafi | 彎單腿下跪行請安禮 | | emu bethe bukdafi |

| 漢文 | 滿漢合璧本 | | 詞義 | 內府滿文朱印本 | |
|---|---|---|---|---|---|
| 七七日 | | dehi uyun inenggi | 四十九日 | | dehi uyun inenggi |
| 土地 | | banaji enduri | 土地神 | | banaji enduri |
| 三七日 | | orin emu inenggi | 二十一日 | | orin emu inenggi |
| 摩頂 | | uju be bišume | 摸頭 | | uju be bišume |

| 漢文 | 滿漢合璧本 | | 詞義 | 內府滿文朱印本 | |
|---|---|---|---|---|---|
| 五辛 | ᠰᡠᠨᠵᠠ ᡥᠠᠴᡳᠨ ᡳ ᡶᡠᡵᡤᡳᠨ | sunja hacin i furgin | 五種辣的 | ᠰᡠᠨᠵᠠ ᡥᠠᠴᡳᠨ ᡳ ᡶᡠᡵᡤᡳᠨ ᠵᠠᡴᠠ | sunja hacin i furgin jaka |
| 大士 | ᠠᠮᠪᠠ ᡶᡠᠰᠠ | amba fusa | 大菩薩 | ᠠᠮᠪᠠ ᡶᡠᠰᠠ | amba fusa |
| 香華 | ᡥᡳᠶᠠᠨ ᡳᠯᡥᠠ | hiyan ilha | 香花 | ᡥᡳᠶᠠᠨ ᡳᠯᡥᠠ | hiyan ilha |

資料來源：《地藏菩薩本願經》，滿漢合璧本；《na i niyamangga fusa i da forobun i nomun》，乾隆五十五年（1790），內府滿文朱印本。

前列簡表，是將滿漢合璧本和內府滿文朱印本滿文詞彙依次並列，並標明詞義。其中「地藏」，滿文讀如“na i niyamangga”，意即「地下的親屬」，世人有親在幽明地界者，都可報本薦親。「本願」，滿文讀如“da forobun”，意即「原本祝禱」，地藏菩薩原本曾許願祝禱地獄不空誓不成佛，故以本願為經名。「神通」，滿文讀如“šengge tulbin”，句中“šengge”，是預知者，譯漢作「神」解，“tulbin”，意即「預測」，因預測神準，能預知未來，故稱「神通」。「無漏」，滿文讀如“efujen akū”，意即「不壞」。「自在天」，句中「自在」，滿文讀如“toosengga”，意即「有權勢的」，或作「權變」。「無間地獄」，句中「無間」，滿文讀如“jaka akū”，意即「無間斷」，相傳冥府地獄，名號各別，彼此相連，其中無間地獄，展轉相寄，倘若墮此地獄，日夜受罪，苦楚相連，更無間斷，故稱無間。「因果」，滿文讀如“deribun šanggan”，意即「開始、完成」。「善知識」，滿文讀如“sain mergen baksi”，句中“baksi”，意即「儒士」、「先生」，好的賢達儒士就是善知識。「善女人」，滿文讀如“sain fulehengge sargan juse”，句中“fulehengge”，意即「根基的」，有好根基的女子，就是善女人。「彼岸」，滿文讀如“cargi dalin”，意即「對岸」。「妄語」，滿文讀如“holo gisun”，意即「謊言」。「忉利天」，滿文讀如“gūsin ilan abka”，意即「三十三天」，梵語讀如“trāyastriṃśa”，位於須彌山之頂，為帝釋所居天界。「不可說」，內府滿文朱印本作“gisureci ojorakū”，滿漢文義相合。合璧本滿文作“gisureme wajirakū”，意即「說不完」。「娑婆世界」，句中「娑婆」，梵語讀如“sahā”，朱印本滿文作“sablog'adado”，合璧本滿文作“dosombure mangga”，意即「堪忍」，娑婆世界，就是堪忍世界。「摩訶薩」，為梵語「摩訶薩埵」之略，梵語讀如“mahāsattva”，滿文讀如“amba fusa”，意即「大菩薩」。「伽藍」，為「僧伽藍摩」之略，梵語讀如“saṃghārāma”，滿文讀如“juktehen”，意即「寺院」。「白衣」，朱印本滿文作“bolgo etukungge”，意即「穿潔淨衣服的」。合璧本滿文作“baisin”，意即「白丁」。「胡跪」，合璧本滿文作“bethe bukdafi”，朱印本滿文作“emu bethe bukdafi”，意即「彎單腿下跪行請安禮」，是女真、滿洲等民族的傳統禮俗。「土地」，滿文讀如“banaji enduri”，意即「土地神」。「七七日」，滿文讀如“dehi uyun inenggi”，意即「四十九日」，是七七日的積數。「三七日」，滿文讀如“orin emu inenggi”，意即「二十一日」，是三七日的積數。「摩頂」，滿文讀如“uju be bišume”，意即「摸頭」。「五辛」，合璧本滿文讀如“sunja hacin i furgin”，意即「五種辣的」。朱印本滿文作“sunja hacin i furgin jaka”，意即「五種辣的東西」。「大士」，滿文讀如“amba fusa”，意即「大菩薩」。「香華」，滿文讀如“hiyan ilha”，意即「香、花」。大致而言，《地藏菩薩本願經》中的詞彙，合璧本的滿文和內府朱印本的滿文，頗為相近。漢文佛經譯成滿文，多以白話語體文對譯，文義清晰，淺顯易解，查閱滿文，有助於了解漢文佛經的文義。

佛教經典譯成滿、蒙、藏文者，卷帙頗多，佛經中的諸佛菩薩及術語，多按梵語音譯，滿文譯本中的諸佛菩薩名號，亦多按梵語及蒙語音寫，可列表如下。

**《地藏菩薩本願經》詞彙滿文音寫對照表**

| 漢文 | 滿漢合璧本 | | 詞義 | 內府滿文朱印本 | |
|---|---|---|---|---|---|
| 三昧 | | samadi | 禪定 | | samadi |
| 檀波羅密 | | fulehun baramit | 布施到彼岸 | | fulehun baramit |
| 尸波羅密 | | targacun baramit | 持戒到彼岸 | | targacun baramit |

| 漢文 | 滿漢合璧本 | | 詞義 | 內府滿文朱印本 | |
|---|---|---|---|---|---|
| 羼提波羅密 | | kiricun baramit | 忍辱到彼岸 | | kiricun baramit |
| 毗離耶波羅密 | | kicen baramit | 精進到彼岸 | | kicen baramit |
| 禪波羅密 | | samadi baramit | 禪定到彼岸 | | samadi baramit |
| 般若波羅密 | | sure baramit | 智慧到彼岸 | | sure baramit |
| 須燄摩天 | | dain akū abka | 妙善天 | | dain akū abka |

| 漢文 | 滿漢合璧本 | | 詞義 | 內府滿文朱印本 | |
|---|---|---|---|---|---|
| 兜率陀天 | ᡠᡵᡤᡠᠩᡤᡝ ᠠᠪᡴᠠ | urgungge abka | 喜足天 | ᡠᡵᡤᡠᠩᡤᡝ ᠠᠪᡴᠠ | urgungge abka |
| 梵眾天 | ᡝᠰᡵᡠᠨ ᡳ ᠠᡳᠮᠠᠨ ᠠᠪᡴᠠ | esrun i aiman abka | 梵部天 | ᡝᠰᡵᡠᠨ ᠠᡳᠮᠠᠨ ᡳ ᠠᠪᡴᠠ | esrun aiman i abka |
| 無量淨天 | ᠮᠣᡥᠣᠨ ᠠᡴᡡ ᡥᡡᡨᡠᡵᡳᠩᡤᠠ ᠠᠪᡴᠠ | mohon akū hūturingga abka | 無量福天 | ᠮᠣᡥᠣᠨ ᠠᡴᡡ ᡥᡡᡨᡠᡵᡳᠩᡤᠠ ᠠᠪᡴᠠ | mohon akū hūturingga abka |
| 摩醯首羅天 | ᠠᠮᠪᠠ ᡨᠣᠣᠰᡝᠩᡤᠠ ᠠᠪᡴᠠ | amba toosengga abka | 大自在天 | ᠮᠠᡥᡳᡧᡠᠸᠠᡵᠠ ᠠᠪᡴᠠ | mahišuwara abka |

| 漢文 | 滿漢合璧本 | | 詞義 | 內府滿文朱印本 | |
|---|---|---|---|---|---|
| 般若 | | barandza | 智慧 | | sure baramit |
| 聲聞 | | šarwag'a | 聽聞佛陀言教的覺悟者 | | šarwak'a |
| 恆河 | | g'angg'a | 恆河 | | g'angg'a |
| 辟支佛 | | bradig'abut | 緣覺獨覺 | | bradig'abut |
| 那由他 | | samuri | 一千億 | | samuri |
| 阿僧祇 | | asanggi | 無量數 | | asanggi |
| 婆羅門 | | biraman | 淨行 | | biraman |

| 漢文 | 滿漢合璧本 | | 詞義 | 內府滿文朱印本 | |
|---|---|---|---|---|---|
| 閻浮提 | | dzambu tibu | 贍部洲 | | dzambu tib |
| 尸羅 | | šila | 持戒 | | targacun |
| 悅帝利 | | cadari | 田主 | | šadiri |
| 阿耨多羅三藐三菩提 | | delesi akū unenggi hafuka bodi | 無上正等正覺 | | delesi akū unenggi hafuka bodi |
| 天帝 | | hormosda | 帝釋天 | | hormosda |
| 比丘 | | bikcu | 比丘 | | bikcu |

| 漢文 | 滿漢合璧本 | | 詞義 | 內府滿文朱印本 | |
|---|---|---|---|---|---|
| 比丘尼 | | bikcuni | 比丘尼 | | bikcuni |
| 優婆塞 | | ubasi | 近善男 | | ubasi |
| 優婆夷 | | ubasanca | 近善女 | | ubasanca |
| 羅漢 | | arhat | 阿羅漢 | | arhat |
| 彌勒 | | maidari | 彌勒 | | maidari |
| 涅槃 | | nirwan | 圓寂 | | nirwan |
| 摩耶夫人 | | maya fujin | 摩耶夫人 | | maya fujin |
| 沙門 | | šarman | 淨志 | | šarman |

| 漢文 | 滿漢合璧本 | | 詞義 | 內府滿文朱印本 | |
|---|---|---|---|---|---|
| 梵志 | | biraman | 婆羅門 | | birman |
| 阿鼻 | | abidz | 無間 | | abidz |
| 普賢菩薩 | | samanda-badara fusa | 普賢菩薩 | | samandaba-dara fusa |
| 夜叉 | | yakca | 能噉鬼 | | yakca |
| 祁利失王 | | kirijy da | 祁利失長 | | kirijy wang |
| 祁利叉王 | | kirica da | 祁利叉長 | | kirica wang |
| 阿那吒王 | | ag'aja da | 阿那吒長 | | ag'aja wang |
| 梵王 | | esrun han | 寂靜王 | | esrun i han |

| 漢文 | 滿漢合璧本 | | 詞義 | 內府滿文朱印本 | |
|---|---|---|---|---|---|
| 帝釋 | | hormosda | 天帝 | | hormosda |
| 波頭摩 | | batma | 紅蓮華 | | batma |
| 拘留孫佛 | | g'arg'asundi fucihi | 所應斷已斷成就美妙 | | g'arg'asundi fucihi |
| 毘婆尸佛 | | bibasa fucihi | 勝觀、種種見 | | bibaša fucihi |
| 袈裟幢 | | g'arša kiltangga | 不正色幢 | | g'arša kiltangka |
| 釋迦牟尼佛 | | šigiyamuni fucihi | 能仁佛 | | šigiyamuni fucihi |

資料來源：《地藏菩薩本願經》滿漢合璧本、內府滿文朱印本。

表中所列滿文音寫諸佛菩薩及術語，是僅就《地藏菩薩本願經》內所見者列舉說明，其中「三昧」，梵語讀如“samādhi”，滿文音寫作“samadi”，意即「禪定」。「檀波羅密多」，梵語讀如“dānāpāramitā”。“dānā”，意即「布施」，漢文「檀那」，略稱「檀」。“pāramitā”，意即「彼岸」，漢文作「波羅密多」，略稱「波羅密」。滿文作“fulehun baramit”，句中“fulehun”，意即「布施」，是“dānā”的意譯，“baramit”是“pāramitā”的音寫。「尸波羅密」是「尸羅波羅密」的略稱。「尸羅波羅密」，梵語讀如“śīla-pāramitā”，“śīla”，意即「持戒」。滿文作“targacun baramit”，句中“targacun”，意即「持戒」，是“śīla”的意譯。“baramit”，意即「彼岸」。「羼提波羅密」，句中「羼提」，梵語讀如“kṣānti”，意即「忍辱」，滿文作“kiricun baramit”，句中“kiricun”，意即「忍辱」，是“kṣānti”的意譯，“baramit”是“pāramitā”的音寫。「毘離耶波羅密」，句中「毘離耶」，梵語讀如“virya”，意即「勤修精進」，滿文“kicen”，意即「勤勉」，是“virya”的意譯。「禪波羅密」，梵語讀如“dhyāna-pāramitā”，意即「定到彼岸」，滿文作“samadi baramit”，意即「禪定到彼岸」，文義相近。「般若波羅蜜」，句中「般若」，梵語讀如“prajñā”，意即「智慧」，滿文作“sure baramit”，句中“sure”，意即「智慧」，是“prajñā”的意譯，“baramit”是“pāramitā”的音寫。「須燄摩天」，梵語讀如“suyāma-derarāja”，句中「suyāma」，漢文作「須燄摩」，又作「須炎摩」，意即「善時分」，又作「妙善」，滿文作“dain akū”，意即「無征戰」。「兜率陀天」，句中「兜率陀」，又作「兜率」，梵語讀如“tuṣita”，意即「喜樂」，滿文作“urgungge”，文義相合。「無量淨天」，滿文讀如“mohon akū hūturingga abka”，意即「無量福天」。「摩醯首羅」，又作「莫醯伊濕伐羅」，梵語讀如“maheśvara”，意即「大自在」，朱印本滿文作“mahišuwara”，合璧本滿文作“amba toosengga”，意即「大自在」，文義相合。「聲聞」，梵語讀如“śrāvaka”，意即「聽聞佛陀言教的覺悟者」，滿文音寫作“šarwag'a”。「辟支佛」，梵語讀如“pratyekabuddha”，滿文音寫作“bradig'abut”，意即「緣覺」或作「獨覺」。「那由他」，梵語讀如“nayuta”，漢文音譯作「那由他」，意即「一千億」，滿文作“samuri”。「阿僧祇」，梵語讀如“asaṃkhya”，意即「無量數」，滿文音寫作“asanggi”。「婆羅門」，梵語讀如“brāhmaṇa”，意即「淨行」，滿文音寫作“biraman”。「閻浮提」，梵語讀如“jambu-dvipa”，意即「贍部洲」，是須彌山南方四大洲之一，滿文音寫作“dzambu tib”。「尸羅」，梵語讀如“śīla”，意即「持戒」，合璧本滿文音寫作“šila”，朱印本滿文作“targacun”，意即「持戒」，文義相合。「悅帝利」，疑為「剎帝利」之訛，合璧本滿文作“cadari”，朱印本滿文作“šadiri”。「阿耨多羅三藐三菩提」，梵語讀如“anuttara-samyak-saṃbodi”，滿文意譯作“delesi akū unenggi hafuka bodi”，意即「無上正等正覺」。「天帝」，據蒙文音寫滿文作“hormosda”。「比丘」，梵語讀如“bhikṣu”，意即「受具足戒出家佛弟子之通稱」，滿文音寫作“bikcu”。「比丘尼」，梵語讀如“bhikṣuṇī”，意即「受具足戒出家佛女子之通稱」，滿文音寫作“bikcuni”。「優婆塞」，梵語讀如“upāsaka”，意即「清信士」、「近善男」，滿文音寫作“ubasi”。「優婆夷」，梵語讀如“upāsikā”，意即「清信女」、「近善女」，滿文音寫作“ubasanca”。「羅漢」，梵語讀如“arhat”，漢文略稱「羅漢」，滿文音寫作“arhat”。「彌勒」，梵語讀如“maitreya”，滿文音寫作“maidari”。「涅槃」，梵語讀如“nirvāṇa”，意即「圓寂」、「寂滅」，滿文音寫作“nirwan”。「摩耶夫人」，句中「摩耶」，梵語讀如“māyā”，滿文音寫作“maya”。“fujin”，漢文音譯作「福晉」，意譯作「夫人」。「沙門」，梵語讀如“śramaṇa”，意即「淨志」、「勤勞」

等，指佛教僧侶，滿文音寫作“šarman”。「阿逸多」，梵語讀如“ajita”，滿文作“maidari”，意即「彌勒」。「須彌山」，梵語讀如“sumeru”，意即「妙光」、「妙高」，滿文音寫作“sumiri alin”。漢字「梵」，梵語讀如“brahman”，滿文音寫作“biraman”。「阿鼻」，梵語讀如“avīci”，意即「無間」，阿鼻地獄即八熱地獄，滿文音寫作“abidz”。「普賢菩薩」，梵語讀如“samantabhadra”，滿文音寫作“samandabadara”。「夜叉」，梵語讀如“yakṣa”，滿文音寫作“yakca”，意即「能噉鬼」、「捷疾鬼」。「祁利失王」，朱印本滿文音寫作“kirijy wang”，合璧本滿文作“kirijy da”，意即「祁利失長」。「祁利叉王」，朱印本滿文音寫作“kirica wang”，合璧本滿文作“kirica da”，意即「祁利叉長」。「波頭摩」，梵語讀如“padma”，意即「紅蓮華」，或稱「紅蓮」，滿文音寫作“batma”。「拘留孫佛」，梵語讀如“krakucchanda”，意即「所應斷已斷」、「成就美妙」，滿文音寫作“g'arg'asundi fucihi”。「毘婆尸」，梵語讀如“vipaśyin”，意即「勝觀」、「種種觀」、「種種見」，為過去七佛的第一佛。合璧本滿文音寫作“bibasa fucihi”，朱印本滿文音寫作“bibaša fucihi”，滿文意譯作“hafu bulekušere fucihi”。「袈裟」，梵語讀如“kāṣāya”，意即「不正色」，滿文音寫作“g'arša”。「幢」，滿文讀如“kiltan”。「釋迦牟尼」，梵語讀如“śākyamuni”，意即「能仁」，釋迦族的聖人，滿文音寫作“šigiyamuni”。以上所列諸佛菩薩名號，多按梵語讀音轉寫滿文。滿文音寫諸佛菩薩名號，不勝枚舉，逐一對照梵語讀音，有助於了解諸佛菩薩及相關術語的詞義。

滿文與漢文是兩種不同的語文，漢文本佛經多屬文言文體裁，文字較深奧，古今讀音，不盡相同，佛經滿文譯本，多屬語體文體裁，淺顯明晰，對照滿文，有助於了解漢文佛經的文義。從滿文繙譯的技巧及讀音的差異，也有助於了解清代滿洲語文的發展變化，佛經滿文譯本的印刷流傳，對滿文的研究，提供了極珍貴而且豐富的語文資料。在繙譯佛經的過程中，一方面創造了許多新詞彙，一方面使原來通行的滿文詞彙擴大其涵義，更能充分表達佛經教義的原本理蘊，佛經滿文譯本的問世，確實增加一種文字以保存佛教的教義思想。蒐集滿文佛經詞彙，可以增訂《五譯合璧集要》或《經語集要》等工具書。將佛經滿文譯本中的佛教術語分類整理，也可以編纂滿文佛學辭典，以供誦讀滿文佛經時查閱參考。《地藏菩薩本願經》是佛門中的孝經，流傳甚廣，其滿漢合璧本，刻工精細，字體優美，為提供初學滿文者參考，特將滿漢合璧《地藏菩薩本願經》影印校註。首先感謝臺北國立故宮博物院滿文進修班沈惠珠律師贈閱滿漢合璧《地藏菩薩本願經》。校註本滿文羅馬拼音及校註文字，由國立中正大學博士班林加豐同學、中國文化大學博士班簡意娟同學打字排版。駐臺北韓國代表部連寬志先生、國立苗栗農工國文科彭悅柔老師協助校對，並承國立臺灣大學中文學系滿文班同學的熱心參與，在此一併致謝。

《地藏菩薩本願經》，內府朱印滿文本上四百六十四至四百六十五

臺北 國立故宮博物院藏

# 創製與薪傳：新疆察布查爾錫伯族與滿洲語文的傳承

## — 以錫伯文教材為中心

我國歷代以來，就是一個多民族的國家，各兄弟民族多有自己的民族語和文字。滿洲先世，出自女眞，蒙古滅金後，女眞遺族散居於混同江流域，開元城以北，東濱海，西接兀良哈，南鄰朝鮮。由於元朝蒙古對東北女眞的長期統治，以及地緣的便利，在滿洲崛起以前，女眞與蒙古的接觸，已極密切，蒙古文化對女眞產生了很大的影響，女眞地區除了使用漢文外，同時也使用蒙古語言文字。明代後期，滿族的經濟與文化，進入迅速發展階段，但在滿洲居住的地區，仍然沒有自己的文字，其文移往來，主要使用蒙古文字，必須「習蒙古書，譯蒙古語通之。」使用女眞語的滿族書寫蒙古文字，未習蒙古語的滿族則無從了解，這種現象實在不能適應新興滿族共同體的需要。明神宗萬曆二十七年（1599）二月，清太祖努爾哈齊命巴克什額爾德尼等人創造滿文。滿文本《清太祖武皇帝實錄》記載清太祖努爾哈齊與巴克什額爾德尼等人的對話，先將滿文影印如後，並轉寫羅馬拼音，照錄漢文內容。

| 《清太祖武皇帝實錄》滿文 | |
|---|---|
| [illegible] | |
| 譯漢內容 | 太祖欲以蒙古字編成國語，榜識厄兒得溺、剛蓋對曰：「我等習蒙古字，始知蒙古語，若以我國語編創譯書，我等實不能。」太祖曰：「漢人念漢字，學與不學者皆知；蒙古之人念蒙古字，學與不學者亦皆知。我國之言，寫蒙古之字，則不習蒙古語者，不能知矣，何汝等以本國言語編字爲難，以習他國之言爲易耶？」剛蓋、厄兒得溺對曰：「以我國之言編成文字最善，但因翻編成句，吾等不能，故難耳。」太祖曰：「寫阿字下合一媽字，此非阿媽乎（阿媽，父也）？厄字下合一脉字，此非厄脉乎〈厄脉，母也）？吾意決矣，爾等試寫可也。」于是自將蒙古字編成國語頒行，創制滿洲文字，自太祖始[1]。 |

1 《清太祖武皇帝實錄》，漢文本，（臺北，故宮博物院），卷二，頁 1。

| 羅馬拼音 | juwe biya de. taidzu sure beile monggo bithe be kūbulime, manju gisun i araki seci, erdeni baksi, g'ag'ai jergūci hendume, be monggoi bithe be taciha dahame sambi dere. julgeci jihe bithe be te adarame kūbulibumbi seme marame gisureci. taidzu sure beile hendume： nikan gurun i bithe be hūlaci, nikan bithe sara niyalma, sarkū niyalma gemu ulhimbi monggo gurun i bithe hūlaci, bithe sarkū niyalma inu gemu ulhiambi kai. musei bithe be monggorome hūlaci musei gurun i bithe sarkū niyalma ulhirakū kai. musei gurun i gisun i araci adarame manga. encu monggo gurun i gisun adarame ja seme henduci. g'ag'ai jergūci, erdeni baksi jabume： musei gurun i gisun i araci sain mujangga. kūbulime arara be meni dolo baharakū ofi marambi dere. taidzu sure beile hendume, a sere hergen ara. a i fejile ma sindaci ama wakao. e sere hergen ara. e i fejile me sindaci eme wakao. mini dolo gūnime wajiha. suwe arame tuwa ombi kai seme emhun marame monggorome hūlara bithe be manju gisun i kūbulibuha. tereci taidzu sure beile manju bithe be fukjin deribufi manju gurun de selgiyehe[2]. |
|---|---|

前引「國語」，即滿洲語；榜識厄兒得溺，即巴克什額爾德尼；剛蓋，即扎爾固齊噶蓋。清太祖，滿文作“taidzu sure beile”，漢字音譯可作「太祖淑勒貝勒」。清太祖努爾哈齊為了文移往來及記注政事的需要，即命巴克什額爾德尼仿照老蒙文創製滿文，亦即以老蒙文字母為基礎，拼寫女真語音，聯綴成句。例如將蒙古字母的「ᠠ」（a）字下接「ᠮᠠ」（ma）字就成「ᠠᠮᠠ」（ama），意即父親。將老蒙文字母的「ᠡ」（e）字下接「ᠮᠡ」（me），就成「ᠡᠮᠡ」（eme），意即母親。這種由畏兀兒體老蒙文脫胎而來的初期滿文，在字旁未加圈點，僅稍改變老蒙文的字母形體。這種未加圈點的滿文，習稱老滿文，使用老滿文記注的檔案，稱為無圈點檔。臺北國立故宮博物院典藏無圈點檔最早的記事，始自明神宗萬曆三十五年（1607），影印二頁如下。

2 《清太祖武皇帝實錄》，滿文本，卷二，見《東方學紀要》，2（日本，天理大學，1967年3月），頁175。

| 無圈點老滿文檔 | 丁未年 |
| --- | --- |

由老蒙文脫胎而來的無圈點老滿文，是一種拼音系統的文字，用來拼寫女真語音，有其實用性，學習容易。但其未加圈點，不能充分表達女真語音，而且因滿洲和蒙古的語言，彼此不同，所借用的老蒙文字母，無從區別人名、地名的讀音，往往彼此雷同。天聰六年（1632）三月，清太宗皇太極命巴克什達海將無圈點滿文在字旁加置圈點，使其音義分明。《清太祖文皇帝實錄》記載諭旨云：

> 上諭巴克什達海曰：「國書十二字頭，向無圈點，上下字雷同無別，幼學習之，遇書中尋常語言，視其文義，易於通

曉。若至人名地名，必致錯誤，爾可酌加圈點，以分析之，則音義明曉，於字學更有裨益矣[3]。

引文中「國書十二頭字」，即指滿文十二字頭。達海是滿洲正藍旗人，九歲即通滿、漢文義，曾奉命繙譯《大明會典》、《素書》、《三略》等書。達海遵旨將十二字頭酌加圈點於字旁，又將滿文與漢字對音，補所未補。舊有十二字頭為正字，新補為外字，其未盡協者，則以兩字合音為一字，至此滿文始大備[4]。達海奉命改進的滿文，稱為加圈點滿文，習稱新滿文。

滿洲文字的創製，是清朝文化的重要特色。滿洲文，清朝稱爲清文，滿洲語稱爲國語。民初清史館曾經纂修《國語志稿》，共一百冊，第一冊卷首有奎善撰〈滿文源流〉一文，略謂：

滿洲初無文字，太祖己亥年二月，始命巴克什（師也）額爾德尼·噶蓋，以蒙古字改制國文，二人以難辭。上曰，無難也，以蒙古字合我國語音，即可因文見義焉，遂定國書，頒行傳布。其字直讀與漢文無異，但自左而右，適與漢文相反。案文字所以代結繩，無論何國文字，其糾結屈曲，無不含有結繩遺意。然體制不一，則又以地勢而殊。歐洲多水，故英法諸國文字橫行，如風浪，如水汶。滿洲故里多山林，故文字矗立高聳，如古樹，如孤峯。蓋制造文字，本乎人心，人心之靈，實根於天地自然之理，非偶然也。其字分真行二種，其字母共十二頭，每頭約百餘字，然以第一頭為主要，餘則形異音差，讀之亦簡單易學。其拼音有用二字者，有用四、五字者，極合音籟之自然，最為正確，不在四聲賅備也，至其意蘊閎深，包孕富有，不

3 《清太宗文皇帝實錄》，卷十一，頁 19。天聰六年三月戊戌，上諭。
4 《清史稿校註·達海傳》（臺北，國史館，1988 年 8 月），第十冊，頁 8001。

> 惟漢文所到之處，滿文無不能到，即漢文所不能到之處，滿文亦能曲傳而代達之，宜乎皇王制作行之數百年而流傳未艾也。又考自入關定鼎以來，執政臣工或有未曉，歷朝俱優容之，未嘗施以強迫。至乾隆朝雖有新科庶常均令入館學習國文之舉，因年長舌強，誦讀稍差，行之未久，而議未寢，亦美猶有憾者爾。茲編纂清史伊始，竊以清書為一朝創製國粹，未便闕而不錄，謹首述源流大略，次述字母，次分類繙譯，庶使後世徵文者有所考焉[5]。

滿文的創製，有其文化、地理背景，的確不是偶然的。滿文義蘊閎深，漢文所到之處，滿文無不能到，都具有「文以載道」的能力。滿洲入關後，滿洲語文一躍而成為清朝政府的清文國語，對外代表國家，對內而言，滿文的使用，更加普遍，儒家經典，歷代古籍，多譯成滿文。各種文書，或以滿文書寫，或滿漢合璧。繙譯考試，也考滿文。皇帝召見八旗人員，多使用滿語。滿洲語文在清朝的歷史舞臺上扮演了重要的角色。

語言文字是思維的工具，也是表達思想的交流媒介。康熙年間，入京供職的西洋傳教士，大都精通滿洲語文，說寫純熟流利。因此滿洲語文在中西文化交流舞臺上也扮演了十分重要的角色。

耶穌會傳教士巴多明致法蘭西科學院書信中，討論滿洲語文的內容，佔了很大篇幅。他指出，滿洲文字中每個字都有一筆自字首垂直貫通至字末的主筆畫，這一畫左側是表示元音「a、e、i、o」的鋸齒狀符號，由放在這一畫右側的附點的不同位置決定其發音。如在一個鋸齒對面放一個附點，就發元音「e」；如省略附點，則發元音「a」，如在字左側鋸齒旁放一附點，這一附點就充當了

5 奎善撰〈滿文源流〉，《國語志稿》（臺北，故宮博物院，清史館檔），第一冊，頁 1。

耶穌會傳教士巴多明像，見杜赫德編、鄭德弟譯《耶穌會士中國書簡集》第二卷

字母「n」，因而要讀作「na」。此外，字右側不是附點，而是放圈，這便發送氣音的符號。書寫漢文，人們通常用毛筆書寫。巴多明神父指出，有些滿人使用一種竹製的，削成歐洲羽毛狀的筆。巴多明神父用了不到一年時間，就像一個上了年歲的滿人熟練地使用這種竹筆寫出好字。

康熙皇帝喜愛西學，即或臨幸暢春園，或巡幸塞外，必諭令張誠等隨行。或每日，或間日講授西學。巴多明神父在信中指出，康熙皇帝學習歐洲的科學，他自己選擇了算學、幾何學與哲學等等。康熙二十八年（1689）十二月二十五日，康熙皇帝召徐日昇、張誠、白晉、安多等至內廷，諭以自後每日輪班至養心殿，以滿語搆授量法等西學，並將所講授的西學，繙譯滿文成書。神父們固然以滿語講解西學，同時也將天主教的祈禱詞譯出滿文。巴多明神父在書信中指出，天主教徒中的福晉們很少認得漢字，她們希望聽得懂祈禱詞的內容，而由巴多明神父負責將祈禱詞精華部分譯出滿文。《在華耶穌會士列傳》所載巴多明遺著目錄中第八種就是巴多明神父將法文〈教會祈禱文〉所譯出的滿文本，以供蘇努家中信教婦女閱讀，在中西文化交流的過程中，滿洲語文扮演了舉足輕重的角色。

清太祖、太宗時期，滿洲記注政事及抄錄往來文書的檔冊，主要是以無圈點老滿文及加圈點新滿文記載的老檔，可以稱之爲《滿文原檔》。滿洲入關後，《滿文原檔》由盛京移至北京，由內閣掌管，內閣檔案中有老檔出納簿，備載閣僚借出卷冊時日，及繳還後塗銷的圖記。

乾隆六年（1741），清高宗鑒於內閣大庫所藏無圈點檔冊，年久鬱舊，所載字畫，與乾隆年間通行的新滿文不同，諭令大學士鄂爾泰等人按照新滿文，編纂無圈點字書，書首附有奏摺，其內容如下：

> 內閣大學士太保三等伯臣鄂爾泰等謹奏，爲遵旨事。乾隆六年七月二十一日奉上諭：「無圈點字原係滿文之本，今若不編製成書貯藏，日後失據，人將不知滿文肇端於無圈點字。著交鄂爾泰、徐元夢按照無圈點檔，依照十二字頭之順序，編製成書，繕寫一部。並令宗室覺羅學及國子監各學各鈔一部貯藏。欽此。」臣等詳閱內閣庫存無圈點檔，現經雖不用此體，而滿洲文字實肇基於是。且八旗牛彔之淵源，賞給世職之緣由，均著於斯。檔內之字，不僅無圈點，復有假借者，若不融會上下文字之意義，誠屬不易辨識。今奉聖旨編書貯藏，實爲注重滿洲文字之根本，不失其考據之至意。臣謹遵聖旨，將檔內之字，加設圈點讀之。除可認識者外，其有與今之字體不同，及難於辨識者，均行檢出，附註現今字體，依據十二字頭編製成書，謹呈御覽。俟聖裁後，除內閣貯藏一部外，並令宗室覺羅學及國子監等學各鈔一部貯存，以示後人知滿洲文字肇端於此。再查此檔因年久殘闕，既期垂之永久，似應逐頁托裱裝訂，爲此謹奏請旨。乾隆六年十一月十一日，大學士太保三等伯鄂爾泰、尚書銜太子少保徐元夢奏。本日奉旨：

「將此摺錄於書首，照繕三帙呈請，餘依議。」[6]

由鄂爾泰、徐元夢奏摺可知清高宗對《滿文原檔》的重視。內閣大庫所存《無圈點檔》就是《滿文原檔》中使用無圈點老滿文書寫的檔冊，記錄了八旗牛彔的淵源，及賞給世職的緣由等等。但因《無圈點檔》年久殘闕，所以鄂爾泰等人奏請逐頁托裱裝訂。鄂爾泰等人遵旨編纂的無圈點十二字頭，就是所謂無圈點字書（tongki fuka akū hergen i bithe）。

乾隆四十年（1755）二月十二日，軍機大臣具摺奏稱：「內閣大庫恭藏無圈點老檔，年久劃舊，所載字畫，與現行清字不同。乾隆六年奉旨照現行清字纂成無圈點十二字頭，以備稽考。但以字頭釐正字蹟，未免逐卷翻閱，且老檔止此一分，日久或致擦損，應請照現在清字，另行音出一分，同原本恭藏。」奉旨：「是，應如此辦理。」[7]所謂《無圈點老檔》，就是內閣大庫保存的原本，亦即《滿文原檔》。軍機大臣奏准依照通行新滿文另行音出一分後，即交國史館纂修等官，加置圈點，陸續進呈。惟其重抄工作進行緩慢，同年三月二十日，大學士舒赫德等又奏稱：「查老檔原頁共計三千餘篇，今分頁繕錄，並另行音出一分；篇頁浩繁，未免稽延時日。雖老檔卷頁，前經裱托；究屬年久劃舊，恐日久摸擦，所關甚鉅。必須迅速趲辦，敬謹尊藏，以昭慎重。」[8]重抄的本子有兩種：一種是依照當時通行的新滿文繕寫並加簽注的重抄本；一種是仿照無圈點老滿文的字體抄錄而刪其重複的重抄本。

---

6 張玉全撰〈述滿文老檔〉，《文獻論叢》（臺北，臺聯國風出版社，1967 年 10 月），論述二，頁 207。

7 《清高宗純皇帝實錄》，卷九七六，頁 28，乾隆四十年二月庚寅，據軍機大臣奏。

8 徐中舒撰〈再述內閣大庫檔案之由來及其整理〉，《中央研究院歷史語言研究所集刊》，第三集，第四分（北平，中央研究院，1931 年），頁 569。

乾隆四十三年（1788）十月以前完成繕寫的工作，貯藏於北京大內，可稱之爲北京藏本。乾隆四十五年（1780）初，又按無圈點老滿文及加圈點新滿文各抄一分，齎送盛京崇謨閣貯藏。福康安於〈奏聞尊藏老檔等由〉一摺指出：

> 乾隆四十五年二月初四日，盛京戶部侍郎全魁自京回任，遵旨恭齎無圈點老檔前來，奴才福康安謹即出郭恭請聖安，同侍郎全魁恭齎老檔至內務府衙門，查明齎到老檔共十四包，計五十二套，三百六十本，敬謹查收。伏思老檔乃紀載太祖、太宗發祥之事實，理宜遵旨敬謹尊藏，以垂久遠。奴才福康安當即恭奉天命年無圈點老檔三包，計十套，八十一本；天命年加圈點老檔三包，計十套，八十一本，於崇謨閣太祖實錄、聖訓匱內尊藏。恭奉天聰年無圈點老檔二包，計十套，六十一本；天聰年加圈點老檔二包，計十套，六十一本。崇德年無圈點老檔二包，計六套，三十八本；崇德年加圈點老檔二包，計六套，三十八本，於崇謨閣太宗實錄、聖訓匱內尊藏，並督率經管各員，以時晒晾，永遠妥協存貯[9]。

福康安奏摺已指出崇謨閣尊藏的抄本，分爲二種：一種是《無圈點老檔》，內含天命朝、天聰朝、崇德朝，共七包，二十六套，一百八十本；一種是《加圈點老檔》，內含天命朝、天聰朝、崇德朝，共七包，二十六套，一百八十本。福康安奏摺於乾隆四十五年（1780）二月初十日具奏，同年三月十七日奉硃批。福康安奏摺中所謂《無圈點老檔》和《加圈點老檔》，都是重抄本，不是《滿文原檔》，亦未使用《滿文老檔》的名稱。貯藏盛京崇謨閣的老檔

9　《軍機處檔・月摺包》，第 2705 箱，118 包，26512 號。乾隆四十五年二月初十日，福康安奏摺錄副。

重抄本，可以稱之爲盛京藏本。乾隆年間重抄本，無論是北京藏本或盛京藏本，其書法及所用紙張，都與滿洲入關前記錄的《滿文原檔》不同。北京藏本與盛京藏本，在內容及外形上並無差別，「唯一不同的是北平藏本中有乾隆朝在文裡很多難通晦澀的詞句間所加的附註，而盛京本沒有。」[10]為了比較無圈點檔與加圈點檔的異同，可將北京藏本太祖朝重抄本第一冊，第一、二頁節錄影印如下，並轉寫羅馬拼音，譯出漢文如後。

| 加圈點新滿文檔 | 丁未年 |
| --- | --- |
| 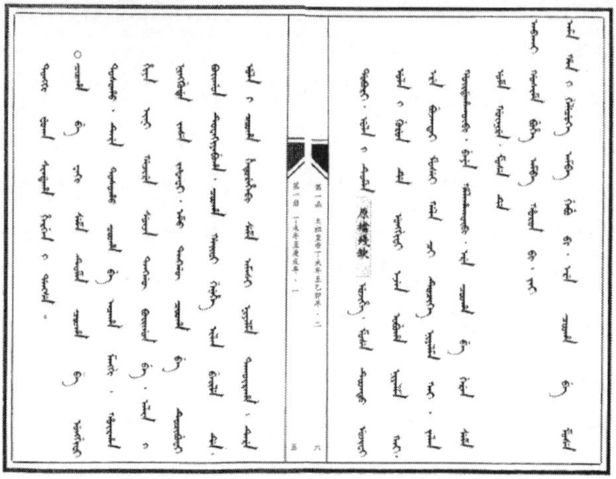 | |

10 陳捷先撰〈舊滿洲檔述略〉，《舊滿洲檔》（臺北，故宮博物院，1969 年），第一冊，頁 12。

| | |
|---|---|
| 羅馬拼音 | tongki fuka sindaha hergen i dangse. cooha be waki seme tumen cooha be unggifi tosoho, tere tosoho cooha be acaha manggi, hūrhan hiya ini gajire sunja tanggū boigon be, alin i ninggude jase jafafi, emu tanggū cooha be tucibufi boigon tuwakiyabuha, cooha gaifi genehe ilan beile de, ula i cooha heturehebi seme amasi niyalma takūraha, tere dobori, ula i tumen……ujihe, muse tuttu ujifi ula i gurun de unggifi ejen obuha niyalma kai, ere bujantai musei gala ci tucike niyalma kai, jalan goidahakūbi, beye halahakūbi, ere cooha be geren seme ume gūnire, muse de abkai gosime buhe amba horon bi, jai ama han i gelecuke amba gebu bi, ere cooha be muse[11]. |
| 漢文繙譯（加圈點檔） | 欲殺我兵，發兵一萬截於路。遇其截路之兵後，扈爾漢侍衛將其收回之五百戶眷屬，結寨於山巔，派兵百名守護，並遣人回返，將烏喇兵截路情形報告領兵三位貝勒。是夜，烏喇之萬兵〔原檔殘缺〕收養之。我等如此豢養遣歸烏喇國為君之人哉！此布占泰乃從我等手中釋放之人啊！年時未久，其身猶然未改，勿慮此兵眾多，我等荷天眷，仗天賜宏威，又有父汗英名，我等何憂不破此兵。 |

《滿文原檔》是使用早期滿文字體所記載的原始檔冊，對滿文由舊變新發展變化的過程，提供了珍貴的語文研究資料。乾隆年間，內閣大學士鄂爾泰等人已指出，滿文肇端於無圈點字，內閣大庫所保存的「無圈點檔」，檔內之字，不僅無圈點，復有假借者，若不融會上下文字的意義，誠屬不易辨識。因此，遵旨將檔內文字加設圈點，除可認識者外，其有難於辨識者，均行檢出，附註乾隆年間通行字體，依據十二字頭編製成書。張玉全撰〈述滿文老檔〉一文已指出，乾隆年間重抄的加圈點《滿文老檔》，將老滿字改書新體字，檔內有費解的舊滿語，則以新滿語詳加注釋，並將蒙文迻譯滿文，其功用較之鄂爾泰所編的無圈點字書，似覺更有價值，並非僅重抄而已。誠然，重抄本《滿文老檔》的價值，不僅是加圈點而已。《內閣藏本滿文老檔》對詮釋《滿文原檔》文字之處，確實值得重視。

11 《內閣藏本滿文老檔》（瀋陽，遼寧民族出版社，2009 年 12 月），第一冊，頁 5。

清初諸帝，重視國語清文，已有居安思危的憂患意識。滿文是一種拼音文字，相對漢語的學習而言，學習滿洲語文，確實比學習漢語漢文容易，西洋傳教士以歐洲語音學習滿洲語文，更覺容易，口音也像。巴多明神父致法蘭西科學院書信中指出，康熙年間編纂《御製清文鑑》的工作進行得極為認真，倘若出現疑問，就請教滿洲八旗的老人；如果需要進一步研究，便垂詢剛從滿洲腹地前來的人員。誰發現了某個古老詞彙或熟語，便可獲獎。康熙皇帝深信《御製清文鑑》是重要寶典，只要寶典存在，滿洲語文便不至於消失。通過巴多明神父的描述，可知《御製清文鑑》的編纂，就是康熙皇帝提倡清文國語的具體表現，具有時代的意義。康熙十二年（1673）四月十二日，《起居注冊》記載康熙皇帝對侍臣所說的一段話：「此時滿洲，朕不慮其不知滿語，但恐後生子弟漸習漢語，竟忘滿語，亦未可知。且滿漢文義，照字繙譯，可通用者甚多。今之繙譯者，尚知辭意，酌而用之，後生子弟，未必知此，不特差失大意，抑且言語欠當，關係不小[12]。」「後生子弟漸習漢語，竟忘滿語」，就是一種憂患意識。

乾隆年間（1736-1795），滿洲子弟多忘滿語。乾隆七年（1742）八月二十二日，乾隆皇帝降諭云：「滿洲人等，凡遇行走齊集處，俱宜清語，行在處清語，尤屬緊要。前經降旨訓諭，近日在南苑，侍衛官員兵丁，俱說漢話，殊屬非是。侍衛官員，乃兵丁之標準，而伊等轉說漢話，兵丁等何以效法。嗣後凡遇行走齊集處，大臣侍衛官員，以及兵丁，俱著清語，將此通行曉諭知之。」[13]滿洲侍衛、官員、兵丁等在南苑或行走齊集處，不說滿語，轉說漢話，

12 《清代起居注冊・康熙朝》（北京，中華書局，2009 年 9 月），第二冊，頁 B000657。

13 《清高宗純皇帝實錄》，卷一七三，頁 15。乾隆七年八月戊申，諭旨。

竟忘滿語。乾隆十一年（1746）十月初十日，乾隆皇帝在所頒諭旨中指出，黑龍江地區是專習清語滿洲辦事地方，黑龍江將軍傅森竟不知穀葉生蟲的清語，傅森在奏摺內將穀葉生蟲清語，兩處誤寫[14]。乾隆十二年（1747）七月初六日，諭軍機大臣等，盛京補放佐領之新滿洲人等帶領引見，清語俱屬平常。乾隆皇帝在諭旨中指出，「盛京係我滿洲根本之地，人人俱能清語，今本處人員，竟致生疏如此，皆該管大臣官員等，平日未能留心教訓所致，將軍達勒當阿著傳旨申飭[15]。」黑龍江、盛京等處，都是滿洲根本之地，清語是母語，乾隆年間，當地滿洲人，其清語平常生疎如此，確實是一種隱憂。由於滿洲後世子孫缺乏居安思危的憂患意識，清初諸帝搶救滿洲語文的努力，確實效果不彰。

宣統三年（1911）七月十八日辰刻，宣統皇帝溥儀開始讀書。書房先是在中南海瀛台補桐書屋，後來移到紫禁城齋宮右側的毓慶宮。滿文是基本課程，但是，溥儀連字母也沒學會，就隨著老師伊克坦的去世而結束。溥儀的學業成績最糟要數他的滿文。學了許多年，只學了一個字，這個字就是每當滿族大臣向他請安，跪在地上用滿語說了照例一句請安的話，意思是：「奴才某某跪請主子的聖安」之後，溥儀必須回答的那個：「伊立」[16]。滿語“ilimbi”，意思是：「起來」，「伊立」是“ili”的漢字音譯，就是“ilimbi”的命令式，意思是：「起來吧!」溥儀的「坦白」，令人鼻酸。

近年來，關於錫伯文的使用及教學問題，成了大家議論的熱

14 《清高宗純皇帝實錄》，卷二七六，頁 15。乾隆十一年十月壬申，諭旨。

15

16 愛新覺羅・溥儀著《我的前半生》（香港，文通書店，1994 年 4 月），第一冊，頁 61。

門話題，有些人為錫伯語文的沒落而憂心忡忡；有些人認為應該順其自然。面對這些議論，使人不由自主地想起了早已被人遺忘的廣祿先生。永托里先生撰〈想起廣祿先生〉一文指出，「1971年12月，東亞阿爾泰學會第四屆會議在臺灣召開，一位臺灣老學者以《錫伯族由盛京遷徙新疆伊犁的歷史》為題作了專題發言，引起眾多國際滿學家的震驚。之所以震驚，主要是因為他的滿語發言令大家耳目一新。在辛亥革命六十年後，在滿族人差不多都已不會講滿語的情況下，在臺灣這樣一個小島上居然有人會講如此流利的滿語，自然令人震驚。這位學者就是廣祿先生，原籍為新疆錫伯族，他是臺灣大學教授兼滿文專家[17]。」文中介紹了廣祿先生的簡歷，廣祿先生是察布查爾納達齊即第七牛彔人，姓孔古爾，是清末錫伯營最後一位領隊大臣富勒怙倫的長子，出生於一九〇〇年。在楊增新主政新疆時期，他離開家鄉到北京俄文法政學校學習。他出任過中國駐蘇聯齋桑、阿拉木圖、塔什干的領事和總領事。一九四九年，隨同國民政府到臺灣。在臺灣的後半生裡，廣祿先生一直是立法委員。永托里先生之所以想起廣祿先生，「是因為他從少年時代起就離開家鄉，在外奔波從政大半輩子，到臺灣以後，在只有唯一一戶錫伯族的情況下，他仍然不忘記自己的民族，不忘記自己的語言文字，不但自己從事研究工作，還堅持叫自己的家人—夫人和兩個兒子說錫伯語、學滿文，從事滿文滿語的宣傳和傳授工作，至死不渝地堅守住了自己的精神家園，實在令人敬佩[18]。」作者撰文的當時，察布查爾地區的錫伯文教學已停止十八年了，而在海峽這邊仍有人在教錫伯文、滿文，

17 永托里撰〈想起廣祿先生〉，《錫伯文化》（sibe šu wen），第三十五期（烏魯木齊，新疆人民出版社，2001年10月），頁151。

18 《錫伯文化》（sibe šu wen），第三十五期，頁152。

不為別的，只是為了自己的語言文字不至於失傳絕種。廣祿先生的流利的錫伯語、滿文確實曾經感動過不少人。陳捷先教授撰〈滿文傳習的歷史與現狀〉一文也指出，民國四十五年（1956），臺灣大學歷史學系，在劉崇鋐、姚從吾、李宗侗幾位教授支持之下，邀請了新疆伊犁籍的立法委員廣祿先生來系教授滿文。廣祿先生的祖先是在乾隆二十年左右派到西疆駐防的，由於新疆境內種族複雜，言語宗教各自不同，駐防的旗人乃自成單元，因而保存了滿洲族人的語文風俗。廣祿先生在臺大開滿文課，可能是我國大學史上的創舉，當時選讀這門課的學生雖只有三數人，却給日後滿文與清史研究播下了光大的種子。廣祿先生的學生們，有的在大學裡開授滿文課程，有的在繙譯與研究滿文檔案上竭盡心力，所以近代中國對滿文與清初歷史研究的提倡與振興，臺大歷史學系與廣祿先生的功勞是不可磨滅的[19]。錫伯族的歷史與文化，源遠流長，西遷伊犁的錫伯族對於滿洲語文的傳習作出了極大的貢獻，回溯錫伯族西遷的歷史，具有時代意義。

錫伯族是東北地區的少數民族之一，清太宗崇德年間（1636-1643），錫伯族同科爾沁蒙古同時歸附於滿洲，編入蒙古八旗。康熙三十一年（1622），將科爾沁蒙古所屬錫伯族編入滿洲八旗，從此以後，錫伯族開始普遍使用滿洲語文。康熙三十八年（1699）至四十年（1701）三年中，將齊齊哈爾、伯都訥、吉林烏拉三城披甲及其家眷南遷至盛京、京師等地。乾隆年間，清軍平定天山南北路後，隨即派兵屯種，欲使駐防兵丁口食有資，並使遠竄的厄魯特無從復踞舊地。乾隆二十七年（1762），設伊犁將軍。同年十月，以明瑞為伊犁將軍，伊犁成為新疆政治、軍事中

19 陳捷先撰〈滿文傳習的歷史與現狀〉，《滿族文化》，第四期（臺北，滿族協會，1983 年 4 月），頁 15。

心。為加強邊防，陸續由內地調派大批八旗兵丁進駐伊犁，其中駐守伊犁的錫伯兵，主要是從東三省抽調移駐的。錫伯兵及其眷屬西遷前夕的活動，在今日察布查爾的錫伯族，仍然記憶猶新，還編成錫伯文教材，代代相傳。乾隆二十九年（1764）四月十八日，西遷錫伯族在瀋陽太平寺祭告祖先，與留在故鄉的錫伯族共同聚會餐敘，翌日便啟程，前往伊犁守邊。當時西遷的錫伯兵是從東北三省十七城抽調出來的，官兵連同眷屬總計五千餘人。陰曆四月十八日，就是錫伯族的西遷節，尤其在新疆的錫伯族，每年到了四月十八日，家家戶戶，男女老少都穿上新衣服，聚在一起就餐、演奏樂器、跳貝倫舞（beilen）、玩遊戲、射箭、摔跤、賽馬等活動，四月十八日，就成了錫伯族特別的節日。錫伯官兵從東北家鄉遠赴新疆屯墾戍邊，也把滿洲語文帶了過去。這批錫伯官兵後代子孫，在進入二十一世紀的今日新疆，仍持續使用滿洲語文，這是錫、滿文化傳承歷史上值得關注的大事，察布查爾錫伯自治縣被稱為保存滿文的「活化石」地區[20]。

錫伯官兵到達新疆後，在伊犁河南岸一帶屯墾戍邊，乾隆三十一年（1766），編為八個牛彔，組成錫伯營。蘇德善撰〈錫伯族雙語教育的歷史回顧〉一文指出，錫伯營的單獨成立，對錫伯族來說，是政治地位的重大改變，從此凡涉及本族的重大事務，有了自主權，錫伯族在政治、軍事上的成就，均以本族名義被伊犁將軍奏聞朝廷記錄在案。西遷的錫伯族，借助錫伯營這個舞臺，演出了有聲有色的多幕悲喜劇，為發展民族經濟、文教、文學藝術，具備了主、客觀條件，可謂英雄有用武之地了[21]。乾隆三十

---

20 戈思明撰《新疆錫伯族傳承滿文之研究》（臺北，中國文化大學，2014年2月），頁14。

21 蘇德善撰〈錫伯族雙語教育的歷史回顧〉，《錫伯文化》，第三十五期，頁60。

一年（1766），伊犁將軍明瑞令每旗各設清書房一所。錫伯營有一所書房，有教習二人，分司教弓，學滿文、四書五經、千字文、旗訓等，年終由伊犁將軍府派員考課，考上者走上仕途。嘉慶七年（1802），伊犁將軍松筠以八旗子弟能讀者甚多，就從各旗閒散童蒙中挑選聰慧者集中在一起，選派滿、漢教師分司教讀，並宣講《聖諭廣訓》，派滿營協領等管理。這種學校稱為敬業官學，伊犁僅有一所。在錫伯營各牛彔還有若干私塾，只有少數富家子弟就讀。在本旗接受軍訓的披甲，也要教授滿文。通過這些學堂和軍營教育，有相當一部分的人學會了滿文。

嘉慶七年（1802），在伊犁察布查爾山口開鑿大渠，引進伊犁河水灌溉。嘉慶十三年（1808），大渠竣工，長達一百八十里，命名為察布查爾大渠，開墾了七萬八千多畝良田。光緒八年（1882），錫伯營總管色布喜賢呈請伊犁將軍金順撥款辦學。翌年，每個牛彔開始各設一所官辦義學。光緒十一年（1885），索倫營錫伯族成立一所義學。當時共有九所學校，小學生約九百名，實施單一的滿文教育。民國三年（1914），伊犁成立了尚學會，總部設在一、三牛彔。為紀念錫伯營總管布喜賢，在尚學會屬下設立了色公學校，開始採用滿漢對照的課本教學。民國四年（1915），成立了興學會，為紀念曾任索倫營領隊大臣的錫吉爾渾，設立了錫公學校，採用漢文新學課本，實施雙語教學。一年級只學滿文，二年級開始實施滿、漢文教學。民國二十年（1931），在鞏留大營盤設立錫伯小學校，共三個班，教授滿漢文。民國三十三年（1944）秋，錫伯族聚地區，計小學十三所，包括中心校五所，一般學校八所。民國三十六年（1947）十月，成立「三區錫伯索倫文化促進會」，簡稱「錫索文化促進會」，是年，召開學者大會，對滿文進行改革，並將滿文改稱錫伯文[22]。一九五四年三月，伊犁成立自治縣，廢除寧西舊稱，改用錫伯族喜愛的察布查爾渠名作自治縣的名稱，定名為察布查爾錫伯自治縣。各小學所採用的六年制錫伯文課本，基本上就是滿文教材。

伊克津太撰〈錫伯教學之我見〉一文指出，錫伯語文是以滿文為基礎發展起來的，今天的錫伯文就是歷史上業已消失的滿文。五十年代在自治區人民出版社和教育出版社組建了錫伯文編輯室，大量地出版錫伯文圖書及教學課本，為民族教育和文化發展奠定了堅實的基礎。一九九一年，教育局開始在納達齊（nadaci）牛彔即第七牛彔鄉和堆依齊（duici）牛彔即第四牛彔鄉小學各指定一班實施「雙語教學實驗」。經過五年的實驗，結果表明實驗班學生的雙語能力都有大幅度的提高。為了總結實驗班的成果和促進雙語教學的進程，縣教育局於 1995 年召開了雙語教學工作會議。會議在總結實驗班教學成果的基礎上，提出了《錫伯族基礎教育整體改革方案》，並作出決議：「錫伯族雙語教學從實際出發，從幼兒教育入手，強化學前教育，低年級母語起步，集中學習錫伯語文，在學生具備一定基礎的母語思維能力後，再進入漢語學習階段，並使已經掌握的母語為漢語教學服務。」又把這個決議簡化為八字方針：「先錫後漢，以錫促漢」，使雙語教學有機地銜接，相互促進，實現雙語能力同步提高。據教育局一九九五年錫伯語文教學現狀調查顯示，烏珠（ujui）牛彔第一牛彔和齋（jai）牛彔即第二牛彔小學九個年級中有五個年級仍在使用第一冊錫伯文課本，而且在學習第一冊課本的五個年級學生中達到能讀寫的不足一半，錫伯族語文教學的情況可見一斑，並沒有起到「以錫

22 《錫伯文化》，第三十五期，頁 68。

促漢」的作用[23]。

奇車山撰〈察布查爾地區錫伯族語言文字使用現狀〉一文指出，二十世紀初，察布查爾地區還是個相對封閉的小社會，旗營制度還沒有退出歷史舞台。因制度限制，僅有的漢族不能和錫伯族混住在一起。所以，在錫伯人和漢族人的交往不可能很多的情況下，漢語對錫伯語的影響就很小。更主要的一個在於錫伯人有重視教育的好傳統，個牛彔都有私辦或官辦學校，使學齡兒童都能進校學習錫伯語文。七十年代，錫伯語文恢復學習和使用，各錫伯族小學都恢復了錫伯語文課。相應的出版機構也重新開始出版錫伯文圖書和教科書。文中列表統計察布查爾錫伯自治縣有錫伯小學八所，其中烏珠牛彔（ujui niru）即第一牛彔中心校，計十二班；寨牛彔（jai niru）即第二牛彔中心校，計六班；依拉齊牛彔（ilaci niru）即第三牛彔中心校，計十九班；堆齊牛彔（duici niru）即第四牛彔中心校，計十五班；孫扎齊牛彔（sunjaci niru）即第五牛彔中心校，計十二班；寧固齊牛彔（ningguci niru）即第六牛彔中心校，計十一班；納達寧牛彔（nadaci niru）即第七牛彔中心校，計八班；扎庫齊（jakūci niru）即第八牛彔中心校，計十八班，合計共一〇一班。單純的錫伯班只有九個，其餘九十二個都是錫漢學生混合編班。從調查的狀況看，錫伯族小學在低年級基本使用錫伯語授課，中年級以錫伯語為主，部分使用漢語，高年級則是錫漢兼半[24]。

李樹蘭教授著《錫伯語口語語法概要》一書，是根據幾次語言調查的記錄寫成的，對錫伯語口語的語音和語法作了扼要的介

23 伊克津太撰〈錫伯文教學之我見〉，《錫伯文化》，第三十五期，頁 34。

24 奇車山撰〈察布查爾地區錫伯族語言文字使用現狀〉，《錫伯文化》，第三十五期，頁 7。

紹。原書指出，錫伯語屬阿爾泰語系滿通古斯語族滿語支。錫伯族的語言文字和滿族的語言文字很相近。錫伯文是一種拼音文字，是在滿文基礎上略加改動的[25]。

錫伯文共有四十個字母，其中包括六個元音字母：(a)(e)(i)(o)(u)(uu)；二十四個輔音字母：(n)(k)(g)(h)(k)(g)(h)(b)(p)(s)(sh)、(t)、(d)(l)(m)(ch)(zh)(y)(r)(f)(w)(ng)；十個拼音外來的字母(kk)(gg)(hh)(c)(cy)(z)(rr)(sy)(chy)(zhy)。

字母的基本筆劃有（字）頭（uzhu）、（字）牙（arg′an）、（字）圈（fuka）、（字）點（tong′ki）、（字）尾（unchehen） 各種方向不同的撇和連接字母的豎線。書寫時，順序從上到下、行款從左到右，使用現代文字通用的標點符號。

同一個字母出現在不同的位置上大都有不同的字形，決定字形不同的位置有四種。

1.獨立。即處於不同其他字母相拼的位置，具有獨立字形的只有元音。

2.詞首。即處於詞的開頭位置。元音以及除 r、ng 以外的輔音都有詞首字形。

3.詞末。即處於詞的最末尾的位置。元音和能出現在詞末的輔音 n、k（舌根音）、k（小舌音）、b、s、t、l、m、r、ng 都有不同於出現在其他位置上的詞末字形。

4.詞中。除上述位置以外的所有位置。所有元音都有區別於

25 李樹蘭著《錫伯語口語語法概要》（北京，民族出版社，1982 年 12 月），頁 1。

獨立、詞首、詞末字形的詞中字形。

一九四七年以後，錫伯族的有關人士和語文工作者，在伊寧市成立了「錫伯索倫文化協會」（簡稱「錫索協會」）。在這期間，對個別字母的形體做了改動，增加了必要的音節拚寫形式。如：

1.滿文輔音字母 f 與元音 a、e 相拚時，是一種形體；與元音 i、o、u 相拼時，是另一種形體。錫伯文的 f 只有一種形體，即滿文 f 與元音 a、e 相拼時的那種形體。見下表：

| 文字／轉寫符號 | 滿　文 | 錫伯文 |
| --- | --- | --- |
| f（a、e） | | |
| f（i、o、u） | | |

2.滿文輔音字母 zh 出現在詞首的寫法同出現在音節首的寫法不同，錫伯文的 zh 在上述兩種情況下，都用一種形體，即出現在詞首的那種形體。見下表：

| 文字／位置／轉寫符號 | | 滿　文 | 錫伯文 |
| --- | --- | --- | --- |
| k（小舌音） | 詞首 | | |
| | 音節首 | | |

3.滿文出現在音節末的小舌音 k 的形體是兩個字牙，左邊帶兩個點兒。錫伯文的寫法不同，只有一個字牙，左邊帶兩個點兒。見下表：

| 文字／位置／轉寫符號 | | 滿　文 | 錫伯文 |
| --- | --- | --- | --- |
| zh | 音節末 | | |

4.滿文位於音節末的小舌音 k 同舌根音 k、在形體上有區別，錫伯文則沒有區別，都寫成小舌音 k 的形體。見下表：

| 文字 位置 轉寫符號 | | 滿　文 | 錫伯文 |
| --- | --- | --- | --- |
| k（小舌音）<br>k（小根音） | 音節末 | | |

5.增加一些必要的音節。滿文有音節 wa、we，但沒有音節 wi、wo、wu，後者在錫伯語裡"有音無字"，因此，在錫伯文裡增加了這三個音節。見下表：

| 文字 位置 轉寫符號 | 滿　文 | 錫伯文 |
| --- | --- | --- |
| w（a、e）<br>w（i、o、u） | <br>— | |

錫伯族的口語，與滿語雖然有不少差異，但其書面語，與滿語基本相同。八個牛彔各小學所採用的六年制錫伯文課本，基本上就是滿文教材。二〇〇五年六月，何文勤主編錫伯文識字課本，“niyamangga gisun”（母語），一年級，上冊，由新疆教育出版社出版，課本性質是屬於義務教育課程標準實驗教科書。原書出版說明指出，「本教材是根據新疆維[吾]爾自治區教育廳制訂的義務教育《錫伯語文課程標準》編寫的。在自治區教育廳的安排和具體指導下，由新疆教育出版社組織編寫。本教材於二〇〇五年五月經新疆維吾爾自治區中小學教材審定委員會審查通過。在編寫過程中，以《錫伯語文課程標準》為依據，突出地方特色。錫伯族學生必須學好母語為主，實行「雙語」教學，實現「民漢兼

通」的目的。本教材旨在通過教學活動，讓學生在學唱字母歌中，輕鬆愉快地接觸到錫伯文字母漢一些常見的詞語，做到能聽會讀寫。教材中還編排了許多精美的插圖[26]。」本冊教材的編者是何文勤、騎車山、孔金英、孔淑瑞、安淑英、關明書、穆德智等七位先生，封面字、正文書寫，是由何文勤先生執筆。教材內容，主要讓學生學習錫伯文字母，並接觸到一些常見的詞語。課本首頁是"a"字頭字母歌，第一課是"a"字頭字母練習。課本圖文並茂，印刷精美，可以提高學習效果。二〇〇五年十月，何文勤先生主編識字課本。"niyamangga gisun"（母語）一年級下冊。在編者說明指出，《錫伯語文課程標準》規定，錫伯族小學生必須以學好母語為主，在學好錫伯文十二字頭的基礎上達到能聽、會讀、會寫的程度；同時實行「雙語」教學，達到「民漢兼通」的目的。為了達到這個目的，這次重編教材，引入錫漢兩種文字對照學習的傳統教學方法，從一年級學習錫伯文單詞開始，就把對應的漢譯單詞一起附上，逐漸過渡到整篇課文的錫漢對照，使學生在小學階段就基本實現錫漢對譯的能力，達到錫漢兼通的目的。在教材編輯方面，突出地方特色，增加不少有關錫伯族歷史和傳統文化方面短文和精美插圖，讓學生在輕鬆愉快的氣氛中學好錫伯文[27]。」編寫教材，對學習錫伯文和傳承滿文，都產生了重要的作用。康熙皇帝編纂《御製清文鑑》的目的，是使滿洲語文不至於消失。清朝政權結束後，編寫錫伯文教材，使錫伯文、滿文不至於消失，頗具時代意義。為了便於討論，以及了解錫伯

---

26 何文勤主編《niyamangga gisun》，一年級，上冊（新疆，新疆教育出版社，2005 年 6 月），編者說明。

27 何文勤主編《niyamangga gisun》，一年級，下冊（新疆，新疆教育出版社，2005 年 10 月），編者說明。

文教材重要性，可將其中一年級上冊識字課本首頁「“a”字頭之歌」（a uju i ucun），第一課「“a”字頭字母」，以及清朝通行滿文十二字頭第一字頭字母，依次影印於後。

## 一、錫伯文“a”字頭之歌

1=G 2/4

12 3 | 31 2 | 13 2 | 17 1 |

34 5 | 56 5 | 51 3 | 27 1 ‖

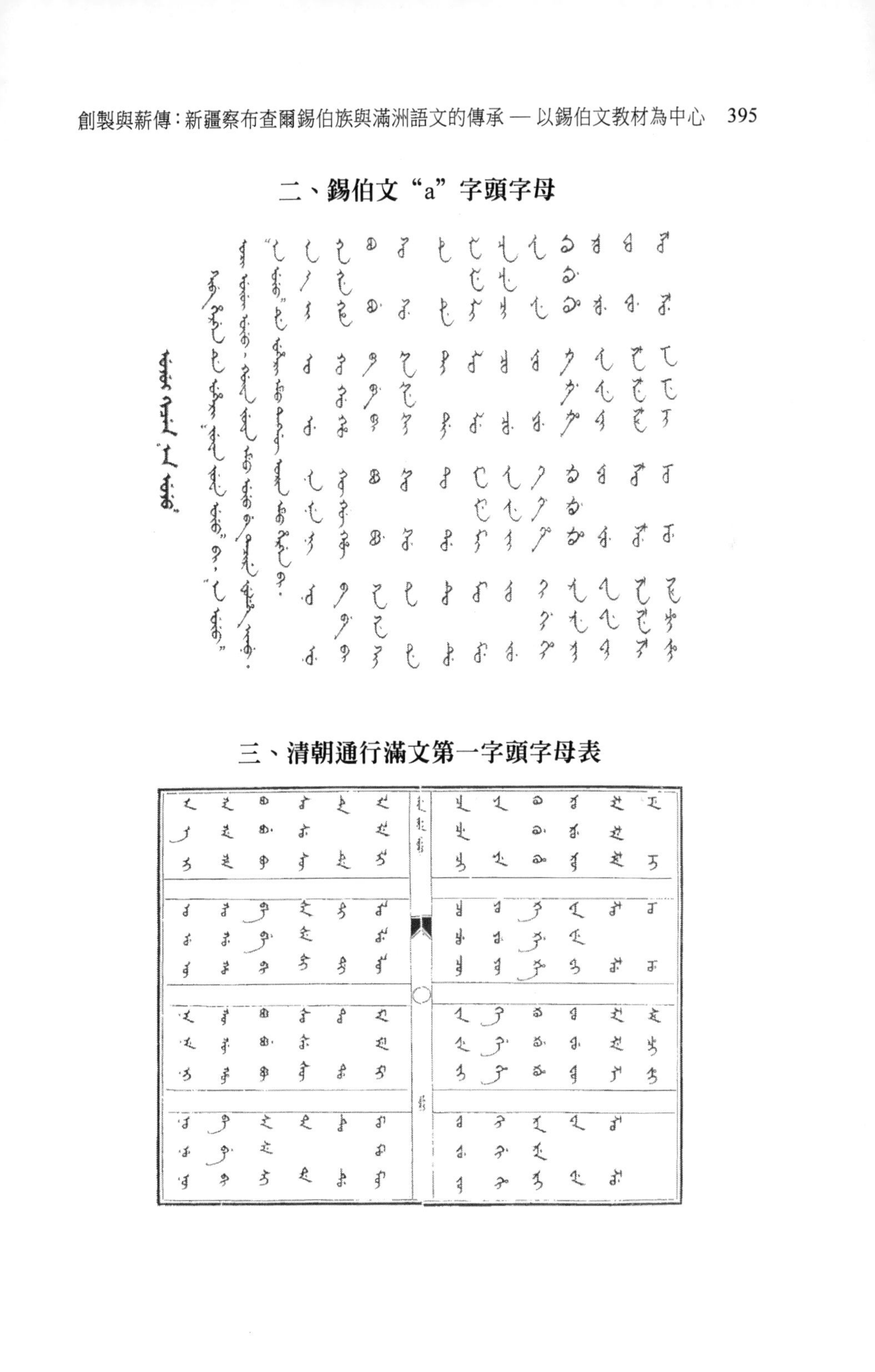

## 二、錫伯文“a”字頭字母

## 三、清朝通行滿文第一字頭字母表

何文勤先生主編《niyamangga gisun》（母語），一年級上冊，第一課，“a”字頭指出，錫伯文共有十二字頭，“a”字頭是第一字頭，共有一百二十一字。查對清朝通行滿文第一字頭，共計一百三十字，兩者的出入，《niyamangga gisun》，一年級上冊，第一課“a”字頭刪除第六個元音字母“ū”及“ū”所組成音節。包括：nū、bū、pū、sū、šū、lū、mū、cū、jū、yū、rū、fū，共計十三個，另外增加“wi、wo、wu、ža”三個音節。《niyamangga gisun》，一年級上冊，錫伯文“a”字頭既刪除元音“ū”及“ū”所組成的音節，卻仍保留“ᡴᡡ（kū）、ᡤᡡ（gū）、ᡥᡡ（hū）”三個音節。戈思明撰《新疆錫伯族傳承滿文之研究》已指出，錫伯文教材所刪除的元音字母“ū”，只是位於字首的“ū”而已，在字中的“ū”以及字尾的“ū”依然活躍於錫伯文裡，無所不在[28]。

新疆察布查爾錫伯小學基礎教材，自清末民初以來已採用滿文課本，「解放」後出版過一套小學母語教材，文革期間中斷，一九七九年至一九八三年、一九九四年至一九九六年、二〇〇四年至二〇〇六年三個時期，新疆教育出版社都曾編輯出版小學母語課本，早期出版的小學母語教材是全用錫伯文編寫的，品質較差，近年來出版的基礎教材，採取彩色版，紙質較佳，插圖生動，印刷精美，題材多元，文字流暢，可以讓學生在輕鬆愉快的氣氛中學好錫伯文。

錫伯文教材含有頗多有關錫伯族歷史和傳統文化方面的短篇故事，譬如「四月十八日」，是錫伯族的節日，將錫伯官兵及其眷屬移駐伊犁的歷史，編成錫伯文教材，可使歷史記憶代代相傳，具有重要的教育意義。錫伯文教材的編寫，同時保存了豐富的東

28 戈思明撰《新疆錫伯族傳承滿文之研究》，頁 95。

北亞文化特色。喜里媽媽的故事（siren mama i jube），在錫伯族社會裡，耳熟能詳。一九九七年六月出版何文勤先生編六年制錫伯文小學課本第六冊收錄喜里媽媽的故事，對研究錫伯白族及滿洲等民族譜牒的早期形式提供了十分珍貴的資料。節錄錫伯文教材一段如下，影印原文後轉寫羅馬拼音，並譯出漢文。

錫伯文教材一段

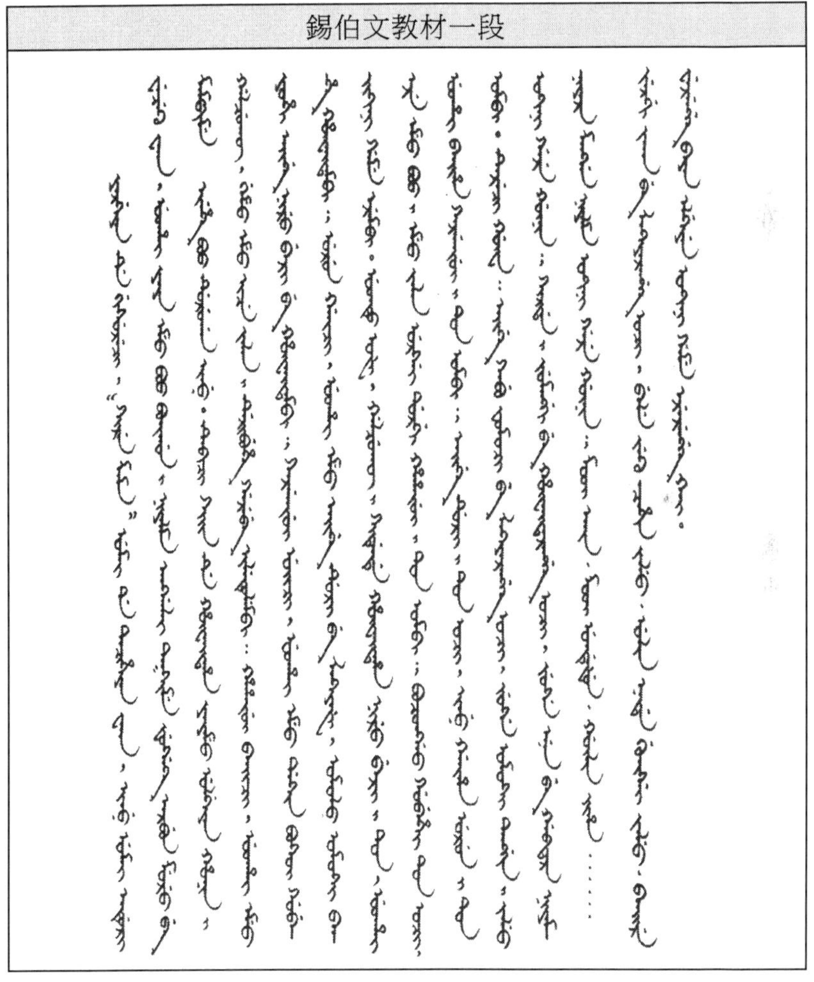

| | |
|---|---|
| 羅馬拼音 | yargiyan de gisureci,"siren mama"umai da tacihiyan waka, inu umai enduri weceku waka, uthai yaya emu boo boigon i niyalma anggalai taksime fuseke arbun muru be mampime ejehe boo durugan inu. tebici sijin de hūwaitaha yayamu ulgiyan honin i galcukū, gemu emu ice jalan i deribuhe serebe iletulembi; hahajui banjici, uthai emu yohi ajige niru beri be hūwaitambi; sarganjui ujici, uthai emu dasin bosoi subehe hūwaitambi; urun gaici, uthai emu ajige duri be lakiyafi, omolo omosi banjikini.<br>seme erembi. uttu ofi, galcukūi sidende hūwaitaha niru beri i ton, uthai ere emu boo i emu jalan ursei dorgi hahajui i ton ombi; boconggo subehei ton oci, uthai banjiha sarganjui i ton ombi; ajige duri i ton oci, inu gaiha urun i ton ombi. tereci gūwa： ajige sabu fomoci be lakiyarangge. oci, juse omosi tanggin i ijalu okini sere gūnin; sirdan i jumanggi be hūwaitarangge oci, juse enen be gabtara niyamniyara mangga niyalma okini sere gūnin; mooi anja、mooi undefun、gūlin jiha……jergi jaka be lakiyarangge oci, bele jeku cahin jalu、ulin nadan guisei jalu、banjire werengge bayan elgiyen okini seme ererengge kai. |
| 譯漢內容 | 說實話，「喜里媽媽」並非宗教，也不是神祇，只是把每一個家庭人口滋生繁衍情形打結作記號的家譜。譬如線上繫的每一個豬羊的背式骨，都是表示一個新輩的開始：若是生男孩，就繫上一副小弓箭；生女兒時，就繫上一塊布條；娶媳婦時，就掛上一個小搖籃，希望生育子孫。<br>因此，背式骨之間所繫弓箭的數目，就是這家同輩人內男孩的數目；彩色布條的數目，就是所生女孩的數目；小搖籃的數目，就是所娶媳婦的數目。此外，所掛小鞋、襪子是希望子孫滿堂的意思；所繫撒袋是指望子嗣成為擅長馬步箭的人的意思；懸木梨、木板、銅錢……等東西，是希望米穀滿倉，貨財滿櫃，生活富裕。 |

喜里媽媽是錫伯文“siren mama”的音譯，“siren”，意即「絲線」，“mama”，意即「奶奶」，喜里媽媽就是錫伯族保佑家口平安的神仙奶奶，是供在正廳，西北角的女神，其形狀是一條長二丈餘的細線，線上繫著小弓箭、布條、犁、鐮、刀、鞋、搖籃等物。平時這條細線是捲起來裝在布袋裡面，掛在神位上。到了陰曆十二月二十三日以後，本家年老的奶奶把祂取下來，展開放在炕上，把該繫的物件加上，把祂從西北角拉到東南角，懸掛起來，點香祭拜。到二月初二日以後，才把祂收拾裝起來，掛回原處。錫伯文教材也指出，喜里媽媽的故事，與古代家譜的起源有密切的關係。錫伯文教材對喜里媽媽故事的起源，有一段敘述，可將錫伯文節錄一段影印後轉寫羅馬拼音，並譯出漢文。

錫伯文教材一段

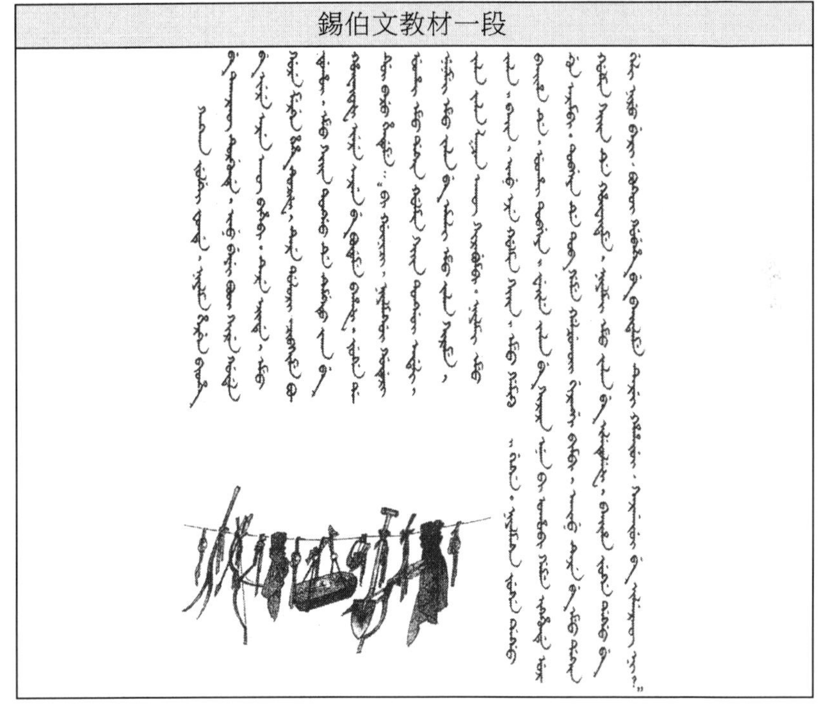

| | |
|---|---|
| 羅馬拼音 | sangkan julgei fonde, niyalma hergen bithe be takarakū turgunde, inu beyei booi siren sudala be ejere arga akū turgunde, inu beyei booi siren sudala be ejere arga akū bihebi. tere erinde, emu sure mergen hehe tucifi, tere dolori, cibsime bodohoi, emu sijin tonggo de temgetu jaka be hūwaitafi ejere arga be bodome bahafi, juse dasui.<br>baru hendume："bi gūnici, niyalmasui suduri uthai emu dasin golmin sijin tonggoi adali, nenemei emu jalan be amalai emu jalan sirame, jalan jalan lakca akū sirabumbi. niyalmai emu jalan i banjn, inu ere golmin sijin i emu semiku i gese. niyalmasa juse dasu banjiha de, uthai tobgiya i fejile jalan be sirara enen bi ohobi seme ishunde urgun arambi. tobgiya be tob seme galcukūi giranggi bimbi. ainu tere be emu dasin golmin sijin de hūwaitame, niyalmai emu jalan be iletulefi, banjiha juse dasu be geli niru beri、bosoi subehe be baitalame terei hahajui、sarganjui be ilgarkū ni? |
| 譯漢內容 | 上古時候，因為人們不認識文字，所以也無法記錄自家的宗系。那個時候，出了一位聰明的婦人，她在心裡深思，想到了在一條細線上繫上有記號的東西，是對子女說道：「我想，人類歷史就像一根細線一樣，後一代承襲前一代，世世代代延續不斷，人一輩子的生活也就像這長線的一個紉頭。人們生育子女時，就是因為膝下有接續的子嗣而互相祝賀。膝蓋上正好有背式骨，為什麼不把它繫在一根長線上表示人的一代，所生的子女又用弓箭、布條來區分男孩女孩呢？」 |

在上古時候，因為沒有文字，無法紀錄自己家族的宗系，有一位聰明的老奶奶發明結繩記事的方法，人類歷史像一條細線一樣，世代綿延不斷，以骨牌表示世代，長線上繫了背式骨，表示一個新生代的開始，這一代若是生男孩，就在線上繫上一副小弓箭；若是生女孩時，就繫上一塊布條；若是娶媳婦時，就掛上一小搖籃，希望生育子孫。在兩個背式骨之間所繫小弓箭的數目，就是這個家族同一輩人內所生男孩的人數；所掛小搖籃的數目，就是所娶媳婦的人數。所以，喜里媽媽就是世代綿延的世系奶奶，

而把它放在神位上加以供奉。喜里媽媽故事中所描述的錫伯族家譜，就是使用文字以前早期家譜的原始形式。

何少文先生從東北、內蒙古地區搜集整理的〈喜利媽媽的傳說〉一文指出，錫伯族的祖先是活動於大興安嶺下，呼倫貝爾草原上的拓跋鮮卑。原文對喜里媽媽傳說的意義作了總結說：

> 在繩上掛上男人們的弓箭，拴上女人們的頭巾和搖孩子們的搖車，來紀念喜利姑娘。後來，許多錫伯人把它作爲家庭傳宗、生兒育女的記事方式，比如生男孩掛弓箭或皮鞋子，生女孩掛彩色布條或搖車，兩輩人相交中間則掛上一枚嘎拉哈，以表示輩數。平時用羊皮包好，供在本家的西屋西北角上，尊稱它爲「喜利媽媽」。每年臘月三十，將喜利媽媽請下來，把天地繩的另一端，拴在東南墻角上，待到二月二日，就請喜利媽媽回歸原位。按年節燒香上供，拜謝這位喜利媽媽繁衍後代昌盛的女神[29]。

引文中的「喜利媽媽」，就是喜里媽媽（siren mama）的同音異譯，故事內容，大同小異。由於錫伯族的西遷，流傳於東北及內蒙古地區的喜里媽媽故事也傳播到伊犁。

在滿族社會裡，保存著生兒育女的一種習俗，如生男孩，即在大門的門樑上懸掛一張小弓和三支小箭。其箭射向門外，俗稱公子箭，它是生子的標誌。如果生了女孩，則在門樑上懸掛一條紅布[30]。楊國才先生編著《少數民族生活方式》一書亦稱，滿族認爲生育是傳宗接代，後繼有人的大事。如果是男孩，就在門上

29 關寶學主編《錫伯族民間故事集》（瀋陽，遼寧民族出版社，2001 年 10 月），頁 12。

30 楊英杰《清代滿族風俗史》（瀋陽，遼寧民族出版社，1991 年 9 月），頁 30。

掛一個木製的小弓箭；如果是女孩，就掛紅布或藍布條在門上。小孩滿月這天，長輩從家裡墻上拿下索線繩，把一頭繫在祖宗神位的支架上，另一頭拉到門外，栓在柳枝上，然後率全家族人向祖宗神位叩拜，接著就往索線繩上綁木製小弓箭，或綁紅綠布條[31]。在古代的漢族社會裡，也有類似的習俗。《禮記，內則》記載：「子生男子，設弧於門左；女子，設帨於門右[32]。」句中的「弧」，就是木弓，生男，懸掛木弓於門左；「帨」，就是佩巾，生女懸掛佩巾於門右。滿族社會的「懸弓掛帛」習俗，與古代漢族社會的「懸弧設帨」的習俗，其含義大致相近。從錫伯族喜里媽媽故事，可以解釋滿族「懸弓掛帛」與漢族「懸弧設帨」的古俗，就是發明文字以前，使用結繩記錄生兒育女的方法，都是不同形式的早期家譜片斷紀錄，禮失求諸野，在錫伯族傳承的喜里媽媽故事裡，較完整的保存起來，成爲珍貴的歷史記憶。簡單地說，錫伯族的「喜里媽媽故事」與滿族「懸弓掛帛」的習俗，是屬於同源的歷史記憶。薩滿信仰是北亞文化圈的重要文化因素，滿族家譜纂修與供奉，都和薩滿信仰有密切的關係，也是滿族家譜的一種鮮明特色。初修家譜、續修家譜，習稱辦譜，在滿族辦譜活動中，薩滿扮演著重要角色，在辦譜活動中，跳神祭祀的靈媒，就是薩滿。滿族續修家譜時，要請本族或本姓薩滿舉行祭祀，將重修家譜懸掛於西墻沿至北墻，擺列神案祭祖，薩滿響動法器，腰佩神鈴，頭戴神帽，身穿神裙，進行祭祀，族人磕頭、燒香。滿族祭祖時的神職人員是薩滿，家譜從本匣請下來擺在供桌上供奉時，也是

31 楊國才等編著《少數民族生活方式》（蘭州，甘肅科學科技出版社，1990年9月），頁105。

32 李光玻撰《禮記述註》，《欽定四庫全書》（臺北，臺灣商務印書館，民國七十二年），第127冊，頁606。

由薩滿和穆昆達主祭，將家譜和祭祖活動結合在一起，如同神偶一樣地供奉家譜，這種習俗，與錫伯等族供奉喜里媽媽的儀式，十分相近。錫伯族供奉的喜里媽媽，其神位設在西隔間正房的西北角，一條二丈餘長細線繫上小弓箭、布條、犁、鐮刀、鞋子等物，平時這條繩線是捲著裝在布袋裡，掛在神位上保存，十二月二十三日以後取下喜里媽媽，把祂從西北角拉到東南角，懸掛起來，點香拜祭，喜里媽媽就是打結作記號的家譜，也是將家譜和祭祖結合起來，屬於一種祖靈崇拜。

錫伯文教材的編輯，不僅突出地方特色，也重視西方文化的吸收與選擇。例如「買火柴的小女孩」（syliyahū uncara ajige sarganjui），六年制小學課本，一九八九年六月出版錫伯文第十一冊，編在第九課，一九九七年六月出版錫伯文第六冊，編在第七課，故事內容，經過改編，譯文生動感人。對照重編教材內容，文字略有修改，為了便於比較，可將其中第一段分別影印如後，並轉寫羅馬拼音，譯出漢文。

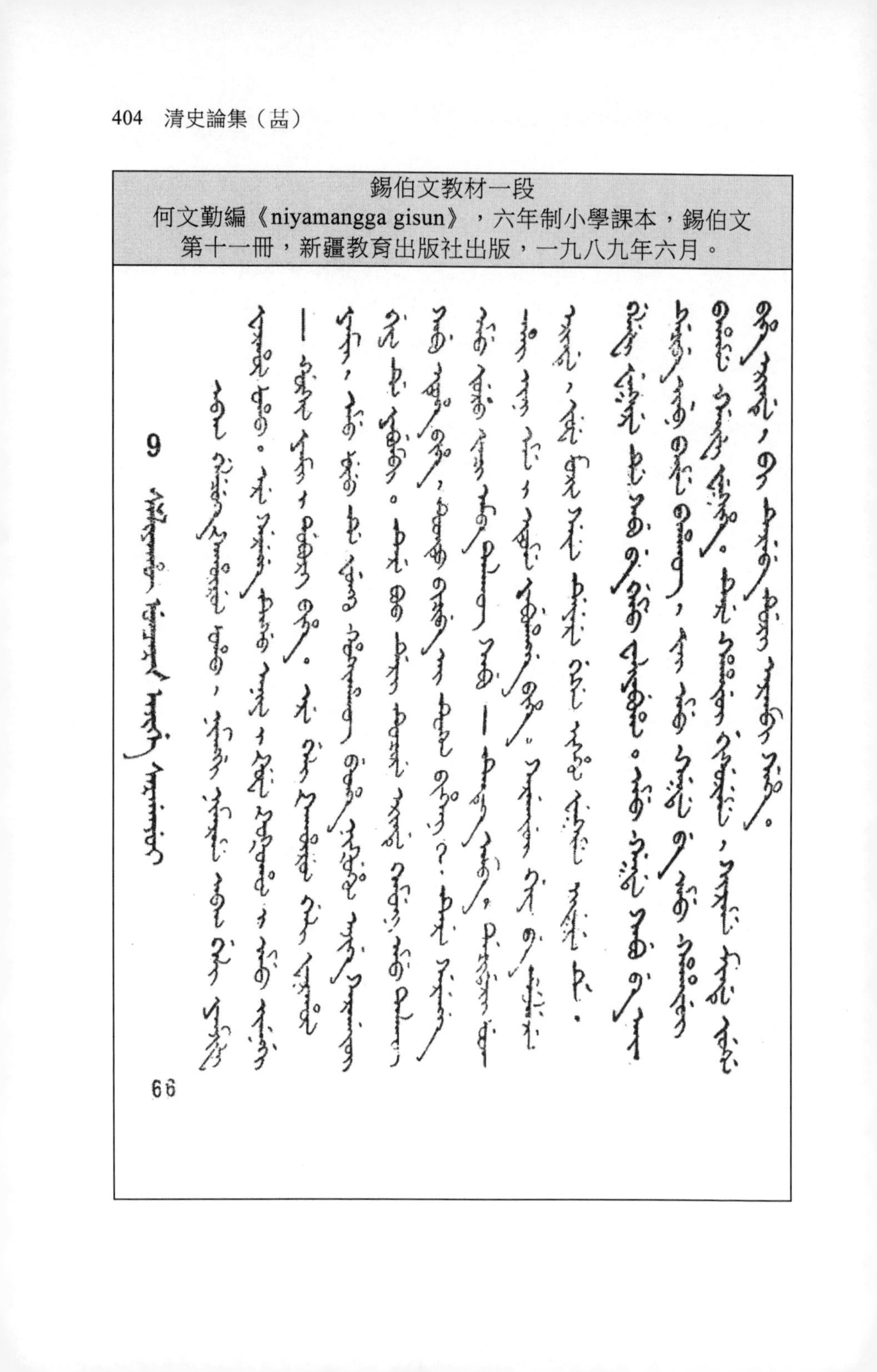

錫伯文教材一段

何文勤編《niyamangga gisun》，六年制小學課本，錫伯文第十一冊，新疆教育出版社出版，一九八九年六月。

9

66

<table>
<tr><td>羅馬拼音</td><td>9、saliyahū uncara ajige sarganjui<br>abka gelecuke šahūrun oho, nimanggi nimarame abka geli yamjifi farhūn oho. ere serengge tesu aniya i šuwe šošohon i emu inenggi-gūsin yamji i dobori bihe. ere geli šahūrun geli farhūn yamji, emu uju de fungku hosihakū bethe nišuhun ajige sarganjui giya de yabumbi. tere boo deri tucire erinde kemuni emu talakū sabu etuhe bihe, tuttu bicibe ai tusa biheni? tere serengge emu juru jaci amba talakū sabu-tenteke amba, dacideri uthai ini eme i etume yabuhangge bihe. sarganjui giya be dulere erinde, juwe morin sejen deyere gese ishun feksime jidere de, gelefi feksire de sabu be gemu waliyabuha. emu gakda sabu be aisecibe inu baime bahakū, jai emu gakda be emu hahajui bahame gaifi feksihe. tere hahajui gisureme, sirame minde juse bihe erinde, bi terebe duri arambi sehe.</td></tr>
<tr><td>譯漢內容</td><td>九、賣火柴的小女孩<br>天氣已經可怕地冷了，下著雪天又昏暗了。這是本年的最後一天（三十日）的夜晚。這個又冷又暗的晚上，一個頭上沒圍圍巾光著腳的小女孩走到街上。她從家裡出來時還穿著一雙拖鞋，但是有什麼好處呢?那是一雙很大的拖鞋--那樣大，原來就是她母親穿著走路的。女孩過街時，兩匹馬車飛也似地迎面跑過來時，嚇跑時鞋子都掉了。一隻鞋怎麼也沒找到，另一隻被一個男孩拿跑了。那個男孩說：以後我有孩子時，我要把它做搖籃。</td></tr>
</table>

錫伯文教材一段

何文勤編《niyamangga gisun》，六年制小學課本，錫伯文第六冊，新疆教育出版社出版，一九八九年六月。

7

37

<table>
<tr><td>羅馬拼音</td><td>7、saliyahū uncara ajige sarganjui<br>abka jaci šahūrun oho, abka nimanggi nimarame geli yamjifi farhūn oho, ere serengge emu aniya i šuwe šošohon i emu inenggi—gūsin yamji i dobori bihe. ere šahūrun bime geli farhūn yamji, emu uju de fungku hūsihakū bethe nišuhun ajige sarganjui giya de yabumbi. tere booderi tucire erinde, kemuni emu juru talakū sabu etuhe bihe, tuttu bicibe, geli ai tusa bini? tere srengge emu juru jaci amba talakū sabu, tenteke amba, dacideri uthai ini eme i etume yabuhangge bihe. i giya be hetu dulere erinde, juwe morin sejen deyere gese bireme jidere de, gelefi feksire de sabu gemu bethe deri tucifi yabuha. emu gakda sabu be šuwe baime bahakū seci, jai emu gakda be geli emu hahajui bahame gaifi feksihe. tere hahajui gisurerengge：sirame minde juse bihe erinde, bi terebe duri arambi sembi.</td></tr>
<tr><td>譯漢內容</td><td>七、賣火柴的小女孩<br>天氣已經很冷了，天下雪且又昏暗了。這是一年的最後一天（三十日）的夜晚。在這又冷又暗的晚上，一個頭上沒有圍圍巾光著腳的小女孩走到街上。她從家裡出去時還穿著一雙拖鞋，但是那又有什麼好處呢？那是一雙很大的拖鞋，那樣大，原來就是她母親穿著走路的。她橫跨街道時，兩匹馬車飛馳似的衝闖而來，嚇跑時鞋子都從腳上掉了出去。一隻鞋子到最後也沒找到，另一隻又被一個男孩拿跑了。那個男孩說：以後我有孩子時，我要把它拿來做搖籃。</td></tr>
</table>

〈賣火柴的小女孩〉譯文，前後大同小異。一九八九年本中"abka gelecuke šahūrun oho"，一九九七年本作"abka jaci šahūrun oho”；一九八九年本“nimanggi nimarame abka geli yamjifi farhūn oho”，一九九七年本作“abka nimanggi nimarame geli yamjifi farhūn oho”；一九八九年“ere serengge tesu aniya i šuwe šošohon i emu inenggi”，一九九七年本作“ere serengge emu aniya i šuwe šošohon i emu inenggi”；一九八九年本“ere geli šahūrun geli farhūn yamji”，一九九七年本作“ere šahūrun bime geli farhūn yamji”；一九八九年“tere boo deri tucire erinde kemuni emu talakū sabu etuhe bihe”，一九九七年本作“tere booderi tucire erinde kemuni emu juru talakū sabu etuhe buhe”；一九八九年本“tuttu bicibe ai tusa biheni”，句中“biheni”，一九九七年本作“bini”，一九八九年本作“sarganjui giya be dulere erinde”，一九九七年本作“i giya be hetu dulere erinde”；一九八九年本作“juwe morin sejen deyere gese ishun feksime jidere de”，一九九七年本作“juwe morin sejen deyere gese bireme jidere de”；一九八九年本“gelefi feksire de sabu be gemu waliyabuha”，一九九七年本作“gelefi feksire de sabu gemu bethe deri tucifi yabuha”；一九八九年本“emu gakda sabu be aisecibe inu baime bahakū”，一九九七年本作“emu gakda sabu šuwe baime bahakū seci”；一九八九年本“jai emu gakda be emu hahajui bahame gaifi feksihe”， 一九九七年本作“jai emu gakda be geli emu hahajui bahame gaifi feksihe”；一九八九年本“tere hahajui gisureme”，一九九七年本作“tere hahajui gisurerengge”；一九八九年本“bi terebe duri arambi sehe”，一九九七年本作“bi terebe duri arambi sembi”。大致而言，一九九七年本印刷精美，錫伯文書寫秀麗清晰。

西遷新疆的錫伯族重視對外部文化的選擇與改造，為適應環境及加強實用性，錫伯文新詞彙的創造，有助於錫伯文的發展。在六年制小學課本中出現頗多錫伯文創新的詞彙，譬如一九九五年六月，出版錫伯文第二冊在〈還是人有辦法〉一課指出，飛機飛的又高又快，汽車跑的比馬快，船走的比魚快，火箭飛的比鳥快，機器的力量比象的力氣更大。文中「還是」，錫伯文讀如“hasita”，《錫漢教學辭典》收錄“hasita”此新詞彙，應是由漢字「還是」音寫改造的創新詞彙。文中「飛機」，錫伯文讀如“deyetun”，是“deyembi”與“tetun”的結合詞彙。文中「汽車」，錫伯文讀如“sukdujen”，是“sukdun”與“sejen”的結合詞彙。文中「機器」，錫伯文、《錫漢教學辭典》俱讀如“š unggitun”，也是創新的詞彙。文中「上方的」、「以上的」，錫伯文讀如“ninggurgi”，《錫伯語語匯》收錄“ninggurgi”，是“ninggu”與“ergi” 的結合詞彙。一九九三年六月，出版錫伯文第二冊，在〈奇車布上學去〉一課中敘述奇車布（kicebu）背了書包上學去，樹上有小鳥，唱歌唱的真好，草原上有漂亮的花。文中「書包」，錫伯文讀如“bofun”，是漢文「包袱」的音寫，《錫漢教學辭典》、《錫伯語語匯》俱查無此字。文中唱歌的「唱」，錫伯文課本讀如“cangnarangge”，《錫漢教學辭典》動詞原形作“cangnambi”。文中「漂亮」錫伯文讀如“kuwariyangga”，《錫伯語語匯》解作「漂亮」。〈狼和羊羔〉的故事，編入一九八九年十月出版錫伯文課本第四冊，文中描述狼來到小溪岸邊，看見一隻小羊羔正在那裡喝水，就故意吹毛求疵說：「你把我喝的弄髒了！」句中「小羊羔」，錫伯文讀如“kurbo”，《錫伯語語匯》未收此字，《錫漢教學辭典》釋“kurbo”為「羊羔」。文中「吹毛求疵」，錫伯文讀如“fiktu baimbi”，《錫伯語語匯》釋作「挑釁」、「尋釁」，《錫漢教學辭典》釋作「尋釁」、「挑釁」、「求疵」。〈母愛〉一課，編入一九九四年六月出版錫伯文課本第三冊，敘述孩子打破了暖壺，受到母親的批評。文中「暖壺」，錫伯文音寫讀如

“nuwan hū” 。「批評」，錫伯文音寫讀如“pipinglere” ，《錫漢教學辭典》釋作「批評」，文中是指「責罵」。〈骯髒的小手〉一課，編入一九九五年六月出版錫伯文課本第二冊，文中“banjirman” ，《錫漢教學辭典》釋作「衛生」。文中“heniyeku” ，詞首“heni” ，意即「細微」，結合“yeku” ，意思是「細菌」，《錫漢教學辭典》、《錫伯語語匯》俱未收此字。〈綠樹—梅花〉一課，編入一九九四年六月出版錫伯文課本第三冊，課文中敘述寒冷的冬天，「你沒有聽到你母親的廣播嗎?昨天夜晚已經冷到零下五度了。」句中「廣播」，錫伯文音寫作“guwangbo” ;「零下」，錫伯文音寫作“ling siya” ，「五度」，句中「度」，據漢語音寫作“do” 。〈我是一隻小蜜蜂〉一課，編入一九九四年六月出版錫伯文課本第三冊，課文敘述「我是一隻小蜜蜂」，「把最甜的蜂蜜呈獻給祖國」。句中「蜂蜜」，錫伯文讀如“hibsu” ，「蜜蜂」，錫伯文讀如“hibsujen” ，《錫漢教學辭典》亦作“hibsujen” ，《錫伯語語匯》、《滿漢大辭典》俱作“hibsu ejen” ，由此可知錫伯文“hibsujen” ，就是“hibsu”與“ejen”的結合詞彙。

〈院內耳邊低語〉（hūwa i dorgi šušunggiyara gisun）一課，編入一九九一年六月出版錫伯文課本第五冊，課文指出，槐樹的年輪恰好也是指指南針。句中「指南針」，錫伯文讀如“julergi jorikū” 。指南針，康熙年間，滿文讀如“julergi be toktobure ulme” ，意即「定南針」，《錫漢教學辭典》作“julesi jorikū” 。〈青蛙的眼睛〉（wakšan i yasa）一課，編入一九八七年十月出版錫伯文課本第六冊，課文敘述青蛙喜歡吃蒼蠅、蚊子、小蠓蟲、蚱蜢，句中「小蠓蟲」，錫伯文讀如“finjam” ，《錫漢教學辭典》、《錫伯語語匯》、《滿漢大辭典》俱查無此詞，錫伯文課本保存了罕見詞彙，可以補充滿、錫辭書的疏漏。烏鴉喝水的故事，在錫伯族社會裡耳熟能詳，分別編入一九七九年十月出版錫伯文課本一年級第二冊、二〇〇五年十月出版錫伯文課本二年級下冊等課本，其內容詳略不同，例如一九七九年十月出版課文標題作 "gaha muke omiha"，二〇〇五年十月出版課文標題作 "gaha muke omimbi"。課文中描述烏鴉到處找水喝，看見瓶子裡有水，因為瓶口小，而且裡面的水也少，烏鴉竟然喝不著水。句中「瓶子」，錫伯文讀如 "suce"，《錫漢教學辭典》、《錫伯語語匯》漢字俱作「瓶子」，可補滿文辭書的不足。〈觀看月蝕〉（biya alha jafara be tuwaha）一課，編入一九八九年十月出版錫伯文課本第四冊，課文中記述奶奶笑著說：「現在說月蝕，我們小時候說天狗食月。」句中「月蝕」，《滿漢大辭典》作 "biya alhūwa jafambi"，錫伯文課本作 "biya alha jafahabi"。錫伯文 "alha"，與 "alhūwa"，讀音相近。〈我愛落葉〉（bi sihara abdaha be cihalambi）一課，編入一九九六年六月出版錫伯文課本第五冊，課文中描述學童扛起書包放學回家時，看到老爺爺把落葉掃到花園裡。句中「書包」，錫伯文作 "bithei fulhū"，"fulhū"，意即「布口袋」，或作「布囊」。一九九三年六月出版錫伯文課本第二冊〈奇車布上學去〉一課中「書包」，錫伯文作 "bofun"，是漢字「包袱」，的音寫。〈春天播種〉（niyengniyeri tarimbi）一課，編入一九八九年十月出版錫伯文課本第四冊，課本描寫春天開始播種，李阿姨駕了一輛拖拉機來了。句中「拖拉機」一詞，錫伯文讀如 "tolaji"，是漢字「拖拉機」的音寫。一九八五年六月出版錫伯文課本第七冊〈鯨魚〉（jing nimha）一課記述我國捕過的鯨魚八萬斤，長十七米。句中「鯨魚」，錫伯文讀如 "jing nimha"，"jing"，是漢字「鯨」的音寫。長十七米，句中「米」，錫伯文讀如 "miyeter"，是英語 "meter" 的音寫，意思是「公尺」、「米」。

〈我家的園地〉（mini boo i yafan）一課，編入一九九六年六月出版錫伯文課本第五冊，課文中描繪園地裡玉米莢長得很大，西紅柿也成熟了。句中「玉米」，滿文讀如“aiha šušu”，意即「玉蜀黍」，錫伯文讀如“bolimo”，「西紅柿」，錫伯文作“pamidor”，英語讀如“tomado”。「風箏」，滿文讀如“deyenggu”，又讀如“deyebuku”。錫伯文課本〈春天的懷抱〉（niyengniyeri i hefeliyekui dolo）一課，課文描繪男孩子們飛著風箏比賽考驗技術，句中「風箏」，錫伯文讀如“deyenggu”。〈放風箏〉（fancal deyebumbi）一課，編入一九九一年六月出版錫伯文課本第五冊，課文列舉老鷹風箏、鸚鵡風箏、白鶴風箏、蜈蚣風箏等名目。句中「風箏」，課文作“fancal”[33]，“fancal deyebumbi”，意即「飛風箏」，漢語作「放風箏」。錫伯文課本中「風箏」一詞的滿文並未規範。〈富庶的西沙群島〉（bayan elgiyen siša ciyundoo tun）一課，編入一九八七年十月出版錫伯文課本第六冊，課文中的「西沙群島」，錫伯文讀如“siša ciyundoo tun”，句中“siša ciyundoo”，是漢語的音寫。課文中描寫海龜成群地爬到沙灘上產卵。句中「沙灘」，錫伯文讀如“yonggan tan”，句中“tan”，是漢語「灘」的音寫。〈海底世界〉（mederi ferei jalan jecen）一課，編入一九八九年六月出版錫伯文課本第七冊，文中描述海底動物常發出極小聲音。句中「動物」，錫伯文讀如“aššašu”。滿文“aššambi”，意即動靜的「動」，錫伯文“aššašu”，即由“aššambi”改造而來的新詞彙。海底有一種魚，身體像梭子，每小時能游幾十公里。句中「公里」，錫伯文讀如“gungli”，是漢語「公里」的音寫。「烏賊」，錫伯文音寫作“udzei”，「章魚」，音

33 李樹蘭等著《錫伯語口語研究》（北京，民族出版社，1982 年 12 月），頁 141。“fanchal”，漢語作「風箏」。

寫作“jang ioi”，「石油」，音寫作“šiio”。「植物」，錫伯文讀如“mutursu”。“mutumbi”，意即「生長」，“mutursu”，是由“mutumbi”改造而來的詞彙[34]。〈酸和甜〉（jušuhun jai jancuhūn）一課，編入一九九四年六月出版錫伯文課本第三冊，課文中描寫北山猴子所說「葡萄又酸又澀」，句中「葡萄」，錫伯文讀如“puto”，是漢語「葡萄」的音寫。「葡萄」滿文讀如“mucu”。〈賣火柴的小女孩〉一課，編入一九八九年六月出版錫伯文課本第十一冊及一九九七年六月出版錫伯文課本第六冊，課文中的「火柴」，錫伯文讀如“syliyahū”，是漢語「西來火」得音寫。〈會飛的紅鈎〉（deyeme bahanara fulgiyan goho）一課，編入一九九四年六月出版錫伯文課本第三冊，課文中的「作業」，錫伯文作“urebusu”。滿文“urebumbi”，意即「練習」，“urebusu”就是由“urebumbi”，改造而來的新詞彙。錫伯文課本中常見的新詞彙可舉例列表如下：

**錫伯文教材創新詞彙簡表**

| 錫伯文單詞 | 羅馬拼音 | 詞義 | 錫漢教學辭典 | 錫伯語語匯 | 滿漢大辭典 | 備註 |
|---|---|---|---|---|---|---|
| | hasita | 還是 | | | | |
| | deyetun | 飛機 | | | | |

34 李樹蘭等著《錫伯語口語研究》，頁 201。“mutursu”，漢語作「植物學」。

| | | | | | | |
|---|---|---|---|---|---|---|
| | sukdujen | 汽車 | | | | |
| | šunggitun | 機器 | | | | |
| | ninggurgi | 上方的<br>以上的 | | | | |
| | bofun | 包袱 | | | | |
| | cangnarangge | 唱的 | | | | |
| | kuwariyangga | 漂亮 | | | | |
| | kurbo | 羊羔 | | | | |

| | fiktu | 嫌隙 | | | | |
|---|---|---|---|---|---|---|
| | nuwanhū | 暖壺 | | | | |
| | pipinglere | 批評責罵 | | | | |
| | banjirman | 衛生 | | | | |
| | heniyeku | 細菌 | | | | |
| | guwangbo | 廣播 | | | | |
| | ling siya sunja du | 零下五度 | | | | |

|  |  |  |  |  |  |  |
|---|---|---|---|---|---|---|
|  | hibsujen | 蜜蜂 |  |  |  |  |
|  | julergi joriku | 指南針 |  |  |  |  |
|  | finjam | 小蠓蟲 |  |  |  |  |
|  | suce | 瓶子 |  |  |  |  |
|  | biya alha jafahabi | 月食 |  |  |  |  |

| | | | | | | |
|---|---|---|---|---|---|---|
| | bithei fulhū | 書包 | | | | |
| | tolaji | 拖拉機 | | | | |
| | jing nimha | 鯨魚 | | | | |
| | miyeter | 米<br>公尺 | | | | |
| | bolimo | 玉米 | | | | |
| | pamidor | 西紅柿 | | | | |

| ᡶᠠᠨᠴᠠᠯ | fancal | 風箏 | [illegible] | | [illegible] | |
|---|---|---|---|---|---|---|
| ᠶᠣᠩᡤᠠᠨ ᡨᠠᠨ | yonggan tan | 沙灘 | | | | |
| ᠰᡳᡧᠠ ᠴᡳᠶᡠᠨᡩᠣᠣ ᡨᡠᠨ | siša ciyundoo tun | 西沙群島 | | | | |
| ᠠᡧᡧᠠᡧᡠ | aššašu | 動物 | [illegible] | [illegible] | | |
| ᡤᡠᠩᠯᡳ | gungli | 公里 | | | | |
| ᡠᡯᡝᡳ | udzei | 烏賊 | | | | |

|  | jang ioi | 章魚 |  |  |  |  |
|---|---|---|---|---|---|---|
|  | mutursu | 植物 |  |  |  |  |
|  | šiio nimenggi | 石油 |  |  |  |  |
|  | puto | 葡萄 |  |  |  |  |
|  | moojun | 澀 |  |  |  |  |
|  | syliyahū | 火柴 |  |  |  |  |
|  | urebusu | 作業 |  |  |  |  |

資料來源：何文勤等編六年制小學錫伯文課本，新疆教育出版社，一九七九年至二〇〇五年。

探討清代滿洲語文的發展，不能忽視滿文的書法，書寫滿字的筆順、字體，在不同時期，不同文書的書寫習慣，不盡相同。盛清時期纂修的《起居注冊》、歷朝實錄等官書典籍，其滿文字體整齊工整，筆順清晰，對初學者繕寫滿文，提供了極為珍貴的書法範本，可供臨摹。錫伯文在基本上而言，就是滿文，但是通行的錫伯文教材的字形、筆順，與傳統滿文的字體、書法，不盡相同，認識錫伯文，不能忽視錫伯文的書法，可舉例列表如下。

**錫伯文筆順與滿文筆順對照表**

| 錫伯文 | 羅馬拼音 | 滿文 | 羅馬拼音 | 詞義 | 備註 |
|---|---|---|---|---|---|
| | nimaha | | nimaha | 魚 | |
| | ujen | | ujen | 重的 | |
| | buktan | | buktan | 堆 | |
| | bujan | | bujan | 樹林 | |
| | efiki | | efimbi | 玩耍 | |

| | ajige | | ajige | 小 | |
|---|---|---|---|---|---|
| | ekcin | | ekcin | 岸 | |
| | fiktu | | fiktu | 嫌隙 | |
| | mekteme | | mektembi | 打賭 | |
| | okdombi | | okdombi | 迎接 | |
| | hahajui | | haha jui | 男孩 | |
| | sukdun | | sukdun | 氣體 | |
| | uju | | uju | 頭 | |

| | injembi | | injembi | 笑 | |
|---|---|---|---|---|---|
| | kaktame | | | 阻擋 | |
| | muterkū | | muterakū | 不能 | |
| | ekšembi | | ekšembi | 忙 | |
| | maksin | | maksin | 舞蹈 | |
| | toktobumbi | | toktobumbi | 迎接 | |
| | leksei | | leksei | 一齊 | |
| | ojorakū | | ojorkū | 不可以<br>不行 | |

| | sikse | | sikse | 昨天 | |
|---|---|---|---|---|---|
| | sunja | | sunja | 五 | |
| | sakda | | sakda | 老的 | |
| | tak seme | | tak seme | 緊緊地 | |
| | feksimbi | | feksimbi | 跑 | |
| | ekteršembi | | ekteršembi | 挺胸 | |

資料來源：何文勤等編六年制小學錫伯文課本，新疆教育出版社，一九七九年至二〇〇五年。

表中是常見的錫伯文詞彙，譬如：「魚」，滿文讀如“nimaha”，錫伯文讀如“nimha”，省略“a”。「不能」，滿文讀如“muterkū”，錫伯文讀如“muterakū”，省略“a”。「不可以」，滿文讀如“ojorakū”，錫伯文讀如“ojorkū”，省略“a”。

錫伯文“buktan”、“fiktu”、“kaktame”、“toktobumbi”、“sukdun”、“kaktame”、“maksin”、“sikse”、“sakda”、“takseme”，讀音與滿文相同，但其字體不同。陽性“k”，滿文是兩個字牙，錫伯文省略一個字牙。滿文陽性“k”，與陰性“k”，字形不同，錫伯文不分陽性或陰性。例如：“mekteme”、“ekšembi”、“leksei”、“feksimbi”、“ekteršembi”。錫伯文與滿文相同，但滿文與錫伯文字形不同。滿文“j”，詞頭與詞中字形不同，錫伯文的“j”，其詞中的字形與詞頭，並無不同，例如錫伯文“hahajui”、“uju”、“injembi”、“ujen”、“bujan”、“sunja”，錫伯文詞中的“j”，其字形與滿文不同。

搶救滿文，久已成為錫伯族的共識，執教於察布查爾師範進修學校專授錫伯文的郭秀昌先生編寫《錫伯語語匯》（sibegisunisamjan），一九九一年由新疆人民出版社出版。原書凡例說明語匯所收詞語以現代錫伯語常用詞語為主，為兼顧閱讀和繙譯的需要，也酌清代滿文典籍中比較常見而現在仍有使用價值的詞語。另外，也收錄了部分錫伯語口語詞彙。為提供錫伯族小學師生教學錫伯文之用，楊震遠、伊津太、富倫泰三位先生編譯《錫漢教學辭典》，一九九六年九月，由新疆人民出版社出版。詞典中所收詞彙多採自小學語文課本，並增加了一些常用詞彙，適合於初學者查閱。詞典是一種工具書，常用詞彙的釋義，力求規範統一，是最基本的要求。譬如六年制小學錫伯文課本封面“niyamanggagisun”，《錫漢教學辭典》漢語作「語文」，《錫伯語語匯》作「母語」，釋義頗有出入。為了便於比較，特從六年制小學錫伯文教材選擇五十二課短文，譯出漢文。為了認識錫伯文的字形、筆順，俱將原文分別影印於後，作為本文的附錄，題為《錫伯文讀本選譯》，對於學習錫伯文，或可提供一定的參考價值。是書錫伯文譯漢初稿承北京第一歷史檔案館郭美蘭女士修正潤飾，並承吳元豐先生細心校正。錫伯文羅馬拼音及漢文，由國立中正大學博士班林加豐同學、中國文化大學博士班簡意娟同學打字排版，駐臺北韓國代表部專員連寬志先生、國立苗栗農工國文科彭悅柔老師協助校對，並承國立臺灣大學中文學系滿文班同學的熱心協助，在此一併致謝。